복 있는 사람

오직 여호와의 율법을 즐거워하여 그 율법을 주야로 묵상하는 자로다.
저는 시냇가에 심은 나무가 시절을 좇아 과실을 맺으며 그 잎사귀가 마르지 아니함 같으니
그 행사가 다 형통하리로다. (시편 1:2-3)

박영선 목사의 설교선집은 설교구어체로 된 친절한 성경 강해설교의 전범(典範)입니다.『믿음』에서는 인간의 실존적 곤경과 하나님 은혜의 압도적인 권능을 찬양합니다.『교회』에서는 지상의 현실교회에 실망한 사람들에게 위로가 될 만한 교회의 진면목, 참된 자리를 자세히 살핍니다. 하나님의 권능에 찬 구원 은혜에 의존하는 신앙도상의 신자들이 부대끼며 살아가며 상처를 주고받으며 자라가는 곳이 교회입니다. 불완전한 교회에 다니는 것도 하나님의 구원 은혜에 붙들릴 때만 가능합니다.『성화』는 구원받은 신자들이 하나님 나라를 향해 순례하는 과정에서 거쳐야 하는 거룩한 품성 변화를 다룹니다. 여기서 교회는 신자들만을 위한 자폐적 친교권이 아니라, 사회와 세상 안에서 하나님의 구원 은혜와 다스리실 의지를 대변하는 증언공동체이자, 세상을 위해 그리고 세상을 향하여 파송된 증인공동체입니다. 기독교회의 사회적 책임은 신자 각각의 성화를 필연적으로 요구합니다.『자유』는 하나님이 인간의 믿음과 순종을 지극히 귀하고 소중한 결단으로 봐 주시는 하나님의 따뜻한 시선을 다룹니다.

이 설교선집의 네 가지 특장(特長)은 다음과 같습니다. 첫째, 원숙하고 자애로운 설교자의 복음전도, 복음초청의 음성이 설교선집 전체를 이끌어 갑니다. 복음을 전할 때 사용하기에 매우 유익합니다. 둘째, 지상교회에 정착하지 못하고 표류하는 신자들에게 위로가 됩니다. 이 설교들은 질책하기보다 어루만지는 어조가 완연합니다. 셋째, 사후구원이나 탈세계적인 천당의 한자리를 얻고자 애쓰며 교회 안에서만 신앙을 소비하려는 자기만족적인 신자들에게 사회와 더 넓은 세상을 품도록 시야를 넓혀 줍니다. 마지막으로, 신앙 여정의 마지막 순간까지 자유라는 존엄한 선물을 바르게 사용하여 하나님과의 동행을 잘 마치도록 권고합니다. 자유는 성령에 붙들린 신자들에게는 하나님을 애타게 갈망하도록 만드는 거룩한 속박입니다. 이 책을 읽는 독자들은 설교가 하나님의 생명의 말씀을 중심에 두고 이루어지는 성도의 교제임을 깨달을 뿐 아니라, 기독교 신앙이 하나님과 더불어 걷는 감미로운 동행이자 부단한 교제의 세계임을 깨닫게 될 것입니다. 그와 더불어 불완전하고 비틀거리는 자신의 신앙에 지나치게 절망하지 않으며, 흠결이 있는 지상의 기구적 교회에서 만나는 또 다른 불완전한 동료 신자들에 대해서도 좌절하지 않을 덕성을 기를 수 있을 것입니다.

김회권, 숭실대학교 기독교학과 교수

한국교회 강단의 걸출한 설교자들 가운데서도 박영선 목사는 남다른 목소리를 가진 설교자입니다. 그 목소리에는 영웅이나 사람의 실력이 아니라, 하나님과 그분의 은혜만을 전하려는 결기가 서려 있습니다. 쉬운 대답 그리고 누구나 할 수 있을 법한 대답 대신, 치열한 고민과 갈등의 몸부림을 통해 깊은 곳에서 건져 낸 지혜가 담겨 있습니다. 모범적이고 양순한 소위 '잘 믿는' 신자의 시각보다는, 의심하고 거부하는 '삐딱한' 관점으로부터 비롯된 통찰이 녹아 있습니다. 한 사람의 신앙인으로서 그리고 설교자로서 그가 평생 붙들고 씨름했던 주제를 따라 선별한 이 설교선집은 자기 믿음과 한국교회 현실에 대해 고민하는 그리스도인들에게 위로와 해답이 될 것입니다. 그리고 의심하고 회의하는 청중을 둔 설교자들을 위한 안내서 역할도 하리라 믿습니다.

조광현, 고려신학대학원 설교학 교수

민
음

믿음

박영선 목사 설교선집

1

박영선 지음 · 조주석 엮음

복 있는 사람

믿음 박영선 목사 설교선집 1

2013년 1월 18일 초판 1쇄 발행
2023년 6월 1일 개정증보판 1쇄 인쇄
2023년 6월 9일 개정증보판 1쇄 발행

지은이 박영선
엮은이 조주석
펴낸이 박종현

(주) 복 있는 사람
주소 서울특별시 마포구 연남동 246-21(성미산로23길 26-6)
전화 02-723-7183, 7734(영업·마케팅) 팩스 02-723-7184
이메일 hismessage@naver.com
등록 1998년 1월 19일 제1-2280호

ISBN 979-11-92675-38-1 04230
ISBN 979-11-92675-37-4 04230 (세트)

지난 40년 동안 이 설교들을 들어 주고 함께해 준,
남포교회 성도들에게

1부 믿음의 본질

2부 믿음의 책임

개정증보판 저자 서문

어느덧 40여 년 동안 설교자의 길을 걸어왔습니다. 이 과정에서 저의 설교
는 성경을 어떻게 해석하느냐 하는 문제에 집중했다고 생각합니다. 신자
가 온갖 경우를 겪으며 실력을 쌓아 가는 일, 곧 '철이 드는 것'에 관한 것으
로 성경을 해석하게 되었습니다. 그것이 성경을 읽어 낸 저의 설교의 열매
라고 생각합니다.

　신자는 처음에 실존적 신앙으로 시작합니다. 예수를 만나고, 십자가
와 부활 그리고 영생을 알게 되는 감격이 있습니다. 하지만 그는 곧 구원과
천국의 확신만으로 쉬운 답을 찾을 수 없는 갖가지 경우의 현실을 마주해
야 합니다. 그것은 우리 인생과 인류 역사가 시간 속에서 진행되는 과정이
기 때문입니다. 성경에 담긴 이야기는 다만 잘한 것과 잘못한 것으로 구분
해야 할 그런 목록으로 가득 찬 것이 아닙니다. 여기에는 인간이 살아가면
서 드러내는 실패와 후회와 상처의 경험이 담겨 있습니다.

　신앙은 있고 없거나, 강하고 약한 것이 아닙니다. 배우고 자라고 겪고
깨치며, 한 인격체로 구체화되는 성숙과 완성이 신앙의 내용이기 때문입
니다. 결국 '철이 든다'는 것은 안목을 갖고 분별과 선택을 할 수 있는 경지
인 동시에, 소원과 현실의 모순을 겪으며 성도의 정체성과 신분을 갖추어
가는 것이라 할 수 있겠습니다.

　　　　　　　　　　　　　　　　　　　　　　　　　　　　　　믿음

성경이 가리키는 방향으로 나아가겠다고 결심하지만, 실제로 답을 내지 못하는 현실적 무능을 마주하면 절망하곤 합니다. 우리는 늘 그 둘 사이에 놓여 있습니다. 설교는 그런 신자에게 하나님의 신실하심에서 생겨나는 소망이 무엇인지를 제시할 수 있어야 합니다. 모든 것이 합력하여 선을 이룬다는 약속은 잘잘못의 도덕적 이분법을 넘어섭니다. 우리의 모든 경험이 결국 유익이 된다는 위로와 격려가 설교로 전해져야 할 이유입니다.

이번에 『믿음』, 『성화』, 『교회』(개정증보판)에서 『자유』까지 네 권의 선집이 완성되었습니다. 이 네 주제들은 저의 설교가 무엇을 담고 있는지 알게 하는 큰 그림의 역할을 할 것입니다. 이 주제들과 관련하여 전체적인 맥락에서 말씀드리고 싶습니다.

성화는 완벽이 아니라 성장과 성숙의 일입니다. 하나님의 형상이라는 창조 때 부여된 인간의 참모습이 그리스도를 본받는 가운데 완성으로 나아가는 것을 뜻합니다. 그러니 갈등과 후회의 현실은 마땅히 통과해야 할 과정입니다. 이 경험이 펼쳐지는 **교회**는 그리스도의 몸으로 삼위 하나님의 연합 위에 서 있으며, 성도는 이 안에서 아름다움을 느끼고 감사 속에 교제와 친밀한 연합을 경험합니다. 이 모든 것을 가능하게 하는 **믿음**이란 하나님에 대한 신뢰, 곧 이해와 항복을 말합니다. 도덕과 교리로 다 담을 수 없는, 상대에 대한 의존을 뜻합니다. 인류의 운명에 적극적으로 개입하시는 하나님이 나를 찾아오셔서 붙드셨기에 비로소 시작된 하나님과의 교제가 믿음입니다. 우리에게 절망은 없다는 창조주의 거룩한 의지와 고집이 여기에 담겨 있습니다.

흔히 교회 생활의 기준이 되는 잘잘못과 유능함, 봉사, 구제는 하나님과의 연합에서 빚어지는 감사와 찬송을 모두 담지 못합니다. 구약이 보여 주는 역사와 신약이 선포하는 은혜로부터 드높여지는 찬송은 치성과 쓸모라는 기능론이 아니라, 하나님과의 화목이라는 존재론에서만 비로소 동참할 수 있는 것입니다.

창조와 구원의 궁극적 목표는 하나님과 그분의 형상으로 창조된 인간이 믿음과 사랑의 관계를 맺는 데 있습니다. 기독교가 말하는 믿음과 사랑은 독립적이고 자발적인 상대를 전제합니다. 그리고 요한일서에서 가르치듯, 이 사랑에는 공포가 없습니다. 인간이 선택의 주체로서 책임을 감당하는 것은 하나님이 자유를 허락하셨기 때문입니다. 이 **자유**는 하나님이 우리를 사랑하시며, 우리에게 명예와 영광을 일임하신다는 증거입니다. 자유와 선택권을 가진 존재들만 누릴 수 있는 이 관계는 양심과 도덕을 만족시키는 것만으로는 충분히 설명될 수 없습니다. 그것은 믿음과 사랑으로 만들 수 있는 영광과 기쁨의 견고한 기초이지만, 기독교 신앙의 진정한 열매나 영광은 더욱 크고 놀라운 것입니다.

우리는 이제 부흥의 시대를 지나 이전과는 많이 다른 시대 앞에 서 있습니다. 우리는 그 도전들을 받고 있습니다. 이런 현실 속에서 우리는 어떻게 살아야 할까요? 예수님께서 구원을 베풀어 목적하신 바를 다시 한번 떠올려 봅시다. "아버지께서 내 안에, 내가 아버지 안에 있는 것같이 그들도 다 하나가 되어 우리 안에 있게 하옵소서"(요 17:21)라고 하신 기도 말입니다. 이웃이 경쟁과 경계의 대상이 아닌 진정한 진리와 생명을 지닌 형제가 될 수 있고 또 되어야 합니다. 이것은 명령과 강요가 아니라 인간 존재의 명예와 만족의 넘침입니다. 하나님의 창조자 예수로 말미암은 구원이 목표하는, 절대 실패나 포기도 없는 영광과 찬송의 정체성, 인격성, 운명들은 하나님의 의지요 고집이 낳은 은혜의 결실입니다. 그런 소망과 믿음과 현실이 우리의 것이 되었으면 합니다. 이 선집이 그런 도전에 응전하는 한국 교회 그리스도인들에게 의미 있는 유익이 되었으면 합니다.

앞선 세 선집에 추가로 들어간 설교들을 더 찾아내어 전체적으로 짜임새 있게 구성했을 뿐 아니라 또 『자유』라는 선집을 엮기 위해 후반기 설교 곳곳에서 해당 자료들을 뽑아내어 체계 있게 구성한 조주석 목사님, 그리고 '복 있는 사람' 출판사의 편집자와 박종현 대표에게 감사를 표합니다.

2023년 6월
박영선 목사

초판 저자 서문

제가 지금까지 살아오면서 깨달은 한 가지 사실은, 나의 가는 길이 맴도는 길이거나 방향 없이 가는 길인 줄 알았는데 그렇지 않았다는 것입니다. 하나님은 저를 등산을 시키듯 인도하셨습니다. 끊임없이 앞사람 뒤꿈치를 보고 걸었는데, 문득 가던 길을 멈추고 내려다보니 시야가 생긴 것입니다.

여기까지 오는 과정에서 가장 중요했던 것은 강해설교입니다. 성경을 다 읽어 보기로 한 것입니다. 저는 조감도를 가지고 들어간 것이 아니라 그냥 들어간 것입니다. 그러니 제가 한 설교는 이제 와서 보니 강해설교가 아니라, 성경 통독을 한 셈입니다.

그러나 그 시절에 한 설교가 아주 쓸모없지는 않았다는 생각이 듭니다. 설교에서 가장 중요한 요소는 실존, 공통의 실존에 있는 자의 신앙적 발언이어야 합니다. 그리고 거기에 성경 전체를 아우르는 조망과 분별이 있어야 합니다. 즉 단순히 옛날에 누가 이랬다는 식의 인용과 복제가 아닌, 지금 살고 있는 현실의 위협과 도전에 대해서 성경이 어떻게 답하느냐 하는 것을 다루는 것이 설교입니다.

제가 예전에 많이 놓쳤던 것은 '전제'입니다. 기독교 신앙이 내 이해에서 약간 관념화되어 있다는 것을 알았습니다. 그래서 역사성이라는 것을 가장 많이 놓쳤습니다. 역사성이란 내가 누군가의 후손으로 태어났다는

믿음

것입니다. 그것은 땅을 사 놓는 것과 그 땅에 씨를 뿌리는 것이 관념 속에서는 충돌되어 보였던 것이지요. 시간적 전후라는 이해를 놓치고 정답을 찾으려 했기에 진전이 아니라 유일함만 정답이 되었습니다.

이제까지 한 제 설교들에서 선별하여 믿음·성화·교회라는 주제로 설교선집을 출간하게 되었습니다. 이런 주제들을 선택한 것은, 기독교 신앙과 신앙생활에 대한 보편적 진리가 다음 세대로 이어지는 일에 유익한 주제들이라 생각했기 때문입니다. 전 세대의 유산이란, 개인적으로 가지는 특별함이나 영웅성이 아니라 모든 일반 신자와 평범한 신앙생활에 필요한 보편적 격려와 증언이어야 합니다. 이 일에 이 선집이 조그만 역할을 할 수 있을 것입니다. 약도를 그리고 길을 내는 것이라 생각합니다. 누구나 올 수 있게 길을 내는 것입니다. 도로 표지판도 있고 지도도 만들어 놓으면 처음 들어오는 사람에게 그것이 도움이 될 것입니다.

이 선집에 들어갈 설교들을 여기저기서 힘겹게 선별하고 다듬은 조주석 목사와 '복 있는 사람' 출판사의 편집자와 박종현 대표에게 사의(謝意)를 표합니다.

2013년 1월
박영선 목사

개정증보판 엮은이 서문

지난 10년간 많은 독자들의 사랑을 받은 '박영선 목사 설교선집'이 이제 새로운 옷을 입고 『믿음』, 『성화』, 『교회』(개정증보판), 『자유』 네 권으로 독자 여러분을 만나게 되었습니다. 2013년 초판을 펴낸 기존 선집 세 권에 『자유』가 추가되어 완성되는 셈입니다. 이와 더불어 기존 선집도 개정하고 증보해야 할 시점에 이르게 되었습니다.

왜 우리는 오늘날 여전히 박영선 목사의 설교를 읽어야 할까요? 그 이유는 한마디로 그가 지난 40여 년 동안 설교에서 오직 하나님만 드러내려고 힘써 왔기 때문이라고 봅니다. 그것이 교회를 서거나 넘어지게 하는 근본 문제라는 설교자의 큰 확신에 바탕을 둔 것이겠지요. 후반기 설교에서는 '인간의 자유' 문제도 깊이 있게 다루는데, 이로써 그가 하나님의 절대주권에 대한 오해 곧 기계론주의에서 벗어날 수 있는 신앙 사유도 우리에게 제공했다고 생각합니다.

『믿음』의 경우, 초판에 수록된 설교 가운데 23편은 그대로 유지하고 나머지 6편은 새로운 8편의 설교로 대체하여 총 31편으로 재구성했습니다. 이와 같은 구성에 맞추어 차례 순서 및 제목도 전체 흐름에 맞게 재조정했고, 기존 본문에서 매끄럽지 않은 표현들도 일부 수정했습니다. 새로 추가된 설교들은 2011년 이후 발행된 것들로, 주로 설교자가 믿음을 주제로 더욱 발전시키고 성숙시킨 내용이나 아이디어가 발견된 설교들을 중심으로 선정했습니다. 여기 추가된 설교에서 발전된 내용이 있습니다. 그것은 믿음을 세계관으로 보는 것입니다. "기독교 신앙은 단순한 믿음과 행동을 뛰어넘어 세계관의 철저한 기독교화가 필요합니다.……기독교 신앙은 우리가 누구이고 역사가 무엇이고 세계가 무엇이고 궁극적인 실재와 최종 권위가 누구인가에 관해서 이야기합니다."

초판에서 설교 선정 작업 원칙은 크게 네 가지였습니다. 이 기준은 개정증보판에도 그대로 준용됩니다. 다만 초판 선집에 수록된 설교들을 2007년 이전 설교들로 제한했던 셋째 원칙이 조정되었는데, 박영선 목사의 설교 사역이 2007년 이후 지금까지 계속되었고 2011년 이후 수많은 설교가 새로 발행되었기 때문입니다. 무엇보다 박영선 목사의 설교가 내용이나 주제 면에서 그동안 확장되고 심화된 것이 가장 큰 이유입니다. 참고로 2007-2010년 설교는 전반기에서 후반기로 넘어가는 과도기로 전반기와 크게 다르지 않다는 판단하에 추가 선정에서 제외했습니다.

이번 판에 새로 추가된 설교들은 다음의 설교집에서 선정했습니다. 2011년부터 발행된 강해서는 모두 13권입니다. 그중에서 『믿음』에 새로 추가한 설교들은 다음의 강해서에서 찾았습니다. 『믿음은 사람보다 크다』(2012), 『섬김으로 세우는 나라』(2013), 『십자가로 세우는 나라』(2014), 『다시 보는 사도행전』(2015), 『다시 보는 히브리서』(2020), 『이사야서, 하나님의 비전』(2022). 그리고 전반기에 발행된 『믿음의 본질』(2019, 개정판)에서도 한 편 선정했습니다.

이 모든 작업을 통해 독자들이 박영선 목사의 삶과 신앙, 설교에 보다 쉽고 친근하게 다가서게 되기를 기대합니다.

2023년 6월

조주석 목사

초판 엮은이 서문

박영선 목사에게 주신 신앙은 설교를 통해 이렇게 나타납니다. "믿음이란 인과율(因果律)이 아닙니다. 신앙이란 하나님과의 인격적 관계입니다. 신앙이란 하나님을 아는 것입니다. 신앙이란 자신의 무능을 아는 의존성입니다." 인과율, 인격적 관계, 인격적 지식, 의존성이라는 개념은 그가 20여 년의 목회를 통해 이해한 것들입니다. 이것들은 신앙이 인간 자신 안에 근거를 둔 것이 아니라 하나님께만 있다는 지시어들입니다. 믿음은 오직 하나님의 은혜에만 속한다는 그의 성경적 확증이기도 합니다. 이러한 믿음 이해가 그의 신앙 이해를 점차 넓혀 갔고 또 다른 사람들의 신앙 이해에도 영향을 주었습니다. 그의 믿음 이해는 그의 삶을 떠나서는 이야기하기 어렵습니다.

그는 모태 신앙으로 태어나 그 은혜의 유익을 누리며 교회 안에서 자라날 수 있었습니다. 이것은 은혜이지만 불행하게도 자신의 믿음이 어떻게 생겨났는지는 알 수 없게 만들었습니다. 아무리 자신의 기억을 더듬어 저 멀리까지 추적해도 언제 구원의 신앙을 갖게 되었는지 알 수 없었습니다. 그러나 신기한 것은 믿음대로 살지 못해도 그 믿음이 없어지지 않더라는 것입니다. 자신이 책임을 지지 않아도 자신에게서 믿음이 없어지지 않았다는 것입니다. 이것을 가리켜 그는 하나님이 자신을 놓아주시지 않은 것이라고 고백합니다. 이처럼 그의 신앙은 있는 신앙을 확인하는 작업이었지, 없는 것이 생기는 과정이 아니었다고 술회합니다. 그는 이러한 믿음이 무엇인지 강단에 서서 해를 달리 하며 풀어냈고 또 문서화되기에 이릅니다.

이 책은 세 권으로 낼 선집 중 첫 권에 해당하며 믿음에 관한 설교들로 이루어져 있습니다. 설교들을 선정하는 기준은 다음의 원칙을 따랐습니다. 첫째, 단권 설교집은 소수로 제한한다. 둘째, 주로 강해 시리즈 설교집에서 선정한다. 셋째, 2007년 이전 설교들로 제한한다. 넷째, 주제의 논리성을 살려 설교들을 배열한다.

첫째 원칙은 기존의 단권 설교집들이 그 나름으로 각각의 주제를 충분히 살리고 있어서 가능한 한 중복을 피하되, 선집에 꼭 필요한 한두 편만 택하려는 의도에서 그렇게 정한 것입니다.

둘째 원칙은 강해 시리즈에 실린 수많은 설교들을 통해 그가 말하는 특정 주제, 곧 믿음에 관한 주제를 독자로 하여금 쉽게 읽어 낼 수 있도록 도우려는 의도에서 그렇게 했습니다. 해당 강해 시리즈는 모두 10개입니다. 1984년에 시작한 요한복음 강해(6권)를 필두로, 사도행전 강해(6권), 에베소서 강해(6권), 고린도전서 강해(4권), 로마서 강해(8권), 고린도후서 강해(4권), 신명기 강해(1권), 히브리서 강해(4권), 마태복음 강해(6권), 창세기 강해(3권)가 2006년까지 계속 나왔습니다. 누가 이 수많은 책들을 단숨에 읽고 그의 신앙론을 알거나 자신의 것으로 만들 수 있겠습니까.

셋째 원칙은 2007년을 기점으로 그의 세계가 전후로 크게 나누어졌다고 보기에 그렇게 정했습니다. 2007년 이전의 설교에서는 주로 하나님과 한 개인의 관계 문제가 부각되어 나타납니다. 이것은 그의 신앙론이든, 성화론이든, 교회론이든 그 어디서든 쉽게 볼 수 있을 것 같습니다. 단적인 예로, 그는 교회를 가정에 비유해서 종종 설명하는데 교회를 가리켜 신앙을 훈련하는 장으로 이해한다는 점에서도 그렇습니다. 물론 그의 설교가 사회나 문화나 국가의 문제를 전혀 그 대상으로 삼지 않았다는 것은 결코 아닙니다. 그렇더라도, 2007년을 전후로 그 이전과 단절하는 것은 아니지만 더 종합적인 세계관이 그의 설교에 서서히 더 드러나고 있는 것은 사실입니다. 그 계기가 바로 '청장년을 위한 특별 강좌'(2007)라고 말할 수 있습니다. 이 특강이 그 분기점이 되었다고 생각합니다.

마지막으로 넷째 원칙은 강해 시리즈 설교가 성경 각 권의 장절을 따라 전달된 까닭에 여러 주제들이 혼재된 상태로 배열되어 있고 주제의 논리성을 따라 믿음이 무엇인지 쉽게 파악하기 어렵다고 판단했기에 그렇게 했습니다. 그러나 이 넷째 원칙에는 장단점이 있습니다. 주제의 논리성은 쉽게 읽어 낼 수 있겠지만 설교 당시의 맥락은 상당히 상실될 수 있다는 단점이 있습니다. 그럼에도 불구하고 이제 그가 자신의 문제로 삼고 외쳐 온 믿음을 부분적 이해가 아닌 그 전모를 어느 정도 한눈에 볼 수 있게 할 것입니다. 이것이 본 선집의 장점이 될 것입니다.

여기 실린 설교뿐 아니라 그의 다른 많은 설교들도 삶의 논리를 담고 있습니다. 이 말은 신학의 논리로 삶을 강제하는 것이 아니라 그것이 삶의 과정 속에서 어떻게 녹아나 점차 나의 것으로 될 수 있겠는가 하는 방식으로 설교가 전달된다는 뜻입니다. 즉 사람이 하나님을 만나는 삶의 현실을 다루고 있습니다. 따라서 그의 설교는 삶을 말하는 내러티브(narrative) 형식을 취합니다. 나는 이러한 그의 설교를 가리켜, 설교학에 그런 용어가 있는지 잘 모르겠지만, "인격적 설교"라고 부르기로 했습니다.

지난 10여 년가량 박영선 목사의 설교를 통해 은혜는 물론 사랑과 친절도 받았습니다. 그리고 이 선집 작업을 저에게 흔쾌히 맡겨 주신 것에 감사를 표합니다. 『시간 속에서 일하시는 하나님』이라는 대담집을 준비하고 출간하면서 설교선집도 함께 내기로 약속했는데, 이제사 그 첫 결실을 보게 되었습니다. 그간 기다려 주신 것에 대한 미안한 마음과 고마움을 '복 있는 사람' 출판사에 표하며, 교열과 편집 실무를 담당하신 여러 분에게도 아울러 감사를 전합니다.

2013년 1월
조주석 목사

1

믿음의 본질

01

신자와 불신자

롬 2:3-8

이런 일을 행하는 자를 판단하고도 같은 일을 행하는 사람아, 네가 하나님의 심판을 피할 줄로 생각하느냐. 혹 네가 하나님의 인자하심이 너를 인도하여 회개하게 하심을 알지 못하여 그의 인자하심과 용납하심과 길이 참으심이 풍성함을 멸시하느냐. 다만 네 고집과 회개하지 아니한 마음을 따라 진노의 날 곧 하나님의 의로우신 심판이 나타나는 그날에 임할 진노를 네게 쌓는도다. 하나님께서 각 사람에게 그 행한 대로 보응하시되 참고 선을 행하여 영광과 존귀와 썩지 아니함을 구하는 자에게는 영생으로 하시고 오직 당을 지어 진리를 따르지 아니하고 불의를 따르는 자에게는 진노와 분노로 하시리라.

신자와 불신자

로마서 1:18-2:8의 내용을 요약하면 다음과 같습니다. 사람들의 죄상이 극심하며 그에 반해 하나님의 자비하심이 크시다는 것, 그리고 언젠가는 전 우주적인 종말이—즉 하나님의 심판이—분명히 있으리라는 사실입니다. 이러한 사실들을 기초로 해서 이제 주를 믿는 자와 믿지 않는 자가 궁극적으로 무엇이 다른지를 살펴보고자 합니다. 불신자들은 무엇이 문제이고 어디에서 그들이 우리와 다른가 하는 것이 본문의 4-5절에 집중적으로 나타나 있습니다.

혹 네가 하나님의 인자하심이 너를 인도하여 회개하게 하심을 알지 못하여 그의 인자하심과 용납하심과 길이 참으심이 풍성함을 멸시하느냐. 다만 네 고집과 회개하지 아니한 마음을 따라 진노의 날 곧 하나님의 의로우신 심판이 나타나는 그날에 임할 진노를 네게 쌓는도다(롬 2:4-5).

본문은 회개한 자와 회개하지 않은 자를 나누고 있습니다. 회개하지 않은 자는 다른 말로 바꾸면 '고집을 부리는 자'라고 할 수 있습니다. 이 부분을 가지고 추적해 보면 "도대체 우리의 신자된 것이 그렇지 않은 자들과 무엇이 다른가?" "신자란 어떤 존재인가?" "불신자란 누구인가?"와 같은 질문들에 대해서 성경적으로 아주 좋은 정의와 분별을 내릴 수 있습니다.

회개의 일차적 의미는 '다시 생각한다'는 뜻입니다. 다시 생각한다는 것은 본인의 생각이 전부가 아니라는 것을 깨닫기 시작하는 것을 말합니다. 마태복음 21장에서 우리는 이 문제에 대해 대표적인 사상을 전달하는 실례를 만나게 됩니다.

그러나 너희 생각에는 어떠하냐. 어떤 사람에게 두 아들이 있는데 맏아들에게 가서 이르되 얘, 오늘 포도원에 가서 일하라 하니 대답하여 이르되 아버지, 가겠나이다 하더니 가지 아니하고 둘째 아들에게 가서 또 그와 같이 말하니 대답하여 이르되 싫소이다 하였다가 그 후에 뉘우치고 갔으니 그 둘 중의 누가 아버지의 뜻대로 하였느냐. 이르되 둘째 아들이니이다. 예수께서 그들에게 이르시되 내가 진실로 너희에게 이르노니 세리들과 창녀들이 너희보다 먼저 하나님의 나라에 들어가리라. 요한이 의의 도로 너희에게 왔거늘 너희는 그를 믿지 아니하였으되 세리와 창녀는 믿었으며 너희는 이것을 보고도 끝내 뉘우쳐 믿지 아니하였도다(마 21:28-32).

첫째 아들은 가겠다고 대답하고서 안 갔고, 둘째 아들은 안 가겠다고 대답하고서 갔습니다. 안 가겠다고 하는 데는 자기 나름대로 어떤 이유가 있었을 것입니다. 그 시간에 놀아야 한다든가 다른 일을 해야 한다든가 말입니다. 그러나 다시 생각해 보고 내 생각보다 아버지의 생각을 따르는 것이 좋다는 판정을 내린 것입니다. 그다음 구절에서 예수님이 뭐라고 하시는가 하면, 요한이 와서 구원의 도를 전할 때 세리와 창녀들은 믿었지만 너희는 전혀 뉘우치지 않았다고 하십니다. 그래서 다시 생각한다는 것이 자연스럽게 무엇과 연결되는가 하면 '마음을 바꾼다'와 연결됩니다. 회개는 마음을 바꾸는 것이고, 우리가 본문의 방식으로 이 예문과 연결해서 이야기한다면 넓게 이야기해서 '자신의 고집을 꺾는 것'입니다. 그런 의미에서 신자란 진리를 알게 되었고, 그 알게 된 것으로 본인의 생각과 고집을 꺾은 사람들입니다. 대단한 지혜와 대단한 분별력을 지녔다고 이야기할 수 있습니다.

죄인의 속성

그러나 믿지 않는 사람들은 이 부분에 대해서 마음을 바꿀 생각이 없습니다. 고린도전서 2장은 불신자들의 마음 상태를 이렇게 설명합니다. "육에 속한 사람은 하나님의 성령의 일들을 받지 아니하나니 이는 그것들이 그에게는 어리석게 보임이요 또 그는 그것들을 알 수도 없나니 그러한 일은 영적으로 분별되기 때문이라"(고전 2:14). 육에 속한 사람은 하나님의 성령의 일을 받지 않습니다. 이것은 이해하지 못한다는 뜻이 아니라 능동적이고 적극적으로 고의로 거부하는 것을 의미합니다. 하나님의 말씀을 받지 않는 이유는 그것이 어리석게 보이기 때문이라고 합니다. 즉 미련해 보인다는 말입니다. 그래서 일반적으로 하나님을 모르는 사람들이 갖는 대표적인 속성은 자기 생각이 가장 낫다고 생각하는 것입니다.

우리는 종종 남이 자물쇠를 열 때 잘 열리지 않으면 일단 "비켜 봐"라고 하며 나섭니다. 그리고 늘어선 열 사람이 다 한 번씩 해보고 나서야 "아, 안 되는구나"라고 합니다. 남이 안 되는 것을 보고 "정말 안 되는구나" 하고 물러서는 사람은 없습니다. 해봐야 직성이 풀립니다. 그런데 이런 인간의 속성이 하나님을 생각하지 않고 하나님에 대해 무시하는 것으로 나타납니다. 심지어 무엇이 진리인지 알아도 그에 따라서 행동하지 않습니다. 훨씬 무지하고 미련하며 고집스럽습니다.

하나님에 대한 것도 자신을 기준으로 생각하기 때문에 자기가 이렇게 저렇게 요구하는 것과 맞지 않는 것에 대해 적대감을 갖는 것이 인간입니다. 평소에는 하나님에 대해서 생각하지도 않을뿐더러, 혹시 하나님에 대한 생각을 하게 되어도 그분은 매우 불공평하고 변덕스럽다고 생각합니다. '내가 필요할 때는 안 찾아오시고 필요 없을 때는 찾아오시는 분. 악당들은 잘되게 내버려 두시고 내가 어쩌다 한번 마음먹고 착하게 살려고 하면 어려운 일을 주시는 분. 일하는 것이 일관성이 없고 공정하지 않으신 분.' 이런 식으로 하나님을 치부해 버리는 마음이 있습니다.

그런 마음으로 "왜 하나님은 일을 이런 식으로 하실까?"라는 질문을 흔히 던집니다. 이것은 신자라 할지라도 종종 느끼는 의문 중 하나입니다. "하나님은 왜 이렇게 하실까?" 가장 신앙적이고도 우스운 질문 중 하나가 "왜 예수님이 십자가에 죽어야 하는가?"입니다. '십자가로 개 패듯 로마 놈들을 다 패고 이스라엘을 해방시키시지. 그러면 훨씬 더 잘 믿었을 텐데. 자기가 죽고 나서 믿으라 하니 난 도대체 이해할 수가 없다'고 생각합니다. 그러나 그런 사람들은 만약 예수님이 십자가로 로마인들을 다 두들겨 패셨으면 "이런 기독교는 싫다"고 하며 또 반발했을 것입니다. 핑계를 위한 핑계를 그렇게 대는 것입니다.

"왜 하나님은 일을 이런 식으로 하실까?"라는 질문에는 적의가 내포되어 있습니다. 하나님을 믿고 싶지 않은 것입니다. 이것은 일종의 고의적이고 의도적인 신성모독입니다. 인간이 갖는, 인류가 갖는 가장 보편적인 생각인 것입니다. 그래서 불신자와 신자의 싸움, 혹은 신자가 된 이후에도 신앙이 굳어지는 싸움에서 가장 중요하게 대두되는 문제가 바로 성경에 관한 싸움입니다.

인간에 대한 성경의 진단

성경에 관한 싸움을 좀 더 확장하면 다음과 같은 질문들과 맥을 같이 합니다. "하나님이 계신지 안 계신지, 천국이 있는지 없는지, 성경 말씀이 맞는지 안 맞는지, 그 말씀대로 살 것인지 아닌지……." 이런 것들이 예수를 믿는 문제에서만 걸리는 것이 아니라 믿고 난 다음에 더 깊은 신앙으로 가는데 언제나 거침돌이 되곤 합니다. 신앙에 대해 고민하는 사람들이나 기독교 신앙을 거부하는 사람들이 가장 많이 하는 이야기 중 하나가 "하나님이 계시면 증거를 보여 달라"는 것입니다. 지옥이 어디에 있는지 천국이 어디에 있는지 알려 달라는 것입니다. 이것은 성경을 굉장히 오해하고 있는 것입니다. 성경 기록의 초점은 하나님이 계신지 안 계신지, 지옥이 있는지 없는지에 있지 않습니다. 성경을 그런 시각에서 보면 다 실족하게 됩니다.

성경은 이런 식으로 기록되어 있습니다. 이해하기 쉽게 예를 하나 들어 보겠습니다. 여러분 중에서도 뭔가 분명치 않은 병에 걸려서 고생하신 분들이 계실 것입니다. 이 병원에 가면 이 병이라 그러고 저 병원에 가면 저 병이라 그러는 어려운 경우가 있습니다. 제가 아는 선배 목사님 한 분은 신경염이라는 병으로 돌아가셨습니다. 그런데 그것이 신경염이라는 것을 알아내는 데 1년이 넘게 걸렸습니다. 유명한 의사들을 찾아갔는데 어떤 분은 디스크다, 어떤 분은 중풍이다, 어떤 분은 뇌에 손상이 있다고 합니다. 그런데 결국 나중에 알아낸 것이, 신경에도 염증이 생긴다는 사실이었습니다. 결국 그분은 신경염으로 병상생활을 계속 하다가 돌아가시고 말았습니다.

그런데 그 목사님에게 잘못된 진단을 내린 의사들이 다 의학계에서는 내로라하는 이들이었습니다. 이렇게 나름대로 권위 있는 전문가들의 의견이 각각 다를 때 여러분 같으면 어떤 판단을 내리겠습니까? 그런 것들은 무엇으로 알 수 있을 것 같습니까? 여러분 생각에 '이 의사는 신뢰할 만하다, 이 의사는 신뢰할 수 없다' 할 때 "자격증 봅시다", "면허증 봅시다" 이렇게 말합니까? 무엇으로 압니까? 보통은 그 사람이 집어내는 증상들이 얼마나 정확한지를 봅니다. 환자 본인이 겪는 병의 증상과 증세를 정확히 맞춰서 결론을 내면 이 의사는 신뢰할 수 있는 것입니다. 저는 한의와 양의의 필요성을 다 인정합니다. 다만 일반적으로 한의사를 찾아가서 진찰을 받으면 그 소견이 애매할 때가 있습니다. "몸이 허해서 그렇습니다." 이런 것이 저에게는 굉장히 애매한 발언처럼 느껴집니다. 의사라면 정확한 증상에 대한 판단 없이 그냥 애매모호하게 이야기해서는 안 된다고 생각합니다.

제가 언젠가 하도 피곤해서 간염이 아닌가 싶어서 어느 병원에 찾아갔습니다. 미리 예약을 하고 드디어 의사를 만났습니다. "어떻게 오셨습니까? 목사님." "무척 피곤합니다." 그랬더니 의사가 이렇게 말하더군요. "목사님, 저도 그렇습니다." "예, 알겠습니다." 그러고는 나왔습니다. 저는 정말 힘들고 죽겠어서 병원에 갔더니 그 정도는 누구나 겪는 일이니 엄살 부리지 말고 참고 살라는 것입니다. 그런데 그런 조언은 저에게는 너무나 모호한 것 같습니다.

지옥이 있다는 것을, 하나님이 계시다는 것을 무엇으로 확인할 수 있습니까? 성경에 구체적인 답은 없습니다. 선악과를 왜 만들었는지에 대한 답도 없습니다. 성경은 그냥 "태초에 하나님이 천지를 창조하시니라"는 선언으로 시작합니다. 그리고 모두 무슨 이야기입니까? "인간이 하나님을 배반하고 생명과 복의 근원으로부터 떨어져 나갔다. 그때 이후로 인간에게 부패가 있고 죄가 있고 타락이 있고 모든 고통이 시작되었다. 그러한 고통은 이러저러한 것이다. 근친상간이 있고 형제끼리 죽이는 일이 생겼다. 아무도 마음 편히 먹고 살지 못했다. 누구나 죽고 만다. 아무리 많이 벌어도 그것이 그를 행복하게 못하며, 아무리 하고 싶은 것을 해도 그것으로 마음을 위로받지 못하는 것이 인간이다. 왜냐하면 그 죄의 문제를 돈이나 건강이나 세상의 어떤 조건으로도 극복할 수 없기 때문이다."

이것이 성경이 하는 이야기입니다. 성경은 우리가 걸린 병이 무엇이고 그 병이 왜 생겼으며 그 병이 죽을병이라는 것이 확실한데 그 증거가 무엇인지를 너무나 분명히 제시하고 있는 것입니다. 이 인간의 죄악된 현상에 대한 정확한 분석과 지적. 이것이 성경의 내용입니다.

성경의 초점

미우라 아야코라는 유명 작가가 자서전 식으로 쓴 『길은 여기에』라는 책이 있습니다. 이 책에 이 작가가 예수를 믿게 되는 동기가 나옵니다. 이분은 기독교에 대해, 진리와 절대에 대해 굉장한 혼란 상태에 있었습니다. 허무주의와 염세주의에 빠져서 죽으려는 생각도 여러 번 했었습니다. 그런데 어느 날 우연히 성경을 들추다가 전도서를 읽게 되었습니다. 전도서의 그 유명한 구절인 "헛되고 헛되며 헛되고 헛되니 모든 것이 헛되도다"라는 구절을 만난 것입니다.

그녀는 성경이 윤리적·도덕적으로 고상한 사상만을 전하는 책이라고 생각했었습니다. 그런데 거기에 더 이상 절망할 수 없고 더 이상 허무할 수 없는 사람이었던 자신이 가졌던 생각보다 더 허무한 글이 쓰여 있는 것을 발견하고는 깜짝 놀랍니다. '아니, 성경이 이런 책이란 말인가? 기독교인들이란 철저히 현실을 외면하고 자기들끼리 모여서 얼싸 좋다 서로 부추기면서 그러고 사는, 약간 현실 도피적인 집단인 줄 알았더니 이렇게 현실을 정확히 지적하는 내용을 소유하고 있는 자들이란 말인가?' 하는 생각이 들었습니다. 더 나아가 "해 아래서 하는 수고가 모두 헛되도다. 지혜로운 것이 무엇이 유익하냐? 잘살고 승리하고 명예를 얻는 것이 무엇이 유익하단 말이냐? 미련하게 살고 실패하고 절망한 사람의 죽음과 성공한 사람의 죽음이 무엇이 다르다는 말이냐?"와 같은 구절들에서 그녀는 심한 충격을 받습니다.

말하자면, 이것이 성경이 기록된 초점인 것입니다. 지금 우리가 본문을 통해서 발견하는 것도 이것입니다. 우리는 성경을 보고서 "이것이 인간이다. 맞다, 우린 정말 이 모양이구나" 하는 것을 확인해야 합니다. 마치 다음과 같습니다. 결핵 4기인 어떤 환자가 의사한테 찾아와서 물어봅니다. "이상하게 통증이 있고 몸이 나른한데 어떻게 된 일입니까?" "보십시오. 당신 폐가 이렇게 엉망이 되어서 얼마 못 살게 되었습니다. 요양을 하고 영양식을 하고 이런저런 약을 드십시오. 그래야 치료가 됩니다." "아니 내가 꼭 그래야 한단 말입니까?" "오후만 되면 미열이 있지요? 무슨 일을 하려고 해도 힘이 없지 않습니까?" "맞습니다." "이것이 바로 당신이 병에 걸렸다는 분명한 증거입니다." 그런데 환자가 하는 소리가 이것입니다. "우리 옆집에 사는 사람은 매일 피를 흘리고 누워서 꼼짝도 못하는데, 어저께도 살아 있었고 오늘 내가 나올 때도 살아 있었어요. 내가 언제 죽는단 말입니까? 공연히 돈 벌려고 나에게 거짓말하는 거죠?" 그러고는 집으로 돌아갔습니다.

그러면 이제 그에게 무슨 일이 일어날까요? 죽는 일만 남았습니다. 이 싸움입니다. 성경이 하고 싶은 이야기는 "너희는 이런 중병에 걸렸다. 너희가 돌아와 고침 받고 하나님께 구원 얻지 못하면 죽고 만다. 죽는 것이란 우리가 말하는 이 세상에서의 존재가 없어지는 것이 아니라 지옥에 가는 것이다. 영원한 형벌 속으로 가는 것이다. 돌아오라. 회개하라"입니다. 그런데도 인간은 무엇이라고 대답합니까? "나보다 더 악당으로 살고 있는 저 사람들도 아직까지 잘 살고 잘 먹고 있는데 내가 왜 믿어야 합니까?" 이런 식으로 성경의 요청을 거부합니다. 이것이 바로 성경이 이야기하는 초점입니다.

인간의 고집과 굳어진 마음

성경의 기록에서 가장 중요하게 강조하고 있는 바를 우리는 분명히 알아야 합니다. 인간이란 결국 성경의 경고에 대해 귀를 닫는 자란 말입니다. 고집을 부리고 듣지 않습니다. 결국 조금 전에 말한 환자와 같이 "다들 그러고도 잘살고 있는데 왜 나한테만 그러느냐"고 거부하며 고집을 부립니다. 그런데 여기서 고집이란 말은 '굳어진 마음'이란 뜻입니다. 에베소서 4장에 이것과 관련하여 아주 적절한 표현이 나옵니다.

그러므로 내가 이것을 말하며 주 안에서 증언하노니 이제부터 너희는 이방인이 그 마음의 허망한 것으로 행함같이 행하지 말라. 그들의 총명이 어두워지고 그들 가운데 있는 무지함과 그들의 마음이 굳어짐으로 말미암아 하나님의 생명에서 떠나 있도다. 그들이 감각 없는 자가 되어 자신을 방탕에 방임하여 모든 더러운 것을 욕심으로 행하되(엡 4:17-19).

이 말씀은 불신자의 일반적인 마음을 묘사하고 있습니다. 그들은 총명이 어두워져서 무지합니다. 하나님이 계시다는 것을 모릅니다. 따라서 하나님의 말씀을 들어도 무슨 말인지 모릅니다. 게다가 혹 깨닫는 마음이 있어서 무엇이 옳은지를 알아도 마음이 곧 굳어집니다. 옳은 것을 알아도 마음을 굳게 하고 거스르며 고집을 부립니다. 심지어 신앙생활을 하는 신자라 하더라도 병에 걸린 사람은 "왜 나만 이렇게 살아야 하느냐"라며 고집을 부립니다.

우리는 종종 이렇게 변명합니다. "아니, 물론 내가 그때는 잘못했지. 그러나 당신 같으면 그때 그럴 수 있겠어? 당신, 그 일을 참을 수 있겠어? 자식이 매를 맞고 있는데 옳고 그른 것은 그만두고라도 자식이 맞는 것 보고 가만있을 부모가 어디 있어?" 이런 태도는 말이 안 됩니다. 맞을 짓을 했으면 맞아야죠. 죽을 짓을 했으면 죽어야 하고요. 그러나 옳고 그른 것을 문제 삼지 않습니다. 오히려 상대방에게 당신이라면 그런 상황에서 참을 수 있겠느냐고 따지고 변명합니다. 자신에게 일어난 일을 모두에게 일어난 일인 것처럼 가정해서 그것을 판단의 근거로 삼습니다. 이렇듯 자신만 옳고 자신만 기준이 되어 객관적인 옳고 그름을 무시하려는 못된 배짱이 모든 인간에게 있는 것입니다.

또한 우리는 하루를 살면서 이런 말을 가장 많이 합니다. "아니 그것을 어떻게 참아? 그걸 보고 가만있어? 아니 그럼 나더러 어떻게 하란 말이야?" 이런 말들은 다 옳고 그른 것을 염두에 두지 않습니다. 오히려 죄스러운 일을 할 때, 보다 많은 동조자를 얻어서 자기 행위를 정당화하려는 태도가 깔려 있습니다. 자신의 생각을 꺾지 않습니다. 내게 잘못이 있다고 인정하지 않습니다. 이것이 우리가 갖는 생각입니다.

그래서 마음이 굳어진다는 것은 고집을 부린다는 것입니다. 예를 들어, 태양빛이 작열할 때 그 밑에 버터를 갖다 놓으면 녹습니다. 그러나 같은 곳에 진흙을 뭉쳐서 갖다 놓으면 녹지 않고 굳어집니다. 마음이 굳어진다는 것은 진흙이 햇볕 아래서 굳어지는 것과 같은 것입니다. 진리와 사실이 나타나면 그것을 깨닫는 것이 아니라 오히려 마음이 굳어지는 것입니다. 이것이 바로 인간이 예수 그리스도를 죽이기로 결정한 이유입니다. 예수님이 오시자 모두가 죄인이라는 것이 밝혀졌습니다. 그러자 마음이 녹고 회개를 한 것이 아니라 그분을 몰아냈습니다. 이것은 아주 중요한 이야기입니다.

이런 예화가 있습니다. 지지고 볶으며 살아가는 인생들이 사는 어떤 마을에 아주 좋은 부부가 들어왔습니다. 남편이 가정을 잘 돌보고 부인도 정숙한 아주 모범적인 가정이 이사를 왔습니다. 그러자 마을 전체에 문제가 생긴 것입니다. 남편들은 하나같이 아내를 꾸짖을 때마다 누구네 집 아내를 보라고 하고, 아내들은 전부 남편한테 바락바락 악을 쓸 때마다 그 집 남편을 보라고 합니다. 그래서 어떻게 되었을 것 같습니까? 온 마을이 회개하고 좋아진 것이 아니라 마을 회의를 열어서 그 부부를 쫓아냈습니다. 이것이 인간입니다. 우리는 주변에서 누군가가 바르고 검소하게 살면 그 사람을 내버려 둡니까? 안 내버려 둡니다. 그것이 우리 마음에 내버려 둔 고질적인 태도입니다.

신자의 특징

신자와 불신자의 차이가 무엇입니까? 불신자는 끊임없이 하나님 탓을 합니다. 내가 하나님을 믿지 않는 것은 하나님이 죄를 만들고 환경을 이렇게 만들었기 때문이라고 말합니다. 신자는 무엇이 다릅니까? 그는 이렇게 말합니다. "하나님, 이렇게 된 것은 전부 저의 책임입니다. 저의 죄 때문입니다. 제가 잘못한 것입니다. 그럼에도 불구하고 저 같은 인간을 어떻게 그토록 사랑하십니까?" 신자는 이러한 결론을 가지고 사는 사람입니다. 하나님의 은혜를 곰곰이 생각하고 놀라는 사람입니다. "하나님은 어쩌면 그러실 수 있습니까?" 인간 중에 괜찮은 인간을 만나도 우리가 깜짝깜짝 놀라는데 그분은 비교할 수 있는 대상이 없지 않습니까? 하나님의 아들을 십자가에 못 박은 인간, 노골적으로 "야, 하나님이 어디 있어! 하나님을 믿으려면 내 주먹을 믿어라!"와 같은 불손한 말을 내뱉는 자들을 놔두시는 하나님. 그리고 그러한 자마저 회개하게 하여 구원 얻게 하는 것을 기뻐하시는 하나님. 이분이 바로 하나님이십니다.

그분은 악인과 선인에게 비를 주시고 햇볕을 비추시는 분입니다. 우리는 악당이 잘사는 것을 보면 좀 약이 오르지 않습니까? 그러나 하나님은 "얘야, 미운 자식에게 떡 하나 더 준단다. 나중에 어차피 지옥 갈 것 같은데 살아 있을 동안이라도 잘 먹고 잘살아야 하지 않겠느냐?" 하시는 분입니다. 이 하나님께 항복하고 싶지 않습니까? 마땅히 "하나님, 제가 항복합니다. 하나님은 경배와 찬송을 받으시기에 합당하십니다"라고 해야 하지 않을까요? 그러한 결론에 동의하십니까? 이 부분이 아멘입니다.

우리가 무엇이 달라졌습니까? 어떤 억울한 일을 당해도, 어떤 악한 일과 어떤 더러운 일이 세상에 일어나더라도, 하나님이 지켜보고 계시며 하나님이 죄인들을 불쌍히 여기고 계심을 깨닫고 믿는 것입니다. '죄를 차마 못 보시는 하나님도 참고 계시는데 내가 누구라고 먼저 정죄를 할 수 있는가?'라는 마음을 갖게 된 것, 이것이 신자의 변화입니다. 세상을 하나님의 시각에서 보십시오. 이것이 신자가 빼앗겨서는 안 되는 시각이요, 신자된 자랑이요, 신자가 받는 복된 상입니다. 이 복과 이 시각을 가지고 하나님 앞에 무릎 꿇음으로써, 하나님의 오래 참으심에 대해 감사하는 여러분이 되시기를 권합니다.

02
인격적 관계

히 11:1-3
믿음은 바라는 것들의 실상이요 보이지 않는 것들의 증거니 선진들이 이로써 증거를 얻었느니라. 믿음으로 모든 세계가 하나님의 말씀으로 지어진 줄을 우리가 아나니 보이는 것은 나타난 것으로 말미암아 된 것이 아니니라.

평생의 탐구 주제

저는 믿는 가정에서 태어나 모태신앙 가운데서 자라났습니다. 어린 시절을 추억해 보면 교회 안에서 컸으니 그 언저리에 항상 교회나 신앙의 문제가 놓여 있었습니다. 중간에 믿으신 분들은 구원의 순간을 체험하셨을 테니 믿기 전과 믿은 후의 구별이 분명하겠습니다만, 저같이 모태신앙 가운데서 자라난 사람들에게는 대체로 그런 구별이 뚜렷하지 않습니다. 오래전부터 신앙인으로 있었다는 기억밖에 없습니다. 그런데 고등학교 1학년 무렵부터 심각하게 믿음과 기독교 신앙에 대하여 의문이 생기기 시작했습니다. 아마도 제 평생에 가장 크게 관심을 가지고 집중적으로 생각하며 연구한 주제가 있다면 그것은 바로 '믿음'일 것입니다.

믿음에 관한 저의 의문점은 대표적으로 이런 것이었습니다. 아브라함은 백 세에 얻은 아들을 하나님이 바치라고 하시자 바쳤습니다. 그래서 우리는 쉽게 아브라함의 믿음을 본받자고 말합니다. 누가 그런 믿음을 갖고 싶지 않겠습니까? 하지만 과연 그런 믿음이 어떻게 해서 생기는가 하는 문제가 무척 궁금했습니다. 그것이 하늘로부터 뚝 떨어지는 선물인가, 아니면 어떤 방법으로 연습하고 노력해서 얻는 것인가 하는 의문이 생겼습니다. 더 나아가서, 믿음이 어느 부분까지 선물이고 어느 부분부터 책임이냐 하는 것도 저에게 큰 숙제였습니다.

그런데 저는 『하나님의 열심』이라는 책을 쓸 때 아브라함의 믿음이 어떤 것인지 풀어내면서 한 고비를 넘겼습니다. 믿음의 어떤 부분이 선물이며 어떤 부분이 책임인가 하는 것들에 대해서도 하나님이 깨우침을 주셔서 지금 이 설교를 하게 되었습니다. 저로서는 믿음의 본질에 대한 설교를 한다는 것에 상당한 감회가 있고 책임을 다해야 한다는 마음이 있습니다.

먼저 말씀드리고 싶은 것은 '믿음이란 무엇인가' 하는 문제입니다. 그리고 이 주제에 이어 차례차례 '믿음은 어떻게 생기는가', '믿음은 어떻게 자라나는가', '좋은 믿음은 어떤 것인가', '잘못된 믿음은 어떤 것인가' 하는 주제들을 짚어 볼 것입니다.

인격과 인격의 관계

『기독교대백과사전』을 보면, 믿음의 정의를 이렇게 내리고 있습니다. "믿음은 어떤 사물에 대한 신념과 어떤 사람에 대한 신뢰를 가리키는 말이다. 신학에서 믿음이란 인간이 절대자 또는 초월자를 이해하는 것을 나타내는 표현이다. 믿음은 새로운 지식을 발견하는 것과는 대조적으로 계시에 응답하는 것이다." 즉 믿음은 사물 또는 사실에 관한 것이 아니라 하나님에 관한 것입니다. 하나님이 자신을 나타내시고 그 하나님에 대하여 우리가 어떤 반응을 보이는 것입니다. 믿음이란 하나님에 대한 우리의 반응입니다. 다시 말해, 믿음이란 하나님께 대한 신뢰입니다.

『기독교대백과사전』을 계속 인용해 보겠습니다. "성경에 있어서 신앙의 대상은 하나님이시고, 이 최고의 인격화는 하나님께서 한 인간의 생명으로 자신을 계시하셨으며 따라서 우리 주 예수 그리스도의 아버지로 불리어지는 신약의 선언에서 이루어져 있다. 이것에 의하면 신앙이란 일차적으로 신념이기보다는 신뢰이며 추상적인 지식이기보다는 인격적인 관계의 문제다." 다시 말해, 성경에서 말하는 믿음이란 인격에 대한 신뢰라는 것입니다. 기독교 신앙에서 믿음이란 사실에 관한 것이기보다는 인격에 대한 신뢰입니다. 이 인격에 대한 신뢰는 우리에게 자신을 나타내 보이신 하나님께 대한 신앙적인 반응을 말합니다.

그래서 믿음은 인격과 인격의 관계에서만 발생합니다. 인격과 기계 사이에서는 믿음이 생기지 않습니다. 우리가 기계를 믿는다고 말합니까? 그렇지 않습니다. 이 기계가 어디에 쓰이고 어떤 기능을 가졌는지에 대해서는 알지만, 그것이 고장 났을 때 우리가 열심히 빌면 그 기계가 스스로를 고칠 것이라 생각하지는 않습니다. 고장이 나면 사람이 그것을 고쳐야 하지 고장 난 기계를 설득하지는 않습니다. 그러나 믿음이란 인격과 인격 사이의 관계에서 발생하는 것이기 때문에 상대방에게 기대하고 그를 설득하고 신뢰하는 것입니다. 따라서 상대를 내가 조작하거나 조정해야 할 대상으로 보지 않고, 그의 의지와 결정에 대하여 무엇인가 기대해도 좋을 인격적 대상으로 대하는 것입니다.

그래서 우리는 믿음이라는 것을 이야기할 때, 우리가 열심을 내어 하늘 보좌를 흔든다는 식의 표현을 쓸 수가 있습니다. '비록 내가 무엇인가를 얻어 낼 자격은 없지만 내가 이 소원을 하나님 앞에 아뢰고 떼를 쓰고 울면 하나님이 감동하셔서, 감동을 안 하시면 불쌍히 여기셔서 혹은 귀찮아서라도 해주실 것이다.' 이렇게 기대하는 것은 하나님이 인격자이시기 때문입니다. 그러나 우리가 비인격적인 기계를 향해서는 그렇게 할 수 없지 않습니까. 믿음이란 인격과 인격 사이에서만 성립이 가능한 관계라는 것입니다. 이것이 제일 중요합니다. 이 사실을 꼭 기억해야 합니다.

성경에서 믿음에 관한 설명이 선명히 드러나 있는 곳을 찾으려면 우리는 언제나 히브리서 11장을 찾습니다. 히브리서는 곤경에 처한 성도들을 위로하기 위하여 쓴 책입니다. 그중에서 11장은 성도가 책임져야 할 믿음의 몫에 대하여 말씀하고 있습니다. '예수 그리스도를 믿는 신앙에서는 예수님을 믿는 자가 자신의 신앙 때문에 고난을 감수해야 한다, 고난을 감수할 몫이 있으며 책임이 있다.' 이런 방향으로 믿음을 설명합니다. 즉 인격과 인격 사이에서는 어느 한쪽이 일방적으로 모든 것을 책임지는 것이 아닙니다. 서로 주고받는 것입니다. 하나님은 온 천하 만물의 주인으로서 우리를 사랑하셔서 그 아들을 아끼지 아니하고 십자가에 매어 다신 분입니다. 이처럼 하나님은 우리를 위하여 능력이나 이해관계를 떠나서 그분이 하셔야 했던 부분이 있었지만, 그분이 부르신 자들은 그 상대방 인격 앞에 자신의 인격을 동원해서 져야 할 책임이 있는 것입니다.

그래서 예수 그리스도를 믿고 하나님의 자녀라는 고귀한 자리로 부름을 받으면, 우리는 이 큰 영광의 은혜를 근거로 하여 하나님 앞에 자신이 내어놓아야 할 책임들을 감수하는 것입니다. 히브리서 11장은 이러한 믿음이 어떤 것인지를 보여줍니다. '여기 이 구약의 인물들이 어떻게 하나님 앞에서 하나님의 자녀로 부름 받은 자의 책임을 감수했는지 보라! 저들이 어떻게 이 세상에서 현실적인 고난을 극복하고 하나님 편에 서서 모든 고난을 감수했는지 보라!' 히브리서 11장은 믿음을 객관적으로 설명하지 않고 고난에 처한 성도들에게 하나님의 자녀된 자들이 드러내야 할 책임으로서의 믿음을 권유하고 있습니다. 믿음은 인격과 인격의 관계이기 때문에 책임이 요구되는 것입니다.

믿음에 관한 이해를 돕기 위해 다시 본문 3절을 보겠습니다. "믿음으로 모든 세계가 하나님의 말씀으로 지어진 줄을 우리가 아나니 보이는 것은 나타난 것으로 말미암아 된 것이 아니니라"(히 11:3). 이 구절은 하나님이 세상을 말씀으로 창조하셨음을 강조합니다. 말씀으로 창조하셨다는 것은 이미 있었던 물건을 가지고 무슨 작품을 만드신 것이 아니라는 뜻입니다. 물건이 먼저 있었고 하나님이 등장하셔서 그 물건을 가지고 무엇을 만드셨다는 것이 아니라 없는 데서 있게 했다, 다시 말해, 말씀으로 창조하셨다는 것입니다. 무에서 유를 창조했다고 한 표현에는 하나님이 말씀으로 천지를 창조하셨다는 사실과 함께 이 창조주가 인격자라는 뜻도 담겨 있습니다.

말이란 어느 인격을 향해 무엇인가를 설명하기 위한 수단 내지 방법인 것입니다. 이 사실을 자동문의 예로 설명해 보겠습니다. 누군가가 자동문 앞에 서면 문은 자동으로 열리게 됩니다. 인격자가 아닌 물건을 문 앞에 가져다 놓거나 강아지가 문 앞에 와도 문은 자동으로 열립니다. 그렇다고 그 물건이나 강아지가 자동문과의 관계에서 인격자가 되는 것입니까? 그렇지 않습니다. 거기에는 인격 대 인격의 관계가 없기 때문입니다. 하나님께서 세상을 말씀으로 만드셨다는 것은 그런 식의 관계를 말하는 것이 아닙니다. 말씀이란 하나님이 인격자와 가지시는 의사소통의 방법입니다. 그리고 이런 발언을 하신 이는 인격자라는 것입니다. 말씀으로 천지를 창조했다는 것은 하나님이 어떤 분이냐에 관한 것입니다.

우리는 보통 하나님을 어떤 법칙이나 인격이 없는 개념, 질서, 힘 등으로 생각할 때가 많습니다. 특히 성령에 관해 이야기할 때 그렇습니다. 성령 하나님이 인격적 존재라는 것을 자꾸 놓치고 사물화하거나 어떤 힘이나 원칙으로 삼아 성령 하나님을 조작하여 성령의 은사를 받아내려고 합니다. 우리가 하나님을 그렇게 생각하게 되면, 하나님께서 말씀으로 천지를 창조하셨다는 말씀이 품은 뜻을 놓칠 수밖에 없습니다.

하나님의 의지 안에서

히브리서 11:1은 믿음이 무엇인지를 정의하고 있습니다. "믿음은 바라는 것들의 실상이요 보이지 않는 것들의 증거"(히 11:1)라고 말합니다. 우리에게 믿음은 자기가 소원하고 기대하는 것에 대한 자기암시입니다. '될 줄로 믿습니다. 되기를 바랍니다. 되었으면 좋겠습니다.' 이렇게 믿음을 동원하여 자신에게 암시를 겁니다. 이런 것은 믿음이라고 하지 않습니다. 히브리서 말씀은 모든 결과가 인격자이신 하나님의 뜻과 의지에 따라 이루어진다는 것을 말하고 있습니다.

내가 좋은 집을 갖고 싶어 하고 좋은 건강을 갖기를 원할 때, 우리는 그것이 나타나야 그 실체를 확인할 수 있습니다. 그것이 사실이라는 것을 확인하려면 어떤 결과가 드러나야 합니다. 그러나 우리 기독교 신앙에서 믿음이란 하나님을 향하여 갖게 되는 것이기 때문에, 우리가 확인할 수 있는 현재의 어떤 결과와는 직접 상관이 없습니다. 하나님이 나를 향하여 은혜 베풀기를 원하시고 나를 사랑하시며 내 뜻을 기꺼이 받으시고 또한 전능하신 하나님임을 확인할 때, 하나님이 '그래 됐다'라고 하시면 되는 것입니다. 시간과 장소는 훗날이 될지 몰라도 하나님이 그렇게 하시겠다고 하면 그것으로 그만입니다. 이 말을 이해하시겠습니까? 말씀으로 세상을 창조하신 이, 전능하신 하나님, 의로우신 하나님, 자비로우신 하나님이 작정하시고 의도하시면 그것이 결과가 되는 것입니다.

우리가 어떤 사실에 대해서 확인하려고 할 때 결과가 일어나면 가장 확실하게 확인할 수 있습니다. 그러나 그 전에라도 하나님이 어떤 하나님이신지를 알고 하나님이 무엇을 하시려는지를 알았다면, 이미 된 것을 그 속에서 보는 것입니다. 믿음으로 본다는 것은 믿음이라는 안경으로 보는 것을 말하지 않습니다. 하나님이 어떤 분이시며 무엇을 하기 원하시며 어떻게 하시려고 하는지를 알게 함으로써 그 결과들을 하나님 안에서 다 보는 것입니다.

찬송하리로다. 하나님 곧 우리 주 예수 그리스도의 아버지께서 그리스도 안에서 하늘에 속한 모든 신령한 복을 우리에게 주시되 곧 창세 전에 그리스도 안에서 우리를 택하사 우리로 사랑 안에서 그 앞에 거룩하고 흠이 없게 하시려고 그 기쁘신 뜻대로 우리를 예정하사 예수 그리스도로 말미암아 자기의 아들들이 되게 하셨으니 이는 그가 사랑하시는 자 안에서 우리에게 거저 주시는 바 그의 은혜의 영광을 찬송하게 하려는 것이라(엡 1:3-6).

구원은 언제 이루어집니까? 우리가 예수님을 믿은 날, 내가 예수님을 믿기로 한 날에 이루어집니다. 그러나 사도 바울은 우리가 예수님을 믿게 된 것은 예수님이 우리를 위하여 십자가를 지셨기 때문이라고 합니다. 그러면 예수님이 십자가에서 우리 대신 죽으신 날에 우리가 구원을 얻었습니까, 아니면 훗날 내가 개인의 자유의사로 "나 오늘부터 예수님을 믿겠습니다"라고 작정한 날에 구원을 얻습니까? 물론 내가 믿기로 작정한 날에 구원을 얻는 것입니다. 그러나 사도 바울이 하고 싶은 이야기는 그와 다릅니다. '네가 예수를 믿기로 작정한 것은 하나님이 그 아들을 보내어 우리 죄를 위하여 죽게 하시고 우리를 거듭나게 하사 하나님이 네 인생에 간섭하셔서 예수를 믿게 하신 것이다.' 이렇게 은혜가 개입되어 있는 것을 볼 수 있습니다.

그런데 예수님을 보내기로 하신 것은 하나님이 세상 돌아가는 것을 보면서 하신 것이 아니라 창세 전에 준비하신 것입니다. 복잡한 이야기입니다만, 하나님이 우리를 구원하기 위하여 그 아들을 이미 준비하고 계셨습니다. 물론 인류의 조상 아담이 타락하지 않았다면 예수님이 십자가를 지실 필요가 없고, 다른 인도하심으로 완성되었을 것입니다. 우리가 타락한 탓에 십자가를 지셨지만, 더 큰 하나님의 계획 속에서는 어느 쪽이든 예수 그리스도가 필요했다고 생각해 볼 수 있습니다. 선악과를 따 먹은 인류의 조상들이 생명나무를 따 먹을까봐 에덴동산에서 쫓겨난 것인데 학자들은 그 생명나무가 예수 그리스도를 상징한다고 보고 있습니다.

하나님은 우리가 구원을 얻을지 못 얻을지, 예수를 영접할지 안 할지 모르는 형편에서 예수님을 보내신 것이 아닙니다. 예수님을 보내신 하나님의 의지와 계획이 예수님을 믿도록 우리 인생과 우리 영혼에 간섭하신 것이라고 바울은 믿고 있습니다. 그래서 그는 구원을 창세 전으로 끌고 갑니다. 모든 결과는 결국 하나님이 무엇을 의도하셨고 무엇을 뜻하셨느냐에 있었다는 것입니다. 이런 사실을 근거로 바울은 이 구원을 창세 전으로 끌고 간 것입니다.

> 찬송하리로다. 하나님 곧 우리 주 예수 그리스도의 아버지께서 그리스도 안에서 하늘에 속한 모든 신령한 복으로 우리에게 복 주시되 곧 창세 전에 그리스도 안에서 우리를 택하사 우리로 사랑 안에서 그 앞에 거룩하고 흠에 없게 하시려고 그 기쁘신 뜻대로 우리를 예정하사 예수 그리스도로 말미암아 자기 아들들이 되게 하셨으니(엡 1:3-5).

하나님이 그 계획의 뜻과 목적을 세우신 것은 창세 전입니다. 하나님이 계획하시면, 하나님은 식언치 아니하시고 변개치 아니하시며 영원한 분이시니 그 뜻이 바뀔 리 없고 하나님의 뜻을 방해할 힘도 없습니다. 하나님을 꺾을 힘이 어디에 있습니까? 하나님의 속성으로나 하나님의 능력으로나 그분이 작정하신 것이 곧 결과라는 것입니다. 그 결과가 몇천 년 혹은 몇만 년이 흘러 일어났는지는 몰라도 그 세우신 분이 그 뜻을 가지면 그것이 곧 결과입니다. "믿음은 바라는 것들의 실상이요 보이지 않는 것들의 증거"라는 것입니다. 이 모든 결과를 우리는 하나님에게서 봅니다. 우리의 소원에 대한 답, 우리에게 일어나야 할 모든 복, 하나님이 이루시려는 거룩함과 의로움의 완성이 하나님 안에 있습니다.

인격 확인

그래서 하나님을 믿는 자, 그분의 백성이 된 자는 이미 그 안에서 다 보게 됩니다. 바라는 것들과 보이지 않는 모든 것을 그분에게서 보게 됩니다. 그분이 다 하실 것입니다. 우리는 이렇게 사실 확인이 아닌 인격 확인을 하는 것입니다. "믿음은 바라는 것들의 실상이요 보이지 않는 것들의 증거"라는 말씀이 그런 뜻입니다. 사실과 결과의 확인을 말하는 것이 아니고 인격 안에서의 확인을 말하고 있습니다. 그것이 믿음입니다. 믿음이란 하나님을 제외시켜 놓고 나 혼자 갖는 열심이거나 소원이거나, 본인이 무슨 비법으로 갖는 종교적인 주술 행위가 아니라는 것입니다.

우리는 욥기에서 이 사실을 확인할 수 있습니다. 욥기 42장을 보면, 욥의 신앙이 이전과는 아주 다른 특징을 보입니다.

욥이 여호와께 대답하여 이르되 주께서는 못 하실 일이 없사오며 무슨 계획이든지 못 이루실 것이 없는 줄 아오니 무지한 말로 이치를 가리는 자가 누구니이까. 나는 깨닫지도 못한 일을 말하였고 스스로 알 수도 없고 헤아리기도 어려운 일을 말하였나이다. 내가 말하겠사오니 주는 들으시고 내가 주께 묻겠사오니 주여, 내게 알게 하옵소서. 내가 주께 대하여 귀로 듣기만

하였사오나 이제는 눈으로 주를 뵈옵나이다. 그러므로 내가 스스로 거두어 들이고 티끌과 재 가운데에서 회개하나이다(욥 42:1-6).

욥이 처음에 하나님께 어떻게 따져 묻습니까? "하나님, 도대체 내가 뭘 잘못했다고 이런 고난이 온 것입니까? 그것을 한번 따져 봐야겠습니다." 욥이 이렇게 시작하지 않았습니까? 그런데 하나님이 마침내 나타나서서 어떻게 말씀하십니까? "욥아, 너는 대장부처럼 허리를 묶고 내가 네게 묻는 말에 대답해 보아라. 네가 내 우박 창고를 보았느냐. 네가 낚시로 악어를 낚을 수 있느냐." 이렇게 계속 이상한 말씀만 한참 하십니다. 이에 욥이 "아이고, 하나님! 내가 까무러칩니다. 내가 주께 대하여 귀로 듣기만 하였는데 이제는 눈으로 주를 뵈옵나이다"라고 고백합니다.

욥은 이전에 하나님을 어떻게 생각하고 있었습니까? 그는 하나님을 질서나 법이나 힘이나 무정한 법칙으로 알고 있었습니다. 그가 하나님을 인격자로 안 것이 아닙니다. "내가 선하게 살고 죄를 안 지으면 화를 당할 리가 없다" 하는 식으로밖에 하나님을 알지 못했습니다. 그의 신앙은 하나님과 갖는 인격적인 관계나 인격적 신뢰가 아니었습니다. 그것은 잘잘못을 가려 주는 기준이거나 권위였습니다.

그러니 욥은 이렇게 말할 수밖에 없었습니다. "내가 뭘 잘못했습니까?" 이 말에 대하여 하나님이 등장하셔서 하신 말씀이 무엇입니까? "나는 무정한 법이나 개념이 아니다. 나는 의지를 가지고 선과 의를 이루기 위하여 자연과 모든 생물에 인격적으로 개입하는 하나님이다." 이러한 하나님이시라는 사실을 자연을 들어서 설명하십니다. "네 인생에 있어서 나는 심판관이나 무정한 법칙이 아니라, 너를 복되게 하기 위하여 네 인격과 네 인생에 개입하는 아버지요 인도자요 복 주는 하나님이다!" 그래서 욥이 까무러칩니다. "아이고, 하나님! 제가 그걸 몰랐습니다. 저는 하나님이 그런 분이신 줄 미처 몰랐습니다. 전에는 귀로 듣기만 했습니다. 이제는 눈으로 봅니다. 하나님이 누구신지 이제야 알겠습니다. 맞습니다. 하나님, 하나님은 모든 생물에게 복을 주시며, 그 존재와 인생에 개입하셔서 의와 선과 복과 영광을 이루시는 분이십니다." 이것이 욥기가 우리에게 말하는 결말입니다.

이제 믿음이 무엇인지 아시겠습니까? 믿음이라는 것을 어떤 능력이나 마술 같은 것으로 알면 안 됩니다. 우리의 모든 믿음은 하나님께로 가는 것이요, 하나님과 묶이는 것입니다. 그 믿음을 가지고 하나님과 호흡하고 대화하고 밀고 당겨야 합니다. 우리의 모든 믿음의 방향과 목적과 내용과 크기와 힘은 모두 하나님과의 관계에 관한 것입니다. 하나님을 얼마나 아느냐, 하나님과 얼마나 깊은 영적 교류가 있느냐 하는 것입니다. 영적 교류라는 것은 어떤 신비로움으로 도피하는 것이 아닙니다. 우리의 전 인격에 걸친 하나님에 관한 이해와 항복 그리고 그분을 닮는 데서 영적 교류가 드러나는 것입니다. 욥기의 결론을 기억하시고 여러분의 믿음에 이러한 항복이 있어서 더욱 풍성하고 복된 삶을 누리시기 바랍니다.

03
아브라함의 믿음

창 12:1-3

여호와께서 아브람에게 이르시되 너는 너의 고향과 친척과 아버지의 집을 떠나 내가 네게 보여줄 땅으로 가라. 내가 너로 큰 민족을 이루고 네게 복을 주어 네 이름을 창대하게 하리니 너는 복이 될지라. 너를 축복하는 자에게는 내가 복을 내리고 너를 저주하는 자에게는 내가 저주하리니 땅의 모든 족속이 너로 말미암아 복을 얻을 것이니라 하신지라.

아브라함의 생애에 대한 기록들

성경에서 아브라함의 이름처럼 자주 등장하는 인물도 없을 것입니다. 아브라함은 성경의 여러 곳에서 상당히 중요한 인물로 소개되고 있습니다. 가장 중요한 것은 '구원과 믿음'에 관한 이야기를 할 때면 언제나 등장한다는 사실입니다.

마태복음 1장을 시작하면서 "아브라함과 다윗의 자손 예수 그리스도의 계보라"고 할 때도 아브라함이 등장하고, 복음의 메시지를 가장 집약적으로 설명하는 로마서에서도 우리가 구원을 믿음으로 말미암아 얻었다는 것을 설명하기 위한 대표적 인물로 아브라함이 소개됩니다.

로마서 3장에서 "구원은 예수 그리스도의 십자가로 말미암아 얻었다"고 해놓고, 오해되지 않게 하기 위해서 덧붙여 설명하고 있는 로마서 4장이 아브라함의 일생에 대한 재해석입니다.

이제부터 아브라함의 생애를 우리가 추적해 보려고 하는데, 성경은 아브라함의 생애를 단 한 사람의 신앙 행로(行路)로만 추적하지 않습니다. 성경은 그의 생애를 우리가 이해하기 어려운 복음의 비밀, 구원의 비밀인 믿음을 가장 잘 설명하는 생애로 보여줍니다. 그래서 상당히 주의 깊게 추적하려고 합니다.

아브라함 하면 여러분은 맨 처음 무슨 생각이 떠오릅니까? 고향을 떠난 문제가 생각납니까? 아니면 이삭을 바친 사건이 먼저 생각납니까? 사실 이삭을 바친 사건이 가장 대표적입니다. 이삭을 바친 사건과, 갈대아인의 우르를 떠나고 고향과 친척과 아버지의 집을 떠나서 가나안으로 갔다는 사건을 연결할 때 무슨 차이를 발견합니까? 여기에는 차이가 없습니다. 고향과 친척과 아버지의 집을 떠나서 가나안으로 간 아브라함이기에 하나님께서 이삭을 바치라고 했을 때도 바쳤을 것이라고 우리는 늘 생각합니다. 그래서 아브라함만 생각하면 우리는 기가 죽고, 아브라함과 비교하면 우리는 늘 희망이 없는 사람들처럼 여겨집니다. 우리는 예비고사에 명함도 못 내밀고 있는 사람들인지도 모릅니다.

히브리서 11:8 이하를 보겠습니다.

믿음으로 아브라함은 부르심을 받았을 때에 순종하여 장래의 유업으로 받을 땅에 나아갈새 갈 바를 알지 못하고 나아갔으며 믿음으로 그가 이방의 땅에 있는 것같이 약속의 땅에 거류하여 동일한 약속을 유업으로 함께 받은 이삭 및 야곱과 더불어 장막에 거하였으니 이는 그가 하나님이 계획하시고 지으실 터가 있는 성을 바랐음이라(히 11:8-10).

성경은 이렇게 기록하고 있습니다. 우리가 다 아는 사실입니다. 믿음

믿음

으로 아브라함은 부르심 받았을 때 갈 바를 알지 못하지만 하나님을 따라 나왔습니다. 그런데 제가 여러분과 함께 추적해 보고자 하는 창세기 12장에 나타나는 아브라함의 생애는 그렇게 안 보입니다. 그래서 특별히 우리가 이 인물을 추적해 보려고 합니다.

아브라함이 정말 믿음으로 갈대아인의 우르 땅을 떠났는가 아닌가 하는 문제를 주의 깊게 살펴보려고 합니다. 여러분을 좀 어리둥절하게 할 수도 있지만, 성경이 진술하는 말씀을 한번 추적해 보고 이 장을 마칠 때쯤에 여러분에게 어느 쪽을 택하겠는가를 묻고 싶습니다. "아브라함은 믿음으로 고향과 친척과 아버지의 집을 떠났다, 아니다." 이 둘 중에 하나를 여러분이 선택하셔야 합니다.

우리는 창세기 11:26에서 처음으로 아브라함이라는 이름을 발견합니다.

데라는 칠십 세에 아브람과 나홀과 하란을 낳았더라. 데라의 족보는 이러하니라. 데라는 아브람과 나홀과 하란을 낳고 하란은 롯을 낳았으며 하란은 그 아비 데라보다 먼저 고향 갈대아인의 우르에서 죽었더라. 아브람과 나홀이 장가들었으니 아브람의 아내 이름은 사래며 나홀의 아내 이름은 밀가니 하란의 딸이요 하란은 밀가의 아버지이며 또 이스가의 아버지더라. 사래는 임신하지 못하므로 자식이 없었더라. 데라가 그 아들 아브람과 하란의 아들인 그의 손자 롯과 그의 며느리 아브람의 아내 사래를 데리고 갈대아인의 우르를 떠나 가나안 땅으로 가고자 하더니 하란에 이르러 거기 거류하였으며 데라는 나이가 이백오 세가 되어 하란에서 죽었더라(창 11:26-32).

그리고 우리가 읽은 본문이 나옵니다. 여호와께서 아브라함에게 나타나십니다. 본문에 의하면 여호와께서 아브라함에게 나타나신 장소가 갈대아인의 우르입니까, 하란입니까, 가나안입니까? 어디인가요? 하란입니다. 하란에서 나타나셨습니다. 갈대아인의 우르에서 출발하여 지금 어디를 가려는 것입니까? 가나안을 가려고 합니다. 그 중간에 있던 곳이 하란입니다. 거기서 하나님이 나타나셨습니다. 그런데 하란까지는 누가 데리고 나왔습니까? 아브라함이 혼자 나왔습니까? 누가 이 여행의 주도권을 잡고 있었습니까? 아브라함의 아버지 데라였습니다.

사도행전 7장에 스데반의 설교가 나옵니다. 이 설교에 우리가 모르는 사실이 하나 기록되어 있습니다.

> 스데반이 이르되 여러분 부형들이여, 들으소서. 우리 조상 아브라함이 하란에 있기 전 메소보다미아에 있을 때에 영광의 하나님이 그에게 보여 이르시되 네 고향과 친척을 떠나 내가 네게 보일 땅으로 가라 하시니 아브라함이 갈대아 사람의 땅을 떠나 하란에 거하다가 그의 아버지가 죽으매 하나님이 그를 거기서 너희 지금 사는 이 땅으로 옮기셨느니라(행 7:2-4).

스데반의 설교에 의하면 하나님이 갈대아인의 우르에 나타나신 적이 있었다고 합니다. 갈대아인의 우르는 메소보다미아의 비옥한 지역에서 매우 문명이 발달한 도시입니다. 갈대아인의 우르에서 이미 나타나셨습니다.

창세기에 의하면 어디서 나타나신 것부터 기록되어 있습니까? 하란에 나타나신 것부터 기록되어 있습니다. 그러나 스데반의 설교에 의거해서 우리가 하나님이 어디서 이미 나타나셨다는 것을 알게 되는가 하면, 하란에 있기 전 메소보다미아에 있을 때 갈대아인의 우르에서 이미 나타나셨다는 사실을 알게 됩니다.

이번에는 여호수아서 24장을 보겠습니다.

여호수아가 이스라엘 모든 지파를 세겜에 모으고 이스라엘 장로들과 그들의 수령들과 재판장들과 관리들을 부르매 그들이 하나님 앞에 나와 선지라. 여호수아가 모든 백성에게 이르되 이스라엘 하나님 여호와께서 이같이 말씀하시기를 옛적에 너희의 조상들 곧 아브라함의 아버지, 나홀의 아버지 데라가 강 저쪽에 거주하여 다른 신들을 섬겼으나 내가 너희의 조상 아브라함을 강 저쪽에서 이끌어 내어 가나안 온 땅에 두루 행하게 하고……(수 24:1-3).

이 대목에서 우리가 주의해야 할 구절이 있어서 특별히 이 구절을 봅니다. 가나안에 오기 전 갈대아인의 우르에 살 때 누가 이방신을 섬겼습니까? 데라가 섬겼습니다. 데라는 누구입니까? 아브라함의 아버지되는 사람입니다.

여러분에게 이런 질문을 하나 드리고 싶습니다. "아브라함은 그때에 이방신을 섬겼습니까, 하나님을 섬겼습니까?" 이것이 상당히 중요한 문제가 되기 때문에 꼭 밝히고 지나가야 합니다. 가장 중요한 주제입니다. 만일 아브라함이 이방신을 섬겼다면 믿음으로 그가 갈대아인의 우르를 넘어왔다는 말은 성립할 수가 없습니다. "여호와를 믿었다. 그래서 그에게 하나님께서 나타나셔서 너는 고향과 친척과 아버지의 집을 떠나 가나안으로 가라고 하시자마자 믿음으로 순종했다"고 하면 이야기가 잘 맞아 떨어집니다.

'심판의 조상' 아브라함?

그러나 제가 우리 신앙생활의 가장 근본이 되는 아브라함의 생애를 추적하려고 하는 것은 "그 부분이 과연 그런가?" 하는 문제입니다. 과연 그런가? 우리는 아브라함을 갈대아인의 우르를 떠나서 하란에 머물다가 가나안에 들어오는 아브라함으로 알고 있지 않습니다. 언제나 이삭을 바치는 아브라함으로 알고 있어서 결론이 좋으면 모든 것이 좋은 것으로 봅니다. "사람이 좋다"라고 역사적으로 도장이 찍히면 거기에 맞추어서 생각하는 버릇이 우리에게 있습니다. 그래서 아브라함이니까 당연히 순종했을 것이고, 당연히 믿음 속에서 그 길을 걸었을 것이라고 우리가 지레 짐작을 하는 버릇이 있습니다.

만일 아브라함이 그렇지 못한 인물이라면 심각한 문제가 생기는데, 어떤 문제가 생기는가 하면 아브라함은 '믿음의 조상'이 되기보다는 '심판의 조상'이 되어야 합니다. 아브라함을 놓고, "아브라함은 했는데 너희는 왜 못하느냐?" 이렇게 이야기가 되어야 맞습니다. 그런데 한 번도 아브라함을 성경이 그런 차원에서 기록하지 않습니다. 본문을 해석하는 문제도 그렇습니다.

여호수아서 24:2을 다시 살펴보겠습니다. "여호수아가 모든 백성에게 이르되 이스라엘 하나님 여호와께서 이같이 말씀하시기를 옛적에 너희의 조상들 곧 아브라함의 아버지, 나홀의 아버지 데라가 강 저쪽에 거주하여 다른 신들을 섬겼"다고 말씀합니다.

이 구절을 보면 데라 혼자서 이방신을 섬긴 것으로 되어 있습니다. 그런데 문제는 "너희의 조상들"이라고 복수로 되어 있다는 데 있습니다. 여기서 너희는 '이스라엘 백성'을 말합니다. 이스라엘 백성의 조상은 아브라함입니까, 데라입니까? 아브라함까지밖에 조상이 아닙니다. 이스라엘 백성에게 최초의 조상은 아브라함이지 데라가 아닙니다. "너희의 조상들"이라고 함으로써 아브라함의 아버지, 나홀의 아버지인 데라를 지적하는 것은, '너희의 조상 아브라함의 아버지 데라가 이방신을 섬겼다'라는 뜻입니다. 그러면 말이 이렇게 됩니다. '너희의 조상 아브라함의 아버지 데라가 이방신을 섬겼고 너희의 조상 아브라함은 여호와를 섬겼기 때문에, 하나님이 이방신을 섬기던 고향과 친척에서부터 너희의 조상 아브라함을 이끌어 냈다'는 것이 우리가 생각할 수 있는 가장 합리적인 추측입니다.

그렇다면 문제를 보십시오. 다시 2절 이하를 보면 이렇게 되어 있습니다. "여호수아가 모든 백성에게 이르되 이스라엘의 하나님 여호와께서 이같이 말씀하시기를 옛적에 너희의 조상들 곧 아브라함의 아버지, 나홀의 아버지 데라가 강 저쪽에 거하여 다른 신들을 섬겼으나 내가 너희의 조상 아브라함을 강 저쪽에서 이끌어 내어 가나안 온 땅에 두루 행하게 하고"(수 24:2-3). 우리말에 '~했으나'라는 것은 앞에 있는 내용과 뒤에 있는 내용이 반대라는 의미입니다. 앞에 있는 조건과 전혀 다른 결과가 뒤에 좇아 나온다는 뜻입니다. 이방신을 섬겼으나 아브라함을 이끌어 냈다는 것입니다.

이렇게 하면 어떻습니까? "아브라함은 나를 믿고, 데라와 그 위의 선조들은 이방신을 섬겼기 때문에 내가 아브라함을 이끌어 냈다." 그러면 말이 이렇게 되어야 합니다. 데라가 이방신을 섬겼기 때문에 혹은 아브라함이 나를 섬겼기 때문에 이끌어 냈다고 해야 하는데, 앞에 있는 전체적인 조건은 이끌어 낸 것에 합당한 조건이 아닌 조건이 있었다는 뉘앙스입니다. 이방신을 섬겼음에도 불구하고 이끌어 냈다는 말씀입니다.

그러나 한 걸음 더 들어가 보겠습니다. "목사님, 목사라고 너무 우기지 말고 사실대로, 믿는 마음으로 보시지요. 아브라함은 하나님을 섬겼고 데라는 이방신을 섬겼으니까 이방신을 섬기는 속에서, 이방신을 조상들이 섬겼지만 그 속에서 그래도 아브라함은 하나님을 믿었기 때문에 이끌어 내신 것 아닙니까?"하고 싶으실 것입니다. 좋습니다. 우선 질문을 그렇게 받아 놓고 창세기 11장으로 돌아가 보겠습니다.

창세기 11:31을 보겠습니다. "데라가 그 아들 아브람과 하란의 아들인 그의 손자 롯과 그의 며느리 아브람의 아내 사래를 데리고 갈대아인의 우르를 떠나 가나안 땅으로 가고자 하더니 하란에 이르러 거기 거류하였으며” 하는 진술이 나옵니다. 만일 여호수아서 24장의 이방신을 섬긴 문제가 데라와 아브라함과의 차이라면, 데라는 이방신을 섬겼고 아브라함은 여호와를 믿었으므로 신앙의 갈등이 아버지와 있었습니다. 그렇다면 가나안으로 가라는 하나님의 명령에 대한 최초의 싸움은 누구와 누구 사이에서 일어나야 합니까? 데라와 아브라함 사이에서 일어나야 합니다. 그런데 가나안으로 가는 여행의 주도를 누가 잡고 있습니까? 데라입니다. 데라가 가나안으로 가는 일에 주도권을 잡고 여행을 출발시킵니다.

누구와 누가 최소한 같은 편입니까? 데라와 아브라함이 같은 편입니다. 그래서 가나안을 향해 가는 이 여정이 아브라함에게는 이미 우리가 생각하고 있는 것과 같은 수준에서 출발한 여행이 아닐지도 모른다는 의심을 갖기 시작해야 합니다. 이것은 매우 심각한 문제가 됩니다. 이렇게 생각하는 것이 저는 타당하다고 봅니다.

앞서 소개한 스데반의 설교인 사도행전 7장에 의하면, 스데반은 이렇게 진술합니다. “너희 조상 아브라함이 가나안에 있기 전, 하란에 있기 전, 메소보다미아에 있을 때에 영광의 하나님이 나타나서…….” 무슨 하나님이라고 여기서 기록하고 있습니까? “영광의 하나님”이라고 합니다. 영광의 하나님이 나타나서 아브라함에게 이르기를 “너는 네 고향과 친척과 아버지의 집을 떠나 내가 네게 보여줄 땅으로 가라”고 했다고 합니다.

그것이 여호와를 믿는 아브라함과 여호와를 믿지 않고 이방신을 섬기는 자기 친척집을 떠나는 싸움이라면, 그 집과 혈연을 깨고서라도 믿음을 지켜야 하는 싸움이라면, 아브라함은 일단 데라로부터 도망쳐야 합니다. 그렇지 않고서는, 제 생각입니다만, 한통속이었기 때문에 문제가 발생한다고 보아야 타당합니다. 무슨 한통속이냐면 “아브라함도 이방신을 섬기고 있었다”는 것입니다.

여호와를 그도 까맣게 모릅니다. 여러분이나 저와 조금도 다를 것이 없는 동일한 우리 수준의 사람이었습니다. 그런데 어느 날 밤에 잠을 자는데 꿈속이었는지 생시였는지, 비몽사몽 간에 금빛 찬란한 광채 속에 어떤 분이 나타나셨습니다. 감히 형상을 볼 수 없고 감히 뭐라고 말대꾸를 할 수 없는 영광의 어떤 신이 나타나셔서, "아브라함아! 나는 여호와 하나님이라는 창조주요 너를 지목한 신이다. 내가 네게 복을 주려고 하니 너는 네 아버지의 집을 떠나서 내가 보여줄 땅으로 가라" 하셨고, 그러고는 잠이 깼습니다. 아브라함이 믿음의 사람, 즉 여호와를 알고 있는 입장에서 그 환상을 보았으면 "네, 그렇게 하겠습니다" 하고 창세기 22장에 나오는 이삭을 바치는 사건처럼 이야기가 풀렸겠지만, 아브라함이 도무지 알지 못하는 분을 만난 것입니다. 생전 처음 이런 일을 당했습니다.

아브라함이 할 수 있는 일이란 무엇이겠습니까? 어떻게 그가 그 일을 처리하겠습니까? "목사님을 찾아간다, 학교 선생님을 찾아간다, 점을 치러 간다?" 그때 목사님이 어디 있습니까? 의논할 최초의 대상은 아버지입니다. 그렇지 않습니까? 아버지에게 여쭈어 보았을 것입니다. "아버님, 간밤에 저는 참 이상한 꿈을 꾸었습니다. 꿈에 뭐라고 형용할 수 없는 광채와 빛난 영광 속에 어떤 신이 저에게 말하기를 '내가 너에게 복을 주려고 하니 너는 내가 보여줄 땅으로 가라'고 했습니다. 아버님, 이 일을 어쩌면 좋겠습니까?"

아버지 데라가 가만히 그 말을 들으며 그 말을 하는 아들을 바라보니, 땀을 뚝뚝 흘리면서 온몸에 소름이 돋아납니다. 그 표정과 자세가 너무 진지하고 너무 두려워합니다. '아! 내 아들에게 간밤에 무슨 일이 생겼구나. 무슨 이상한 환상을 보긴 보았구나.' 하나님이 누구인지 모르지만 최소한 이방신이라도 섬기는 종교심이 있는 자요, 그렇게까지 찾아오고 나타난 신에 대해 거부했다가는 어떤 일을 당할지에 대해서는 아는 사람이니 "그의 말을 일단 듣자"했을 것입니다. 그래서 아버지가 주동이 되어서 아버지의 명령권이 해당되는 혈연들만 모아서 길을 떠나게 된 것이 아닌가 저는 그렇게 생각합니다. 성경이 말씀하는 바는 오히려 이것인 것 같습니다.

그들이 갈대아인의 우르를 떠났습니다. 갈대아는 그 시대의 문명권이고 나라 이름입니다. 하란은 갈대아 문명의 최변방(最邊方)입니다. 우리나라로 이야기하면 "만주로 가라." 그래서 어디까지 간 셈인가 하면 신의주까지 간 것입니다. 최변방입니다. 거기서 차마 못 넘어갑니다. 왜 못 넘어가는가 하면 그 시대의 사회에서 자기를 방어하는 것은 국가도 법도 아닌, 자기밖에 없었기 때문입니다. 이 여행을 데라와 롯과 아브라함과 많은 사람들이 출발해야 하는 이유도 그것입니다. 자기 목숨과 재산을 자신의 힘으로 지켜야 했기 때문입니다. 그런데 여기까지 와서 데라도 아브라함도 넘어갈 자신이 없습니다.

그 정도의 환상을 보았다고 해서 자기 문명권을 벗어나서, 목숨이 어떻게 될지도 모르고 재산이 어떻게 될지도 모르고 미래가 어떻게 될지도 모르는 곳에 발을 디딜 수 있는 사람들이 아닙니다. 신앙이라는 이름을 붙일 단계는 더더욱 아닙니다. 떠밀려서 여기까지 온 것입니다. 가지 않으면 무슨 일을 당할지도 모른다는, 그들이 알고 있는 최소한의 종교적인 두려움밖에는 여기까지 온 이유가 없습니다.

그 이유를 성경은 지금 이렇게 된 상황의 메시지로 우리에게 설명합니다. 여기까지 아브라함 일행을 인도한 아버지 데라의 이름은 '지연시킨다'는 뜻을 가졌습니다. 참 멋있습니다. '연기한다'는 뜻입니다. 데라로 말미암아 아브라함은 가나안에 들어가는 데 도움을 받기보다는 더 많은 방해를 받았는지 모릅니다. 그러나 우리가 여기서 명심할 것은, 데라와 아브라함 사이에 차이가 있었다는 것이 아니라 아브라함도 똑같았다는 사실입니다.

믿음

좌절할 수 없는 신앙

하란에서 데라는 죽고 맙니다. 그러자 우리가 본문으로 읽은 창세기 12장에 나오는 하나님이 다시 나타나십니다.

> 여호와께서 아브람에게 이르시되 너는 너의 고향과 친척과 아버지의 집을 떠나 내가 네게 보여줄 땅으로 가라. 내가 너로 큰 민족을 이루고 네게 복을 주어 네 이름을 창대하게 하리니 너는 복이 될지라. 너를 축복하는 자에게는 내가 복을 내리고 너를 저주하는 자에게는 내가 저주하리니 땅의 모든 족속이 너로 말미암아 복을 얻을 것이니라 하신지라. 이에 아브람이 여호와의 말씀을 따라갔고 롯도 그와 함께 갔으며 아브람이 하란을 떠날 때 칠십오 세였더라(창 12:1-4).

드디어 가나안에 들어갑니다. 우리가 성경을 통해서 하나님이 하시고자 하는 말씀을, 새삼스럽게 우리가 갖고 있던 편견과 비교해 보자는 것입니다. 우리는 얼마나 자주, 한 사람의 축복과 한 사람의 결과를 그 사람에게 원인으로 돌리고 싶어 하는 본성을 지니고 있는지를 알아야 합니다. 아브람이 아브라함이 된 것이 하나님의 은혜이기보다는, 아브람에게는 그렇게 될 만한 이유가 있었을 것이라고 우리가 너무 쉽게 단정하고 들어가곤 합니다.

여러분, 신앙생활을 하면서 가장 큰 갈등이 이것 아닙니까? "이렇게 신앙생활을 하면서 내가 하나님을 믿는다는 말을 감히 할 수 있는가? 내가 이 꼴인데도 하나님이 나에게 축복하실 것인가? 내가 이 모양으로 예수 믿는다는 이야기를 남에게 해도 좋단 말인가?" 이 모든 질문의 배경에 있는 가장 큰 불신앙이 무엇인지 아십니까? 축복은 받을 만한 사람이 받는 법이라는 인간적인 사고방식입니다. "모든 결과는 늘 원인이 있어야 하는 법이다." 이것을 불신앙이라고 합니다.

성경이 '믿음'이라는 단어를 쓰고 '신앙'이라는 단어를 쓰는 것이 우리로서는 미스터리입니다. 정말 신비로운 일입니다. 여러분이 지금같이 이야기한 것을 고집한다면 구원 문제가 일단 말이 되지 않습니다. 여러분이 이 자리에 앉아 있는 것도 앉아 있을 만한 조건이 여러분에게 있다고 고집하는 것과 다를 것이 없습니다.

여러분은 구원 얻을 만한 자격이 있다고 생각하십니까? 아닙니다. 구원 얻을 만한 조건이 있어서 이 자리에 앉아 있는 것이 아니라, 하나님이 구원해 주셨기 때문에 여기 앉아 있는 것입니다. 동일한 이야기를 아브라함에게서는 더더욱 깊이 더 확실하게 하셔야 합니다. 그는 믿음의 조상입니다. 아브라함의 생애가 왜곡되는 것은 아브라함 때문에 생기는 문제가 아닙니다.

성경의 메시지는 우리가 구원을 어떻게 얻는지, 하나님이 구원을 은혜로 주셨다는 이야기가 무엇인지를 아브라함의 생애를 통해 설명합니다. 그런데 왜 아브라함은 아브라함일 수밖에 없다고 조건을 달고 싶어 하느냐는 것입니다. 그리고 그런 인식이 우리를 얼마나 좌절시키는지 아십니까? 다른 이야기할 것 없습니다.

예수를 믿고 난 다음에 믿어야 할 가장 중요한 믿음은 바로 이것입니다. 좌절할 수 없다는 것입니다. 좌절하려면 아예 교만하십시오. 교만한 것은 좌절하는 것보다 신앙이 좀 더 있는 것입니다. 좌절하는 것은 정말 신앙이 없는 것입니다. 겸손한 것과 절망하는 것을 혼동하지 마십시오. 절망은 없습니다. 왜 없습니까? 구원 자체가 내가 요구하거나 내가 무엇을 내놓거나 내가 협의할 사항이 아니기 때문입니다. 구원은 내가 믿었기 때문에 얻어진 것도 아닙니다.

우리가 "나는 예수를 믿는다"는 소리를 왜 하는지 아십니까? 구원을 얻었기 때문에 드디어 나오는 것입니다. 구원을 얻은 자만이 자신이 구원을 얻었다는 표시로 "나는 예수를 믿습니다. 십자가를 믿습니다"라고 표현하는 것입니다. 믿는다고 해서 구원을 얻은 것이 아닙니다. 구원을 얻었기 때문에 말을 그렇게 할 수밖에 없습니다.

말을 이렇게 하는 법은 없습니다. "하나님이 나를 구원해 주셔서 나는 이제 구원받았다는 이야기를 믿음을 근거로 해서 합니다." 이렇게 길게 하지 않습니다. 사람은 서둘러 말합니다. "나는 구원을 받았습니다." "어떻게 받았습니까?" "제가 예수를 믿거든요."

그렇게 말을 하면 그것이 조건으로 쓰는 말이 아니라는 것을 알아들으셔야 합니다. 그래서 아브라함의 생애는 이렇게 등장하는 것입니다. 아브라함에게 하나님이 나타나셔서 "너는 네 고향과 친척과 아버지의 집을 떠나 가나안으로 가라. 내가 보여줄 땅으로 가라"고 했을 때 믿음으로 "예" 한 것이 아닙니다. 무엇인지 몰라서 이 집 저 집 찾아다니면서 "이런 꿈을 꾸어 보신 분 있습니까? 이럴 때 어떻게 해야 합니까?"라고 물으며 몹시 당황했다는 이야기가 창세기에 나옵니다.

우리가 믿는 예수 그리스도, 우리가 지금 인식하고 경험하고 있는 것이 원인도 조건도 아니라는 사실을 아셔야 합니다. 하나님은 아브라함을 하란까지 밀어내셨고, 다시 가나안까지 밀어내고 계시는 것입니다. 아브라함은 그 일을 경험했습니다. 실제로 자기 아버지의 집을 떠나 하란에 들어갔고 가나안에 들어갑니다. 그렇다고 해서 그것이 아브라함이 믿음을 가졌기 때문입니까? 아니지 않습니까?

그의 조상이 강 저쪽에 거류할 때 이방신을 섬기고 있었습니다. 영광의 하나님이 나타나셔서 이리로 가라고 했을 때 어리둥절했습니다. 그럼에도 그분은 계속 등을 밀어내고 계시는 것입니다. 등에 떠밀려 하란에 들어왔고, 거기서 데라가 죽자 또다시 등에 떠밀려 가나안에 들어옵니다. 성경 구절이 이렇게 되어 있습니다. "아브람이 그의 아내 사래와 조카 롯과 하란에서 모은 모든 소유와 얻은 사람들을 이끌고 가나안 땅으로 가려고 떠나서 마침내 가나안 땅에 들어갔더라"(창 12:5).

"마침내"에 무슨 표시를 해주어야 하지 않겠습니까? 마침내 가나안에 들어갑니다. 참 재미있는 부분입니다. 이 "마침내"는 하나님 쪽에서 써야 할 마침내입니까, 아브라함 쪽에서 써야 할 마침내입니까? 하나님이 쓰시는 "마침내"입니다. 무슨 말씀입니까? 아브라함이 믿음으로 고향과 친척 집을 떠난 여행이라면, 그가 여러 어려움에도 불구하고 신앙을 따라 마침내 가라는 곳까지 왔다는 뜻이 됩니다. 그러나 아브라함이 신앙을 가진 것이 아니라면, 이 마침내는 하나님이 쓰셔야 합니다. 아무리 가르쳐도 모르니까 끌고 밀고 해서 마침내 힘들게 가나안까지 끌고 오시고야 말았다는 말씀입니다.

하나님의 인도와 설득

하나님의 "마침내"라는 이유, 가장 대표적인 근거가 무엇인가 하면 바로 하란입니다. 아브라함이 믿음으로 출발한 것이라면 하란에서 머물러야 할 이유가 희박합니다. 하란에서 특별히 쉬고 있어야 할 이유가 없습니다. 생각건대 하란에서 상당한 시간을 보냈던 것 같습니다. 왜냐하면 스데반의 설교에서는 "하란에 거하기 전"이라고 해서 그 기간을 특별히 한 기간으로 설정하고 그 여행을 설명합니다. "너희 조상 아브라함이 이 땅에 있기 전, 그리고 하란에 있기 전, 메소보다미아에 있을 때"라고 한 것을 보면 하란에서 상당한 시간을 보냈던 것 같습니다.

하란에 있었던 것이, 아브라함이 그의 신앙으로 순종하려고 했지만 어떤 방해물 때문에 되지 않았던 것이 아니라, 하나님이 하시려는 일에 대해서 아브라함이 순종하지 않은 결과라는 것을 또 한 번 확인하기 위해서 하나님은 하란에서 다시 나타나셔야 했던 것입니다. 갈대아인의 우르에서 나타나시고 하란에서 다시 한번 나타나셔서 권고할 수밖에 없었던 것입니다. 별 것 아닌 이야기입니다.

"그래서 어쨌다는 이야기입니까? 아브라함이 믿음이 있었으면 어떻고 없었으면 어떻습니까?" 이렇게 질문하는 사람과는 이야기할 필요가 없습니다. 이것이 문제가 되어야 합니다. 여러분, 신앙의 맨 밑바닥에 무엇을 깔고 앉아 있는지 이 문제를 통해서 비교해 보십시오. 신앙으로 출발한 아브라함입니까, 아니면 불신앙으로 출발한 아브라함입니까?

신앙의 근거가 불신앙으로 출발한 아브라함이어야만 여러분과 제가 믿는 이 구원이 복된 것입니다. 그렇지 않다면 다 바리새인입니다. 바리새인의 기도, 바리새인의 모든 신앙의 근거는 세리와 같이 성전에 올라가서 기도하는 데서 두드러지게 나타납니다. "하나님 아버지, 감사합니다. 저를 저 세리와 같이 만들지 않으셔서 감사합니다. 저 세리와 다른 것을 감사합니다. 저는 일주일에 두 번씩 금식하고 십일조를 내고 구제하고 기도합니다." 이것이 축복받는 근본이요 하나님이 나를 구원하신 기준이라면 우리는 아직도 죄가 무엇이고, 죄값으로 사망한다는 것이 무엇이며, 예수 그리스도의 십자가로만 인간이 구원받는다는 것이 무엇인지 모른다는 이야기입니다.

아브라함은 이렇게 출발합니다. 그는 마침내 가나안에 들어옵니다. 하나님이 그를 거기까지 인도해 오시면서, 강권하시고 모가지를 잡고서 끌고 오신 셈입니다. 저는 늘 말씀을 전할 때 곤란한 단어들을 써서 점수를 뺏기곤 합니다만, 이렇게 안 하면 표현을 할 수가 없습니다. 제 생애를 보면 저는 늘 이 고백밖에 할 수가 없습니다. 만일 하나님이 저의 손을 붙잡고 왔으면 소설의 한 장면 같은 이런 일이 생겼을 것입니다.

『얄개전』이라는 조흔파 선생의 명작에 나오는 이야기입니다. 얄개가 엉망으로 놀다가 교장 선생님 앞에 잡혀갑니다. 교장 선생님이 그의 머리에 손을 얹고 회개의 기도를 시킵니다. "하나님, 이 길 잃은 양을 불쌍히 여기소서." 그리고 규칙적으로 손수건을 꺼내서 코를 닦고 다시 넣고를 계속하곤 합니다. 얄개가 앉아 있다가 의자를 가져다가 그 위에 모자를 벗어서 얹어 놓고 달아났습니다.

하나님이 만일 제 손을 붙잡고 왔으면 틀림없이 저는 밤중에 몽키스 패너로 손목 나사를 빼놓고 어디로 도망갔을 것입니다. 발을 붙잡고 왔으면 다리를 빼서 매어 놓고 도망갔을 것입니다. 목을 빼놓고 갈 수는 없잖습니까? 다른 부분을 붙잡고 왔으면 저는 도망갔을 것입니다. 모가지를 붙잡고 올 때도 안 가겠다고 몹시도 버텼습니다. 손톱이 다 빠지고 피부가 성한데가 없습니다. 제 발로 온 것이 아니라 질질 끌려왔기 때문입니다. 그러나 지금 여기 서 있지 않습니까?

우리의 자랑은 무엇입니까? "우리의 자랑은 예수 그리스도뿐이다"라는 사도 바울의 고백이 괜히 나오는 고백이 아닙니다. 우리가 여기에 있는 것이 내가 걸어오거나, 하나님 앞에 "내가 졌습니다"라고 한 번도 합의한 적이 없습니다. 손과 발로만 버틴 줄 아십니까? 머리카락까지 올올이 버텼습니다. 한 번도 합의하거나 한 번도 동조한 적이 없는 길이 신앙의 길입니다. 이 자리에 오기까지 우리가 한 일은, 거부요 반항이요 미련한 짓이요 아우성과 헛소리와 그리고 우리가 할 수 있는 모든 실수들뿐이었습니다.

여러분이 이 자리에 있는 것이 예수 그리스도로 말미암았다는 사실을 인정한다면, 아브라함 인생의 시작을 하나님께서 이렇게 출발시키셔서 우리 앞에 내어놓으셨다는 이 말씀 앞에, 우리는 항복할 수밖에 없습니다. 이제 우리가 풀어야 할 문제가 하나 더 있습니다.

히브리서 11장을 살펴보고, 앞에서 우리가 읽은 아브라함 이야기를 풀어야 합니다.

믿음으로 아브라함은 부르심을 받았을 때에 순종하여 장래의 유업으로 받을 땅에 나아갈새 갈 바를 알지 못하고 나아갔으며 믿음으로 그가 이방의 땅에 있는 것같이 약속의 땅에 거류하여 동일한 약속을 유업으로 함께 받은 이삭 및 야곱과 더불어 장막에 거하였으니(히 11:8-9).

믿음이 가장 중요하다는 설명을 하기 위해서 여기 "믿음"이 등장합니다. 자기 자신을 설득하는 것을 믿음이라고 하지 않습니다. 우리는 믿음을 그렇게 곧잘 사용하곤 합니다. 톤을 높이고 박자를 맞춰서 "믿습니다. 믿습니다" 하고 껑충껑충 뛰면, 마음속에 믿음을 의지하는 강한 신앙이 생기는 것이 아닙니다. 그것밖에 생각할 수 없는 몽롱한 상태를 가리켜서 '자기 최면을 건다'고 합니다.

그렇다고 해서 내가 하나님을 설득하는 것도 믿음이 아닙니다. "하나님, 이렇게 해주실 줄로 믿습니다" 하면서 결재 도장을 찍어서 올립니다. 이런 것을 가지고 믿음이라고 하지 않습니다. 믿음은 하나님이 우리를 설득하시는 작업입니다. 그것을 믿음이라고 합니다. 모든 신자는 하나님 앞에 설득당한 자들입니다. 설득당하는 것 가운데 맨 나중에 설득당하는 것이 이해입니다.

이해부터 설득하는 것이 아니라 운명부터 설득하고, 인생을 설득하고, 그리고 이해를 설득합니다. 맨 나중에 설득당하는 것이 이해입니다. 여러분의 운명이 하나님께 설득당해서 구원을 얻었다는 사실을 잊지 마십시오. 여러분이 인정하고 이해하고 공감하게 해달라고 요청하기 이전에, 여러분의 인생이 하나님 손에 인도되고 있다는 사실로 기뻐하십시오. 그것이 아브라함의 생애에서 하나님이 표현하고 싶어 하시는 하나님의 깊으신 계획입니다.

아브라함이 자신으로 말미암아 만들어지느냐, 아니면 하나님이 아브라함을 만드시느냐 하는 싸움이 아브라함의 생애에서 우리가 추적해야 할 가장 주요한 메시지입니다. 그렇게 해서 우리도 이 자리까지 왔습니다. 여기가 어디쯤 될까요? 이제 가나안에 막 들어왔을 것입니다. 가나안에 막 들어와서 정신이 없습니다. 그러나 하나님이 결국에는 여러분을 이삭을 바치는 아브라함이 되는 자리까지 인도하실 것입니다. 그것이 하나님의 인도요 하나님의 설득입니다.

여러분이 와 있는 현재의 수준에 대해서 너무 당황해하지 마십시오. 서울을 떠난 부산행 열차를 타면 그때부터 도착할 때까지 무얼 합니까? '어디까지 왔나?' 하고 밖을 쳐다보고 있는 사람은 참 미련한 사람입니다. 시계만 보면 됩니다. '어디쯤 왔겠구나.' 시간만 보면 뻔하지 않습니까? 좀 더 여유 있으면 가는 동안 다른 것을 합니다. 그 시간을 허비할 필요 없이 말입니다.

하나님의 손에 있는 인생이라는 것 때문에 우리는 좌절하지 않습니다. 부산행 열차에서 거꾸로 앉아 평양을 보고 앉았습니다. 그래서 걱정을 합니다. '나는 평양을 보고 앉았으니 평양으로 가지 않을까?' 하면서. 여기에 무슨 설명이 필요하겠습니까? 뒤에 있는 식당차로 걸어가면서 '모두가 부산을 가는데 나만 신의주로 가는구나' 하며 슬퍼하고 애통해합니다. 우리가 누구의 손에 이끌려서 지금 어디로 가고 있는지가 중요합니다. 옛날 사람들이 한 말 중에 틀린 것이 하나도 없습니다. 가장 중요한 명언으로 이 설교를 마칠까 합니다. '멍멍이는 짖어도 경부선은 달린다.'

우리의 신앙에서 하나님을 믿고 산다는 것이 무엇인지를 아브라함의 생애를 추적하면서, 여러분의 신앙을 근본부터 다시 정리하고 확인하는 기회가 되시길 바랍니다.

믿음

04

믿음의 근거

롬 4:23-25

그에게 의로 여겨졌다 기록된 것은 아브라함만 위한 것이 아니요 의로 여기심을 받을 우리도
위함이니 곧 예수 우리 주를 죽은 자 가운데서 살리신 이를 믿는 자니라. 예수는 우리가 범죄
한 것 때문에 내줌이 되고 또한 우리를 의롭다 하시기 위하여 살아나셨느니라.

하나님이 세운 근거이신 예수 그리스도

죄인된 우리의 구원은 하나님 편에서의 전적인 은혜와 사랑과 긍휼에 입
각한 것이지, 우리 인간의 어떠한 상태나 조건에 근거한 것이 아닙니다. 또
한 하나님께서 우리에게 허락하신 구원은 우리 모든 믿는 이들로 하여금
마음으로부터 하나님을 믿게 하는 설득과 항복을 받아 냅니다. 이러한 내
용들이 로마서에서 중요하게 다루고 있는 것들입니다. 하나님께서 의롭다
고 인정하신 아브라함의 생애를 통해 구원을 얻는 믿음의 내용이 무엇인
지 살펴보도록 하겠습니다.

　먼저 로마서 4:24을 보겠습니다. "의로 여기심을 받을 우리도 위함이
니 곧 예수 우리 주를 죽은 자 가운데서 살리신 이를 믿는 자니라." 이 구절
은 신자들이 갖는 구원을 얻는 믿음의 핵심 내용이 예수님의 죽음과 부활
이라는 사건 속에 잘 포함되어 있다고 설명하고 있습니다. 그런데 이것을

놓치지 마십시오. 예수님의 죽음과 부활이 아니라, 그 사건들 속에서 밝혀지신 하나님이 핵심 내용인 것입니다. 따라서 "예수 우리 주를 죽은 자 가운데서 살리신 이를 믿는" 믿음이 중요합니다. 그 믿음은 예수님의 죽음과 부활이라는 사건들을 통해서 우리를 구원하시는 하나님을 아는 것입니다. 다시 말하면, 예수 그리스도의 죽음과 부활이라는 사건들을 근거로 하지 않는 하나님에 대한 이해는 잘못된 신앙이라고 이야기할 수 있습니다.

소위 말하는 자유주의 신학이나 신(新)신학을 하는 신학자들은 종종 하나님의 존재를 관념론적으로 이해합니다. 설령 하나님을 인격적으로 이해하더라도 성경이 묘사하는 것과는 거리가 먼 경우가 많습니다. 그들은 하나님을 찾아가는 데 있어서 예수 그리스도와 기독교라는 방법이 유일하다는 것을 부정하기도 합니다. 하나님께 나아가는 데는 각각의 시대와 사회에 따라서 그 나름대로 다양한 방법이 있다는 것입니다. 그래서 기독교인들은 예수를 통해서, 불교인들은 불경을 통해서, 어떤 이들은 자기 양심에 따라 각기 선행이나 의로운 행위를 함으로써 하나님 앞에 간다고 믿고 가르칩니다. 그래서 그들은 기독교가 가르치는 예수님의 부활이나 성경에 기록되어 있는 기적들도 인정하지 않습니다. 그것들은 우리의 선행을 독려하기 위해 기록된 신화적 표현에 불과하다는 것입니다. 그것을 이런 식으로 빗대어 이야기해 볼 수 있습니다. "백운대를 올라가는데 꼭 우이동으로 올라갈 필요가 있느냐, 정릉으로 해서 갈 수도 있고 세검정으로 해서 갈 수도 있다. 결국 백운대를 가면 되는 거 아닌가?" 말은 그럴듯합니다. 하지만 구원이 정말 그렇게 얻어지는 것일까요?

군에 다녀온 남자 분들은 훈련받을 때 소총을 다 쏴 보셨을 것입니다. 소총의 총구 맨 앞에는 가늠쇠라는 것이 있고, 그보다 더 뒤쪽에 있는 가늠자에는 눈으로 들여다보는 구멍이 하나 있습니다. 이 가늠자와 가늠쇠의 두 선상을 일치시켜서 목표물을 보아야 소총의 총열이 목표지점과 일직선상에 놓이게 됩니다. 만일 가늠쇠와 가늠자를 일치시켜서 보지 않고 가늠쇠나 가늠자 둘 중 하나만 기준을 삼아 보게 되면, 총열이 목표물로 향하지 않게 되는 잘못을 범하게 됩니다. 우리의 구원에 관한 문제도 마찬가지입니다. 구원이란 하나님의 기준에 우리가 맞아야 일어나는 것이지 아무렇게나 되는 일이 아닙니다.

그런데 성경에 의하면, 인간은 영적으로 죽어 있어서 스스로 하나님을 발견하지 못할뿐더러 하나님을 찾지도 않습니다. 하나님을 알고 그분의 기준을 따라야 하는데 죄의 지배를 받는 인간에게는 도저히 불가능한 일입니다. 그래서 예수님이 오셨습니다. 요한복음 1장을 보겠습니다.

참 빛 곧 세상에 와서 각 사람에게 비추는 빛이 있었나니 그가 세상에 계셨으며 세상은 그로 말미암아 지은 바 되었으되 세상이 그를 알지 못하였고 (요 1:9-10).

말씀이 육신이 되어 우리 가운데 거하시매 우리가 그의 영광을 보니 아버지의 독생자의 영광이요 은혜와 진리가 충만하더라(요 1:14).

본래 하나님을 본 사람이 없으되 아버지 품속에 있는 독생하신 하나님이 나타내셨느니라(요 1:18).

이 말씀들을 보면 알 수 있듯이, 예수님이 오셨기 때문에 우리가 비로소 하나님을 알게 되는 것입니다. 기독교가 다른 종교에 비해 상당히 배타적이고 편협하다는 인상을 받는 이유가 바로 여기에 있습니다. 예수 그리스도를 통하지 않고 하나님을 알거나 찾을 수 있는 방법이 없습니다.

종종 인간들은 스스로가 추구하는 선(善)과 의(義)를 인격자이신 하나님과 혼동합니다. 그래서 기독교를 제외한 다른 종교의 신은 근본적으로 관념론적인 성향이 있습니다. 그들에게 신은 인격자가 아닙니다. 권위자이며 존재하는 분으로서 명령을 내리는 자가 아니라 인간이 추종해 놓은 선과 의에 불과합니다. 가끔 그것이 어떤 힘(Power)이 되는 일이 있는데 그런 신은 명령을 하지 않는 신입니다. 권위도 없고 절대적인 존재도 아닙니다. 이것이 기독교와 다른 종교의 큰 차이입니다.

하나님의 해결책

그러므로 여러분이 어떤 근거 위에서 하나님을 믿고 있는지를 확인하십시오. 만일 우리가 예수 그리스도를 죽은 자 가운데서 살리신 분이 바로 하나님이시라는 것을 인식하지 못한다면 우리는 하나님을 전혀 모르고 있는 것입니다. 예수를 죽은 자 가운데서 살리셨다는 것은 그가 우리의 죄 때문에 내줌을 당하셨다는 것을 전제로 합니다. "예수는 우리가 범죄한 것 때문에 내줌이 되고 또한 우리를 의롭다 하시기 위하여 살아나셨느니라"(롬 4:25). 이것이 예수를 죽은 자 가운데서 살리신 이를 믿는다는 것의 첫 번째 핵심입니다.

24절 말씀을 잘 보면 "예수 우리 주를 죽은 자 가운데서 살리"셨다고 했습니다. 보통 신자들이 '하나님' 하면 성부 하나님을 연상하고 '주님' 하면 예수님을 연상합니다. 신약에서 예수님에 대해 주님이라는 표현을 많이 사용하기 때문입니다. 그런데 '주'(主)라는 표현은 그분이 정확히 하나님이시라는 뜻입니다. 즉 신약성경이 예수님을 묘사할 때 주라는 표현을 많이 쓴 것은 그분이 바로 하나님이시라는 것입니다. 그분은 세상이 평가하는 것같이 세계의 4대 성인 가운데 한 분 정도가 아니시라는 것입니다. 그분은 하나님이십니다. 하나님이신 그분이 우리의 죄 때문에 죽으셨습니다. 이러한 사실에 근거해서 하나님을 이해해야 합니다.

또한 하나님이신 예수께서 우리 때문에 죽으셔야 했다는 말속에는 우리가 하나님 앞에 죄인이라는 것이 전제되어 있습니다. 우리가 선이나 의 같은 개념 앞에서 죄인이란 뜻이 아닙니다. 우리는 하나님이라는 존재자 앞에서 죄인입니다. 하나님은 그 앞에서 죄 지은 자를 심판하는 주인이십니다. 그분은 온 천하 만물의 창조주이시며 주인되는 존재이십니다. 인간은 그분에게 범죄하고 그분을 배신함으로 말미암아 이제 남은 일이라고는 그분 앞에서 벌 받을 일밖에 없는 존재입니다. 이러한 것이 전제되지 않고서 하나님에 관해 이러쿵저러쿵 하는 것은 전적인 오해입니다.

하나님이 우리를 구원하기 위해 예수를 보내셨다는 사실을 통해서 우리는 우리의 죄가 얼마나 심각한 것인지를 알아야 합니다. 만일 예수 그리스도께서 대신 감당하지 않으셨다면 우리가 그분 앞에서 얼마나 큰 벌 받을 죄를 지었는지를 인식해야 합니다. 하나님 앞에 우리가 어떤 죄인인가 하는 것은, 우리에게는 다른 것을 대신할 수 없는 우선순위에 올라와 있는 어떤 감각입니다. 우리가 하나님 앞에서 죄인이라는 것과 그 죄가 얼마나 심각한지를 아는 것이 기독교 신앙의 기초입니다.

다시 한번 강조하지만 중요한 것은 바로 우리가 어떤 하나님을 믿느냐 하는 것입니다. 우리가 믿는 하나님은 예수 그리스도가 아니면 죽을 수밖에 없는 우리를 위해 예수를 보낸 분이십니다. 이 예수 그리스도께서 우리를 위해 죽으시고, 우리를 위해 부활하셨습니다. "우리를 의롭다 하시기 위하여 살아나셨느니라"(롬 4:25).

따라서 우리는 성경이 지시하는 것처럼 우리가 죄인이라는 엄연한 사실을 깊이 인식해야 합니다. 그러한 측면에서 하나님의 높으신 거룩함을 인식해야 하며 우리는 벌 받아 죽을 수밖에 없는 존재임을 알아야 합니다. 또한 우리 스스로는 그 어떤 방법으로도 우리의 죄를 해결할 방법이 없지만 하나님께서 그 문제를 해결하셨고 그의 사랑과 긍휼로 우리를 구원하셨다는 것을 깨달아야 합니다. 바로 이러한 차원에서 하나님을 이해하고 인식하는 것이 믿음의 핵심입니다.

대속 제물이신 예수

우리의 죄 때문에 예수님이 죽음에 버려졌고 우리를 의롭다 하시기 위해 다시 살아나셨다는 것의 의미가 무엇일까요? 예전에 이스라엘 백성에게 요구하신 제사법 가운데 속죄제란 것이 있습니다. 누군가 범죄했을 때 그 범죄한 것으로 인해 하나님 앞에 받을 벌을 면하기 위해 죄를 속하여 용서함을 받는 제사법입니다. 이 제사를 드릴 때는 꼭 피가 있는 제사를 드려야 합니다. 양이든 소든 피가 있는 동물을 희생 제물로 삼아서 자기 대신 죽이고 그 피를 가지고 지성소에 들어가 하나님 앞에 죄를 속했습니다.

또한 1년마다 한 번씩 이스라엘 백성 전체의 죄를 씻기 위한 속죄제를 드리는데, 그날에는 대제사장이 백성 전체의 죄를 속하기 위한 희생 제물을 바치고 그 피를 그릇에 담아 가지고 지성소에 혼자 들어갑니다. 지성소는 하나님이 인간을 만나는 장소인데, 인간이 하나님 앞에 죄인인 상태로 그냥 들어가면 그 죄값으로 죽고 맙니다. 그래서 언제나 그 자리에 들어갈 때는 충분한 속죄 제물을 가지고 들어가야 합니다. 인간의 죄를 충분히 갚을 만한 어떤 제물을 가지고 들어가야 하는데 그것은 언제나 피였습니다. 피가 우리의 죽음을 상징하기 때문입니다.

그런데 가지고 들어간 제물이 하나님 앞에 만족스럽지 못하면—그의 흠을 다 가릴 만큼의 제물이 되지 못하면—하나님을 만나는 순간에 제사장이 죽습니다. 그런 경우는 가지고 들어간 제물이 백성의 죄를 대속하는 가치로서 불충분하다는 뜻이 됩니다. 그러나 제사장이 살아서 나오면 그 제물이 열납되었다는 것이며, 백성의 죄값으로 가지고 들어간 제물이 하나님 앞에 충분해서 백성의 모든 죄가 씻겼다는 뜻입니다. 따라서 밖에 있는 백성은 제사장이 살아서 나오는지 죽어서 나오는지를 목이 빠지게 기다릴 수밖에 없습니다. 제사장이 죽은 것이 문제가 아니라 죄가 안 씻긴 것이 문제이기 때문입니다.

예수님은 스스로를 바친 제물이실 뿐만 아니라 제사장이시기도 합니다. "또한 우리를 의롭다 하시기 위하여 살아나셨느니라" 하는 것은 그분께서 스스로를 우리의 모든 죄를 대속하는 제물로서 하나님께 바치셨는데 부활을 통해서 그 제물이 온전히 열납되었다는 것을 보여주셨다는 뜻입니다. 우리의 모든 죄가 다 씻겼다는 것입니다. 이제 우리는 이런 신앙고백을 할 수가 있습니다.

"우리는 하나님만이 온 천하 만물의 주인이신 것을 믿으며 하나님이 우리를 지으신 것을 믿습니다. 우리의 선조 아담이 하나님 앞에 범죄함으로 인해 그의 후손인 우리는 죄인으로 태어났으며 하나님 앞에 벌을 받을 수밖에 없는 죄인인 것을 인정합니다. 하지만 하나님께서 우리를 불쌍히 여기사 우리의 죄를 대속할 제물을 준비하셨습니다. 예수 그리스도를 이 땅에 제물로 보내서서 스스로 우리를 위한 대속 제물이 되게 하셨습니다. 또한 주님께서 친히 그 제물을 가지고 하나님 앞에 들어가 우리의 죄를 다 해결하고 부활하신 것을 믿습니다." 이것이 우리 신앙의 핵심입니다.

일반 종교가들이 논하는 '신'과 '종교'는 우리 믿는 사람들이 논하는 '하나님'과 '신앙'과는 전혀 다릅니다. 예수 그리스도를 통하지 않고 하나님을 논하는 것은 기독교가 이야기하는 사실과는 전혀 다른 것입니다. 그들이 논하는 것은 관념론이며 궁극적으로는 철학이요 도덕입니다. 그러나 우리가 논하는 것은 사실에 관한 것입니다. 하나님이 존재하시며 우리는 그 앞에 죄인이었습니다.

하나님의 신실하심을 믿는 믿음

그러면 이제 우리가 신자로서 확인해야 할 것이 있습니다. 하나님이 예수 그리스도를 통해 우리를 구원하셨다고 하는데 바로 이 구원 문제가 종종 우리를 괴롭힙니다. 이제 우리는 "이 모양을 하고도 내가 정말 구원받았다고 이야기할 수 있는가? 이렇게 살다 죽어도 정말 천국에 갈 것인가?"라는 종류의 질문에 대한 답을 확인하고자 합니다. 그렇게 하기 위해서는 24-25절을 통해서 하나님이 누구신지, 우리가 어떻게 구원을 얻었는지에 대한 문제를 살펴보아야 합니다. 이 문제를 다루면서 성경은 아브라함의 생애를 동원합니다. 18절 이하의 말씀을 보겠습니다.

> 아브라함이 바랄 수 없는 중에 바라고 믿었으니 이는 네 후손이 이같으리라 하신 말씀대로 많은 민족의 조상이 되게 하려 하심이라. 그가 백 세나 되어 자기 몸이 죽은 것 같고 사라의 태가 죽은 것 같음을 알고도 믿음이 약하여지지 아니하고 믿음이 없어 하나님의 약속을 의심하지 않고 믿음으로 견고하여져서 하나님께 영광을 돌리며 약속하신 그것을 또한 능히 이루실 줄을 확신하였으니(롬 4:18-21).

잘 보십시오. 아브라함이 구원을 얻을 때 하나님께서 "네 후손이 하늘에 별 같고 바다의 모래 같으리라"고 약속하셨는데 그 당시 아브라함에게는 아이가 없었습니다. 나이가 이미 백 세를 바라보고 있는 상황에서 그는 자식을 낳을 수 없었습니다. 바랄 수 없는 입장에 있었습니다. 그런데 무엇을 믿었는가 하면 하나님이 약속하신 것을 이루시리라고 믿었다는 것입니다.

우리는 "하나님도 인정하고 우리도 죄인이라는 것을 인정하는데 이렇게 살아가지고도 과연 내가 구원받은 것이 확실할까?"라는 의심을 하곤 합니다. 그러나 그것을 다음과 같이 이야기할 수 있습니다. 바랄 수 없는 중에 바라는 것입니다. 무엇을 바랍니까? 이 모양으로는 안 되지만 하나님은 약속하신 것을 능히 이루시는 분이라는 것입니다.

이것이 바로 아브라함의 생애를 동원해서 설명하고자 하는, 하나님께서 예수 그리스도를 보내신 뜻이요, 그 안에서 우리를 부르신 우리 구원의 확실성입니다. 우리 자신의 믿음의 성실함과 의지력과 끈기를 믿으라는 것이 아니라, 우리를 예수 그리스도를 통해 구원해 내신 하나님의 성실하심과 의지와 긍휼을 믿으라는 말입니다. 그것이 우리 믿음의 핵심입니다. 종종 여러분 주변에서 여러분을 이렇게 비난하는 사람이 있을 수 있습니다. "아니, 당신 그러고도 예수 믿는다는 말이 나옵니까?" 그러면 이렇게 대답하십시오. "그렇기 때문에 예수를 믿습니다." 좀 창피하긴 하지만 이것이 정확히 우리 믿음의 핵심입니다.

우리는 다른 사람들보다 잘나지 않았습니다. 우리는 세상 사람들보다 도덕적으로나 윤리적으로 더 낫지 않을 수도 있습니다. 그러나 우리는 하나님을 압니다. 하나님께서 이런 나를 위해서 예수를 보내신 줄을 압니다. 이것이 신자의 다른 점입니다. 물론 우리는 더 거룩해져야 하고 더 의로워져야 합니다. 하지만 그 전에 이미 우리는 하나님의 크신 은혜와 긍휼 가운데 예수 그리스도로 말미암아 구원을 얻은 자입니다. 아브라함이 그렇게 하나님 앞에 부름 받았으며 믿음의 조상이 되었습니다.

우리가 믿는 믿음을 이러한 차원에서 확인하지 않고 믿음의 근거를 자기 자신에게서 찾는다면, 여러분은 안심하고 신앙생활을 하지 못할 것입니다. 실제로는 괜찮음에도 불구하고 여러분 혼자서 몇 번씩이나 좌절하고 의심하고 흔들리는 신앙생활을 할 수밖에 없게 되는 이유가 여기에 있습니다.

믿음의 가장 확실한 내용과 근거를 분명히 하십시오. 그래서 여러분이 혼들릴 때 다시 하나님을 쳐다보십시오. 아브라함을 부르신 하나님. 아브라함이 백 세일 때 이삭을 주신 하나님. 그래서 그의 후손으로 국가를 이루신 하나님. 우리가 아직 죄인되었을 때 우리를 위해 예수 그리스도를 보내신 하나님. 예수 그리스도를 통해 우리가 완성될 수밖에 없도록 우리를 지키시는 하나님. 그분이 우리 믿음의 근거입니다.

다시 한번 24절을 보겠습니다. "의로 여기심을 받을 우리도 위함이니 곧 예수 우리 주를 죽은 자 가운데서 살리신 이를 믿는 자니라." 자신을 믿는 것이 아닙니다. 하나님을 믿는 것입니다. 은혜로우시고 긍휼이 넘치시며 우리를 사랑하시고 능력이 있으신 바로 그 하나님을 믿는 것입니다.

05

구원의 믿음

롬 3:19-28

우리가 알거니와 무릇 율법이 말하는 바는 율법 아래에 있는 자들에게 말하는 것이니 이는 모든 입을 막고 온 세상으로 하나님의 심판 아래 있게 하려 함이니라. 그러므로 율법의 행위로 그의 앞에 의롭다 하심을 얻을 육체가 없나니 율법으로는 죄를 깨달음이니라. 이제는 율법 외에 하나님의 한 의가 나타났으니 율법과 선지자들에게 증거를 받은 것이라. 곧 예수 그리스도를 믿음으로 말미암아 모든 믿는 자에게 미치는 하나님의 의니 차별이 없느니라. 모든 사람이 죄를 범하였으매 하나님의 영광에 이르지 못하더니 그리스도 예수 안에 있는 속량으로 말미암아 하나님의 은혜로 값없이 의롭다 하심을 얻은 자 되었느니라. 이 예수를 하나님이 그의 피로써 믿음으로 말미암는 화목 제물로 세우셨으니 이는 하나님께서 길이 참으시는 중에 전에 지은 죄를 간과하심으로 자기의 의로우심을 나타내려 하심이니 곧 이때에 자기의 의로우심을 나타내사 자기도 의로우시며 또한 예수 믿는 자를 의롭다 하려 하심이라. 그런즉 자랑할 데가 어디냐. 있을 수가 없느니라. 무슨 법으로냐. 행위로냐. 아니라. 오직 믿음의 법으로니라. 그러므로 사람이 의롭다 하심을 얻는 것은 율법의 행위에 있지 않고 믿음으로 되는 줄 우리가 인정하노라.

믿음이란 원인 없이 결과가 생긴 것

제가 이런 질문을 했던 기억이 납니다. "우리는 의인인가, 죄인인가?" 우리는 의인이기도 하고 죄인이기도 하다고 했습니다. 마치 예술가가 모닥불 속에서 나무 조각을 꺼내서 조각품을 만드는 것과 같다고 했습니다. 우리는 마치 불에서 이제 꺼냄을 받은 위치에 있는 것입니다. 그러나 지금 구원을 얻었다고 큰소리칠 수 있는 것은, 하나님은 시작하시면 중간에 그만두는 적이 없는 분이시기 때문에 그렇다고 했습니다. 시작된 것으로 말미암아 우리는 구원을 확인한다고 했습니다.

그러면 당장 무슨 문제가 생기는가? 제가 예를 이렇게 들었습니다. 우리 한국교회에서 구원의 확신 문제에 대해서 어떤 오해가 있어 온 것은 사실입니다. 홍해를 건넌 것이 전부인 양 생각하게 되면 모두가 가나안에는 가지 않고 홍해 해변에 머무르게 된다고 했습니다. 그래서 이 사건, 곧 구원 문제를 신약에서도 성경이 과연 그대로 풀고 있는지를 우선 따져 보고 지나가려고 합니다.

우리는 구원을 늘 이렇게 이야기합니다. 우리가 예수를 믿어서 구원을 얻었다고 이야기하지 선행으로 구원을 얻었다고 말하지 않습니다. 그러면 이제 이런 질문을 던져 봅시다. "내가 어떤 사람에게 '예수 믿으십시오'라고 말했는데 그 사람이 안 믿어서 구원을 못 얻으면 누구 책임입니까?" 그 사람 책임입니다. 안 믿어서 그렇게 되었으니까요. 그러면 나는 왜 구원을 얻었습니까? 믿었으니까요. 그래서 여러분이 여러분의 구원을 확인하는 유일한 방법이 무엇입니까? 여러분이 예수를 믿었다는 사실입니다.

그러면 여러분이 예수를 믿으면 구원 얻는다는 것을 무엇으로 확인합니까? 성경으로 확인합니다. 요한복음 3:16에도 있고 그 외에 여러 군데에 있습니다. 성경은 처음부터 끝까지 다 그 말씀입니다. 그런데 제가 묻고 싶은 것이 있습니다. 성경이 그렇게 말하기 때문에 나는 확신한다고 이야기하는 분들에게 제가 이런 시비를 걸겠습니다. 성경이 확인해 주기 때문에, 성경이 그렇게 이야기했기 때문에 나는 그렇게 믿는다고 하는 분에게 묻습니다.

"성경이 그렇게 이야기해 주었으면 왜 확신해도 좋은 것입니까?"

"하나님 말씀이기 때문입니다."

"이것이 하나님 말씀이란 것을 어떻게 압니까?"

"믿어서 알지요."

여러분, 질문과 답들이 어떻게 꼬리를 물고 있는지 아십니까? 잘 생각하셔야 합니다. 오늘은 이 문제를 가지고 제가 몹시 시비를 걸 테니까요.

내가 믿으면 구원 얻는다는 것을 성경이 확인해 주어서 안다고 합니다. 모든 사람들이 근거로 성경을 댑니다. 성경이 확인해 주는 것으로 왜 마음을 놓아도 좋습니까? 하나님 말씀이기 때문이라고 했는데, 이것이 하나님 말씀이라는 것을 무엇으로 압니까? 믿어서 압니다. "이것이 하나님 말씀이라는 것은 내가 믿어서 알고, 내가 믿으면 된다는 것은 성경이 증거를 해주고……." 둘이 짜고 뭐하는 겁니까?

여러분, 우리가 얼마나 우습게 체계를 갖고 있는지 아십니까? 우리가 여러 부분에서 많은 성경 지식을 잘못 알고 있습니다만, 아마 가장 대표적인 것은 이 구원 문제, 믿음 문제일지도 모릅니다. 믿고 싶어 하는데 안 믿어지는 사람을 만나 본 적이 있습니까? 여러분이 아는 분들 중에도 있을 것입니다. 이것이 하나님의 말씀이라는 것이 믿어지면 믿겠다고 합니다. 나도 교회를 가고 싶은데 안 믿어지는 것을 어떻게 하느냐고 합니다. 그러면 우리는 왜 못 믿느냐고 합니다. 우리가 이상하게 싸우고 있다는 사실을 아십니까? 잘 생각해 봐야 할 문제입니다.

그래서 제가 성경이 말씀하는 "믿음으로 구원 얻는다"는 것에 대해서 이제 신약 쪽 차원에서 풀어 가지고 구약의 출애굽 사건이 다루고 있는 것이 사실상 어떤 내용을 말씀하고 있는 것인지 추적해 보려고 합니다. 로마서 3:19 이하를 보겠습니다.

우리가 알거니와 무릇 율법이 말하는 바는 율법 아래에 있는 자들에게 말하는 것이니 이는 모든 입을 막고 온 세상으로 하나님의 심판 아래 있게 하려 함이니라. 그러므로 율법의 행위로 그의 앞에 의롭다 하심을 얻을 육체가 없나니 율법으로는 죄를 깨달음이니라. 이제는 율법 외에 하나님의 한 의가 나타났으니 율법과 선지자들에게 증거를 받은 것이라. 곧 예수 그리스도를 믿음으로 말미암아 모든 믿는 자에게 미치는 하나님의 의니 차별이 없느니라. 모든 사람이 죄를 범하였으매 하나님의 영광에 이르지 못하더니 그리스도 예수 안에 있는 속량으로 말미암아 하나님의 은혜로 값없이 의롭다 하심을 얻은 자 되었느니라. 이 예수를 하나님이 그의 피로써 믿음으로 말미암는 화목 제물로 세우셨으니 이는 하나님께서 길이 참으시는 중에 전에 지은 죄를 간과하심으로 자기의 의로우심을 나타내려 하심이니 곧 이때에 자기의 의로우심을 나타내사 자기도 의로우시며 또한 예수 믿는 자를 의롭다 하려 하심이라. 그런즉 자랑할 데가 어디냐. 있을 수가 없느니라. 무슨 법으로냐. 행위로냐. 아니라. 오직 믿음의 법으로니라. 그러므로 사람이 의롭다 하심을 얻는 것은 율법의 행위에 있지 않고 믿음으로 되는 줄 우리가 인정하노라(롬 3:19-28).

성경이 믿음으로 말미암아 구원을 얻는다고 이야기할 때 꼭 이런 단어를 씁니다. 믿음으로 말미암아 구원을 얻는다고 할 때는 언제나 다른 무엇이 아니고 믿음이라고 합니다. 행위가 아니고 믿음이라고 합니다. 행위로 구원을 얻지 않고 믿음으로 얻기 때문에 은혜라고 합니다. 또 그것은 삯이 아니라고 합니다. 삯이란 대가로 받는 것입니다. 로마서 4장에 보면 그 말씀이 나옵니다. "일하는 자에게는 그 삯이 은혜로 여겨지지 아니하고 보수로 여겨지거니와 일을 아니할지라도 경건하지 아니한 자를 의롭다 하시는 이를 믿는 자에게는 그의 믿음을 의로 여기시나니"(롬 4:4-5). 일하는 자는 그 삯을 은혜로 여기지 않는다고 합니다. 내가 일을 하고 받은 대가를 은혜라고 하는 사람은 없습니다. 그래서 구원은 삯이 아니고 은혜요 선물입니다. 선물은 내가 한 일에 대한 대가가 아닙니다. 일하지 않은 것에 대한 대가를 받는 것이 선물입니다.

제가 믿음을 가지고 왜 이렇게 시비를 걸고 나오는가 하면, 이런 것 때문에 그렇습니다. 믿음이 동사입니까, 명사입니까? 명사입니다. 그러면 여러분이 갖고 있는 믿음이 명사인지 동사인지 보십시오. 대부분 동사입니다. '믿는다'는 동사인데 이것이 '믿음'이 되면 동사의 명사형입니다. 이렇게 싸우는 이유가 있습니다. 이제부터 잘 들어 보십시오.

이번에 서울에서 국제 마라톤 대회를 개최했습니다. 두 시간 몇 분인가 걸려서 1등이 나왔습니다. 한국 최고의 소원은 누가 두 시간 십 분대에 뛸 수는 없는가 하는 것입니다. 그래서 제가 손을 들어서 "방법이 있습니다. 빨리 뛰면 됩니다"라고 한다면 한 대 얻어맞을 만한 대답입니다. 그런데 우리는 신앙 문제에서 그렇게 대답하곤 합니다.

"목사님, 저는 하나님이 잘 안 믿어집니다. 어떻게 하면 좋습니까?"

"기도를 하십시오."

"믿지도 않는데 어떻게 기도합니까?"

"믿음을 달라고 기도를 하십시오."

이런 식으로 말이 안 되게 서로 돌고 있습니다. 지금 어디에 우리의 시비가 걸려 있는지 아시겠습니까? 마치 빨리 달릴 수 있게 다리한테 요구를 하라는 것과 같습니다. 그러면 이렇게 대답하면 어떻습니까?

"그럼 두 시간 십 분대에 뛰면 된다"라고 말하니까 옆에서 "그런 바보 같은 소리가 어딨나? 빨리 걷고 빨리 뛰자"라고 합니다.

"빨리 걸어지지 않고, 빨리 뛰어지지 않으니까 그렇지!" 이제 옆에 있던 사람이 기가 막힌 답을 냅니다. "뛰기를 빨리 하자."

지금 이 사람들이 무엇을 헷갈리고 있는지 아십니까? '뛴다'라는 동사의 명사가 뭡니까? '뛰기'입니다. 그것에 속는 것입니다. '뛴다'의 명사는 '뜀'이 아닙니다. 다리입니다. 뛴다는 행위의 주체가 다리라는 것을 아서야 합니다.

그러면 '믿는다'의 명사는 주체가 무엇입니까? 우리는 전부 우리로 알고 있습니다만, 내가 믿느냐 안 믿느냐에 따라 구원을 얻거나 못 얻는다면 그것은 삯입니다. 은혜가 아닙니다. 믿어서 얻었기 때문입니다. 믿음의 주체가 무엇인지, 믿음이라는 이 단어의 명사가 무엇인지를 밝혀내지 못하고 있는 것입니다. 그래서 이야기가 밤낮 빙빙 돌아다니는 겁니다. 다리를 못 찾고 뜀, 뛰기 같은 그 동사의 명사형을 가져다 쓰고 있는 것입니다. '믿음'을 '믿는다'의 명사형으로 써서는 그 본질을 못 찾아냅니다. 믿음의 본질은 마치 걷는다, 뛴다, 달린다의 주체요 본질인 다리를 찾듯이 찾아내야 하는 것입니다. 이것을 못 찾아서 이 문제에 관한 한 대부분 헷갈리고 있습니다.

우리는 '믿음' 하면 어떻게 생각합니까? 'trust'라는 개념으로 씁니다. 그렇지 않습니다. believe라는 단어는 trust와 전혀 다른 개념입니다. 성경이 믿음을 설명하는 데 믿음과 같은 개념으로 이해하도록 등장시킨 단어가 은혜와 선물이고, 이것과 다른 개념으로 등장시킨 단어가 행위, 자랑, 삯입니다.

이것을 왜 성경이 늘 들고 나오는가 하면 이 개념이 우리한테 없는 개념이기 때문입니다. 이것으로 설명해서는 이 단어를 못 알아듣기 때문에, 지금 성경이 이 말을 해야겠는데 이 말을 우리 인간들이 알고 있는 단어로 오해할까봐 계속 다른 단어들을 등장시켜서 이 단어가 가진 뜻을 밝히려고 애쓰는 것입니다. 그래서 "너희가 믿음으로 구원을 얻었으니"라고 하면 언제나 뒤따라 나오는 것이 "행위로 말미암은 것이 아니니 자랑할 수 없느니라"는 문장입니다. 그리고 "그런즉 너희가 은혜로 말미암아 주께서 주신 선물로……" 이렇게 언제나 몇 가지 단어를 몰고 다닙니다. 왜냐하면 이것 혼자 등장시키면 꼭 오해되기 때문입니다. 어떻게 오해되었는지 보십시오.

우리가 이 단어를 풀 때 이렇게 풉니다. 우선 "행위가 아니다" 하는 말이 가장 많이 등장합니다. 행위가 아니라는 것을 일을 하지 않는 것이라고 종종 오해합니다. 아닙니다. 행위의 개념을 이해시키기 위한 단어는 '자랑'과 '삯'입니다. 무엇을 의미하는가 하면, 인과율을 뜻합니다. 성경은 이것을 행위라고 합니다. 우리가 어떤 일을 하는 것, 액션을 취하는 것을 행위라고 하는 것이 아니라 성경이 '행위'라고 하는 것은 언제나 '인과율의 법칙'을 말합니다.

인과율이란 어떤 결과가 있기 위해서는 꼭 원인이 있다는 말입니다. 원인이 있어야 결과가 있는 법칙입니다. 그것을 성경은 행위라고 합니다. 보십시오. 나에게 있는 결과에 대해서 나에게 원인이 있다는 말입니다. 그러니 이 결과에 대해서 자랑하는 것입니다. 모든 결과에 대해서 우리가 자랑하는 것은, 나한테 원인이 있어서 생긴 것이기 때문에 자랑이 있는 것입니다. 나에게 생긴 결과는 언제나 내가 원인이 아니고는 생기지 않는 것입니다. 그것이 '행위의 법칙'입니다.

나한테 생긴 결과가 나에게 원인이 없이 생겼을 때는 뭐라고 하겠습니까? 내가 사지 않은 물건이 내 수중에 있을 때는 선물인 것입니다. 내가 한 것이면 샀고, 내가 하지 않았는데 그 결과가 있으면 선물인 것입니다. 이제 얼마나 명백하게 갈라졌습니까?

그러면 믿음이란 무슨 뜻이겠습니까? 원인이 없는데 결과만 있는 법칙입니다. 세상에 없는 법칙입니다. 그것을 믿음이라고 합니다. 믿음이란 원인이 없는데 결과가 생긴 것을 말합니다. 이것은 행위가 아닙니다. 행위란 나에게 생긴 결과는 언제나 나에게 원인이 있어야 하는 것입니다. 그렇지 않고 생긴 결과를 믿음이라고 합니다. 이렇게 믿음을 바꿔 놓고 생각하면 얼마나 잘 풀리는지 보십시오.

구원의 비밀

여러분이 구원을 얻은 것은 여러분이 믿어서 얻은 것입니까? 아닙니다. 주께서 은혜로 거저 주신 것입니다. 그러면 내가 하지도 않았는데 결과가 생겼으니 말이 안 됩니다. 그런 법칙은 없습니다. 그래서 찌르고 들어옵니다. "네가 하지 않은 일에 대해서 네게 결과가 있다고 말도 안 되는 소리를 어떻게 하느냐?" 그러므로 믿음으로 된다는 말이 없으면 우리는 갖고 있는 결과에 대해서 할 말이 없어집니다. 여러분, 이해가 되십니까?

그런데 우리는 마치 내가 믿음의 원인이 되어서 구원이라는 결과가 생겼다고 생각합니다. 믿음은 원인이 아닙니다. 원인 없이 결과를 만들어 내는 방법입니다. 누구의 방법입니까? 하나님의 방법입니다. 성경이 십자가를 방법적 차원에서 설명한다는 사실을 아셔야 합니다. 고린도전서 1:18을 보겠습니다. "십자가의 도가 멸망하는 자들에게는 미련한 것이요 구원을 받는 우리에게는 하나님의 능력이라." 왜 "능력"이라는 단어로 되어 있는지를 보십시오. 원인 없이도 결과를 만들어 내야 하는 방법에 관한 이야기이기 때문에 힘으로 표현되어 있습니다. 만들어 내는 방법론이기 때문입니다. 24절에 보면, "오직 부르심을 받은 자들에게는 유대인이나 헬라인이나 그리스도는 하나님의 능력이요 하나님의 지혜니라"고 합니다. 왜 그것이 지혜로 귀결되는지 보십시오.

우리는 죄인입니다. 하나님을 알지도 못하고 관심도 없는 존재입니다. 어느 만큼의 관심도 없는가 하면, 지렁이가 매니큐어를 생각하는 확률보다 더 작은 확률이 죄인이 하나님을 생각할 수 있는 확률입니다. 지렁이가 왜 매니큐어를 생각하겠습니까? 도대체 몸에 각질이 있어야 매니큐어를 생각할 것이 아니겠습니까? 연체동물이 뭐가 답답해서 매니큐어를 생각합니까? 그것보다 더 생각을 안 하는 자리에 있는 것이 죄인이 하나님을 생각하는 것입니다. 별을 보아야 별을 따지요. 생각을 안 하는데 구원의 조건이 어떻게 우리한테서 나올 수 있습니까? 그런데 우리에게 구원이라는 결과를 만들어 내십니다. 어떻게요? 그러므로 능력이고 지혜입니다. 기가 막힌 능력이고 기가 막힌 지혜입니다. 원인이 어디에 있습니까? 우리에게 있습니까? 없습니다. 그리스도에게 그 원인을 만드셨습니다. 원인은 예수 그리스도에게 다 만들고 결과는 우리에게 다 입혀 놓으신 것입니다. 원인이 나에게 있지 않고 원인이 전부 예수 그리스도와 그의 십자가 사역에 있기 때문에 우리가 "죽어도 예수, 살아도 예수"하는 것입니다.

자, 이 싸움에서 우리가 얼마나 오해를 하고 사는지 보겠습니다. 우리는 모든 일에서 그렇습니다. 우리가 결과를 확인하는 것은 언제나 행위의 법칙입니다. 그것이 우리가 알고 있는 유일한 법칙이기 때문입니다. 그래서 모든 사람에게 "당신이 구원받은 것을 어떻게 확신합니까?"라고 물으면 모두가 결과로 확인하지 않고 원인으로 확인하려 듭니다. 확신의 근거를 원인에다 둡니다. 모두가 그 결과를 얻기에 합당한 원인을 찾는 데 혈안이 되어 있습니다.

이 문제 앞에서 제일 답답한 사람이 있습니다. 어려서부터 믿는 가정에서 자란 분들은 죽었다 깨어나도 원인이 될 만한 경험이 없습니다. 아무리 찾아봐도, 기억나는 맨 구석까지도 그저 교회에 있었던 것입니다. 남들이 펄펄 뛰는 것도 잘 아는데 그 사람만큼 펄펄 뛰어지지가 않습니다. 이런 답답한 노릇이 없습니다. 하지만 안심하십시오. 원인으로 확인하는 것은 정당한 방법이 아닙니다. 우리가 우리의 구원을 확인하는 유일한 방법이 있다면, 결과로 확인하는 것입니다.

결과로 어떻게 확인합니까? 제일 재미있는 것은 이것입니다. 성경이 죄인과 영이 살아난 사람이 무엇이 다른지를 제시하고 있다는 사실입니다. 그것으로 보면 내가 살아 있는 사람인지 죽어 있는 사람인지 아주 명백해집니다. 그런데도 우리는 왜 그토록 원인에 매달려 있는지 모릅니다. 우리한테 없는 원인을 추적하기 때문에 모두가 그 화끈한 원인을 만들기 위해 얼마나 애쓰고 사는지 모릅니다. 성경은 결과를 확인하라고 반대로 말씀합니다. 그 대표적인 예가 요한복음 9장에 나옵니다.

예수께서 길을 가실 때에 날 때부터 맹인된 사람을 보신지라. 제자들이 물어 이르되 랍비여, 이 사람이 맹인으로 난 것이 누구의 죄로 인함이니이까. 자기니이까. 그의 부모니이까. 예수께서 대답하시되 이 사람이나 그 부모의 죄로 인한 것이 아니라. 그에게서 하나님이 하시는 일을 나타내고자 하심이라. 때가 아직 낮이매 나를 보내신 이의 일을 우리가 하여야 하리라. 밤이 오리니 그때는 아무도 일할 수 없느니라. 내가 세상에 있는 동안에는 세상의 빛이로라. 이 말씀을 하시고 땅에 침을 뱉어 진흙을 이겨 그의 눈에 바르시고 이르시되 실로암 못에 가서 씻으라 하시니 (실로암은 번역하면 보냄을 받았다는 뜻이라) 이에 가서 씻고 밝은 눈으로 왔더라. 이웃 사람들과 전에 그가 걸인인 것을 보았던 사람들이 이르되 이는 앉아서 구걸하던 자가 아니냐. 어떤 사람은 그 사람이라 하며 어떤 사람은 아니라 그와 비슷하다 하거늘 자기 말은 내가 그라 하니 그들이 묻되 그러면 네 눈이 어떻게 떠졌느냐. 대답하되 예수라 하는 그 사람이 진흙을 이겨 내 눈에 바르고 나더러 실로암에 가서 씻으라 하기에 가서 씻었더니 보게 되었노라. 그들이 이르되 그가 어디 있느냐. 이르되 알지 못하노라 하니라. 그들이 전에 맹인이었던 사람을 데리고 바리새인들에게 갔더라. 예수께서 진흙을 이겨 눈을 뜨게 하신 날은 안식일이라. 그러므로 바리새인들도 그가 어떻게 보게 되었는지를 물으니 이르되 그 사람이 진흙을 내 눈에 바르매 내가 씻고 보나이다 하니 바리새인 중에 어떤 사람은 말하되 이 사람이 안식일을 지키지 아니하니 하나님께로부터 온 자가 아니라 하며 어떤 사람은 말하되 죄인으로서 어떻게 이러한 표적을 행하겠느냐 하여 그들 중에 분쟁이 있었더니 이에 맹인되었던 자에게 다시 묻되 그 사람이 네 눈을 뜨게 하였으니 너는 그를 어떠한 사람이라 하느냐. 대답하되 선지자니이다 하니 유대인들이 그가 맹인으로 있다가 보게 된 것을 믿지 아니하고 그 부모를 불러 묻되 이는 너희 말에 맹인으로 났다 하는 너희 아들이냐. 그러면 지금은 어떻게 해서 보느냐. 그 부모가 대답하여 이르되 이 사람이 우리 아들인 것과 맹인으로 난 것을 아나이다. 그러나 지금 어떻게 해서 보는지 또는 누가 그 눈을 뜨게 하였는지 우리는 알지 못하나이다. 그에게 물어보소서. 그가 장성하였으니 자기 일을 말하리이다. 그 부모가 이렇게 말한 것은 이미 유대인들이 누구든지 예수를 그리스도로 시인하는 자는 출교하기로 결의하였으므로 그들을 무서워함이러라. 이러므로 그 부모가 말하기를 그가 장성하였으니 그에게 물어보소서 하였더라. 이에 그들이 맹인이었던 사람을 두 번째 불러 이르되 너는 하나님께 영광을 돌리라. 우리는 이 사람이 죄인인 줄 아노라. 대답하되 그가 죄인인지 내가 알지 못하나 한 가지 아는 것은 내가 맹인으로 있다가 지금 보는 그것이니이다(요 9:1-25).

예수께서 날 때부터 맹인된 자, 곧 한 번도 빛을 본 적이 없는 사람의 눈을 뜨게 했습니다. 그래서 시비가 생겼습니다. 유대인들에게 있어서 맹인의 눈을 뜨게 하는 자는 이미 선지자입니다. 선지자가 아니면 그런 일을 하는 자가 없습니다. 그런데 유대인들 쪽에서는 예수님이 메시아인 것은 정말이지 싫지만 선지자인 것조차 싫었습니다. 그를 죽여야 직성이 풀리는데, 그가 선지자이면 자기들이 가짜가 됩니다. 그래서 선지자가 아닌 것으로 만들어야 합니다. 그 방법으로 이 맹인이 눈을 뜬 사건을 가지고 두

가지로 시비를 겁니다.

하나는 "그가 정말 맹인이었는가" 하는 것이고, 다른 하나는 "예수가 정말 눈을 뜨게 했는가" 하는 것입니다. 그래서 그의 부모를 찾아가서 이 사람이 정말 맹인이었느냐고 물었더니, 모른다며 당사자에게 직접 물어보라고 합니다. 그래서 당사자에게 찾아갑니다. 당사자의 대답이 재미있습니다.

"저는 다른 것은 다 모르겠습니다. 다만 옛날엔 안 보이던 것이 이제 보입니다." 구원의 결과는 바로 이것입니다. 그는 영적으로 죽었던 자입니다. 죽었을 때는 안 보이던 영의 눈이 보이는 것이 구원을 얻은 자와 그렇지 않은 자의 가장 큰 차이입니다. 무엇이 달라지는가 하면, 하나님과 예수 그리스도를 알고 죄를 알게 됩니다. 죄가 '도덕성'에 관한 문제가 아니라 '하나님이 싫어하는 것'에 관한 문제라는 것을 알게 됩니다. 더 쉽게 말하자면, 하나님에 대한 인식이 있는 사람이 구원 얻은 사람입니다.

이런 사람들이 있습니다. 주일마다 골프를 치면서 칠 때마다 불안해합니다. 그러면서도 그다음 주일에 또 칩니다. 부인네들끼리 화투를 치면서 "내가 이러다 벌 받지" 하면서도 계속합니다. 이런 사람들은 구원을 얻은 사람들입니다. 걱정하지 마십시오. 분명히 확인해 드릴 수 있습니다. 절대로 죄인들은 하나님에 대해서 걱정하지 않습니다. 그저 그러다가 터질 날이 있다는 것만 염두에 두십시오. 죄값으로 터지는 것이 아니라 하나님이 자기 자녀이기 때문에 놔두지 않습니다.

구원 문제에 대해서 헷갈릴 필요는 없습니다. 분명히 여러분이 구원을 얻은 사실을 마음 놓고 확인하십시오. 구원을 얻지 않은 자는 하나님에 대한 생각이 없습니다. 구원을 얻은 자만이 죄와 하나님에 대해서 늘 가슴이 덜컹덜컹 하는 법입니다. 그런데 본인도 이것을 아는데 아직은 괜찮기 때문에 뜸 들이는 것입니다. 좀 더 기다려 보십시오. 벼락같이 터지는 날이 옵니다. 하나님이 여태껏 미루어 놓으셨던 것을 하루에 하실 것입니다.

늘 말씀드립니다만 제트기가 왜 빠른지 아실 것입니다. 꽁무니에서 불이 나서 빠릅니다. 여러분도 하나님이 꽁무니에 불을 붙이시는 날이 옵니다. 여태껏 방학하고 있던 것을 하루 만에 다 해치우실 것입니다. 곤고한 날이 올 것입니다. 하루에 다 하지 못할 만큼 터지기 전에 조금씩 해놓으십시오. 이것이 믿음에 관한 이야기에서 우리가 확인하는 부분들입니다. 우리 식 표현으로 하자면, 믿어서 구원을 얻는 것이 아니라는 것을 이렇게 말합니다.

그분이 원인이 되어서 그 원인으로 말미암는 결과가 우리에게 구원이라는 결과를 낳는다는 것을 로마서 3장에 이렇게 진술합니다. "그런즉 자랑할 데가 어디 있느냐"(롬 3:27). 구원을 믿음으로 얻는다는 말씀만 해놓으면 그다음에 가장 걸릴 데가 "그런즉 자랑할 데가 어디 있느냐"는 것입니다. 분명히 아서야 합니다. "무슨 법으로냐. 행위로냐." 이것은 둘 다 법칙에 관한 말씀입니다. "아니라. 오직 믿음의 법으로니라." 믿음이 방법론인 것입니다. 우리의 방법론이 아니라 하나님의 방법론입니다.

그러면 우리가 할 것은 없습니까? 그렇습니다. 우리는 할 것이 없습니다. 그것을 복음이라고 합니다. 하라고 했으면 큰일 날 뻔한 것이 우리입니다. 모두들 이야기합니다. "우리가 할 것이 없다니 무슨 일입니까?"라고. 그것을 성경은 복음이라고 합니다. "그러면 저 사람들은 왜 구원하지 않으십니까?"라고 우리는 또 이야기합니다. 그런데 이런 질문은 이렇게 생각하는 것과 같습니다. 우리가 여기 편안히 살고 있는데 하나님이 오시더니 줄을 긋고 '이만큼은 구원 얻고 이만큼은 지옥 보냈다'는 식의 개념을 갖고 있는 것입니다. 우리가 마치 중립지대에 있었던 것같이 생각합니다.

그러나 아닙니다. 홍수가 나서 누구나 떠내려가고 있습니다. 지금 흙탕물 속에서 다 죽어 가는데 헬리콥터가 와서 몇 명을 건져냈습니다. 살아

난 사람들이 생각하기를 '저 사람들은 왜 안 건져 줍니까? 불쾌합니다. 다 건져 주던가 아니면 나도 건져 주지 마십시오'라고 하는 것과 같습니다. 죄라는 개념을 모르기 때문에 그렇습니다.

출애굽 사건은 이 사건을 이렇게 설명합니다. 출애굽기 3장을 보십시오. 하나님께서 모세에게 나타나셔서 처음에 하신 말씀을 확인하십니다. "여호와께서 이르시되 내가 애굽에 있는 내 백성의 고통을 분명히 보고 그들이 그들의 감독자로 말미암아 부르짖음을 듣고 그 근심을 알고 내가 내려가서 그들을 애굽인의 손에서 건져내겠다"고 하십니다(출 3:7-8).

여기서 아주 중요한 단어가 나옵니다. 이스라엘 백성은 애굽에서 건져내기 이전에 이미 "내 백성"입니다. 내 백성이기 때문에 건지러 오는 것이지 건져 놓은 다음에야 내 백성이 되는 것이 아닙니다. 그러면 애굽에 있는 당신은 무엇입니까? 이 비유대로 따지면 죄인입니다. 같은 죄인입니다. 애굽 백성도 애굽에 살고 이스라엘 백성도 애굽에 사는 것입니다. 동일한 죄의 땅, 동일한 죄인입니다. 홍해 저편에 있는 자들입니다. 그런데 거기에서 이미 하나님이 그들은 내 백성이라고 정했기 때문에 거기서 건져내시는 것입니다. 바로와 애굽 백성은 하나님이 자기 백성으로 택하지 않았기 때문에 놔두시는 것입니다. 이 차이를 아셔야 합니다. 하나님이 거기에서부터 누구는 구원하고 누구는 구원하지 않고 "누구는 벌 받아라" 이렇게 갈라놓는 것이 아니라, 우리가 스스로 범죄하여 다 그쪽에 들어가지 않았습니까? 그중에 하나님이 누구누구는 내 백성을 삼겠다고 해서 건져내는 것입니다. 죄인의 자리에서부터 출발한 것입니다.

로마서 5:8은 우리가 잘 아는 말씀입니다. "우리가 아직 죄인되었을 때에 그리스도께서 우리를 위하여 죽으심으로 하나님께서 우리에게 대한 자기의 사랑을 확증하셨느니라." 잊지 마십시오! 우리가 의로웠기 때문에 하나님의 백성이 된 것이 아닙니다. 하나님이 어디에서부터 우리를 그의 백성이라고 지칭하시는가 하면, 죄인의 자리에 있을 때―여러분이 여러분의 경험 속에서 예수를 알지 못할 그때―이미 여러분이 하나님의 백성이었다는 사실을 알아야 합니다. 이것이 비밀입니다. 이것이 신비한 일입니다. 그분이 자기 자녀로 삼은 자들은 자신의 거룩한 자리에까지 인도하시고 그들에게도 하나님을 알게 하시고야 만다는 사건입니다.

행위와 믿음의 싸움

그러면 이제 다시 돌아가 봅시다. 이 행위와 믿음의 싸움에서 우리가 가장 조심해야 할 것이, 원인을 찾으려고 노력하는 잘못입니다. 고린도전서 1:24로 돌아가서 원인을 찾으려 한다면 "믿음" 밑의 단어를 보십시오. 은혜나 선물에 원인이 있는지를 보십시오. 은혜와 선물에는 원인이 없습니다. 은혜란 저쪽에서 일방적으로 베푸는 호의입니다. 선물도 그렇습니다. 그것을 받을 만한 이유가 나에게 있으면, 그것은 선물이 아니고 은혜도 아니고 아첨이요 뇌물입니다. 보이지 않는 무형의 원인이 있어서 받는 것입니다.

우리는 얼마나 뿌리 깊이 우리가 구원을 얻은 데 대해서 믿음이라는 것을 조건으로, 자랑으로 갖고 있는지 모릅니다. 이것만큼 무서운 것이 없기 때문에 제가 자꾸 이렇게 시비를 거는 것입니다. 왜냐하면 우리는 내가 인식한 것과 내가 결과가 된 것을 오해하기 때문입니다. 다시 말하면 내가 인식한 것과 내 결과가 다릅니다.

여러분의 자녀가 여러분을 부모로 알고 자기가 자식이라는 것을 깨닫는 것과, 실제로 자식으로 되어 있는 것과는 상당히 차이가 있습니다. 여러분, 자식이 철들어야 자기가 자식인 것을 아는 것이고 그 이전까지는 자식이 아닙니까? 그렇지 않습니다. 그 이전에도 자식입니다. 그런데 누구만이 자식 노릇을 합니까? 부모는 자식이 철들기 이전에도 부모입니다. 자식은 철들어야 비로소 자식이 됩니다. 사실은 자식인데도 말입니다.

신자들이 바로 무슨 실수를 하는가 하면, 자기가 철든 날에 비로소 부모를 자기가 만든 것같이 오해합니다. 그것은 신자들의 착각입니다. 자기가 인식한 것이 자기가 비로소 만들어진 날이고, 자기가 부모를 찾은 날이고 부모를 만든 날이고 자식이 된 날로 오해합니다.

제가 하나만 시비를 걸겠습니다. 한국 교계에 일어난 모든 운동 중에서 가장 큰일을 한 운동 단체가 어딘가 하면, 저는 한국대학생선교회(CCC)라고 생각합니다. 몹시 큰일을 했습니다. 그 큰일을 한 것을 시비를 걸겠다는 것이 아닙니다. 하나 보완해야 할 문제가 있기 때문에 제가 시비를 거는 것입니다. 이 단체의 선한 목적 때문에 교회가 얼마나 진통을 많이 겪었는지를 이야기하는 것이 아닙니다. 이 단체가 갖는 선한 목적에 대한 인식이, 기적 같은 경험으로 말미암은 사람과 그렇지 않은 사람 사이를 얼마나 충돌시켰는지 모릅니다. 화끈한 믿음의 경험을 가지고 그리스도 안에 들어온 불붙은 자와 그렇지 않은 자 사이를 얼마나 떼어 놓게 했습니까? 그쪽에서 뜨거운 열심을 가지고 들어왔기 때문에 교회에 이익이 되었습니까? 아니면 손해가 되었습니까? 훨씬 많은 부분에 손해가 되었다는 사실은 알아야 합니다. 그래서 틀렸다는 것이 아니고 보완해야 할 부분이라는 것입니다. 이것이 보완되지 않아서 우리는 이익을 본 것보다 훨씬 손해를 보기도 했습니다. 그래서 보완이 필요합니다.

여러분이 경험한 것이 여러분의 원인은 아닙니다. 이것을 꼭 기억하십시오. 모든 사람은 자기가 경험한 대로 다른 사람에게 요구하는 법입니다. 왜냐하면 그것이 원인인 줄 알기 때문입니다. 언제나 반복하여 강조하는 말씀인데도, 이렇게 속고 저렇게 속는 것입니다. 모든 사람이 구원을 얻은 다음에 와서 "그때 왜 목사님들이 이런 이야기를 안 해줬는지 모르겠다"고 고백합니다. 그때 말해 줬으면 내가 일찍 예수님을 믿고 하나님의 일을 많이 했을 텐데, 그렇게 안 해줘서 10년을 허송세월했다고 말합니다.

그러나 그렇지 않습니다. 물론 그런 책망에 대해서 우리는 늘 도전받아야 합니다. 하지만 사람이 돌아오는 데도 하나님이 필요로 하시는 시간이 있다고 믿습니다. 왜냐하면 그 사람의 실수와 그 사람이 하나님 없이 돌아다니면서 두들겨 보고 맛보았던 것들이 돌아온 다음에 매우 중요한 자원으로 사용되기 때문입니다.

콩나물 장수는 콩나물 장사하는 사람에게 전도하는 것이 가장 쉽습니다. 재수를 하지 않은 사람이 어떻게 재수를 할 수밖에 없는 사람을 위로하겠습니까? 낙제를 겪고 성공한 사람이 아니고서는 오늘 낙제한 사람들에게 할 이야기가 없습니다. 저는 삼수를 했습니다. 입학 시즌이 되면 바쁩니다. 그것이 무슨 잘난 경험도 아닌데, 그래 놓고도 바보같이 살지 않고 의미 있는 삶을 살았다는 것 때문에 여기저기 불려 다니는 조건이 되고 있습니다. 얼마나 신나는 일인지 모릅니다.

여러분이 잘 믿고 누구보다 잘난 것 때문에 상대방에게 할 이야기가 있습니까? 그렇지 않은 것 때문에 할 이야기가 있습니까? 후자입니다. 언제나 후자입니다. 왜 그렇습니까? 내 이야기가, 내 도움과 내 충고가 필요한 사람들은 저 속에서 헤엄치고 있는 사람들이기 때문입니다. 거기서 헤엄쳐서 빠져나오면 되는데 남의 도움을 받고 살겠습니까?

우리에게 필요한 것은 우리의 실수와 부족들입니다. 그럼에도 불구하고 여기에 와 있는 이 사실 때문에 나의 약함이 얼마나 크게 쓰입니까? 많은 실수 가운데서도 예수를 믿으십시오. 누구나 'KS마크'이면 아닌 사람들은 다 목을 매고 죽어야 하지 않겠습니까? 왜 그렇습니까? 하나님이 지금 항복시킬 신념 앞에서 우리야말로 가장 좋은 실물 증인인 것입니다. 여러분 개개인이 그렇습니다. 이것을 기억하셔야 합니다.

죄의 본성 가운데 인간이 가장 좋아하는 것은 떳떳함입니다. 그것이 죄의 본성입니다. "너희가 이 열매를 따 먹으면 하나님과 같아지리라" 해서 기어오르려고 따 먹었습니다. 그래서 인간이 가장 좋아하는 것이 떳떳함입니다. 자존심입니다. "예수를 믿어서"라는 것만큼 사람들에게 말이 안 되는 말이 없었습니다. 그것은 떳떳하지 않은 말이기 때문입니다. 은혜를 입어야 나오는 이야기이기 때문에 다 싫어합니다. 은혜 말고 돈을 얼마 가져다 내면, 예수 믿을 수 있고, 구원 얻을 수 있다면 훨씬 쉬웠을지도 모릅니다. 그런데 그렇지 않기 때문에 모두에게 걸리는 올무가 되는 것입니다.

예수님이 복음에 대해서 어떻게 평가하고 계신지 아십니까? "나를 인하여 실족하지 않는 자들은 복이 있느니라"고 하셨습니다. 예수님은 실족하는 올무입니다. 그분에게 걸리는 자는 넘어지고 그분 위에 떨어지는 자는 부서지게 되어 있는 것입니다. 그분은 하나님의 지혜입니다. 세상의 지혜로 풀려고 들어가면 누구나 그 함정에서 못 빠져나옵니다. 하나님의 믿음의 방법으로 말미암아 눈을 뜨게 된 자만이 압니다. 그래서 여러분이 확인해야 하는 것은 이것입니다. 그것은 "왜냐"와 관계없이 보아서 아는 것입니다. 여기에 신기한 싸움이 있는 것입니다.

그런데 여러분은 보면 다 안다고 생각합니다. '하룻강아지 범 무서운 줄 모른다'처럼 신나는 속담도 없습니다. 본다고 다 아는 것이 아닙니다. 그래서 신자의 신앙생활이 쉽지 않습니다. 보는데도 모릅니다. 눈을 떴는데 못 보는 사람과 방불하다는 말입니다. 그래서 속는 것입니다. 예수를 믿으면 뭔가 달라져야 하지 않겠는가 하고 생각했는데, 안 다르더라는 말입니다. 제가 다른 점 한 가지를 더 지적하면, 신자의 저 깊은 속에 '하나님이 어떻게 보실까' 하는 불안함이 있다는 점이 다릅니다. 그것 외에는 다른 것이 없습니다.

우리가 싸울 때는 그것을 제쳐 놓고 얼마나 잘 싸웁니까? 권모술수를 쓸 때 우리는 세상 사람과 다를 것이 없습니다. 그러나 그렇게 해서 더러운 이익을 취할 때 우리는 얼마나 부들부들 떨면서 불안해합니까? 이것이 잘하는 짓이라는 말이 아니라, 확인을 하라는 것입니다. 여러분이 살아났다는 것을 보고 있다는 사실을, 여러분이 지금 사자 이빨에 낀 고기를 꺼내려고 들락날락하고 있다는 사실을 알아야 합니다. 이것이 구원을 얻은 단계에서 신자들이 잘 속고 헷갈리는 부분입니다.

믿음은 자기 설득이 아님

여기서 하나 더 짚고 넘어가야 할 것이 있습니다. 그러면 우리가 보통 쓰는 단어인 믿음에는 하나도 없는 것입니까? 그렇지 않습니다. 로마서 1:16 이하를 보겠습니다.

> 내가 복음을 부끄러워하지 아니하노니 이 복음은 모든 믿는 자에게 구원을 주시는 하나님의 능력이 됨이라. 먼저는 유대인에게요 그리고 헬라인에게로다. 복음에는 하나님의 의가 나타나서 믿음으로 믿음에 이르게 하나니 기록된 바 오직 의인은 믿음으로 말미암아 살리라(롬 1:16-17).

여기에는 믿음이 두 번 나옵니다. "믿음으로 믿음에 이르게 하나니." 우리가 보통 쓰는 믿음은 두 번째 믿음입니다. 앞에 있는 믿음은, 하나님이 원인이 되셔서 우리에게 그 결과로 인해 뜨게 해준 눈을 말합니다. 눈을 떠야 보지요. 이제 하나님이 우리에게 무슨 요구를 하시는가 하면, 두 번째 믿음이 떨어집니다. "네가 보지 않았느냐? 네가 만지고 보고 맛을 보아 놓고도 왜 안 하느냐?"라고 하시는 것입니다. 여기에는 자녀에게 내려오는 회초리 같은 징계가 있습니다.

가장 대표적인 예를 들어 보겠습니다. 예수님과 제자들이 배를 타고 갈릴리 바다를 건너가는데 예수님이 주무시는 동안 풍랑이 일어나서 배가 바다에 빠지게 되었습니다. 제자들이 예수님을 깨우며 "주여, 우리가 죽게 되었습니다"라고 합니다. 주께서 일어나셔서 "믿음이 없는 자들아"라고 꾸짖으십니다. 이 "믿음이 없는 자들아"의 원문을 직역하면 "너희 믿음이 어디 있느냐?"입니다. 이 말은 "눈 뒀다 뭐하느냐?"는 것입니다. 얼마나 재미있는지 모릅니다.

　또 마태복음 6:26 이하를 보겠습니다. "공중의 새를 보라. 들에 핀 백합화를 보라. 오늘 있다 내일 아궁이에 던져지는 풀을 보라. 이런 것들도 하나님이 입히시거늘 하물며 너희일까보냐. 믿음이 작은 자들아." 여기에서 "믿음이 작은 자들아"라는 진술이 나옵니다. 무슨 뜻인지 아십니까? "보라"는 말씀입니다. 보고 생각을 하라는 말씀입니다. 볼 시력이 확보된 자라는 근거가 있기 때문에 하시는 책망입니다. 그것 없이는 책망하시지 않습니다. 확실히 해두어야 하는 부분입니다.

　그러면 성경 공부를 하는 가장 큰 이유는 무엇입니까? 그것은 우리가 시력을 회복해서 본 것이 무엇인지를 확인하는 작업입니다. 성경 공부를 통해서 눈을 뜨라는 작업이 아닙니다. 내가 본 것이 무엇인지를 알기 위해서 성경 공부를 하는 것입니다. 성경 공부를 마치 신앙생활의 땜질하듯이 해서는 안 됩니다. 생활이 바뀌어야 합니다. 생활이 바뀌기 위해서는 생활 속에서 부딪히는 모든 사건을 분석할 수 있는 분석력이 필요합니다. 싸움은 겉으로 보이는 싸움이 전부가 아닙니다. 지금 부딪히는 이것이 무엇인지를 놓고 그 뒤를 쳐다볼 수 있는 분석력이 있어야 합니다. 그것은 영안에 의해서만 가능하고 또한 영안에 비례하는 것입니다.

　영적 안목을 무엇으로 가지는가 하면, 그가 뜬 눈으로 본 모든 것들에 대해 신령한 눈으로 보고 또 부딪히는 일들에 대해 분석하는 체계적인 공부가 있어야 하는 것입니다. 그래서 성경 공부를 강조하는 것입니다. 성경 공부를 한다는 것으로 너무 재지 마십시오. 그래서 여기에 믿음으로 믿음에 이른다는 말씀이 나옵니다. 덧붙여서 말씀드리면, 믿음은 절대로 도박이 아닙니다.

우리가 흔히 믿음을 이렇게 사용하지 않습니까? "일단 믿어 버리시라니까요!" 그런 것을 우리는 배팅한다고 합니다. 도박을 하는 것입니다. 도박은 확률이 50퍼센트 이상일 때 합니다. 믿음이란 50퍼센트 이상에 관한 것이 아니고, 100퍼센트에 관한 것도 아닙니다. 믿음이란 200퍼센트, 300퍼센트에 관한 것입니다.

이제 하나님이 누구신지를 보았는데 그것을 어떻게 아니라고 합니까? 갈릴레이같이 이야기할 수 있습니다. "그래도 지구는 돈다"고 말입니다. 이것이 믿음입니다. 믿음이란 우리가 보고 만진 것에 관한 이야기인데, 어떻게 아니라고 그럽니까? 이것이 컵인데 어떻게 컵이 아니라고 할 수 있습니까? 그런데 아니라고 하랍니다. "그래라 그래. 아니라고 그러자. 별 미친 사람 다 보겠네! 컵보고 컵이 아니라고 그러네." 이러면서 돌아가는 마음을 믿음이라고 합니다. 믿어 주는 것이 아닙니다. 믿고 싶은 것이 아닙니다.

모두가 어디에서 속는가 하면, 믿음을 자기 설득화라고 생각하는 것입니다. "믿게 해주십시오. 믿자! 믿자!" 하면서 나를 설득하는 것이 아닙니다. 내 의식을 몽롱하게 해서라도 상식으로는 도저히 미칠 수 없는 것에 대해 나를 스스로 마취시키는 것이 믿음이 아닙니다. 믿음이란 너무나 확실한 상식입니다. 두 눈을 똑바로 뜨고 똑바로 생각해서 이것은 너무나 확실하기 때문에 이것이라고 할 수밖에 없는 것을 믿음이라고 합니다. 이 단어가 '믿음'이라는 말로 쓰였기 때문에 성경이 말하는 믿음을 훨씬 격하시키고 있다는 사실을 아셔야 합니다.

내가 나를 설득하는 것이 아닙니다. 또 하나 조심해야 할 것은, 내가 하나님을 설득하는 것도 아닙니다. "주여, 믿습니다. 해주실 것을 믿습니다"라고 하면, 하나님이 안 해주셨다가는 믿음이 펑크 날까봐 해주십니까? 믿음을 순전히 악질적으로 사용하고 있는 것입니다. 하나님의 이름으로 믿음이라는 수표를 끊었으니 이제는 하나님이 알아서 채워 놓으셔야 하는 것입니까? 아닙니다. 그런 사기는 치지 마십시오. 그것을 믿음이라고 하지는 않습니다. 믿음이란 하나님이 나에게 보여주시고 하나님이 나를 설득하신 것을 말합니다. 너무나 확실히 내가 설득당한 일입니다. 하나님이 나에게 만지게 하시고 보이신 사실들입니다. 내가 그 안에서 설득당했습니다. 설명할 수가 없습니다.

그럴 때가 많습니다. 그것을 뭐라고 설명합니까? 믿지 않는 사람하고는 할 이야기가 없습니다. 설명이 안 됩니다. 교리 문제로 싸우지 마십시오. 이야기가 안 되는 것입니다. 설득시키지 마십시오. 우리는 선포할 수밖에 없습니다. 그 선포는 상대방을 납득시키자는 선포가 아닙니다. 그 사람과 내가 다른 길을 간다는 나의 나 된 것을 선포하는 것 이상 아무것도 없습니다. 우리가 그를 위해서 할 수 있는 것이 있다면 "하나님, 저 영혼을 불쌍히 여겨 주십시오"밖에 못합니다.

또 믿음을 이렇게 많이 이야기합니다. "모든 것은 믿음으로부터 출발한다. 믿지 않고 출발하는 것은 없다. 여러분이 지금 앉아 있는 의자가 무너지지 않을 것을 믿고 우리가 앉지 않느냐"라고 말합니다. 그것은 확률이지 믿음이 아닙니다. 우리가 보고 의자가 부서질 만하면 앉지 않습니다. 수학입니다. 그것을 믿음이라고 하지 않습니다. 그런데 우리는 말을 이렇게 써 왔습니다. 그래서 우리가 기독교를 얼마나 많이 왜곡시켰는지 모릅니다. 올바른 신앙의 성장을 얼마나 저해했는지 모릅니다.

믿음

흔들리지 않는 믿음

기독교 신앙은 쌓을 수 있는 모든 것을 쌓기 전에 일단 시력을 회복해서 보는 것입니다. 시력이 회복되지 않고 보지 않았는데 어떻게 이야기합니까? 맹인이 이제 보게 되었는데, 정신없이 가르쳐 온 것입니다. 사람이 갈피를 못 잡게 끌고 돌아다녔다는 이야기입니다. 대부분의 신앙인들이 단순히 그가 눈을 떴다는 사실을 확인하는 데도 제가 보기에는 상당한 시일이 걸립니다. 보면서도 모릅니다. 그것을 확인시켜 주지 않으면 죽을 때까지 모르는 사람이 많습니다. 왜냐하면 확인을 원인으로 해놓았기 때문입니다.

우리가 얼마나 많이 잘못 행하고는 부들부들 떨곤 했습니까? "나는 혹시 가짜가 아닐까, 나 혼자 믿는다고 우긴 것이 아닐까?"라고 말입니다. 아닙니다. 확인을 하십시오. 눈을 떴는지 안 떴는지, 그것이 확인됐다면 다른 것은 걱정할 필요가 없습니다. 마음 놓고 나가서 오늘부터 여러분이 하고 싶은 것을 하십시오. 그러면서 이것만 확인하십시오. "하나님이 내 눈을 뜨게 해주셨는데 나는 눈을 뜨나 안 뜨나 똑같은 삶을 살고 있구나"를 확인하십시오. 그러고는 죄도 짓게 될 것입니다. 그것은 말릴 수 있는 부분이 아닙니다.

사람이 죄에서 언제 손을 떼는가 하면, 사람은 터지고 나서야 손을 뗍니다. 손을 데든지 손이 갈라지든지 해야 떼지, 그 전에는 절대 손을 안 뗍니다. 이것은 절대로 경고도 아니고 거짓말도 아닙니다. 여러분이 기억해야 할 문제입니다. 여러분이 그런 일을 당할 때 최소한 쓸데없이 근거가 흔들리거나 근본적인 방황을 하지 않기를 바라는 마음에서 이렇게 말씀드리는 것입니다.

요한복음 3장을 보겠습니다.

그런데 바리새인 중에 니고데모라 하는 사람이 있으니 유대인의 지도자라. 그가 밤에 예수께 와서 이르되 랍비여, 우리가 당신은 하나님께로부터 오신 선생인 줄 아나이다. 하나님이 함께하시지 아니하시면 당신이 행하시는 이 표적을 아무도 할 수 없음이니이다. 예수께서 대답하여 이르시되 진실로 진실로 네게 이르노니 사람이 거듭나지 아니하면 하나님 나라를 볼 수 없느니라. 니고데모가 이르되 사람이 늙으면 어떻게 날 수 있사옵나이까. 두 번째 모태에 들어갔다가 날 수 있사옵나이까. 예수께서 대답하시되 진실로 진실로 네게 이르노니 사람이 물과 성령으로 나지 아니하면 하나님 나라에 들어갈 수 없느니라(요 3:1-5).

여기 이렇게 진술하십니다. "사람이 거듭나지 아니하면 하나님의 나라를 볼 수 없다." 두 번째는 같은 사건을 어떻게 말씀하시는가 하면 "물과 성령으로 나지 아니하면 하나님 나라에 들어갈 수 없다"고 합니다. 물과 성령으로 거듭나야 한다지만, 그것이 인간적 조건의 전부는 아니지 않습니까? 성령이 나게 해주셔야 한다는 것을 이렇게 표현합니다.

육으로 난 것은 육이요 영으로 난 것은 영이니 내가 네게 거듭나야 하겠다 하는 말을 놀랍게 여기지 말라. 바람이 임의로 불매 네가 그 소리는 들어도 어디서 와서 어디로 가는지 알지 못하나니 성령으로 난 사람도 다 그러하니라(요 3:6-8).

모른답니다. 바람이 부는 것을 우리가 제대로 못 봅니다. 나뭇가지가 흔들리는 것으로 알 뿐입니다. 성령으로 난 자가, 거듭난 자가 어떻게 났는지를 모릅니다. 거듭났다는 것만 압니다. 속지 마십시오. 거듭난 것만 알지 어떻게 났는지는 모르는 것입니다. 단지 하나님이 거듭나게 해주셨다는 것만 알 뿐입니다.

우리가 지금 왜 이 문제를 건드리는 것입니까? 우리가 어디에서 가장 많은 신앙의 흔들림이 있고 신앙의 유혹이 있고 스스로의 좌절이 있는지 아십니까? 바로 이 문제를 근본적으로 정리해 놓지 못해서 그렇습니다. 이 문제를 정리해 놓지 못할 때의 싸움은 "내가 정말 하나님의 백성인가, 아닌가?" 하는 것입니다. 소속이 어딘지 모르게 되기 때문에 자기가 살아야 할 정상적인 삶에 대한 확신이 없게 됩니다.

인간에게는 자신이 없는 것만큼 불행한 것은 없습니다. 왜 그렇습니까? 성경은 광야 생활에서 그런 난센스들이 어떻게 나타나는지를 이렇게 말씀합니다. "우리가 오늘 여기서는 각기 소견대로 하였거니와 너희가 거기에서는 그렇게 하지 말지니라"(신 12:8). 모세가 이스라엘 백성 앞에 이런 유언을 합니다. "여기"는 광야이고 "거기"는 가나안입니다. 지금 성경이 출애굽 사건을 통해서 두 가지 비유 가운데 첫 비유인 구원의 즉각성을 말씀하고 있습니다. 즉 우리가 구원을 얻고 성령으로 거듭나면 ─ 믿음이라는 하나님의 은혜로 우리가 하나님의 사람이 되고 나면 ─ 하나님의 소유 아래 있습니다. 그럼에도 불구하고 그렇게 살지 못하는 신앙생활을 광야 생활에 비유하고 있는 것입니다.

하나님 안에 들어와 있는데, 그분을 주인으로 모시지 않고 자기가 대장 노릇을 하고 있다는 말입니다. 애굽도 아니고 광야도 아닌 곳에 있습니다. 그렇지만 구원을 얻은 사람입니다. 왜냐하면 그가 반석에서 물을 마셨기 때문입니다. 고린도전서 10장에 의하면, 그 물은 그리스도로 말미암아 난 생수입니다. 그 생수를 마시고 성령을 상징하는 만나를 먹고 살면서도 하나님이 아니라 자기가 주인입니다. 그래서 이것 때문에 싸움이 어떻게 일어나는가 하면, 광야 생활을 하는 동안은 하나님을 믿는다는 것이 결코 기쁘지 않다는 것으로 나타나는 심각성이 있습니다. 민수기 11:4 이하를 보겠습니다.

그들 중에 섞여 사는 다른 인종들이 탐욕을 품으매 이스라엘 자손도 다시 울며 이르되 누가 우리에게 고기를 주어 먹게 하랴. 우리가 애굽에 있을 때에는 값없이 생선과 오이와 참외와 부추와 파와 마늘들을 먹은 것이 생각나거늘 이제는 우리의 기력이 다하여 이 만나 외에는 보이는 것이 아무것도 없도다 하니 만나는 깟씨와 같고 모양은 진주와 같은 것이라(민 11:4-7).

광야 생활과 비교하면 애굽이 오히려 낫습니다. 신앙생활을 광야 생활로 하는 한 정말로 재미가 없습니다. 광야 생활만큼 재미없는 데는 없습니다. 지금 이 사건이 여호수아서 5장에서 어떻게 달라지는지 보겠습니다.

여호수아가 여리고에 가까이 이르렀을 때에 눈을 들어 본즉 한 사람이 칼을 빼어 손에 들고 마주 서 있는지라. 여호수아가 나아가서 그에게 묻되 너는 우리를 위하느냐. 우리의 적들을 위하느냐 하니 그가 이르되 아니라. 나는 여호와의 군대 대장으로 지금 왔느니라 하는지라. 여호수아가 얼굴을 땅에 대고 엎드려 절하고 그에게 이르되 내 주여, 종에게 무슨 말씀을 하려 하시나이까. 여호와의 군대 대장이 여호수아에게 이르되 네 발에서 신을 벗으라. 네가 선 곳은 거룩하니라 하니 여호수아가 그대로 행하니라(수 5:13-15).

여호수아가 이제 가나안에 들어가서 여리고를 향해 가는데, 누가 칼을 들고 서 있습니다. "우리 편이냐, 적이냐?" 하고 물으니 "나는 여호와의 군대 대장으로 지금 왔느니라"고 대답합니다. 어느 곳이기 때문에 이제 온 것일까요? 가나안이기 때문에 드디어 여호와께서 주인 노릇 하러 오신 것입니다. 그분이 주인이십니다. 무릎 꿇은 여호수아에게 신을 벗으라고 요구하십니다. 구약에서는 이런 대목이 많이 나옵니다만, 신을 벗는 것은 '거룩하다'는 뜻 이외에 이런 뜻이 있습니다. 신발은 돌아다니려고 신는 것이니 벗으라는 것은 이제부터 꼼짝하지 말라는 뜻입니다. 네 마음대로 못 돌아다니고 주인 아래 있다는 뜻입니다.

가나안이기 때문에 마침내 여호와의 군대 대장이 와서 이제부터의 모든 행로를 그가 인도하고 지시할 것입니다. 그러나 광야에서는 비록 구름기둥이 있고 불기둥이 있지만 여호와의 군대 대장이 칼을 들고 와서 싸워주지는 않습니다. 이것이 심각한 싸움입니다. 왜 이 싸움을 못 하는가 하면, 제가 보기에는 언제나 저 사건 때문이라고 보입니다. 저 문제가 해결이 안 되었기 때문에 우리는 가나안에 들어간다는 사실을 늘 걱정했습니다. 내가 정말 구원을 얻은 사람인가, 아닌가를 확인하는 데 너무 많은 세월이 필요했습니다.

우리의 싸움은 이제 그리스도 안에서 그리스도께서 나에게 원하시는 싸움을 하는가 안 하는가로 압축되어야 합니다. 매일의 싸움은 내가 구원을 얻었는가 못 얻었는가가 아니라 내가 오늘 하루를 하나님께 맡기는가 안 맡기는가의 싸움이어야 합니다.

갈라디아서 5장으로 이 설교의 결론을 짓고자 합니다. 16절 이하를 보겠습니다.

내가 이르노니 너희는 성령을 따라 행하라. 그리하면 육체의 욕심을 이루지 아니하리라. 육체의 소욕은 성령을 거스르고 성령은 육체를 거스르나니 이 둘이 서로 대적함으로 너희가 원하는 것을 하지 못하게 하려 함이니라. 너희가 만일 성령의 인도하시는 바가 되면 율법 아래 있지 아니하리라. 육체의 일은 분명하니 곧 음행과 더러운 것과 호색과 우상숭배와 주술과 원수 맺는 것과 분쟁과 시기와 분냄과 당 짓는 것과 분열함과 이단과 투기와 술 취함과 방탕함과 또 그와 같은 것들이라. 전에 너희에게 경계한 것같이 경계하노니 이런 일을 하는 자들은 하나님의 나라를 유업으로 받지 못할 것이요. 오직 성령의 열매는 사랑과 희락과 화평과 오래 참음과 자비와 양선과 충성과 온유와 절제니 이같은 것을 금지할 법이 없느니라. 그리스도 예수의 사람들은 육체와 함께 그 정욕과 탐심을 십자가에 못 박았느니라(갈 5:16-24).

여기 나오는 말씀 중 여러분이 기억해야 할 것은 16, 17절입니다. 성령을 따라 행하면 육체의 일을 안 하고, 육체를 따라 행하면 성령의 일을 못합니다. 여러분에게 있는 싸움은 이 싸움입니다. 매일 이 싸움이 있는 것이지 큰일을 해야 하는 싸움이 있는 것이 아닙니다.

상징적으로 말씀드리면, 선행을 하거나 전도를 하거나 선교를 하는 일이 신자들에게 있는 것이 아니라, 성령을 좇는 일과 육체를 좇는 일이 있습니다. 종교성을 가진 육체의 일이 있다는 것을 잊지 마십시오.

우리의 싸움은 이제부터 하나님의 자녀로서 여호와의 군대 대장 앞에 무릎을 꿇고 오늘 하루의 생애를 그가 요구하시는 대로 순종하는가 안 하는가의 싸움이어야 합니다. 그렇게 하기 위해서 이것인가 저것인가를 구별해 내는 영적 안목이 훨씬 날카로워야 합니다. 영적 수준이 있어야 합니다. 너무 여러 가지를 말해서 소화불량이 걸리겠습니다만, 곰곰이 생각하셔서 이 문제만이라도 확실하게 마음속에 분명하게 선을 긋고 다시는 이 문제로 흔들리지 마십시오. 그리고 우리에게 주어진 하루의 삶이 얼마나 소중하고 내가 힘 있게 살아야만 하는가에 목적을 두고 싸우십시오. 여러분이 이 싸움을 못 하고 있어서 저는 제일 안타깝습니다.

한 가지 예를 들겠습니다. 제가 가르치는 제자 중 어떤 남녀가 연애를 하는데 남자가 세 살이 아래입니다. 그래서 양쪽 집에서 다 큰일이 난 양 말리고 있습니다. 이 문제를 이렇게 풀어야 합니다. 미리 옆에서 막으면 어떻게 됩니까? 두 남녀가 자기네가 살아야 할 문제에—둘의 적성이나 둘의 개성이나 둘이서 준비해야 할 실제적인 문제에— 직면해서 씨름해야 할 텐데, 그것은 못하고 반대하는 데 대해서 싸움을 하느라고 정신이 없게 됩니다. 실제로 부딪혀야 할 싸움에 부딪히지 못하는 것입니다. 제가 아우성을 친 이유를 알겠습니까?

신자들이 대부분 매일의 삶에서 "나는 정말 구원을 얻은 것인가 아닌가, 이렇게 엉망으로 살아도 하나님이 구원을 해주셨다는 말인가 아닌가"의 싸움에 걸려서 실제로 싸워야 할 문제는 손도 대지 못하는 상태인 것입니다.

우리는 이미 구원을 얻은 자입니다. 발을 내디뎌야 합니다. 세상에서 우리와 부딪히고자 하는 모든 삶의 현장에서 신자로서 부딪혀야 합니다. 물론 실수가 대부분일 것입니다. 그리고 싸우면 질 것입니다. 그러나 진 싸움이라도 있어야 합니다. 그래야 다시는 그것을 안 하는 것입니다. 언제든지 시작하면 승리로 귀결될 줄로 아십니까? 아닙니다. 백구십 번쯤 져야 두 번쯤 이길 것입니다. 늦게 시작하면 늦게 승리합니다. 신자에게 필요한 싸움은 바로 이것이라고 저는 생각합니다. 빨리 실수해서 더 이상 실수할 것이 없도록 모든 실수를 채우십시오. 그러면 남은 것은 승리뿐일 것입니다.

06

인격적 항복

요 3:16-18

하나님이 세상을 이처럼 사랑하사 독생자를 주셨으니 이는 그를 믿는 자마다 멸망하지 않고 영생을 얻게 하려 하심이라. 하나님이 그 아들을 세상에 보내신 것은 세상을 심판하려 하심이 아니요 그로 말미암아 세상이 구원을 받게 하려 하심이라. 그를 믿는 자는 심판을 받지 아니하는 것이요 믿지 아니하는 자는 하나님의 독생자의 이름을 믿지 아니하므로 벌써 심판을 받은 것이니라.

한없는 하나님의 사랑

우리는 하나님이 우리를 사랑하시는 그 사랑의 크기에 대해 살펴보고자 합니다. 그럴 때 우리는 우리가 처한 자리와 우리가 받은 축복들을 다시 한 번 상고할 수 있을 것입니다.

하나님은 우리를 사랑하셨습니다. 주 예수 그리스도를 보내서서 우리의 죄를 사하시며 우리를 그의 자녀로 삼기 위해 피 흘리게 하고 살이 찢기게 하셨습니다. 우리는 그 사랑의 크기를 무엇에 비교해도 견주어 볼 만한 것이 없습니다. 하나님께서 그리스도를 십자가에 못 박고 조롱받게 하시며, 가시관을 씌우고 홍포를 입히시며, 채찍에 맞게 하고 피 흘려 돌아가시게 했다는 이 엄청난 사실 앞에서 우리는 무엇과도 비교할 수 없는 하나님의 사랑을 실감하게 됩니다. 그 크기에 관해서는 성경에 여러 가지 증거들이 있습니다만, 그중에서도 대표적인 것 두 가지만 살펴보고자 합니다.

먼저 로마서 5장을 보겠습니다. "우리가 아직 연약할 때에 기약대로 그리스도께서 경건하지 않은 자를 위하여 죽으셨도다. 의인을 위하여 죽는 자가 쉽지 않고 선인을 위하여 용감히 죽는 자가 혹 있거니와 우리가 아직 죄인되었을 때에 그리스도께서 우리를 위하여 죽으심으로 하나님께서 우리에 대한 자기의 사랑을 확증하셨느니라"(롬 5:6-8). 사랑하는 사람이라고 해도 다른 사람을 위해 대신 죽어 주는 일은 참으로 힘듭니다. 혹시 착하고 의로운 사람을 위해서는 죽을 수 있을지 모릅니다. 그러나 원수를 갚으려다 죽는 수는 있지만 원수를 위해서 죽을 수는 없습니다. 그런데 하나님은 그렇게 하셨다는 것입니다. 거기서 우리는 인간이 이해할 수 없는 깊은 신비와 부딪히고, 측량할 수 없는 신적 사랑과 부딪히게 됩니다. 이 사랑은 너무 커서 도무지 감을 잡을 수 없습니다. 이 사건에 대해 예레미야서 31장은 좀 다른 표현을 쓰고 있습니다.

여호와의 말씀이니라. 보라, 날이 이르리니 내가 이스라엘 집과 유다 집에 새 언약을 맺으리라. 이 언약은 내가 그들의 조상들의 손을 잡고 애굽 땅에서 인도하여 내던 날에 맺은 것과 같지 아니할 것은 내가 그들의 남편이 되었어도 그들이 내 언약을 깨뜨렸음이라. 여호와의 말씀이니라. 그러나 그 날 후에 내가 이스라엘 집과 맺을 언약은 이러하니 곧 내가 나의 법을 그들의 속에 두며 그들의 마음에 기록하여 나는 그들의 하나님이 되고 그들은 내 백성이 될 것이라. 여호와의 말씀이니라(렘 31:31-33).

여기에서는 새 언약과 옛 언약을 비교하고 있습니다. 내용은 동일하다는 것을 명심하십시오. 옛 언약과 새 언약이 내용상으로는 동일합니다.

"나는 그들의 하나님이 되고 그들은 내 백성이 될 것이라." 그런데 우리는 하나님께서 그것을 이루시는 방법에 관해서 들을 때 그분의 커다란 사랑과 부딪히게 됩니다. "내가 그들의 남편이 되었어도 그들이 내 언약을 깨뜨렸음이라." 이보다 더 가깝고 더 직접적인 간섭은 없습니다.

우리 같으면 이런 식으로 말할 것입니다. "네 남편이 되어 손을 잡아끄는 데도 말을 듣지 않으니 할 수 없이 내가 너를 팰 수밖에 더 있느냐? 할 말 있느냐?" 그러므로 그다음 말은 당연히 저주나 심판이어야 합니다. "네가 당한 일은 마땅하다. 그렇게 당해도 싸다." 이렇게 나와야 하는 것입니다. 그러나 하나님은 그렇게 하지 않으십니다. 오히려 더 크고 강력한 사랑으로 자신이 목적하신 바를 이루십니다.

무서운 하나님의 사랑

이스라엘 백성은 아브라함 때부터 하나님의 부름을 받아 열방 중에서 하나님의 백성이요 하나님이 기억하시는 하나님의 나라가 됩니다. 그런데 그들이 한 번이라도 제대로 하나님 앞에 순종한 적이 있었습니까? 그들은 늘 배반했습니다. 대표적으로 사도행전 7장에 기록된 스데반의 설교가 이 사실을 잘 증거합니다.

"너희가 한 번이라도 하나님의 말씀을 제대로 들은 적이 있느냐? 너희가 한 번이라도 하나님의 마음에 맞게 행동한 적이 있느냐? 옛날부터 온 선지자 중에서 너희가 기쁜 마음으로 '예' 하고 항복한 적이 있느냐? 이사야는 톱으로 켜 죽이고 엘리야는 광야로 쫓아 버렸다. 언제 한 번이라도 너희가 제대로 말을 들은 적이 있느냐? 그래도 안 되니까 그 아들 예수 그리스도를 보냈는데 그 아들마저도 십자가에 못 박아 죽여 버리지 않았느냐?"

하지만 성경은 그들의 잘못이 그렇게 많았음에도 불구하고 하나님이 그들을 버리신 적이 없다고 이야기합니다. 다만 꾸짖으시고 책망을 계속하십니다. 정말로 무섭게 아픈 길을 걷게 하십니다만, 그것은 저주나 심판이 아닙니다.

구약의 사건들을 읽을 때마다 부딪히는 안타까움이 무엇입니까? "아니, 이럴 수가 있나? 어쩌면 사람이 이럴 수가 있을까?"입니다. 그러면서도 놀라운 부분은 인간의 부패함이 아닙니다. 이렇게 인간이 헤아릴 수 없을 만큼 부패함에도 불구하고 끊임없이 다시 찾아오시고 다시 말씀하시는 하나님. 인간의 뿌리 깊은 악함보다 더 깊은 사랑으로 다시, 또다시 인내하시는 하나님의 사랑에 놀라게 되는 것입니다.

본문에도 이 말씀이 실감나게 기록되어 있습니다. "하나님이 그 아들을 세상에 보내신 것은 세상을 심판하려 하심이 아니요 그로 말미암아 세상이 구원을 받게 하려 하심이라"(17절). 이 말씀이 이러한 역사적인 배경과 함께 이해될 때 우리는 그것이 얼마나 무서운 이야기인지를 알게 됩니다. 무섭다는 말은 심판과 저주의 차원에서 안 들으면 큰일 난다는 식의 표현이 아닙니다. 하나님이 행하시고자 하는 그 구원에 대한 집념과 사랑의 크기를 도무지 가늠할 수 없어서 제가 사용하는 단어입니다.

이스라엘은 하나님께서 수없이 보내셨던 선지자들의 말을 듣지 않고 불순종합니다. 그래서 매를 맞아 정수리부터 발끝까지 온몸이 상처뿐이었지만 그러한 와중에도 전혀 회개하지 않았습니다. 따라서 하나님은 이스라엘을 바벨론에 팔 수밖에 없었고, 미디안에 팔 수밖에 없었고, 앗수르에 팔 수밖에 없으셨습니다. 하지만 그럼에도 불구하고 하나님은 그분의 백성들을 버리지 않으셨습니다. 요한복음 3:17도 심판하기 위해서가 아니라 구원하기 위해서 그분의 아들을 보내시는 하나님의 사랑에 관한 이야기를 하고 있습니다.

그러나 이런 이야기를 할 때마다 우리의 마음에는 늘 하나의 질문이 떠오릅니다. "정말로 그토록 하나님이 집요하시고 한이 없으신 사랑을 베푸신다면 지옥은 왜 만드셨을까?" 그런데 저는 여기서 되묻고 싶은 것이 있습니다. "예수를 믿으면 천국에 가고 안 믿으면 지옥에 간다는데, 왜 거기서 만족을 못하고 정말 지옥에 가는 사람이 있느냐고 묻습니까?"

우리가 성경을 이야기하다가 가장 놀라는 것은, 성경의 이야기들이 그것을 설명하는 말을 역으로 이해하려고 할 때는 성립되지 않는다는 사실입니다. 우리는 이런 이야기를 합니다. "그리스도 안에서 구원을 얻은 모든 사람은 하나님이 택하신 자다. 하나님이 창세전에 우리를 지으시고 택해서 우리를 무한하신 사랑으로 불러 우리의 운명을 그분의 자녀가 되도록 결정하셨다. 그러므로 그분 앞에서는 감히 도망갈 자가 없고 실패할 자가 없다."

그러면 꼭 이런 질문이 나옵니다. "그렇다면 지옥 갈 사람은 창세전에 지옥에 가도록 지음 받았습니까?" "아닙니다." "그러면 그들은 왜 지옥에 갑니까?" 본문 18절 말씀에 의하면 "그를 믿는 자는 심판을 받지 아니하는 것이요 믿지 아니하는 자는 하나님의 독생자의 이름을 믿지 아니하므로 벌써 심판을 받은 것"입니다. 이렇게 믿지 않아서 지옥에 갑니다. 그러면 또 이런 질문이 나올 것입니다. "구원을 얻은 사람은 하나님의 사랑 때문이고, 지옥에 가는 사람은 자기 책임 때문입니까?"

그러면 이번에는 거꾸로 말해 봅시다. "지옥에 가는 것은 운명이고, 구원을 얻은 것은 우리의 책임이다." 그 편이 좋으시면 그렇게 믿으십시오. 그러나 이런 무책임한 말은 할 수가 없는 것입니다. 성경이 구원에 대해 이야기할 때 예정과 사랑을 도입해서 설명한다고 해서, 그 반대로 사랑과 예정을 적용하지 않고 가정해 보는 것은 신앙에 관해서 전혀 모를 때 하는 행동입니다.

성경이 구원에 대해 설명할 때는 예정과 사랑을 말씀합니다. 그리고 심판을 받는 자들과 주를 믿지 못하여 구원을 얻지 못하는 사람들을 설명할 때는 꼭 믿지 않았다고 말씀합니다. 그러므로 성경이 하는 말씀과 설명들은 우리를 이해시키기 위해 동원되는 이야기라는 것을 늘 기억해야 합니다. 그러나 여러분은 아직까지도 항복을 안 하실지도 모릅니다. 그러면 좀 더 근본적인 질문을 하겠습니다.

우리가 성경을 자세히 연구하다 보면, 하나님께도 모순점이 있는 것처럼 느껴질 때가 있습니다. 예를 들면, 에덴동산의 선악을 알게 하는 나무 열매에 관한 말씀입니다. "하나님은 분명히 아담과 하와가 선악과를 따 먹을 줄 아셨을 텐데, 왜 만드셨을까? 그래 놓으시고 선악과를 따 먹은 죄를 왜 인간에게로 돌리시는가?" 만일 그것이 사실이라면 이것은 분명히 하나님의 책임이라고 해도 틀리지 않습니다. 그래서 우리는 이 부분에서 의견이 분분한 것입니다.

그렇다면 죄를 만드신 분도 하나님이실 수밖에 없고 사탄도 하나님이 허락하셨기 때문에 사탄이 되었을 것이 아니냐는 질문이 당연히 나옵니다. "만약에 사탄이 되려고 했을 때 정신이 번쩍 나도록 충격을 주었더라면 사탄이 되었겠는가? 또한 하나님께 무슨 약점이 있었기에 반란자가 생긴 게 아닌가?" 이렇게 맞선다면 아무 할 말이 없습니다.

그러면 여러분은 그것이 사실이라면 하나님을 믿지 않겠습니까? 이것은 아주 이상하고도 근본적인 질문이 되는 것입니다. 우리 눈에 비치는 하나님의 모습에 모순이 있고 약점이 발견된다고 해서 하나님 믿기를 중단하겠습니까?

이해인가, 항복인가

여기서 우리는 갑자기 우리를 놀라게 하는 질문을 받게 됩니다. "우리가 이 자리에 오게 된 것은 하나님을 이해했기 때문입니까? 하나님께 항복했기 때문입니까?" 그것은 물을 필요도 없는 질문입니다. 우리는 하나님께 항복해서 이 자리에 와 있는 사람들입니다. 우리가 성경을 배우고 성경에 대해서 이야기하는 것은 그것이 근본적으로 하나님의 말씀이기 때문입니다. 성경 말씀이 합리적이어서 이해하고 믿는 것이 아닙니다. 하나님의 말씀을 듣다 보면 비록 이해가 잘 안 되고 뭔가 연결이 잘 안 되고 엇갈리는 말씀이 있는 것 같아도 우리는 하나님의 말씀이면 무조건 믿기로 항복한 사람들입니다.

저는 하나님이 팥으로 메주를 쑤신다 해도 믿습니다. 물론 메주 색깔이 좀 빨갛겠지만 그래도 믿을 것입니다. 내 생각과 내 항복과 내 설명을 위해서 동원한 모든 증거들이 하나님께 누를 끼치고 하나님께 손해가 된다면 차라리 무식한 쪽을 택하겠다는 것이 우리의 근본자세입니다. 그렇지 않습니까?

우리는 어떤 분위기 속에서 사느냐 하면 지식 일변도의 시대에 살고 있습니다. 과학 만능의 시대에 살고 있습니다. 그러므로 우리도 이것을 가능한 한 논리정연하게 이야기하고 싶고 믿고 싶은 것입니다. 그러나 여기서 우리가 알아야 할 것은, 그것이 논리정연해서 믿어지는 것이 아니라 단지 이해되는 것뿐입니다. 이해가 된다는 것은 나와 동등하거나 그 이하의 내용일 때만 가능한 것입니다. 즉 보자기로 물건을 쌀 때 그 물건보다 작은 보자기로 어떻게 물건을 쌀 수 있겠습니까?

하나님은 경배의 대상이십니다. 우리가 항복할 대상이십니다. 또한 우리가 신뢰할 분이지 이해할 분이 아닙니다. 우리가 낳은 자식도 다 이해하지 못하는 부분이 한두 군데가 아닌데 어떻게 그분을 다 이해할 수 있겠습니까? "나는 똑똑한데 왜 우리 자식은 공부를 못 하지?" 이것이 부모님들이 얼마나 고민하고 있는 문제입니까? 이처럼 우리 자식도 우리가 다 이해하지 못하는 것이 사실입니다.

하물며 세상을 지으신 하나님이시며 우리를 지으신 하나님이신데 우리가 어떻게 이해할 수 있겠습니까? 생각해 봅시다. 우리는 하나님이 설명되어서 하나님을 믿는 것이 아닙니다. 우리가 어떻게 이 자리에 서게 되었습니까? 우리는 하나님을 압니다. 그러나 설명할 수는 없습니다. 다만 하나님이 누구신지를 내 영이 알 뿐입니다. 비록 머리로는 다 이해가 되지 않지만, 어딘가 좀 이상해도 왠지 불안해도, 안 믿는 자리에 서는 것보다는 믿겠다고 하는 것이 우리의 자세인 것입니다.

만일 우리가 이해하려고 하는 것으로 말미암아 하나님이 손해를 보신다면 우리는 이해하려고 하지 않을 것이고, 혹시라도 우리가 따져 보아서 하나님의 어느 부분에서든 모순이 드러난다 할지라도 우리는 오히려 그 모순을 그대로 묵인하겠다고 항복하고 모여든 사람들이라는 것을 잊어서는 안 됩니다.

우리 삶의 현장에서 우리가 직면하는 것은, 바로 신앙이 그런 기준들을 요구하고 있다는 것입니다. 오늘 우리가 우리에게 향하신 하나님의 사랑이 얼마나 크신지를 새삼스럽게 감격하는 것은 하나님을 이해했기 때문이 아니라 그냥 알게 되었기 때문입니다. 물론 하나님이 우리로 하여금 그렇게 되도록 하신 줄을 우리는 다 압니다. 그리고 어떤 사람에게는 동일하게 사랑을 베풀며 찾아가시는데도 예수를 왜 믿지 않는지 우리는 잘 모르지만, 믿게 된 우리는 항복할 뿐입니다.

이것은 예수를 믿는 모든 사람이 잊어서는 안 되는 자세요, 우리의 수준이요, 우리의 신앙 고백이어야 합니다. 이러한 사실을 본문 말씀을 통해 간직하십시오. 또한 이 말씀이 스스로 자기 올무에 빠져들지 않게 하고 이 세상에서 믿음으로 승리할 수 있게 하는 권고의 말씀이 되기를 바랍니다.

07

부활신앙

고전 15:45-49

기록된 바 첫 사람 아담은 생령이 되었다 함과 같이 마지막 아담은 살려 주는 영이 되었나니 그러나 먼저는 신령한 사람이 아니요 육의 사람이요 그다음에 신령한 사람이니라. 첫 사람은 땅에서 났으니 흙에 속한 자이거니와 둘째 사람은 하늘에서 나셨느니라. 무릇 흙에 속한 자들은 저 흙에 속한 자와 같고 무릇 하늘에 속한 자들은 저 하늘에 속한 이와 같으니 우리가 흙에 속한 자의 형상을 입은 것같이 또한 하늘에 속한 이의 형상을 입으리라.

전인적인 구원과 부활

고린도전서 15장에서 바울은, 신앙적으로 이원론에 빠지고 영지주의의 영향을 입고 있던 고린도 교회 교인들에게 부활을 부인하는 것이 어떻게 기독교 신앙 전체를 부인하게 되는 것인가에 대해 설명하고 있습니다. 이상과 정신으로 자신을 고양시키는 것이 영적인 것이 아니고, 몸의 부활까지가 구원의 전체 약속이요 내용이며 완성인 것입니다. 본문 말씀에 드러난 것같이, 우리가 전에는 아담의 후손이었던 것처럼 지금은 예수 그리스도의 후손이 되었습니다. 우리는 아담의 뒤를 이은 것같이 예수 그리스도의 뒤를 이을 것입니다. 또한 그리스도께서 십자가에 죽으시고 영광스러운 몸으로 사망을 이기고 부활하신 것같이 우리도 그 영광스러운 부활과 완성의 자리까지 가게 될 것입니다. 그런데 그것은 그가 살려 주는 영으로서 우리에게 새로운 생명과 거룩한 삶을 주었을 뿐만 아니라 새로운 몸도 주실 것이기 때문에 가능한 것입니다. 이런 방식으로 예수 그리스도의 부활이 갖는 의미와 그리스도의 구속의 은총이 설명되고 있습니다.

여기에서의 초점은 주님께서 우리에게 새로운 생명을 주셨을 뿐만 아니라 새로운 몸을 주실 것이라는 데 있습니다. 언제 일어날 일입니까? 46절은 "그러나 먼저는 신령한 사람이 아니요 육의 사람이요 그다음에 신령한 사람이니라"고 설명함으로써 그 일들에 어떤 순서가 있음을 보여줍니다. 우리가 완성된 몸을 가지는 것은 마지막 때입니다.

누구나 주를 믿는 순간, 하나님의 자녀가 되고 새로운 삶을 가지며 새로운 약속을 가집니다. 이런 것들은 즉시 일어나는 것들입니다. 그러나 몸의 부활, 몸의 변화는 즉시 일어나지 않고 기다려야 하는 것이라고 성경은 우리에게 약속하고 있습니다.

> 그러나 우리의 시민권은 하늘에 있는지라. 거기로부터 구원하는 자 곧 주 예수 그리스도를 기다리노니 그는 만물을 자기에게 복종하게 하실 수 있는 자의 역사로 우리의 낮은 몸을 자기 영광의 몸의 형체와 같이 변하게 하시리라(빌 3:20-21).

여기에서 주 예수 그리스도를 기다리는 이유는, 주님께서 당신의 영광스러운 몸과 같이 우리의 몸을 영광스러움으로 변화시키실 것에 있습니다. 우리는 구원의 결정적이고 최종적인 영광의 자리, 그 완성을 기다립니다. 로마서 8장에도 똑같은 내용이 나옵니다.

그뿐 아니라 또한 우리 곧 성령의 처음 익은 열매를 받은 우리까지도 속으로 탄식하여 양자될 것 곧 우리 몸의 속량을 기다리느니라. 우리가 소망으로 구원을 얻었으매 보이는 소망이 소망이 아니니 보는 것을 누가 바라리요. 만일 우리가 보지 못하는 것을 바라면 참음으로 기다릴지니라(롬 8:23-25).

구원받은 이후의 기다림은 거룩한 몸을 입는 것을 향한 기다림이며, 그것이 성경에 묘사되어 있는 구원의 완성입니다. 그래서 고린도전서 15장에서 부활을 논하는 사도 바울의 초점은 육체와 정신의 분리함 없이 인간이라는 존재를 하나로 보라는 것입니다.

기록된 바 첫 사람 아담은 생령이 되었다 함과 같이 마지막 아담은 살려 주는 영이 되었나니 그러나 먼저는 신령한 사람이 아니요 육의 사람이요 그다음에 신령한 사람이니라(고전 15:45-46).

"생령이 되었다" 할 때 "생령"이라는 말은 정신과 육체를 둘로 나누지 않고 하나로 취급하는 단어입니다. 이 표현은 하나님께서 최초의 인간인 아담을 만드셨을 때, "땅의 흙으로 사람을 지으시고 생기를 그 코에 불어 넣으시니 사람이 생령이 된지라"(창 2:7)의 "생령"이라는 말과 같습니다. 이 말이 영어로는 'Living soul'이라 번역되었고 우리말로는 '생령'이라고 번역되었습니다. 이것은 어느 부분은 물질이고 어느 부분은 정신이라는 혼합물의 개념이 아닙니다. 육체와 정신을 분리시키는 개념이 전혀 들어 있지 않은 말로써, 인간 존재를 표현하는 말입니다.

일반적으로 사람들은 고린도 교회 교인들이 생각했던 것처럼 물질은 악하고 정신은 선하다는 생각을 가지고 있습니다. 그래서 거룩해지려면 육체를 죄악시하고 금욕적으로 살아야 한다고 생각하기 일쑤입니다. "먼저는 신령한 사람이 아니요 육의 사람이요 그다음에 신령한 사람이니라"(고전 15:46)는 구절을 이렇게 이해합니다. "아담은 생령이고 마지막 아담인 예수 그리스도는 살려 주는 영인데, 먼저 있었던 아담은 신령한 사람이 아닌 육에 속한 자이고 그다음에 있는 분인 예수 그리스도는 신령한 사람이다." 이렇게 육체를 가진 자는 신령하지 않고 예수 그리스도는 육체가 없는 신령한 분인 것처럼 오해합니다. 그러나 이 표현은 그런 의미가 아닙니다. 좀 더 이해를 돕기 위해서 영어성경의 표현을 살펴보겠습니다. "The spiritual did not come first, but the natural, and after that the spiritual"(NIV). 이 영어 문장은 spiritual한 것이 먼저가 아니라, natural한 것이 먼저이며, spiritual한 것은 그다음이라고 드러내 주고 있습니다. natural하다, spiritual하다는 말은 거룩한지 아닌지를 따지고 있지, 육체인지 아닌지를 따지고 있지 않습니다. 후자도 육체를 가지고 있습니다. 그 육체는 신령합니다. 앞의 육체는 natural해도 spiritual하지는 않다는 말입니다. 그래서 아담은 natural할지언정 spiritual하지는 않습니다. 그것은 정신이냐 육체냐의 문제가 아니라 그의 전 인격과 전 존재가 그렇다는 말입니다. 우리가 아담의 후손일 때는 natural했는데, 우리의 육체가 natural하다는 것은 본성적으로 하나님을 싫어하고 자기를 앞세운다는 뜻입니다. 그러나 예수 그리스도로 말미암아 구원을 얻은 자는 이제 몸까지 spiritual해지는 것입니다. 성경에서 이것을 이야기하고 있는 것입니다.

따라서 앞의 본문에서 드러난 첫 번째 초점은, 육체와 정신의 분리를 가지고 그가 신령한지 아닌지를 따지는 것은 잘못이라는 것입니다. 신자는 결국 육체까지도 하나님 앞에서 변화되며 거룩하게 완성되어야 하는 것입니다. 그것은 예수 그리스도의 부활을 근거로 삼습니다. 예수 그리스도의 부활로 말미암아 우리는 아담의 후손의 natural한 데서부터 spiritual한 데로 옮겨졌습니다. 우리의 신분과 우리의 운명이 그렇게 되었고, 우리의 생각과 우리의 내면적인 모든 것이 바뀌었습니다. 결국 몸까지도 바뀔

믿음

것입니다.

구원의 완성을 향한 소망

그리고 본문의 두 번째 초점은, 그리스도의 부활을 부인하는 것은 결국 거룩함이 무엇인지를 모르는 것과 같다는 것입니다. 고린도전서 15장은 부활이 무엇인지에 초점을 맞추고 있습니다. 고린도 교회 교인들이 부활을 부인한다는 것은 결국 그들에게 부활이 필요 없다는 것입니다. 내 생각과 내면의 정신이 억압과 죄의 사슬로부터 풀려난 것이 부활이요 구원인데, 왜 굳이 또 부활이 필요하냐는 것입니다. 왜 우리의 정신이 몸속에서 또 부활해야 하느냐는 것입니다. 그러나 바울은 부활을 부정하는 것은 구원의 완성이 무엇인지 모르는 것이라고 말합니다. 육체의 부활까지도 포함한 것이 그리스도의 부활이 우리에게 약속한 것이요, 구원이 의도된 궁극적인 자리라는 것입니다. 우리의 몸이 그리스도의 형체를 닮아서 변하는 자리까지 가야 우리의 구원이 완성되는 것인데, 단지 진리를 알고 그리스도의 교훈을 실천하는 것으로 구원이 다 이루어졌다고 생각하는 것은 아직도 구원이 무엇인지 모르는 것입니다. 정신이 자유로워지는 것에 구원의 핵심이 있는 것이 아니며, 그렇게 해서 구원이 완성되는 것도 아닙니다. 우리의 육신까지도 생명으로 차고 진리로 운영되고 거룩함으로 영광스럽게 되는 것이 구원의 궁극적인 완성이기에, 그것이 이루어지기까지 우리 모두는 아담의 후손의 몸을 가지고 있을 수밖에 없습니다. 우리는 그리스도께서 마지막 날에 우리 모두를 영광의 형체로 변화시키는 그날을 기다려야 하고, 기다리는 동안 우리 모두는 완성된 구원을 소유하고 있지 못하다는 자각 속에 있어야 합니다.

아직 우리 몸이 부활되지 않았는데 나는 완성되었다고 자신하는 자가 있다면, 그는 구원과 영광의 자리가 무엇인지를 모르는 것입니다. 따라서 우리가 로마서 8장에서도 본 바와 같이, 탄식하며 기다릴 수밖에 없는 것이 신자의 현주소입니다. 아담 아래 있는 모든 인류가 아담을 따라서 태어날 수밖에 없었듯이, 또한 우리 모두가 예수님을 따라서 새로운 삶과 새로운 생명과 새로운 약속과 하나님과의 새로운 관계 속으로 들어갈 것입니다. 주 예수 그리스도께서는 그분의 부활하심으로 말미암아 얻으신 영광의 형체에 우리가 참여하도록 약속하셨고, 그것을 친히 이루실 것입니다. 우리는 지금 이런 소망 가운데서 신앙을 영위하는 위치에 처해 있습니다. 그런 입장에서 본다면, 사도 바울의 편지를 받았던 고린도 교회 교인들이 가지고 있는 신앙의 모든 것이 잘못되어 있는 것입니다. 부활을 부인한다는 것은, 그들이 구원이 무엇인지를 아직도 다 이해하지 못하고 있는 것입니다.

신자는 구원을 고대해야 합니다. 우리의 육체의 부활까지 가야 우리는 비로소 하나님께서 우리에게 약속하시고 이루시고자 하는 구원의 최종적인 상태를 맛볼 수 있기 때문입니다. 그때까지는 하나님께서 우리에게 주신 구원의 감격과 영광과 최고의 기쁨들을 사실은 약속 안에서 누리고 있는 것에 불과합니다. 우리는 아직 그 실체를 소유하고 있지 않습니다. 우리는 믿음 속에 있고, 소망 가운데 있는 것입니다. 그래서 신자는 마땅히 영광의 상태의 최종자리를 갈급한 마음으로 기다려야 합니다.

구원의 완성을 기대하지 않는 이유

그런데 우리는 부활을 고대하지 않습니다. 고린도전서 15장에 나오는 고린도 교회를 향한 사도 바울의 날카로운 지적은 결국 오늘날을 사는 우리의 태도에 대한 지적이기도 합니다. 왜 그렇습니까? 구원의 완성을 향한

믿음

기대치가 없기 때문입니다. 우리가 가진 것이 전부일 것이라고 생각하고 있기 때문입니다.

제가 언젠가 어느 교인 집에 심방을 갔을 때의 일입니다. 그분은 커피를 참 좋아하는 집사님이었고 그래서 아주 맛있는 커피를 내놓으셨습니다. 그런데 저는 자판기에서 뽑아 먹는 커피나 브라질에서 직수입한 커피나 구별을 못하는 사람입니다. 그래도 커피가 맛있냐는 그분의 질문에 그렇다고 했습니다. 무슨 사소한 것에 목숨을 걸겠습니까? "예, 맛있습니다." 그러니까 그분이 이렇게 이야기했습니다. "목사님, 천국에 가도 이렇게 좋은 것이 있을까요? 비 오는 날 음악을 들으며 커피 한잔 마시는 기쁨이 천국에는 없을 것 같아요."

제가 속으로 뭐라고 했겠습니까? 천국을 커피 같은 것, 무슨 음악 같은 것으로 비교하는 것은 모독입니다. 그것은 말도 안 됩니다. 그런데 우리는 종종 그렇게 합니다. 구원이라는 것을 지금 죽어도 지옥 가지 않고 영원히 사는 것 정도로 치부해 버리고 있기 때문입니다. 그래서 그 많은 장례식에서 신자들이 죽은 사람을 불쌍한 눈으로 바라보는 것입니다.

우리 교회 교인 가운데 시한부 인생을 사신 분이 있었습니다. 마지막 때가 다 되어서 "이제 마지막 때가 다 된 것 같습니다"하며 저를 불렀습니다. 그래서 얼른 심방을 갔습니다. 그런데 제 뒤에서 몇몇 분들이 "목사님이 오셔서서 과연 뭐라고 위로를 하실 것인가?"라며 몇 가지 가능성을 제시했다고 해서 저는 대단히 불쾌했습니다. 결론은 하나밖에 없습니다. "집사님, 얼마나 기쁘시겠습니까? 하나님이 이렇게 불러 주셔서." 제가 이렇게 말했다는 것을 그 당시 함께했던 교인들은 다 기억할 것입니다. "집사님, 가시거든 저도 좀 빨리 불러 달라고 하세요."

그것은 농담도 아니고 무슨 재주를 부린 것도 아닙니다. 이 세상을 피하고 싶다는 염세주의나 현실 도피도 절대 아닙니다. 저는 저의 짐과 하나님 앞에 이룰 사명을 다할 것을 굳게 다짐합니다. 그러나 하나님이 허락하신다면, 무조건 빨리 가는 것을 선택할 것입니다. 그곳에 가는 것은 무엇보다도 자랑스러우며, 무엇보다도 영광이며, 정말 꿈에라도 소원해야 할 일이기 때문입니다. 뜸을 들이고 양보할 이유가 조금도 없습니다.

그런데 우리는 고린도 교회 교인들하고 별로 다를 바가 없습니다. 고린도 교회 교인들이 구원의 궁극적인 완성의 자리를 모르고 그들이 다 이루었다고 오해한 것이나, 요즘 신자들이 가지고 있는 구원관이나―구원이 하나님의 진노를 면하고 지옥에 가지 않고 천국에 가는 것이 전부라는 구원관, 거기 가면 내가 그토록 좋아하는 커피가 있을지 모르겠다며 천국에 갔다왔다는 사람을 만나면 천국에는 이러저러한 것들이 있는지 물어보기 바쁜 수준의 구원관이나―별 차이가 없습니다. 그래서 우리의 신앙이 이 모양인 것입니다.

하지만 여러분, 우리는 부활을 고대해야 합니다. 하나님의 구속을 탄식하며 기다려야 합니다. 주께서 우리를 그 영광의 자리에 허락하신다는 그 기쁨 때문에 지상에서 모든 것을 양보하며 흔쾌히 참을 수 있어야 하는 것이 마땅합니다. 그런 경지에 도달해야 합니다. 그것이 지금 사도 바울이 고린도 교회 교인들을 책망하며 가르치는 부활신앙의 진수인 것입니다. 여러분의 신앙을 이 말씀과 비교해 보고 우리는 왜 이 소망을 갈급함과 목마름으로 기다리지 않는지 생각해 보십시오. 신자임에도 불구하고, 아직 성경에서 약속한 구원과 하나님의 부르심의 영광된 소망과 최종적인 약속의 영광을 모르고 있는 것은 아닙니까? 그러니 "하나님, 바로 이러한 것들을 알게 하사 신자의 기쁨을 허락하소서"라고 구하십시오. 에베소서 1장입니다.

우리 주 예수 그리스도의 하나님, 영광의 아버지께서 지혜와 계시의 영을 너희에게 주사 하나님을 알게 하시고 너희 마음의 눈을 밝히사 그의 부르심의 소망이 무엇이며 성도 안에서 그 기업의 영광의 풍성함이 무엇이며 그의 힘의 위력으로 역사하심을 따라 믿는 우리에게 베푸신 능력의 지극히 크심이 어떠한 것을 너희로 알게 하시기를 구하노라(엡 1:17-19).

열심

요 13:21-38

예수께서 이 말씀을 하시고 심령이 괴로워 증언하여 이르시되 내가 진실로 진실로 너희에게 이르노니 너희 중 하나가 나를 팔리라 하시니 제자들이 서로 보며 누구에게 대하여 말씀하시는지 의심하더라. 예수의 제자 중 하나 곧 그가 사랑하시는 자가 예수의 품에 의지하여 누웠는지라. 시몬 베드로가 머릿짓을 하여 말하되 말씀하신 자가 누구인지 말하라 하니 그가 예수의 가슴에 그대로 의지하여 말하되 주여, 누구니이까. 예수께서 대답하시되 내가 떡 한 조각을 적셔다 주는 자가 그니라 하시고 곧 한 조각을 적셔서 가룟 시몬의 아들 유다에게 주시니 조각을 받은 후 곧 사탄이 그 속에 들어간지라. 이에 예수께서 유다에게 이르시되 네가 하는 일을 속히 하라 하시니 이 말씀을 무슨 뜻으로 하셨는지 그 앉은 자 중에 아는 자가 없고 어떤 이들은 유다가 돈궤를 맡았으므로 명절에 우리가 쓸 물건을 사라 하시는지 혹은 가난한 자들에게 무엇을 주라 하시는 줄로 생각하더라. 유다가 그 조각을 받고 곧 나가니 밤이러라. 그가 나간 후에 예수께서 이르시되 지금 인자가 영광을 받았고 하나님도 인자로 말미암아 영광을 받으셨도다. 만일 하나님이 그로 말미암아 영광을 받으셨으면 하나님도 자기로 말미암아 그에게 영광을 주시리니 곧 주시리라. 작은 자들아, 내가 아직 잠시 너희와 함께 있겠노라. 너희가 나를 찾을 것이나 일찍이 내가 유대인들에게 너희는 내가 가는 곳에 올 수 없다고 말한 것과 같이 지금 너희에게도 이르노라. 새 계명을 너희에게 주노니 서로 사랑하라. 내가 너희를 사랑한 것같이 너희도 서로 사랑하라. 너희가 서로 사랑하면 이로써 모든 사람이 너희가 내 제자인 줄 알리라. 시몬 베드로가 이르되 주여, 어디로 가시나이까. 예수께서 대답하시되 내가 가는 곳에 네가 지금은 따라올 수 없으나 후에는 따라오리라. 베드로가 이르되 주여, 내가 지금은 어찌하여 따라갈 수 없나이까. 주를 위하여 내 목숨을 버리겠나이다. 예수께서 대답하시되 네가 나를 위하여 네 목숨을 버리겠느냐. 내가 진실로 진실로 네게 이르노니 닭 울기 전에 네가 세 번 나를 부인하리라.

믿음

육적인 그리스도인의 대표, 베드로

이 본문에 등장하는 베드로의 한쪽에는 유다가 있고, 다른 한쪽에는 요한이 있습니다. 유대인들에게 가장 유명한 이름이 유다입니다. 원래 유다는 지파의 이름이고 이스라엘은 국명이었습니다만, 나중에 남북왕조로 갈릴 때 북(北)왕조는 이스라엘, 남(南)왕조는 유다가 되었습니다. 그리고 포로 생활에서 돌아와서 남왕조가 그 정통성을 이어 갔기 때문에 유다라는 이름이 더 흔해졌고 이스라엘 사람을 지칭하는 이름이 유대인 혹은 유태인이 되었습니다. 예수님도 유다 지파에서 나셨고, '벤허' 같은 유명 영화의 주인공도 그 이름이 유다 벤허입니다. 우리는 유다가 예수님과 3년간 생애를 같이 했음에도 불구하고 변화되지 않은 모습을 봅니다. 인간이 어떻게 본질적으로 진노의 자녀이며 죄를 빼고는 할 수 있는 일이 아무것도 없음이 명백히 나타납니다.

또 요한에 대한 설명은 "예수의 제자 중 하나 곧 그가 사랑하시는 자가 예수의 품에 의지하여 누웠는지라"고 되어 있습니다(23절). 하지만 사랑을 받아서 예수의 품 안에 있는 요한이 결코 유다보다 나아 보이지 않습니다. 성경은 요한에 대해 '우뢰의 아들'이라고 설명합니다. 요한은 원래 성미가 급한 사람이었습니다. 언젠가 그가 예수님과 함께 여행을 하다가 어떤 마을에 들어가게 되었는데 그 마을에서 예수님을 받아들이지 않았습니다. 그러자 요한이 "주님, 하늘로부터 불을 내려 이 마을을 태우라고 할까요?"라며 나섰습니다. 그러나 나중에 요한은 변합니다. 예수 그리스도의 사랑을 입었기 때문입니다.

성경은 그런 두 사람 가운데 위치한 베드로를 이야기합니다. 그는 예수 그리스도의 사랑을 받아 구원을 얻고 하나님의 백성이 되었음에도 불구하고, 아직 자기 열심대로 사는 사람을 보여줍니다. 소위 말하는 '육적인 그리스도인'이라고 할 수 있는 사람입니다. 베드로는 언제나 열심을 내고, 언제나 혼이 납니다. 베드로가 주님에게 칭찬을 받은 것은 한 번밖에 없습니다. 장님 문고리 만지듯, "주는 그리스도시요 살아 계신 하나님의 아들이십니다"라고 말할 때 한 번 칭찬받을 만한 일을 한 것 외에는 없습니다. 가만있으면 중간은 갈 텐데 쓸데없는 말과 행동으로 매번 터지는 사람입니다. 참 재미있는 사람입니다. 원래 베드로는 인간적으로 따지면 굉장히 좋은 사람입니다. 의리가 있고 따뜻하고 용감한 사람으로 묘사되어 있습니다. 그런 면에서는 제자 가운데 제일 낫지 않나 싶습니다.

그러나 성경이 그런 베드로를 자주 등장시키는 것은, 성경이 요구하는 신앙과 우리가 생각하는 신앙이 어떤 면에서 차이가 나는지를 가장 잘 설명할 수 있는 대표적인 사람이기 때문입니다. 그리고 이러한 설명은 우리나라 사람들에게 더욱더 필요한 것 같습니다. 우리나라 신자들은 대부분 베드로입니다. 감정적이고 쉽게 격하며 순진하고 열광적입니다. 그런데 하나도 소용없는 짓만 합니다. 어쩌면 그렇게 똑같은지 모릅니다.

우리가 읽은 본문 말씀을 보면 이렇게 나옵니다. "시몬 베드로가 이르되 주여, 어디로 가시나이까. 예수께서 대답하시되 내가 가는 곳에 네가 지금은 따라올 수 없으나 후에는 따라오리라"(요 13:36). 그러니까 베드로가 "목숨을 버리겠습니다. 주를 위하여 목숨까지도 바칠 각오가 되어 있습니다"라고 대답합니다. 그러자 예수님이 다시 "닭 울기 전에 네가 세 번 나를 부인하리라" 하고 말씀하십니다. 이 대화가 끝나고 예수님은 겟세마네 동산으로 기도하러 가십니다. 그때 가룟 유다가 관원들을 데리고 와서 그리스도를 넘겨줍니다. 그래서 예수님이 잡혀가시는데 다른 제자들은 다 도망가고 베드로만 멀찍이 쫓아갔다가 예수님의 말씀대로 그분을 세 번 부인하고 맙니다. 그때 닭이 울게 됩니다. 다 같은 날 밤에 이루어진 일입니다. 목숨을 버리겠다고 맹세하고 나서 채 몇 시간이 지나지 않아서입니다.

닭이 새벽에 몇 시쯤 우는지 아십니까? 일찍 깨는 닭은 4시에 울고, 늦게 깨는 닭은 5시쯤 웁니다. 아마 유대인의 시간으로 9시쯤이 아닌가 싶습니다. 그래서 베드로가 한 약속이 시간적으로 따지면 그저 여덟 시간을 못 가는 것입니다.

성경이 베드로가 닭 울기 전에 세 번 부인하는 것을 왜 이렇게 자세히 보여주고 있을까요? 그것을 통해서 우리에게 지적하고 싶은 내용이 있기 때문입니다. 즉 우리의 열심을 바치는 것을 신앙이라고 하지 않는다는 것입니다. 그러면 이런 생각이 들지 않습니까? '열심 빼놓고 어떻게 신앙생활을 합니까? 그럼 하는 둥 마는 둥 하는 것입니까?' 그렇지 않습니다. 여기가 참 어려운 대목입니다.

일단 우리는 본문에서 베드로가 이렇게 나서는 것을 자만했다 혹은 교만했다고 할 수 있습니다. 그런데 성경이 자만했다든가 교만했다는 말을 사용할 때는 육체적(physical)이라는 뜻이 아니라 세상적인 지혜, 세상적인 가치를 묶어서 하나님을 치장하려고 하는 원리를 말하는 것입니다.

열심으로 증명될 수 없는 신앙

신앙이란, 어떤 경우에도 우리의 것을 가지고 하나님의 영광을 위해 덧붙이거나 하나님의 어떤 부족한 부분을 메꾸는 작업으로 요구되지 않습니다. 신앙이라는 것은 하나님께서 우리를 목적하시는 바대로 고쳐 나가시는 작업입니다. 내가 좋아하던 것을 내려놓고 하나님이 우리에게 요구하신 성품, 원리, 방법, 목표를 붙잡는 싸움입니다. 그런데 우리는 신앙을 우리가 가진 가장 좋은 것을 정성을 다해서 하나님 아버지께 바치는 싸움이라고 생각합니다. 그래서 그것은 참 어려운 싸움이 되고 맙니다.

성경이 사용하는 "교만하다"거나 "자만하다"고 하는 말은 결코 자신감에 관한 것이 아닙니다. 무엇을 근거로 한 자신감인지가 문제인 것입니다. 예를 들어, 사도 바울은 이렇게 이야기합니다. "내게 능력 주시는 자 안에서 내가 모든 것을 할 수 있느니라." 얼마나 큰 자신감입니까! 그 자신감은 백 점입니다. 그러나 지금 베드로가 말한 "주여, 제가 제 목숨을 혹 희생당하는 일이 있어도 주를 놓지 않겠습니다" 하는 고백은 빵점입니다. 예수님이 이렇게 말씀하십니다. "내가 가는 곳에 네가 지금은 따라올 수 없으나 후에는 따라오리라." 지금 쫓아오겠다고 결심하는 모든 근거와 힘과 원리는 베드로의 것에 불과하다는 것입니다. 하지만 언젠가 그것이 제거되고 그리스도의 것으로 충만하게 되어 그는 다시 오게 될 것입니다.

여기서 어려운 점이 이것입니다. 바로 앞의 말씀에서 예수님이 제자들에게 너희 중 하나가 나를 팔 것이라고 말씀하실 때 제자들이 서로 누군가 하고 얼굴을 봤다는 것은 가룟 유다가 할 것이라고는 아무도 상상하지 못했다는 뜻입니다. 그것은 제삼자의 눈으로 볼 때, 그리고 같이 있는 사람들 속에서도 이 사람이 진짜인지 가짜인지 구별이 안 된다는 것입니다. 따라서 같은 열심이라도 그 열심이 어떤 원리와 방법론에 입각한 것인지는 본인이 알고 있지 않으면 안 됩니다. 이러한 경고가 마태복음 7장에 나와 있습니다.

나더러 주여, 주여, 하는 자마다 다 천국에 들어갈 것이 아니요 다만 하늘에 계신 내 아버지의 뜻대로 행하는 자라야 들어가리라. 그날에 많은 사람이 나더러 이르되 주여, 주여, 우리가 주의 이름으로 선지자 노릇 하며 주의 이름으로 귀신을 쫓아내며 주의 이름으로 많은 권능을 행하지 아니하였나이까 하리니 그때에 내가 그들에게 밝히 말하되 내가 너희를 도무지 알지 못하니 불법을 행하는 자들아, 내게서 떠나가라 하리라(마 7:21-23).

믿음

신앙을 하나의 개념과 정성으로 이해해서는 안 됩니다. 기독교 신앙에서는 일반적으로 가지는 종교심이 가장 큰 적입니다. 기독교란 대상이 있는 종교입니다. 내가 경배할 대상, 내가 항복할 대상, 내가 말을 나눌 대상, 내가 무언가를 요구할 어떤 분, 인격적 존재자가 있는 것입니다. 하나님, 예수님, 성령님이 계시는 것입니다. 그런데 그것을 놓치고 자꾸 착하거나 거룩하게 사는 것이라는 개념만을 추출하여 신앙을 생각한다면 우리가 가진 어떤 선한 것들을 놓치게 됩니다. 내 것으로 출발하게 되면 그것은 우리 눈으로 볼 때는 가치가 있고 선한 것이지만 하나님 앞에서 가치가 있는 것은 아닙니다. 고린도후서 12장을 보겠습니다.

여러 계시를 받은 것이 지극히 크므로 너무 자만하지 않게 하시려고 내 육체에 가시 곧 사탄의 사자를 주셨으니 이는 나를 쳐서 너무 자만하지 않게 하려 하심이라. 이것이 내게서 떠나가게 하기 위하여 내가 세 번 주께 간구하였더니 나에게 이르시기를 내 은혜가 네게 족하도다. 이는 내 능력이 약한 데서 온전하여짐이라 하신지라. 그러므로 도리어 크게 기뻐함으로 나의 여러 약한 것들에 대하여 자랑하리니 이는 그리스도의 능력이 내게 머물게 하려 함이라(고후 12:7-9).

이 말씀은 아주 재미있는 대목입니다. 하나님은 우리가 가진 것을 키우거나 우리가 가진 것을 구별하여 진심을 묶어서 바치라고 요구하시지 않습니다. 오히려 성경은 우리가 가진 것 중에 성한 것이나 쓸 만한 것이 하나도 없다는 것을 자꾸 지적합니다. 그것이 약한 것과 그리스도로 나타나는 것입니다. 나의 약한 것에 그리스도의 능력이 옴으로써, 즉 나는 할 수 없다는 파산 선고를 한 자리에 그리스도께서 일을 행하심으로 우리 인간이 상상하여 가질 수 있는 차원에서의 일이 아닌 것임을 자꾸 증명해 내시려는 것입니다.

신앙의 출발점

사도 바울은 그의 전 생애를 통해서 많은 사람들을 복음에 귀의시키고 주
의 말씀을 전파했습니다. 그러나 사도 바울 자신이 그 일을 하면서 배운 것
은 그런 일들이 자기가 가진 것을 주 앞에 바치는 싸움이 아니라는 사실입
니다. 그래서 하나님은 사도 바울로 하여금 악착같이 스데반을 죽이게 한
다음에 하나님의 종으로 쓰셨는지도 모릅니다. 스스로 그 말을 하게 하는
것입니다. "죄인 중에 내가 괴수였노라." 복음을 전하는 데 있어서 사도 바
울은 가장 적합한 사람입니까, 아니면 가장 부적합한 사람입니까? 인간의
생각으로는 가장 부적합한 사람입니다. 그러나 성경적으로는 가장 적합한
사람이 사도 바울입니다. 왜냐하면 그는 너무나 치명적인 실수를 한 사람
이기 때문입니다. 스데반을 때려죽인 사람입니다. 그가 무슨 자격으로 복
음을 전합니까? 그런데 성경은 그런 사람이야말로 가장 적합하다고 말씀
합니다. 왜냐하면 그 결과가 그가 가졌던 사상이나 실력 때문이 아니라는
것이 증명되기 때문입니다. 성경은 언제나 그렇게 말하고 싶어 합니다.

　반면에 본문에서 다루고 있는 베드로는 주 앞에 쓸 만한 것을 가졌다
고 자꾸 생각하는 사람입니다. 그것이 성경이 그가 자만했다든가 교만했
다고 지적하는 대목인 것입니다. 시편 51편을 보십시오. 또 재미있는 기록
이 나옵니다.

　하나님이여, 나의 구원의 하나님이여, 피 흘린 죄에서 나를 건지소서. 내 혀
　가 주의 의를 높이 노래하리이다. 주여, 내 입술을 열어 주소서. 내 입이 주
　를 찬송하여 전파하리이다. 주께서는 제사를 기뻐하지 아니하시나니 그렇

지 아니하면 내가 드렸을 것이라. 주는 번제를 기뻐하지 아니하시나이다. 하나님께서 구하시는 제사는 상한 심령이라. 하나님이여, 상하고 통회하는 마음을 주께서 멸시하지 아니하시리이다(시 51:14-17).

다윗은 '제사'와 '상한 심령'을 '번제'와 '통회하는 마음'과 비교하고 있습니다. 제사라는 것은 그것 자체가, 우리가 우리 문제에 대해 어떤 해결할 능력이 없기 때문에 무언가 제3의 방법으로 해결하는 수밖에 없다는 뜻입니다. 나로부터 해결할 방법과 능력이 없다는 뜻입니다. 그럼에도 불구하고 사람들은 제사를 드린다는 것 때문에 '내가 양을 잡아서 드렸으며, 나는 제사를 드렸다'고 생각합니다. 심각한 오해입니다. 그래서 시편 51편에서 그 내용이 무엇으로 다시 소개되는가 하면 '상한 심령'으로 소개됩니다. 상한 심령이란 무엇입니까? 선에 대한 요구는 있는데 선을 행할 능력이 없는 것입니다. 누군가를 도와주고 싶은데 도울 수가 없습니다. 하고 싶은 마음이 있어도 할 수가 없습니다. 선을 행하고 싶고 의를 행하고 싶고 남에게 유익을 끼치고 싶은데 그럴 능력이 없습니다. 그럴 심성이 없으며, 그럴 심보가 아닌 것을 발견한 마음입니다. 그것이 상한 심령입니다. 성경은 언제나 거기로부터 신앙이 출발한다고 이야기합니다.

만나의 참된 의미

이것을 출애굽기 16장에서 묘사하고 있는 사건의 내용 속에서 추적해 보겠습니다. 그러면 더 놀라운 사실을 알게 됩니다. 출애굽기 14장은 홍해를 건너는 사건입니다. 15장은 그 사건에 너무 감동해서 이스라엘 백성이 모두 모세와 함께 찬송하는 대목입니다. 16장은 홍해를 건너자마자 일어난 사건을 기록하고 있습니다. 그런데 건너자마자 무슨 사건이 벌어집니까?

이스라엘 자손의 온 회중이 엘림에서 떠나 엘림과 시내산 사이에 있는 신 광야에 이르니 애굽에서 나온 후 둘째 달 십오일이라. 이스라엘 자손 온 회중이 그 광야에서 모세와 아론을 원망하여 이스라엘 자손이 그들에게 이르되 우리가 애굽 땅에서 고기 가마 곁에 앉아 있던 때와 떡을 배불리 먹던 때에 여호와의 손에 죽었더라면 좋았을 것을 너희가 이 광야로 우리를 인도해 내어 이 온 회중이 주려 죽게 하는도다(출 16:1-3).

방금 하나님의 기적과 놀라운 은혜를 경험하고도 이스라엘 백성은 우리를 굶겨 죽일 셈이냐며 모세와 아론을 심하게 원망합니다. 그래서 13절 이하에 보면 하나님께서 만나를 허락하시게 되는 것입니다.

저녁에는 메추라기가 와서 진에 덮이고 아침에는 이슬이 진 주위에 있더니 그 이슬이 마른 후 광야 지면에 작고 둥글며 서리같이 가는 것이 있는지라. 이스라엘 자손이 보고 그것이 무엇인지 알지 못하여 서로 이르되 이것이 무엇이냐 하니 모세가 그들에게 이르되 이는 여호와께서 너희에게 주어 먹게 하신 양식이라(출 16:13-15).

'만나'라는 이름은 '이것이 무엇이냐?'라는 뜻을 갖고 있습니다. 만나의 허락은 이스라엘 백성에게 굉장히 중요한 의미를 지니고 있습니다. 지금 이스라엘 백성이 있는 곳은 애굽도 아니고 가나안도 아닙니다. 가나안에 들어가면 만나는 끝이 납니다. 만나는 이렇게 묘사되어 있습니다. "이스라엘 족속이 그 이름을 만나라 하였으며 깟씨같이 희고 맛은 꿀 섞은 과자 같았더라"(출 16:31). 만나는 꿀 섞은 과자 같은 것이었습니다.

왜 여기서 꿀 섞은 과자라는 이야기를 했는가 하면 하나님께서 애굽에서 이스라엘 백성을 이끌어 내실 때 의도했던 장소가 가나안이기 때문입니다. 가나안은 늘 "젖과 꿀이 흐르는 땅"이라고 묘사되어 있습니다. 광야는 그러한 완성의 자리, 풍성함의 자리, 충만함의 자리로 가는 노상(路上)입니다. 그래서 그곳을 바라보게 하며 약속된 목적지로 가도록 자극하고 도전하는 것이 만나라는 양식으로 구체화된 것입니다. 만나는 매일의 양식입니다. 이것은 꿀 섞은 과자 같은 것입니다. 과자에 꿀을 섞으면 얼마나 섞습니까?

제가 어렸을 때 외할아버지와 같이 목욕을 가면 외할아버지는 꼭 집으로 돌아올 때 풀빵을 사 주시곤 했습니다. 풀빵은 밀가루에 팥을 약간 넣고 만든 것인데, 그때 플라타너스 잎사귀같이 생긴 풀빵을 사 주시곤 했습니다. 손바닥 두 개 합친 것만큼 컸습니다. 그런데 아무리 먹어도 팥이 안 나옵니다. 어디를 먹어도 밀가루 덩어리뿐이다가 맨 끝에 가면 팥이 약간 있습니다. 그래서 어떻게 해서든지 팥이 많이 들어간 것을 고르려고 눈치껏 뒤집는 것을 봅니다. 그러면 풀빵 장수는 빵을 구울 때 뺑뺑 돌려서 어느 쪽에 팥이 많이 들어갔는지 못 알아차리게 합니다. 말하자면 만나는 그런 음식입니다. 만나를 먹은 것이 그들에게는 만족할 만한 것이 아닙니다.

베드로 식의 육적 신앙생활을 하는 자들은 "이제 주를 위해 내가 가진 모든 것을 바칠 테니 주께서는 꿀이 꽉 찬 만나를 주십시오"라고 요구하며 참된 신앙을 오해합니다. 만나란 그것 자체가 상급이라기보다는 신자들을 특정한 방향으로 몰고 가기 위해 약속의 성취들을 부분적으로 미리 맛보게 하는 것에 불과합니다. 그런데 만나를 유일한 상급이라고 보고 이것을 꿀로 꽉 차게 하기 위해 애굽에서 가지고 나온 보석을 바치는 행위를 하기 시작하면 완전히 헷갈리게 되는 것입니다.

그러나 우리는 얼마나 그런 식으로 사는지 모릅니다. 우리나라 신자들을 만나면 가장 답답한 것이 너무 잘 운다는 것입니다. 아무데서나 감동합니다. 왜냐하면 그래야 하나님이 뭐라도 하나 더 줄 것 같아서입니다.

참 답답합니다. 그러나 아닙니다. 신앙은 그것보다 훨씬 냉정해야 하는 것입니다. 그러나 과거의 이스라엘도, 현재의 우리도 그렇게 하지 못할 때가 더 많습니다. 민수기 11장입니다.

> 그들 중에 섞여 사는 다른 인종들이 탐욕을 품으매 이스라엘 자손도 다시 울며 이르되 누가 우리에게 고기를 주어 먹게 하랴. 우리가 애굽에 있을 때에는 값없이 생선과 오이와 참외와 부추와 파와 마늘들을 먹은 것이 생각나거늘 이제는 우리의 기력이 다하여 이 만나 외에는 보이는 것이 아무것도 없도다 하니(민 11:4-6).

이 불평을 잘 들으셔야 합니다. 결국 이 사람들은 애굽에서 나오면 그곳에서 먹었던 것보다 더 좋은 것을 먹을 수 있으리라고 기대했다는 것을 보여줍니다. 하지만 성경에서 이스라엘 백성의 광야 40년을 회고하는 장면에는 언제나 이런 묘사가 있습니다. "이 40년 동안 너희가 의복이 낡아지지 않고 신이 해어지지 아니하였다." 매우 소극적인 표현을 사용하고 있습니다. 왜 그럴까요? 우리는 이 세상을 지나가는 나그네입니다. 여기에 우리의 상급이 있거나, 우리의 쉴 처소가 있는 것이 아니기 때문입니다. 따라서 영원한 본향을 찾게 하는 수단이며, 하나님이 기뻐하시는 사람으로 나를 채찍질하는 도구로 여길 때 만나는 고마운 것입니다. 그럴 때에야 만나는 행복한 것이요, 감격스러운 것입니다.

영적 변화를 요구하심

이스라엘 백성이 시내산에 이르러 모세가 하나님을 만나러 올라가 있는 동안 밑에서 무엇을 하고 있었는지 기억해 보십시오. 금송아지를 만들었습니다. 그래서 하나님으로부터 참으로 큰 진노를 받습니다. 그러나 그 다음 날 아침에도 만나는 내립니다. 놀라운 일입니다. 우리는 인생을 살아가면서 얼마나 많이 하나님 앞에 못할 짓을 하는지 모릅니다. 그러나 하나님은 한 번도 우리를 놓아두신 적이 없으십니다. 언제나 하나님은 우리를 그분이 목적한 곳으로 인도하십니다. 우리를 그의 수중에 붙잡아 두는 것을 포기하거나 보류하신 적이 없습니다.

그러나 우리가 이곳을 우리의 최종 목적지라고 여기면서 살려고 한다면, 하나님의 일하심이 불만스럽습니다. 보이는 것이 만나뿐이기에 그렇습니다. 그래서 만나를 더 많게 하기 위해서, 만나를 풍성하게 하기 위해서 우리가 보였던 신앙의 열심이 무엇이었습니까? 기껏 송아지를 만든 일이라는 것입니다. 내가 가진 모든 것을 꺼내 놓아 금송아지를 만들었습니다. 그 금과 패물들은 다 애굽에서 가지고 나온 것이었습니다.

신앙생활을 그렇게 하지 마십시오. 신약성경에서는 그런 것이 베드로를 통해서 잘 드러납니다. 가장 좋은 의리를 가지고 있고 용감하고 사나이다우며 뛰어난 충성심을 가지고 있습니다만, 하나님께서 요구하시는 것은 이런 것들이 아닙니다. 하나님이 요구하시는 것은 영적인 변화입니다.

우리에게 있어서 매일의 만나는 무엇이라고 생각하십니까? 아마도 성경 말씀일 것입니다. 성경 말씀이 여러분에게 이렇게 동원되면 안 됩니다. "오늘도 제가 성경을 읽었습니다. 기도했습니다. 그런데 왜 나의 소원을 안 들어주십니까?" 이것이 바로 베드로요, 광야에서 만나를 먹고 징징거린 이스라엘입니다. 여기서 우리는 내가 어떻게 걸어야 하는지, 어디를 향해 아직도 인내해야 하는지, 어떻게 절제해야 하는지, 무엇에서 지혜로워야 하는지를 배우는 것입니다. 시편 106편을 보겠습니다.

우리의 조상들이 애굽에 있을 때 주의 기이한 일들을 깨닫지 못하며 주의 크신 인자를 기억하지 아니하고 바다 곧 홍해에서 거역하였나이다. 그러나 여호와께서는 자기의 이름을 위하여 그들을 구원하셨으니 그의 큰 권능을 만인이 알게 하려 하심이로다. 이에 홍해를 꾸짖으시니 곧 마르니 그들을 인도하여 바다 건너가기를 마치 광야를 지나감 같게 하사 그들을 그 미워하는 자의 손에서 구원하시며 그 원수의 손에서 구원하셨고 그들의 대적들은 물로 덮으시매 그들 중에서 하나도 살아남지 못하였도다. 이에 그들이 그의 말씀을 믿고 그를 찬양하는 노래를 불렀도다. 그러나 그들은 그가 행하신 일을 곧 잊어버리며 그의 가르침을 기다리지 아니하고 광야에서 욕심을 크게 내며 사막에서 하나님을 시험하였도다. 그러므로 여호와께서는 그들이 요구한 것을 그들에게 주셨을지라도 그들의 영혼은 쇠약하게 하셨도다(시 106:7-15).

참 재미있는 구절입니다. 그들이 요구한 것은 어떤 의미에서 다 들어주셨음에도 불구하고 그것이 그들에게 영의 양식이 되는 것은 아니었다는 말입니다. 목마르다고 할 때 반석에서 물을 내주었고, 배고프다고 할 때 만나를 주셨습니다. 고기를 먹고 싶다고 할 때는 메추라기를 보내셨습니다. 그러나 그것으로 인해 그들의 영혼이 살찌는 것은 아니었습니다. 말하자면 그들은 영혼이 살찌는 문제에 대해서는 요구할 줄 모르는 사람이었다는 것입니다.

그리스도께서 이제 십자가에 죽어야 된다는 말씀을 하시자마자 베드로가 "주여, 이 일이 결코 주께 미치지 못할 것입니다"라고 했습니다. 그러자 예수께서 "사탄아, 내 뒤로 물러가라. 네가 하나님의 일을 생각하지 않고 사람의 일을 생각하는도다"라고 책망하셨습니다. 이것은 기억해야 할 책망입니다.

성경이 말하는 교만이나 자만은 바로 이런 식으로 인간이라는 기초를 놓고 그 위에 무엇을 쌓는 것을 말합니다. 자신이 마치 기독교를 치장할 수 있으며, 하나님을 도와줄 수 있다는 발상이 늘 신앙 문제에서 가장 어려운 싸움입니다. 우리는 긍휼이 필요한 자요 은혜가 필요한 자입니다. 우리는 영원이 무엇이고 진리가 무엇이며 생명이 무엇이고, 내가 이 세상을 걷는 동안 내 십자가를 지고 주를 쫓는다는 것이 무엇을 의미하는지를 아는 차원에서 다시 진심을 꺼내 놓으며 열심을 발하며 죽음을 각오하는 용기를 불러일으켜야 합니다. 주께서 나에게 무엇을 요구하시는지, 무엇을 만들려고 하시는지, 내 인생과 나를 통해 무슨 메시지를 펼치려고 하시는지를 물어야 합니다.

하나님은 필요하다면 우리를 낮은 자로 쓰실지도 모릅니다. 전설에 의하면, 베드로는 십자가에 거꾸로 달려 죽었다고 합니다. 그렇게 하나님께 영광을 돌렸다고 되어 있습니다. 그가 자기 힘으로 주를 위해 봉사하겠다고 뛰어나갔을 때는 여덟 시간도 버티지 못했습니다. 그러나 그가 주 앞에 꼬꾸라지며 하나님의 새로운 사람으로 변화되고 성경이 요구하는 차원의 힘과 원리로 자신을 고친 다음에는 기꺼이 죽는 자리까지 하나님이 그를 쓰셨습니다. 사도 바울을 쓰시기 위해 하나님이 바울로 하여금 손을 들어 스데반을 죽이게 할 수밖에 없었던 것을 기억해야 합니다.

우리에게 가장 필요한 신앙의 출발은 언제나 좌절입니다. 절망이 있어야 합니다. 상한 심령과 통회하는 마음이 꼭 있어야 합니다. "내가 잘못했구나. 다시는 안 그러겠습니다"라고 하는 것은 통회가 아닙니다. "나는 악밖에 행할 줄 모르는구나. 내가 꺼내 놓는 것이 하나님에게는 방해가 되는구나"를 깨달아야 합니다. 내가 약한 그때에 강하다는 그 고백을 여러분이 할 수 있어야 합니다.

기독교가 우리에게 요구하는 것은 우리 자신의 변화입니다. 내가 지금까지 갖고 있던 가치관과 열심을 도덕적이거나 종교적으로 성화하는 싸움이 아닙니다. 나는 없어졌다는 고백이 필요한 것입니다. "나는 옛날의 내가 아니다. 나는 완전히 다른 사람이다. 이제 사는 것은 더 이상 내가 아니다. 그리스도께서 사시는 것이다." 그 길은 하나님께서 우리를 이용해 먹고 농락하는 길이 아니라 우리를 축복하는 길이요, 우리가 상상치 못했던 영광의 길이요, 만족할 만한 길이라고 성경은 말합니다. 그래서 우리를 부르신 우리 하나님의 성품을 자꾸 묘사할 수밖에 없는 것입니다. "그는 선하시며 자비하시며 인자하시며 사랑하시며 의로우시며 거룩하시며……."

인간적인 열심을 부추기는 것은 쉬운 길입니다. 그러나 그것은 틀린 길입니다. 조만간 벽에 부딪칠 것입니다. 우리는 변화된 베드로의 길을 좇아야 하고, 하나님께서 요구하신 영원과 영광과 충만을 향해 연장된 길 위에 서야 한다는 것을 기억해야 합니다. 더 이상 여러분의 삶을 여러분이 하나님 앞에 꺼내 놓은 것으로 인해 어떤 축복된 약속이 지금 현실화되는 작업이라고 생각하지 마십시오.

신자의 생활은 그런 의미에서 고달픕니다. 그러나 잘 보면 그것이 엄청난 목적지를 향해 걷는 데 필요한 과정이라는 것을 깨닫게 됩니다. 그래서 결단코 눈물의 길이 아닙니다. 자랑스럽고 "두고 보면 알아!"하는 배짱을 힘 있게 갖게 하는 길인 것입니다. 거기에 우리가 서 있습니다. 이 진리와 생명과 이 약속들을 제대로 깨우치기 바랍니다. 제대로 누리십시오. 그런 의미의 신앙의 강자가 되기 위해 매일의 양식을 취하고, 주님의 간섭을 확인하십시오. 날마다 주님께 항복하고 감사하는 신앙생활을 영위하시기 바랍니다.

믿음

09

고백과 실패

마 17:1-13

엿새 후에 예수께서 베드로와 야고보와 그 형제 요한을 데리시고 따로 높은 산에 올라가셨더니 그들 앞에서 변형되사 그 얼굴이 해같이 빛나며 옷이 빛과 같이 희어졌더라. 그때에 모세와 엘리야가 예수와 더불어 말하는 것이 그들에게 보이거늘 베드로가 예수께 여쭈어 이르되 주여, 우리가 여기 있는 것이 좋사오니 만일 주께서 원하시면 내가 여기서 초막 셋을 짓되 하나는 주님을 위하여, 하나는 모세를 위하여, 하나는 엘리야를 위하여 하리이다. 말할 때에 홀연히 빛난 구름이 그들을 덮으며 구름 속에서 소리가 나서 이르시되 이는 내 사랑하는 아들이요 내 기뻐하는 자니 너희는 그의 말을 들으라 하시는지라. 제자들이 듣고 엎드려 심히 두려워하니 예수께서 나아와 그들에게 손을 대시며 이르시되 일어나라. 두려워하지 말라 하시니 제자들이 눈을 들고 보매 오직 예수 외에는 아무도 보이지 아니하더라. 그들이 산에서 내려올 때에 예수께서 명하여 이르시되 인자가 죽은 자 가운데서 살아나기 전에는 본 것을 아무에게도 이르지 말라 하시니 제자들이 물어 이르되 그러면 어찌하여 서기관들이 엘리야가 먼저 와야 하리라 하나이까. 예수께서 대답하여 이르시되 엘리야가 과연 먼저 와서 모든 일을 회복하리라. 내가 너희에게 말하노니 엘리야가 이미 왔으되 사람들이 알지 못하고 임의로 대우하였도다. 인자도 이와 같이 그들에게 고난을 받으리라 하시니 그제서야 제자들이 예수께서 말씀하신 것이 세례 요한인 줄을 깨달으니라.

그리스도의 신비

예수님이 베드로와 야고보와 요한을 데리고 산에 올라가셨는데 거기서 변화된 모습으로 나타나셨습니다. 우리의 죄를 구원하시기 위해 하나님의 종으로 오신 예수님이 실상은 거룩하고 존귀하신 성자 하나님이시며, 그의 위엄과 영광의 실체가 어떤 것인지를 체험하게 하는 사건이었습니다. 그럼에도 불구하고 이 일은 9절에 있는 바와 같이 "인자가 죽은 자 가운데서 살아나기 전에는 본 것을 아무에게도 이르지 말라" 하고 감추어야 했던 하나의 비밀이었습니다. 그것은 "이에 제자들에게 경고하사 자기가 그리스도인 것을 아무에게도 이르지 말라"(마 16:20)고 하신 것과 연결되는 말씀입니다.

왜 예수님은 자신이 참된 메시아요 하나님이시요 우리를 구원하러 오신 분인 것을 감추라고 하셨을까요? 또 어떤 면에서 보자면, 왜 이스라엘 백성은 예수 그리스도의 메시아되신 것과 그분이 참다운 구주이신 것을 몰랐을까요? 이런 질문들이 우리가 변화산 사건의 의미와 그리스도의 비밀을 이해하는 데 도움이 될 것입니다. 예수님이 변화되신 이 사건 속에서 모세와 엘리야가 등장합니다. 물론 모세와 엘리야를 구약을 대표하는 인물로 이해하는 것이 당연합니다. 보통 구약을 지칭할 때 율법과 선지자라고 합니다. 율법은 모세가 하나님께 받아 기록한 것이며, 엘리야는 선지자들 가운데 대표적인 인물입니다. 그들이 모두 하나님의 말씀의 중심에 서있고 그 말씀의 모든 내용을 종합하고 완성하는 이로 예수 그리스도를 표현하기 위해 예수 옆에 서 있는 것이라고 이해하기도 합니다. 그러나 그것보다 더 중요한 의미가 있습니다. 바로 이 모세와 엘리야가 섬으로써 예수 그리스도의 비밀이 무엇인지가 제대로 나타나기 때문에 모세와 엘리야가 선 것입니다. 지금 말하는 예수 그리스도의 비밀이라 하는 것은 앞에서 말씀드린 바와 같이 그분이 참 하나님이시며 참 구원자이신데 왜 이런 모습으로 오셨고, 왜 그 영광과 권세를 감추셨는가 하는 비밀입니다.

신약성경에서 비밀이라 할 때는 대부분의 경우 secret이 아닌 mystery

라는 개념입니다. '예수 그리스도의 신비'라고 해야 맞는데 '신비'라고 하면 너무 환상적으로 생각하기 때문에 '비밀'이라고 번역한 것이 맞는 것 같기는 합니다. 그러나 비밀은 감춰져 있어서 모르는 부분을 말하는 것이고, 신비는 보여주었는데도 깨닫지 못하는 부분을 말하는 것입니다.

배척당한 하나님의 종

여기 등장한 모세와 엘리야가 예수 그리스도의 그 신비, 그 미스터리를 어떻게 잘 드러내고 있는지를 추적할 필요가 있습니다. 사도행전 7장에 스데반의 설교가 나오는데, 모세에 관한 부분이 이렇게 설명되어 있습니다.

> 그들의 말이 누가 너를 관리와 재판장으로 세웠느냐 하며 거절하던 그 모세를 하나님은 가시나무 떨기 가운데서 보이던 천사의 손으로 관리와 속량하는 자로서 보내셨으니 이 사람이 백성을 인도하여 나오게 하고 애굽과 홍해와 광야에서 사십 년간 기사와 표적을 행하였느니라. 이스라엘 자손에 대하여 하나님이 너희 형제 가운데서 나와 같은 선지자를 세우리라 하던 자가 곧 이 모세라(행 7:35-37).

모세가 여기 등장하는 이유는 모세의 특징과 성격 때문입니다. 하나님께서 이스라엘 백성을 위해 세운 종이지만 이스라엘 백성이 모세를 거절했다는 면에서 예수님의 지금 형편을 잘 드러내기 때문입니다. 모세는 바로의 궁에서 왕자로 교육을 받았습니다. 그러나 자라서 자신이 히브리 민족인 것을 알게 되었고 자기 백성 편을 들 생각을 갖게 되었습니다. 어느 날 밖에 나갔다가 애굽 관원이 그 노예인 자기 동족인 이스라엘 족속을 상해하는 것을 보고 그를 쳐 죽였습니다. 다음 날 다시 밖에 나갔다가 자기 동족끼리 싸우는 것을 보고 중재하려고 했더니, 그들이 "네가 뭔데 와서 그러느냐? 네가 우리의 무슨 관원이며 재판장이냐? 네가 어제 애굽 관원을 죽인 것같이 우리도 죽이려느냐?" 하며 그를 배척했습니다. 그래서 그가 미디안 광야로 도망간 사실을 우리가 알고 있습니다. 그 후 40년이 지난 다음, 모세가 하나님의 종으로 이스라엘 백성을 구원해 낼 자로 세움을 입었으나 이스라엘 백성이 그를 거부했습니다. 그것이 바로 여기 모세와 엘리야가 서야 하는 이유입니다.

엘리야도 마찬가지입니다. 여러분이 잘 아는 대로 엘리야는 북왕조 이스라엘 아합 왕 시대의 선지자입니다. 아합 왕은 대표적으로 하나님 믿는 신앙을 외면하고 바알을 섬긴 왕입니다. 그래서 그 당시에 하나님을 섬기는 모든 종들은 잡혀 죽었습니다. 엘리야도 늘 도망 다니곤 했습니다. 마지막에 이르러, 하나님의 개입하심으로 갈멜 산에서 바알을 섬기는 자들과 하나님을 섬기는 유일한 종 엘리야가 이스라엘 백성과 아합 앞에서 누가 참신인가 하는 영적인 싸움을 벌이고 승리했습니다. 그러나 엘리야는 갈멜 산 전투 이후에 이세벨의 협박을 피해서 호렙 산에 이르렀습니다. 거기서 하나님께 "아합이 모든 하나님의 종을 잡아 죽이고 나만 남았습니다"라고 고백한 표현에서 드러난 대로 하나님의 종으로 이스라엘에 보냄 받았으나 이스라엘 백성에게 거절당한 사람입니다. 모세와 엘리야가 그 공통점으로 여기 서 있는 것입니다. 예수님이 하나님의 종으로, 메시아로 이스라엘 백성을 위해 왔으나 그분이 이스라엘 백성에게 거절당하고 있다는 차원에서 모세와 엘리야가 섭니다. 그러나 거절당한 것만이 공통점은 아닙니다. 이 둘의 공통점은 예수님에게 나타나는 특징과 일관되게 그들도 하나님의 종이요 중보자로 보냄 받았다는 것입니다.

"이스라엘 자손에 대하여 하나님이 너희 형제 가운데서 나와 같은 선지자를 세우리라 하던 자가 곧 이 모세라"(행 7:37). 이 말씀에서 "나와 같은 선지자"는 장차 오실 메시아입니다. 그 메시아가 모세와 무엇이 같아서 나와 같은 선지자일까요? 모세는 이스라엘 백성을 위해 그 가운데서 중재한 자입니다. 그는 중보자입니다. 하나님 앞에서 이스라엘 백성을 위한 율법을 받아 오고 이스라엘 백성의 잘못을 위해 하나님 앞으로 가서 용서를 구하는 기도를 한 중보자였습니다. 엘리야도 그렇습니다. 말라기서 4장에 보면 엘리야가 어떤 직책을 가졌는지, 그가 가진 직분의 내용이 무엇인지가 설명되어 있습니다.

> 너희는 내가 호렙에서 온 이스라엘을 위하여 내 종 모세에게 명령한 법 곧 율례와 법도를 기억하라. 보라, 여호와의 크고 두려운 날이 이르기 전에 내가 선지자 엘리야를 너희에게 보내리니 그가 아버지의 마음을 자녀에게로 돌이키게 하고 자녀들의 마음을 그들의 아버지에게로 돌이키게 하리라(말 4:4-6).

이것이 엘리야가 가졌던 사명이며, 엘리야 하면 특징적으로 맨 처음에 거론되는 내용입니다. 그는 자녀의 마음을 아버지에게로, 아버지의 마음을 자녀에게로 돌이키게 하는 화해와 중보의 일을 맡았던 사람입니다. 여기에 비밀이 있는 것입니다. 하나님의 종으로 화해와 구원과 용서를 위해 보냄 받았으나 그들에게 배척당했습니다. 왜 배척당했지요? 이사야서 53장에 예수 그리스도를 배척한 이유가 나옵니다.

> 우리가 전한 것을 누가 믿었느냐. 여호와의 팔이 누구에게 나타났느냐. 그는 주 앞에서 자라나기를 연한 순 같고 마른 땅에서 나온 뿌리 같아서 고운 모양도 없고 풍채도 없은즉 우리가 보기에 흠모할 만한 아름다운 것이 없도다. 그는 멸시를 받아 사람들에게 버림 받았으며 간고를 많이 겪었으며

질고를 아는 자라. 마치 사람들이 그에게서 얼굴을 가리는 것같이 멸시를 당하였고 우리도 그를 귀히 여기지 아니하였도다(사 53:1-3).

메시아가 왜 배척당했습니까? 그 이유는 이것입니다. 흠모할 만한 것이 없었다는 것입니다. 그는 영광과 권세로 오시지 않았습니다. 그는 말구유에서 태어났고 목수의 아들이었으며 무슨 큰 힘과 권세를 휘두르지 않았습니다. 그래서 모든 이스라엘 백성이 기다렸던 메시아, 백마 타고 오는 해방자이며 좌우에 날선 검을 들고 천군천사를 호령하는 정복자와는 너무 거리가 멀었습니다. 연한 순 같고 마른 땅에서 나온 뿌리 같아서 고운 모양도 없고 풍채도 없었으며 권세를 갖지 않았고 영광으로 오시지도 않았습니다. 이스라엘 백성이 염원하는 해방을 위한 어떠한 힘도 갖고 있지 않았습니다. 그래서 그들은 다 외면했습니다.

그리스도에 대한 오해

그러나 그는 왜 그렇게 하셨을까요? 과연 메시아의 비밀은 무엇일까요? 이사야서 53:4 이하에 나옵니다.

그는 실로 우리의 질고를 지고 우리의 슬픔을 당하였거늘 우리는 생각하기를 그는 징벌을 받아 하나님께 맞으며 고난을 당한다 하였노라. 그가 찔림은 우리의 허물 때문이요 그가 상함은 우리의 죄악 때문이라. 그가 징계를 받으므로 우리는 평화를 누리고 그가 채찍에 맞으므로 우리는 나음을 받았도다. 우리는 다 양 같아서 그릇 행하여 각기 제 길로 갔거늘 여호와께서는 우리 모두의 죄악을 그에게 담당시키셨도다(사 53:4-6).

왜 그가 이런 모습으로 오셨을까요? 하나님이시며 거룩한 자이시고 온 천하 만물의 권세를 쥐고 계시는 이가 왜 이런 모양으로 나타났을까요? 그는 우리를 죄와 사망에서 구원하기 위해 속죄 제물로 오셨기 때문입니다. 그는 한 마리 어린양으로 오신 것입니다. 참다운 메시아입니다. 그는 실로 우리의 구원을 위한 완벽한 제물이었습니다. 그러나 우리는 우리에게 필요한 구원은 정치적이고 군사적일 것이라고 기대했던 것입니다. 이것이 예수 그리스도에 대한 오해입니다. 어느 시대나 그렇지만 이것이 오늘날 예수를 믿는 성도들에게 언제나 찾아오는 가장 큰 오해입니다.

우리는 예수를 믿는 것 자체도 어렵습니다. 왜냐하면 예수님이 우리의 죄를 사하기 위해 오셨다는 것을 이해하는 것이 인간으로서는 불가능하기 때문입니다. 영적인 문제에 대해 인간은 완전히 깜깜합니다. 감각도 없고 이해도 할 수 없습니다. 믿고 나서도 자꾸 자연인의 발상으로 돌아갑니다. 예수를 믿은 보상과 복이 세상적이고 물질적이기를 바라기 때문에 하나님께서 예수 그리스도 안에서 우리에게 허락한 것이 무엇인지를 놓칩니다. 죄와 사망에서 구원하셨다는 것이 무엇인지를 모릅니다. 말하자면, 이것이 예수 그리스도의 비밀이요 신비입니다. 예수님은 진정 이 땅에 오셔서 우리를 죄와 사망에서 구원하셨고 의와 진리의 거룩함으로 새롭게 만드셨습니다. 우리의 신자된 자랑과 보상은 다 어디 있다고 했습니까? 이제 우리가 죄와 사망의 노예에서 벗어난 데 있다고 했습니다. 구원을 얻지 못한 자는 죄와 사망을 거부할 수가 없습니다. 선택의 여지없이 죄와 사망 밖에는 그에게 맡겨진 것이 없습니다. 그러나 우리는 다릅니다. 우리는 죄와 사망을 거부할 수 있습니다. 우리는 죄를 거부합니다. 우리는 거룩함을 선택할 수 있습니다. 이것이 신자 된 보상입니다. 이 문제는 당시 유대인들이 오해한 것이고 오늘날 예수를 믿는 현대인들이 항상 시험에 걸리는 부분입니다.

신앙에 실패하는 이유

인간된 자랑이 무엇입니까? 구원을 얻은 인간의 참다운 영광이 무엇입니까? 거룩한 것입니다. 거룩한 것. 세상에서도 인간의 값을 따질 때는 꼭 힘이 있다든지 잘생겼다든지 많이 가진 것으로 따지지 않습니다. 하나님의 형상으로 빚어진 인간의 가치를 세상에서마저도 인간의 됨됨이라는 것으로 따집니다. 비록 힘에 굴복하는 한이 있더라도 그것은 겉으로의 굴복이지 마음속으로 사람이 사람을 평가하는 데 있어서 맨 처음 드러나는 기준은 언제나 인간의 가치입니다. 사람이 스스로 지키려고 하는 것도 다 무엇입니까? 자존심입니다. 세상적인 차원에서의 상식입니다.

여러분, '콰이강의 다리'라는 영화를 보셨습니까? 신앙의 유익을 위해서 꼭 이수해야 하는 필수과목들이 몇 개 있는데 그중 하나는 좋은 영화를 보는 것입니다. 봐야 말을 하지요. 그 영화의 내용은 이렇습니다. 2차 세계대전 중 일본군이 태국과 말레이시아 이쪽 동남아를 점령하고 군수품과 군 수송을 위해 철교를 놓으려고 합니다. 철교를 놓기 위해서 영국군 포로들을 동원하여 다리 공사를 하는데 시일이 촉박합니다. 그래서 그 일을 빨리 진척시키려고 장교들까지 일을 시키려 하자 싸움이 일어납니다. 제네바 협정에 의해서 장교는 일을 할 수 없다면서 영국군 포로들이 저항하는 것입니다. 그러자 일본군 수용소 소장이 그들에게 벌을 주기 위해서 적도 부근의 그 뜨거운 뙤약볕 아래 연병장에 세워 놓습니다. 그러나 그들은 거절합니다. 영국군 대장은 양철 박스에 집어넣고 나머지 부하들은 전부 세워 놓았는데 그 부하들이 자기 지휘관이 명령을 내리지 않는 한 움직이지 않겠노라며 버팁니다. 포로가 되어서도 자존심을 지키는 것입니다. 그들을 처형할 수도 없습니다. 노동력이 필요하기 때문입니다. 그래서 결국 수용소 소장이 타협을 합니다. 장교들은 일을 안 하는 것으로 하고 철교 짓는

믿음

일을 모두 영국군이 알아서 하도록 맡깁니다. 그러자 지휘권을 획득한 영국군 장교들이 온 힘을 다해서 보란 듯이 다리를 만들어 냅니다. 포로가 되었어도 인간의 가치라는 것 때문에 내면적인 자긍심의 싸움을 합니다. 결국 철교는 완성되었지만 자존심이 상한 포로수용소의 소장인 일본군 장교는 할복을 준비하고 있습니다. 기억나십니까? 그런 것은 하나도 기억나지 않고 '윌리엄 홀든 잘생겼더라' 이런 것만 기억하고 있으니 신앙이 자라지 않는 것입니다.

우리는 얼마나 죄에 물들어 있는지 모릅니다. 죄가 우리를 어떻게 속입니까? 행복은 물질에 있다고 합니다. 우리의 행복은 세상에 있다고 합니다. 거룩함에 있지 않고 비록 더럽고 치사하더라도 남의 것을 빼앗는 데 승리가 있다고 합니다. 이것이 죄입니다. 그러나 우리가 구원을 얻고 보니까 그렇지 않습니다. 인간의 행복과 영광은 거룩함에 있습니다. 하나님 아버지를 닮는 데 있으며 그분의 통치 아래 있는 것이 행복입니다. 이 일을 위해 주께서 오셨습니다. 예수를 믿는다고 고백하는 모든 자들은 바로 이 복을 받은 것입니다.

그런데 이 복의 가치를 모르면, 우리는 금방 마태복음 16장으로 돌아가서 베드로가 되는 것입니다. 베드로가 실패한 것이 무엇입니까? "주는 그리스도시요 살아 계신 하나님의 아들이시니이다"라고 고백해 놓고는 십자가 지지 말라는 것 아닙니까? 하나님이 우리에게 무엇을 목표하고 계시며 무엇을 원하고 계시는지 놓치는 것입니다. 하나님을 아버지라 하고는 하나님보고 무엇을 해달라고 하는 것입니까? 죄짓게 해달라는 것 아닙니까? 십자가를 고백해 놓고, 십자가를 고백했으니 이제 세상 앞에 보상해 달라는 것 아닙니까? 이것이 늘 싸움거리입니다.

우리 신앙의 실패는 다 어디에 있는가 하면, 우리가 한 고백을 이해하지 못하는 데 있는 것입니다. 예수 그리스도께서 왜 영광을 감추고 오셨습니까? 제물로 오셨기 때문이라고 앞에서 밝혔습니다. 예수님이 베드로에게 무엇이라고 책망하셨습니까? "누구든지 나를 따라오려거든 자기를 부인하고 자기 십자가를 지고 나를 따를 것이니라"고 하십니다. 십자가 없이는 복도, 보람도, 자랑도, 영광도, 영생도 없습니다. 예수님이 십자가를 지시지 않으면 이 모든 것이 우리에게 허락되지 않습니다. 우리는 그것을 고백했고 십자가를 근거로 한다고 확증하고 있습니다. 그러면 어디로 가야 합니까? 십자가를 지신 예수 그리스도를 따라 그다음으로 가야지요. 어디입니까? 생명과 의와 진리와 거룩함으로 가야 할 것 아닙니까? 이것을 놓치면 예수 믿은 표가 안 납니다. 예수 믿은 아무런 보람과 자랑과 기쁨과 감사가 없습니다. 현대 기독교인들의 최고의 병이 뭐라고요? 자기가 고백한 신앙의 내용을 모른다는 사실입니다. 제일 한심한 일이지요. 등산 가는데 수영복 갖고 온 거예요. 수영장 가는데 무스탕 입고 뛰어드는 꼴입니다. 그런 뻔한 실수를 우리가 하고 있습니다. 성경이 우리에게 가르치는 것은 바로 이것입니다. 이것이 예수의 비밀입니다.

고린도전서 2장으로 가 볼까요. 사도 바울이 이 문제를 얼마나 정확히 이해하고 권면하고 있는지 보겠습니다.

형제들아, 내가 너희에게 나아가 하나님의 증거를 전할 때에 말과 지혜의 아름다운 것으로 아니하였나니 내가 너희 중에서 예수 그리스도와 그가 십자가에 못 박히신 것 외에는 아무것도 알지 아니하기로 작정하였음이라. 내가 너희 가운데 거할 때에 약하고 두려워하고 심히 떨었노라. 내 말과 내 전도함이 설득력 있는 지혜의 말로 하지 아니하고 다만 성령의 나타나심과 능력으로 하여 너희 믿음이 사람의 지혜에 있지 아니하고 다만 하나님의 능력에 있게 하려 하였노라(고전 2:1-5).

무슨 뜻인지 잘 보십시오. 바울이 고린도에 가서 복음을 전할 때 무엇을 가장 걱정했습니까? 사도 바울이 전하는 말이 철학이나 도덕이나 윤리가 될까봐 걱정했습니다. 복음이 되려면 사도 바울이 전하는 말이 그들의 심령을 깨워야 하는 것이어야 합니다. 지식의 차원에서, 열심의 차원에서, 도덕의 차원에서 그들을 만나기를 원하지 않고 내가 하나님의 복음을 전할 때 성령께서 이 증거하는 말씀에 함께하셔서 그들의 영혼을 깨우쳐 주기를 바란 것입니다. 뭐라고 합니까? "내가 너희 중에서 예수 그리스도와 그가 십자가에 못 박히신 것 외에는 아무것도 알지 아니하기로 작정하였"다고 합니다(고전 2:2). 그래서 "내 말과 내 전도함이 설득력 있는 지혜의 말로 하지 아니하고 다만 성령의 나타나심과 능력으로" 하기를 바랐습니다(고전 2:4). 영혼이 깨어나는 일이어야 하는 것입니다. 이 일을 위해 하나님의 종들은 영광으로 나타날 수 없습니다. 왜 그렇습니까? 영광으로 나타나면 그 영광을 빼앗아 가려고 하지 그의 영혼이 거듭나는 일에 무슨 관심을 가지겠습니까?

예수 그리스도의 비밀

예수님이 메시아직을 힘으로 가지고 오셨으면 이스라엘 백성이 전부 모여들어서 로마를 물리치자고 하지, 하나님 앞에서 죽은 자신들의 영혼이 깨어나야 한다는 것을 어떻게 알았겠습니까? 그것이 바로 메시아의 비밀입니다. 일부러 감추려고 한 비밀도 아니요 일부러 우리를 혼동시키려는 신비도 아닙니다. 너무나 당연한 것입니다. 그런데 왜 이것이 비밀이 되며 신비가 됩니까? 우리가 죽어 있기 때문입니다. 모든 사람이 죄인으로 태어나기 때문에 예수님이 누구신지에 대한, 구원의 필요성에 대한 감각이 없습니다. 그들을 위해 이 문제를 크게 떠들 필요는 없습니다. 그러나 거듭난 자들, 예수 그리스도로 말미암아 입술로 예수 그리스도를 주라 시인하며 고백하는 자들이 이 문제를 잘못 기대하는 것은 절대 생기면 안 되는 일 아니겠습니까? 고린도후서 4장을 보겠습니다.

우리는 우리를 전파하는 것이 아니라. 오직 그리스도 예수의 주되신 것과 또 예수를 위하여 우리가 너희의 종된 것을 전파함이라. 어두운 데에 빛이 비치라 말씀하셨던 그 하나님께서 예수 그리스도의 얼굴에 있는 하나님의 영광을 아는 빛을 우리 마음에 비추셨느니라(고후 4:5-6).

구원은 어떻게 일어납니까? 무에서 유를 창조하듯이 일어납니다. 어두운 데에 빛이 비치라 하시던 하나님께서 빛이 있으라 하매 빛이 창조된 것같이 예수 그리스도의 얼굴에 있는 하나님의 영광을 아는 빛을 우리 마음에 비추셨습니다. 우리를 죄와 사망에서 건져내셨습니다. 우리를 재창조하셨습니다. "그 일을 위해 우리가 종노릇하노라. 예수가 누구인지 증거하러 다니노라. 그리고 그것만을 우리 삶의 내용으로 삼노라." 이런 이야기입니다.

여러분은 베드로와 함께 이 신앙을 고백한 자들입니다. 주는 그리스도시요 살아 계신 하나님의 아들이십니다. 그분은 아직 권세를 압니다. 그러나 그 권세와 그 영광은 십자가로 시작하는 것밖에는 다른 방법이 없습니다. 우리는 그 시작을 했습니다. 그 시작이 무엇을 목표로 하는지 여러분의 마음속에 새겨야 합니다. 오늘날 이 시대와 한국교회에 예수 믿는 일이 이렇게 물질화되고 세상적으로 가는 것은 참다운 복음이 지향할 길이 아닙니다. 복이라는 말, 승리라는 말, 성공이라는 말은 다 영적인 차원, 즉 거룩함과 생명과 진리의 차원에서의 이야기입니다. 그래서 세상적인 것으로 그 표가 나지 않게 되어 있습니다. 여러분이 신앙에서 소극적이고 외면

하는 태도를 갖는 것이 다 무엇 때문인지를 살펴보십시오. 그 가치를 모르기 때문입니다. 거룩한 일의 가치를 모르고 세상의 가치에 대해서는 너무나 잘 알고 있기 때문입니다. 여러분의 신앙에 대한 소극성과 회피함과 비겁함을 내어 버려야 합니다. 그렇지 않으면 여러분이 행한 신앙상의 고백과 신앙상의 모든 기대들이 거짓된 것이 될 것입니다. 참다운 신앙상의 각성과 여러분이 한 고백의 참다운 실천을 남은 생애에 꼭 이루시기를 바랍니다.

10

진정한 신앙

빌 4:10-13

내가 주 안에서 크게 기뻐함은 너희가 나를 생각하던 것이 이제 다시 싹이 남이니 너희가 또한 이를 위하여 생각은 하였으나 기회가 없었느니라. 내가 궁핍하므로 말하는 것이 아니니라. 어떠한 형편에든지 나는 자족하기를 배웠노니 나는 비천에 처할 줄도 알고 풍부에 처할 줄도 알아 모든 일 곧 배부름과 배고픔과 풍부와 궁핍에도 처할 줄 아는 일체의 비결을 배웠노라. 내게 능력 주시는 자 안에서 내가 모든 것을 할 수 있느니라.

"내게 능력 주시는 자 안에서 내가 모든 것을 할 수 있느니라"(빌 4:13)는 말씀은 "할 수 있거든이 무슨 말이냐 믿는 자에게는 능히 하지 못할 일이 없느니라"(막 9:23)는 말씀과 함께 많은 성도들이 좋아하고 암송하는 구절입니다. 그러나 성경이 말하는 것과 우리가 기대하는 것 사이에는 상당한 거리가 있습니다. 이 말씀에서 바울은 승자의 자리에 앉아 의기양양하게 이 고백을 하고 있지 않습니다. 그는 지금 감옥에 있고, 빌립보 교회 안에 있는 여러 어려움에 대하여 도움을 줄 수 없는 속수무책의 자리에 있습니다. 그러나 우리는 그가 마치 모든 것을 해결했고 또 어떤 문제도 다 해결할 수 있는 것처럼 이 고백을 합니다.

보상을 요구하는 신앙 자세

우리는 예수 믿는 것이 세상보다 더 큰 권세를 갖는 것이라고 자주 생각합니다. 예수 믿는 것이 세상과는 다른 내용과 목적을 갖는다는 사실을 놓친 채, 자신이 갖는 가치와 욕심을 마치 신앙의 방법인 양 생각하곤 합니다. 우리는 이렇게 앞뒤가 맞지 않는 기대와 자신감을 가지고 있습니다. 이 문제에 대하여 본문은 철저하게 우리에게 다른 이해를 요구합니다.

바울은 빌립보 교회가 감옥에 갇힌 자신을 찾아와서 위로한 일을 고마워합니다. 하지만 그것은 바울이 어떤 물질적이고 정신적 위로가 필요했는데, 빌립보 교회가 그것을 채워 주어서 힘이 난다는 뜻은 아니라고 분명하게 잘라서 이야기합니다. 사도 바울은 비천에 처할 줄도 알고 풍부에 처할 줄도 안다고 표명합니다. 그는 배부름과 배고픔 또는 풍부와 궁핍이라는 서로 상반되는 극단의 거리를 느끼지 않습니다. 사실 우리의 신앙은 이 거리 때문에 생기는 고통으로 가득 차 있는 것 아닙니까? 왜 기도해도 응답이 없으신가? 왜 하나님은 내가 이해할 수 없는 식으로 일하시는가? 왜 여전히 알 수 없는 길로 인도하시는가? 그것들이 우리에게는 늘 잊을 수 없는 현실적인 갈등입니다.

영적으로 산다는 것은 예수님을 믿고 작정하고 진실한 길을 가려는 의지를 갖게 된 것을 뜻하지 않습니다. 영적으로 산다는 것은 내 인생을 세상과 내가 주관하는 것이 아니라 하나님이 주관하신다는 것을 알기 시작했다는 것을 뜻합니다. 믿지 않았을 때는 내가 죄인인 줄도 몰랐고 하나님이 누구신지도 몰라서 그렇게 살았지만, 이제 믿는 자가 되었으니 하나님의 뜻에 맞게 내가 더욱 열심을 내어 인생을 철저하게 살겠다고 하는 것이 영적인 것이 아닙니다. 내가 믿게 된 예수, 알게 된 구원, 소망하게 된 신앙은 우리가 하나님에 대해 전혀 관심이나 소원도 갖기 전에 이미 하나님이 마련해 놓으신 것으로 알아야 합니다.

물론 하나님이 우리의 노력과 헌신을 기뻐하시고 그의 크신 일에 동참시키시고 보상하시고 어떤 결과를 보이시는 것이 사실입니다. 그러나 그 동역과 동참은 우리의 뜻이나 의지에 대하여 하나님이 주시는 답이 아닙니다. 그 아들 예수님을 보내어 사랑하시고 구원으로 부르시고 자신의 자녀라는 신분을 주신 하나님이 우리에게 어떤 뜻과 작정을 가지고 계시며 그것을 어떻게 이루셨는지를 봄으로써 생기는 항복이요 순종이라는 것입니다.

우리는 영성을 다만 커다란 명분과 도덕성을 유지하는 것이라고 생각합니다. 그래서 신앙과 진심을 가졌으면, 이제야말로 하나님이 우리에게 권력을 주셔야 할 때라고 생각합니다. 그리고 하나님이 내게 보상해 주셔야 한다고 거룩한 떼를 쓰기 시작합니다. 내가 이제 하나님의 뜻을 품고 하나님을 위하여 나의 인생을 바치니 하나님이 내 편을 들어 주시고 힘을 주셔야 한다고 생각합니다.

신앙은 하나님의 일하심을 아는 것

그런데 이 본문은 그와 같은 것이 신앙이 아니라고 이야기합니다. 배부름과 배고픔, 풍부와 궁핍이라는 상반된 차이가 바울에게는 전혀 문제가 되지 않습니다. 하나님의 일하심은 그런 것들로 만들어지거나 성취되지 않고, 또 그런 것들이 신앙 내용이 될 수도 없습니다. 하나님의 일하심은 오직 예수님 안에서만 일어납니다. "내게 능력 주시는 자 안에서"라는 것은 우리가 가져야 할 능력과 내용이 예수님에게만 있고, 우리가 갖는 어떤 목적이나 이루는 성취라는 것도 예수님 이름에만 연결되어 있어야 한다는 것입니다. 바로 이런 하나님의 일하심은 세상에 익숙한 우리의 생각과 전혀 다른 것이라고 명확히 선을 긋고 있습니다. 고린도후서 6장에 가면 알 듯 말 듯 한 말씀이 나옵니다.

우리가 하나님과 함께 일하는 자로서 너희를 권하노니 하나님의 은혜를 헛되이 받지 말라. 이르시되 내가 은혜 베풀 때에 너에게 듣고 구원의 날에 너를 도왔다 하셨으니 보라, 지금은 은혜 받을 만한 때요 보라, 지금은 구원의 날이로다. 우리가 이 직분이 비방을 받지 않게 하려고 무엇에든지 아무에게도 거리끼지 않게 하고 오직 모든 일에 하나님의 일꾼으로 자천하여 많이 견디는 것과 환난과 궁핍과 고난과 매 맞음과 갇힘과 난동과 수고로움과 자지 못함과 먹지 못함 가운데서도 깨끗함과 지식과 오래 참음과 자비함과 성령의 감화와 거짓이 없는 사랑과 진리의 말씀과 하나님의 능력으로 의의 무기를 좌우에 가지고 영광과 욕됨으로 그러했으며 악한 이름과 아름다운 이름으로 그러했느니라. 우리는 속이는 자 같으나 참되고 무명한 자 같으나 유명한 자요 죽은 자 같으나 보라, 우리가 살아 있고 징계를 받는 자 같으나 죽임을 당하지 아니하고 근심하는 자 같으나 항상 기뻐하고 가난한 자 같으나 많은 사람을 부요하게 하고 아무것도 없는 자 같으나 모든 것을 가진 자로다(고후 6:1-10).

이 말씀은 만만치 않으니까 다 생각할 수는 없습니다. 다만 이 설교와 관련된 내용에만 집중시켜 살펴보려고 합니다. 바울 사도가 빌립보서 4장에서 "내게 능력 주시는 자 안에서 내가 모든 것을 할 수 있다"고 말했는데, 여기서 '모든 것'이란 무엇입니까? 방금 앞에서 읽은 고린도후서 6:3에 나오는 "우리가 이 직분이 비방을 받지 않게 하려고 무엇에든지 아무에게도 거리끼지 않게 하고 오직 모든 일에 하나님의 일꾼으로 자천하여"라고 이야기한 데서 언급된 '모든 일'입니다. 고린도후서 6장에 따르면 그 모든 것이란 결국 '많이 견디는 것, 환난, 궁핍, 고난, 매 맞음, 갇힘, 난동, 수고, 불면, 원치 않는 금식' 그리고 그 속에서 '깨끗함과 지식과 오래 참음과 자비와 성령의 감화와 사랑과 진리와 능력과 의를 행하는 것'입니다.

그것은 바울이 가진 깨끗함과 지식과 오래 참음과 자비와 성령의 감화와 사랑에다 세상의 힘을 더해야 하는 것이 아닙니다. 오히려 세상이 우리를 몰아넣는 위협과 공갈 속에서 위에 열거한 것들을 해야 한다는 것이 사도 바울이 말하는 '모든 것'이고 '아무에게나'입니다. 우리는 사도 바울이 빌립보서 3:17에서 말했던 "너희는 나를 본받으라"는 말씀에 대하여 전에 생각한 적이 있습니다. 사도 바울이 말한 자기를 본받는 것이 무엇이었습니까. 고린도후서 11:24-27에 나오는 그 여러 가지였습니다. 사십에 하나 감한 매를 다섯 번 맞고, 세 번 태장으로 맞고, 여러 번 여행에 강도의 위험과 여러 위험을 당하고, 파선하고, 굶고, 춥고, 헐벗은 일들입니다.

바울은 세상의 이런 모든 현실적 위협과 협박을 외면하거나, 거기에서 도망가지 않았습니다. 그런 현실을 바꾸어 주시는 길이 아닌 도리어 그속에서 매 맞고 오해받고 억울한 길을 끝까지 걸어온 자신을 본받으라고 했습니다. 그것이 여기서 말하는 "내게 능력 주시는 자 안에서 내가 모든 것을 할 수 있다"는 것의 '모든'인 것입니다. 그래서 고린도후서 6장은 '모든 것'이 어떤 것들인지를 자세히 보여줍니다. 그렇다면 우리가 몸담고 있는 현실, 도전해 오는 현실 속에서 우리의 옳음을 지켜야 한다고 말하는 것이 될 것입니다.

영성이란 하나님을 위하여 내가 작정하는 일이 아닙니다. 오히려 하나님이 작정하신 일이 먼저 내게 이루어지고 있는 것을 깨닫는 것에 관한 문제입니다. 신앙이란 내가 주님을 위하여 무엇을 할 것인지를 결단하는 것이 아니라, 주님이 내게 무엇을 해주셨는지를 이해하는 것입니다. 이 자리에 오기까지 자신이 얼마나 비협조적이었는지, 그러한 무지와 불순종

속에 있을 때 자신이 어떻게 이 자리에 오게 되었는지, 그리고 지금 하나님이 무엇을 하고 계시는지를 이해하는 것이 신앙입니다.

우리는 다만 자신이 쓸모 있게 되기를 원합니다. 그렇게 되기를 바라는 것은 아마 자존심 때문일 것입니다. 내가 왜 고난을 받아야 하는지에 대한 억울함, 자신이 쓸모 있다는 것을 드러내고 싶은 자랑, 이 두 가지 것으로 자신의 인생과 신앙을 점검하려고 합니다. 이것으로 나와 내 이웃에게 자신의 진심을 확인받고 싶어 합니다. 그러나 이것으로 자기의 진심을 확인하는 것이 우리 신앙의 전부가 될 수 없습니다. 진정한 신앙이란 사도 바울 식으로 이야기하면 배부름과 배고픔, 풍부와 궁핍 이런 것들로 만들어 낼 수도 없고 그것들에 영향을 받지도 않는 예수님 안으로 들어간 사실이라고 고백하는 것을 말합니다. 즉 하나님이 나에게 지금 무엇을 하고 계시는지를 아는 것입니다. 진정한 신앙은 그가 옳아서 보상받거나 인정받는 길과는 다른 것입니다. 그가 잘못해서 고난을 받고 억울해하는 것과도 다른 것입니다. 그것은 하나님이 우리의 고난 속에서 만들어 내시는 일, 그리고 우리의 승리 속에서 만들어 내시는 일을 보는 것입니다. 승리가 다만 자랑이 될 수 없고 고난이 다만 절망이 될 수 없는 예수님 안에 있는 길을 보는 것입니다. 우리가 판단할 때는 도저히 아무것도 나올 것 같지 않은데 거기서 일하시는 하나님이 어떤 분이신지를 보고서 그분께 순종하는 것이 신앙인 것입니다.

우리는 이런 일에 익숙하지 않습니다. 우리가 당하는 고통이나 우리가 원치 않는 자신의 연약함 속에서 하나님이 무엇을 이루고 계시는지 우리는 거의 매번 놓치고 있습니다. 사실 생각해 보면 이것은 보편적인 진리와 연결됩니다. 여러분도 다 아시는 교훈이 있지 않습니까. "젊어서는 고생도 사서 한다." 고생을 해야 가장 중요한 진리를 깨우칩니다. 인간의 연약함을 알게 되고, 작심했다고 모든 것이 단번에 다 이루어지는 것도 아니라는 것을 배웁니다. "로마는 하루아침에 이루어지지 않았다"는 격언도 다들 아시지 않습니까? 그러나 우리는 결심이라는 이름으로, 순수한 소원이라는 이름으로 신앙이 단번에 이루어지길 바랍니다. 또 내가 가진 진심에 힘만 넣어 주시면 모두에게 유익한 결과를 내게 할 것이라고 자신을 속입니다. 바울은 그것에 대하여 정면으로 반대합니다. 그리고 내가 당하는 모든 고난 가운데서 하나님이 일하셨다는 것을 이제 안다고 말하고 있습니다.

외면할 수 없는 책임

사람이 자기의 실패와 고난에 대한 책임을 다른 사람에게 돌리는 것만큼 못난 짓은 없습니다. 부모를 잘못 만나서 내가 이 모양이야. 문교부 장관이 한문 이제 안 쓴다고 해서 한문을 몰라. 외솔 최현배(1894-1970, 국어학자) 선생이 한글 쓰기를 너무 강조해서 난 한문을 몰라. 이런 식으로 말하는 것은 비겁한 것입니다. 책임을 떠넘긴다고 해서 본인의 모자라는 실력이 메워지지 않습니다. 만일 억울하다고 느낀다면, 이 일이 누구 때문에 이루어졌는지 묻기 전에 자기 안에 인간다운 마땅한 내용을 채우지 못한 것을 놓고 억울해 해야 합니다.

내가 마땅히 하나님의 형상이라는 이름으로 가야 하는 길에서 자라고 채워지고 있는가 하는 것으로 자신이 억울한지 아닌지를 이야기해야 합니다. '누구 때문에'라고 이야기하는 순간, 예수 믿는 자들은 예수 그리스도의 십자가를 부인하는 것이 됩니다. 하나님은 그 일을 행하셨고 지금도 적용하고 계십니다. 우리가 당한 현실이나 우리가 겪는 억울함이 우리에게 손해를 끼치지 않는다고 예수님의 십자가는 분명히 이야기합니다.

우리는 교회에 면류관을 걸어 놓지 않습니다. 어느 교회나 교회의 상징은 십자가입니다. 그것은 죽음 한복판에서 만들어 낸 승리입니다. "내게 능력 주시는 자 안에서 내가 모든 것을 할 수 있다"는 사도 바울의 고백을 가지려면 사도 바울만큼 유명해야 하고 실력이 있어야 하는 것이 아닙니다. 모두를 위하여 죽으신 십자가의 능력을 내 안에 적용할 수 있어야 합니다. 이것을 할 줄 모르면 그는 무지한 것입니다. 누구에게라도 핑계할 수 없는 것입니다.

인생을 살아 보면, 우리는 끊임없이 스스로 책임지는 것보다는 타인의 책임 안에서 안주하려는 게으름과 비겁함을 보입니다. 우리는 나라가 튼튼하고 사회가 안정되고 교육이 잘 시행되고 복지 정책이 잘 적용되기를 바랍니다. 만약 이 나라가 그렇게 되면 우리는 뭐가 될 것 같습니까? 그렇게 되면 우리는 바보가 됩니다. 외면할 수 없는 책임이 모두에게 있어야 합니다. 인생이 만만치 않다는 것을 여러분의 생애 속에서 배우셔야 합니다. 내 인생을 내가 책임져야 한다는 사실을 모르면 늘 도망 다닐 수밖에 없습니다. 이렇게 늘 도망 다니면서는 "내게 능력 주시는 자 안에서"라는 말씀을 자기 믿음을 자랑하는 근거로 확보할 수 없습니다.

예수 없이는 시작도 과정도 불가능한 신앙

그래서 앞에서 본 고린도후서 6:1-10의 말씀은 그다음 11절 이하와 앞뒤가 잘 맞지 않을 것 같은 묘한 표현으로 이어집니다. "고린도인들이여, 너희를 향하여 우리의 입이 열리고 우리의 마음이 넓어졌으니 너희가 우리 안에서 좁아진 것이 아니라 오직 너희 심정에서 좁아진 것이니라. 내가 자녀에게 말하듯 하노니 보답하는 것으로 너희도 마음을 넓히라"(고후 6:11-13). 이게 무슨 이야기인가 하면, 우리는 너희 모두를 하나님이 사랑하시는 존재로 알고 십자가의 은혜의 대상으로 알고 찾아갔다. 우리에게는 너희 식으로 말하는 잘나고 못나고 같은 속 좁은 구별이 없다. 이 복음 안에서 우리는 그리스도 예수 안에서 그의 십자가의 능력으로 너희 모두를 용납하고 있다. 그런데 너희에게는 예수 믿는다는 것이 편 가름에 불과했다는 것이냐?

고린도 교회에는 지식과 은사가 넘쳐났습니다. 그것으로 인해 그들에게 파당이 생겼습니다. 게바파, 바울파, 바나바파, 심지어 예수파까지도 있었습니다. 사도 바울이 고린도전서에서 이렇게 꾸짖습니다. "그리스도께서 어찌 나뉘었느냐"(고전 1:13). 바울은 그들에게 내가 너희를 위하여 죽었느냐고 반문합니다. 그러면서 진정한 복음의 세계에 들어오면 상대적 자랑을 할 이유가 전혀 없다고 말합니다. 나는 너보다 잘났다고 이야기하는 것이 얼마나 좁은 것이고, 너는 틀렸고 나는 옳다고 하는 것이 얼마나 작은 것이냐는 것입니다. 그리스도 안에서는 우리의 잘잘못까지 다 포함시켜, 승리와 영광으로 나아가는 길을 걷게 해줍니다.

여러분, 예수님을 믿고 나서 제일 감사해야 할 일이 무엇인지 아십니까? 여러분이 올바르게 행했고 열심히 한 것에 대한 보상을 놓고 감사할 일이 아니라는 것입니다. 여러분의 미련함과 거짓됨과 실패와 잘못과 반항과 방황까지도 다 포함시켜 마침내 예수 그리스도 안에서 기이한 결과를 만들어 내실 것에 대해 감사해야 합니다.

우리 중에 그 누가 예수님 없이 기독교인이 될 수 있다는 말입니까? 예수님을 믿는 것은 자신이 자력으로 구원을 얻을 수 없음을 알아야 시작할 수 있지 않습니까? 각 사람에게 간증을 시켜 보면 모두 기가 막힌 이야기를 토해 냅니다. 내가 예수님을 모를 때 인생을 어떻게 오해했는가? 예수님을 믿는 자들을 얼마나 비웃었는가? 예수님을 믿고 열심 내는 자들을 얼마나 뇌가 없는 사람이라고 생각했는가? 그들을 맹신자, 광신자, 어리석은 자라고 여기지 않았던가? 인생의 승리란 남보다 잘난 것에 불과한 것으로 여기지 않았던가? 이런 식으로 말입니다. 우리가 예수님 안에 오자 이와 같은 짓을 그만둔 정도가 아니라 지금 돌이켜 보면, 자신의 옛날 생각이 나서 우습고 한심한데 바로 그런 자리에서 하나님이 지금의 나를 만드셨다는 것을 알게 됩니다. 그래서 이제는 아무도 정죄하거나 비난하거나 흉을 볼 수가 없습니다.

기독교 신앙에 있어서 가장 중요한 것이 무엇인지 아십니까? 고린도후서 6:12-13을 다시 보겠습니다. "너희가 우리 안에서 좁아진 것이 아니라 오직 너희 심정에서 좁아진 것이니라. 내가 자녀에게 말하듯 하노니 보답하는 것으로 너희도 마음을 넓히라." 이렇게 자신의 자리와 인생에 대한 이해가 바뀌는 것입니다. 지금 바울의 인생은 배부름과 배고픔 사이의 간격이 없는 자리에 이르렀고, 풍부와 궁핍이라는 상반된 선택과 조건이 아무런 영향도 미칠 수 없는 자리에 이른 것입니다. 그런 자리가 바로 내게 능력 주시는 자 예수 안에서 그 모든 것이 합력하여 선을 이루는 줄 아는 자리인 것입니다. 그래서 누구의 못남이 하나님이 은혜를 베푸셔야 해결된다는 것을 아는 까닭에 내가 기다릴 수가 있고, 누구의 승리가 예수 없이 얻은 승리라면 아무것도 아니라는 것을 알 수 있는 것입니다. 이렇게 우리는 자신의 자리를 확인할 수 있고 자신의 인생에 대하여 이런 이해를 가질 수 있습니다.

우리의 고난은 십자가의 고난을 경험하는 것이고 우리의 승리는 십자가의 승리를 경험하는 것으로 이해해야 합니다. 신자 된 인생에는 억울한 길도 틀린 길도 없습니다. 예수님을 붙잡고만 있다면 그의 고난은 영광을 위한 길이요, 그의 형통함은 그리스도께서 부르시는 은혜의 부요함을 위한 길이 될 것입니다. 그것이 바로 바울이 "나는 이 모든 일에 일체의 비결을 배웠느니라"고 이야기한 뜻인 것입니다.

'너희 마음이 좁아져서 남을 흉보고 누구를 상대적으로 비평하여 자기 자리를 확인하는 것은 복음의 길이 아니다. 그 길은 우리의 잘잘못을 넘어서는 것이라야 한다. 우리의 자랑이 누구의 실패와 비난 위에 서 있는 것이 아니라, 그 모든 인생을 품을 수 있는 십자가의 승리로 이해되는 길이다. 그 인생을 살게 된 줄 알고 넉넉함을 보이라. 너희가 하는 싸움은 세상에서나 하는 것이지 복음 안에서는 무익하다.' 바울이 말하는 바가 바로 이런 이야기입니다.

'빌립보 교인들아, 도와줘서 고맙다. 너희의 도움이 필요해서 하는 말이 아니다. 너희가 나를 위하여 사랑을 가지고 실천하였으니 너무나 기쁘다. 내가 그 도움을 필요로 하고 도움을 받아서 하는 말이 아니라, 너희에게서 복음의 진정한 열매와 꽃을 보았기 때문이다.'

여러분, 스스로의 신앙을 돌아보십시오. 여러분이 핑계를 대고 있는지, 아니면 내게 능력 주시는 자 안에서 내가 모든 것을 할 수 있다고 한 말씀을 기억하여 복음의 길을 걷고 있는지 확인하십시오. 그래서 다시는 억울함과 책임 회피가 없는, 내게 능력 주시는 자 안에서 살아가는 성도의 승리와 영광이 있으시기를 바랍니다.

믿음

11

선포적 신앙

행 26:24-29

바울이 이같이 변명하매 베스도가 크게 소리 내어 이르되 바울아, 네가 미쳤도다. 네 많은 학문이 너를 미치게 한다 하니 바울이 이르되 베스도 각하여 내가 미친 것이 아니요 참되고 온전한 말을 하나이다. 왕께서는 이 일을 아시기로 내가 왕께 담대히 말하노니 이 일에 하나도 아시지 못함이 없는 줄 믿나이다. 이 일은 한쪽 구석에서 행한 것이 아니니이다. 아그립바 왕이여 선지자를 믿으시나이까 믿으시는 줄 아나이다. 아그립바가 바울에게 이르되 네가 적은 말로 나를 권하여 그리스도인이 되게 하려 하는도다. 바울이 이르되 말이 적으나 많으나 당신뿐만 아니라 오늘 내 말을 듣는 모든 사람도 다 이렇게 결박된 것 외에는 나와 같이 되기를 하나님께 원하나이다 하니라.

이 본문은 유대 총독 베스도와 유대인 아그립바 왕 앞에서 바울이 행한 자기변호입니다. 바울은 지금 억울하게 잡혀 있습니다. 그가 어떤 잘못한 일 없이 신앙 문제로 동족들의 반발과 소송에 의해 잡혀 있는 것입니다. 여기 사도행전에 나온 바울의 자기변호 내용은 매우 특이합니다. 그는 비분강개하지 않습니다. 그는 어떤 논리성을 가지고 상대방을 압도하려고 하지도 않습니다. 그는 감동을 주어 주장하려고 하지도 않습니다. 이런 내용을 기록한 누가도 마찬가지로 매우 담담하게 기술하고 있습니다.

선포적 신앙

기독교 신앙의 힘은 논리성이나 열정에 있는 것이 아닙니다. 진리와 사실에 있습니다. 기독교 신앙은 추상적 개념으로서의 진리가 아니라 역사적사실, 지금도 일어나고 있고 결국 완성될 하나님의 일하심이라는 사실 위에 서 있습니다. 그래서 바울은 지금 드라마틱하게 굴지 않습니다. 매우 밋밋합니다. 남자들이 군대에서 고생할 때 이런 말을 합니다. "거꾸로 매달아도 국방부 시계는 돌아간다. 기차 소리 요란해도 옥수수는 잘도 큰다." 지금 바울이 이런 마음으로 서 있다고 생각합니다.

신앙생활이란 내가 누군가를 설득하고 내가 버텨야 하는 것보다 더크며, 하나님의 일하심에 대한 개인적인 확신과 각오보다 훨씬 더 크다는 것입니다. 아무것도 거스를 수 없는 하나님의 진정성을 가지는 것입니다. 논리적이거나 감동적인 것이 아니라 선포적인 것입니다. 선포적이라는 말이 무슨 뜻일까요? 그것이 무엇인지 본문 내용을 통해 살펴보고자 합니다.

우리가 아는 대로 선포적이라고 하면, 어떤 사실을 선언하고 공포하고 알리는 것을 뜻합니다. 그런데 이 설교에서 살펴보고자 하는 바는 성경에 입각해서 볼 때 이 말이 더 깊고 굉장히 현실적인 의미를 갖는다는 것입니다. 사도 바울의 사역에 나타난 그의 신앙적 자세의 선포적인 특징은 우리 모든 성도들도 동일하게 따라야 할 자세라고 생각합니다.

'벤허' 이야기를 다시 한번 생각해 보겠습니다. 이 영화의 결론은 이것입니다. 예수님이 십자가에서 "아버지여, 저들을 사하여 주옵소서. 저들이자기가 하는 일을 알지 못하나이다"라고 말씀하시는 것을 본 벤허가 가슴에 품고 있었던 칼을 내려놓습니다. 그리고 벤허의 얼굴이 밝게 빛나면서영화는 끝이 납니다. 그런데 신앙생활은 거기서부터 시작되는 것입니다. 마음에 칼을 품고 살았던 사람이 예수님을 품고 살게 되는 것, 그것이 신앙생활입니다.

예수님을 품고 산다는 것이 무슨 뜻일까요? 벤허가 칼을 품고 살았을 때 그의 삶이 어떠했는지 다시 한번 생각해 봅시다. 가장 친했던 친구인 메살라가 로마의 관리가 되면서 벤허는 민족적 적대감의 자리에서 그와 원수가 됩니다. 메살라가 벤허의 어머니와 여동생의 무고함을 충분히 알 수 있었는데도 이를 외면하는 그의 모습에 벤허는 개인적인 원한을 품게 됩니다. 이에 메살라는 그 세력을 꺾으려고 벤허를 멀리 떨쳐 놓습니다. 벤허는 노를 젓는 갤리선에서 분노와 증오로 자기 인생을 견딥니다. 오직 복수의 칼날을 가는 것으로 그의 생애는 다 지나가고, 마침내 그는 자유의 몸이 됩니다. 그는 함대사령관 아리우스의 양자가 되면서 큰 세력을 배후에 갖게 됩니다. 그런 배경을 안고 돌아온 다음에 메살라와 벌인 전차 경주를 통해 복수합니다. 그러나 그는 그것이 시원하지 않습니다. 상대방을 죽인 것으로 답이 되지 않은 것입니다. 그가 어떻게 할지 몰라 쩔쩔매고 있을 때 중요한 장면이 나옵니다. 그의 아내가 이 말을 합니다. "당신이 메살라 같아요." 그 후 그가 가족을 구해내고서 예수님을 만난 다음 자기 가슴에 품었던 칼을 내려놓게 되었다고 말하는 것으로 영화는 끝이 납니다.

그러나 그의 실제 신앙생활은 거기서부터 시작하는 것입니다. 그가 예수님을 품고 살아야 하는 것입니다. 예수님을 품고 산다는 것은 그다음부터 그가 형통하게 되었다든가 멋있게 되었다는 이야기가 아닙니다. 동화는 왕자와 공주가 결혼하면 거기서 끝입니다. 왜냐하면 그 이상은 아이들에게 이야기해 줄 수 없기 때문입니다. 그다음의 내용은 나이가 들어야 알 수 있는 것입니다. 결혼식을 올리면 신랑과 신부의 친구들이 와서 환호하고 축하해 줍니다. 하지만 어른들은 와서 그냥 침묵합니다. 결혼생활이 무엇인지 알기 때문입니다. "너희가 지금 어느 길로 들어섰는지 알기는 아느냐?" 하는 표정이 어른들 모두에게 있습니다. 이와 똑같습니다. 신혼부

부도 벤허가 칼을 품고 살았을 때와 방불한 인생을 살 수밖에 없습니다. 억울하고, 쫓기고, 이해할 수 없는 인생을 살아야 합니다. 칼을 품고 살던 존재에서 예수님을 품고 사는 존재로만 바뀌는 것입니다. 그 나머지는 바뀌지 않습니다.

시원한 인생은 누구에게도 없습니다. 벤허가 자기의 억울한 인생을 오직 복수 하나를 위해서 견디었듯이, 예수님을 믿고 난 후의 인생도 오직 예수님으로 인하여 견디는 삶일 수밖에 없습니다. 그러나 그것이 이전의 삶과는 다르다는 것입니다. 누군가를 죽여서 보상을 받는 인생이 아니라 지는 인생이 되었다는 것입니다. 여기에서 많은 신앙인들이 시험에 빠집니다. 옛날에는 나쁘게 살아서 보상을 받지 못했다면, 지금은 신앙을 따라 성실하고 멋지게 사는데 왜 보상이 없느냐 하는 시험에 빠질 수 있습니다.

신앙생활은 보상의 문제가 아니라는 것을 기억하십시오. 신앙인이라도 전과 동일한 조건의 인생을 사는 것입니다. 다만 칼을 품고 사는 삶이냐 예수님을 품고 사는 삶이냐 하는 것이 다를 뿐입니다. 이것이 우리의 존재와 실존과 인생을 통해 선포되는 것입니다. 우리는 보상받는 것들인 권력, 해결, 능력, 지위, 가진 것으로 신자 됨이 드러나는 것이 아닙니다. 예수님을 믿는다는 이름 하나로 감수하지 못할 것이 없다는 것으로 하나님은 예수님 안에서의 구원, 하나님의 뜻, 하나님이 누구신지를 선포하십니다. 이것을 선포라고 하는 것입니다.

예수님을 품고 사는 인생

로마서 12:14-21을 보겠습니다.

너희를 박해하는 자를 축복하라. 축복하고 저주하지 말라. 즐거워하는 자들과 함께 즐거워하고 우는 자들과 함께 울라. 서로 마음을 같이하며 높은 데 마음을 두지 말고 도리어 낮은 데 처하며 스스로 지혜 있는 체하지 말라. 아무에게도 악을 악으로 갚지 말고 모든 사람 앞에서 선한 일을 도모하라. 할 수 있거든 너희로서는 모든 사람과 더불어 화목하라. 내 사랑하는 자들아, 너희가 친히 원수를 갚지 말고 하나님의 진노하심에 맡기라. 기록되었으되 원수 갚는 것이 내게 있으니 내가 갚으리라고 주께서 말씀하시니라. 네 원수가 주리거든 먹이고 목마르거든 마시게 하라. 그리함으로 네가 숯불을 그 머리에 쌓아 놓으리라. 악에게 지지 말고 선으로 악을 이기라(롬 12:14-21).

선으로 악을 이기라는 말은 선하게 굴면 악한 자가 회개한다는 뜻이 아닙니다. 선한 일을 하여 감동을 주라는 이야기도 아닙니다. 선으로 악을 이기라는 말은 악한 자가 악한 길을 가듯이 선한 자는 선한 길을 가는 것으로 자기 인생을 살라는 말입니다. 악을 갚고, 오해를 풀고, 문제를 해결하는 데 인생을 허비하지 말라는 것입니다. 악의 도전과 시험에 맞대응하는 데 낭비하지 말고 너희에게 준 길을 가라는 말입니다. 그래서 너희를 박해하는 자를 축복하라는 것입니다. 박해하는 자를 쫓아다니면서 축복하라는 이야기가 아닙니다. '그가 그렇게 하는 것은 하나님의 크신 뜻 안에서 어떤 이유가 있을 것이다. 그러니 너는 그를 내버려두고 네 길을 가라.' 이런 의미입니다.

사회악을 제거하고 어떤 사람의 약점을 다 제거하는 것이 신앙이 아닙니다. 그 약함과 한계 속에서 자기 길을 가는 것입니다. 쩔쩔매며 엎어지고 자빠지면서 선한 길을, 하나님이 우리에게 원하시는 예수님 안에서 사는 길을 가는 것입니다. 기도도 다 응답받지 못합니다. 우리가 하는 기도를 다 응답하신다면 세상은 박살이 날 것입니다. 그렇게는 할 수 없습니다. 그러나 여러분은 기도하셔야 합니다. 기도한다는 것은 내 존재와 인생과 역사의 주인이 하나님이시라는 것을 믿는 행위이기 때문입니다.

즐거워하는 자들과 함께 즐거워하고 우는 자들과 함께 울라고 말씀합니다. 지혜 있는 체하지 말라고 하십니다. 다 이해하고, 다 설명하려고 하지 마십시오. 우리가 모르는 것이 한두 가지가 아닙니다. 왜 저런 아이가 내 자식으로 태어났는지, 왜 내가 이 나라에 태어났는지 우리로서는 다 이해할 수 없습니다. 그것은 하나님의 손 안에 있습니다. 그런 것은 하나님께 맡기시고 자기 길을 가야 합니다. 그것이 선포입니다. 선포란 타협한 것도 아니고, 합의한 것도 아니고, 상대방이 이해해야 효과가 있는 것도 아닙니다. 상대방이 방해한다고 해서 소멸되는 것도 아닙니다. 그것은 하나님이 자신의 뜻과 의지와 목적을 우리의 존재와 인생으로 증언하시는 예수님 안에서의 하나님의 진정성입니다. 그 길을 걸으셔야 합니다. 이 선포가 고린도후서 4장에서 이렇게 소개되고 있습니다.

우리는 우리를 전파하는 것이 아니라 오직 그리스도 예수의 주 되신 것과 또 예수를 위하여 우리가 너희의 종 된 것을 전파함이라. 어두운 데에 빛이 비치라 말씀하셨던 그 하나님께서 예수 그리스도의 얼굴에 있는 하나님의 영광을 아는 빛을 우리 마음에 비추셨느니라. 우리가 이 보배를 질그릇에 가졌으니 이는 심히 큰 능력은 하나님께 있고 우리에게 있지 아니함을 알게 하려 함이라(고후 4:5-7).

유진 피터슨 목사님이 보배를 질그릇에 가졌다는 말을 『메시지』 성경에서 "이 보배를 일상이라는 질그릇에 담았으니"라고 풀어서 번역해 놓았습니다. 일상이란, 누구에게나 있는, 반복되는 별것 아닌 매일의 삶입니다. 이 보배를 일상에 넣어 주셨다는 것입니다. 왜 하나님께서 그렇게 이 보배를 삶에 넣어 주셨을까요? 우리는 사실 예수님을 보고서도 처음에는 이해하지 못했습니다. 하나님의 약속을 성취할 메시아를 그토록 바라고 있던 유대인들조차도 그가 오셔서 기적을 행하고 큰일을 행하신 것을 다 알고 있었지만 메시아가 죽어야 한다는 데에는 모두 경악했습니다. 그들을 구원해 주실 지도자가 스스로 죽겠다고 하는데 누가 그를 따르겠습니까? 그러나 예수님은 실제로 십자가를 지고 오해와 고통과 수치 가운데서 죽습니다.

누군가 이런 말을 했습니다. "십자가에 달린 신을 믿는 종교가 어디 있는가?" 십자가에 달렸다는 것은 당시 권력에서 진 존재요, 당시 윤리와 법으로는 죄인이 된 자요, 무력한 자요, 존경을 받을 수 없는 한낱 중죄인으로 죽어 간 존재라는 뜻입니다. 어느 종교가 십자가에 달린 신을 믿겠습니까? 우리는 그를 믿었습니다. 그런데 그렇게 믿고 나서는 예수님에게 십자가를 휘둘러 달라고 합니다. 이는 사실 우리가 무엇을 믿었는지 놓치고 있는 셈입니다.

벤허를 다시 생각해 보자면, 그가 노예가 되어 절망 가운데 있었을 때 예수님을 품고 살았더라면 어떻게 되었을 것 같습니까? 사태가 호전되었을까요? 그것은 모릅니다. 우리에게 일어난 변화는 "어두운 데에 빛이 비치라 말씀하셨던 그 하나님께서 예수 그리스도의 얼굴에 있는 하나님의 영광을 아는 빛을 우리 마음에 비추셨느니라"(고후 4:6)고 하신 말씀처럼 창조의 역사로만 일어납니다. 이런 역사로 예수님을 믿게 되었을 때 그전과는 달리 일이 잘 풀리게 될까요? 그런 것은 우리가 모릅니다.

우리가 어느 자리에까지 가게 될지는 모르지만 자신이 서 있는 위치에서 무엇을 품고 살 것인가 하는 물음은 외면할 수 없습니다. 칼을 품고 살 것인가, 아니면 예수님을 품고 살 것인가 하는 물음입니다. 우리가 칼을 품고 산다면 벤허에게서 보았듯이 답은 없습니다. 그가 메살라를 죽인다고 평화, 행복, 명예와 같은 어떤 가치가 자신에게 결실되는 것이 아니기 때문입니다. 그 영화의 가장 중요한 메시지는 예수님을 믿자 가슴에 품었던 칼을 벤허가 던져 버릴 수 있었다는 것입니다. 우리는 어떤 존재입니까? 우리는 예수님을 품고 살도록 부름을 받은 자들입니다. 가슴에 예수님을 품게 되면, 어느 형편, 어떤 조건에 있을지라도 그는 이미 위대한 존재입니다.

가진 자인가, 못 가진 자인가 하는 것은 전혀 다른 문제입니다. 가진 자리에서 예수님을 품고 산다는 것은 또 다른 삶일 것입니다. 그렇다고 가난한 자를 구제하는 것이 그의 삶의 전부도 아닐 것입니다. 그는 돈으로 만족하거나 돈에 묶이지 않는 자가 될 것입니다. 가진 자가 되면 어떻게 멋있게 되는지 한번 보고 싶습니다. 하나님이 저에게 이 기도에는 응답을 안 해 주셔서 그 문제는 잘 안 되었습니다. 사람이 건강해지면 어떻게 되는지도 한번 보고 싶습니다. 사람이 건강해야 주님을 위해서 일을 더 할 수 있다고 하는 것은 사실 우리가 만든 왜곡입니다. 병약해서 움직이지 못하는 자리에 있을지라도 얼마든지 일할 수 있다는 것이 예수님을 품고 사는 삶이라는 것입니다. 얼마나 배웠느냐 못 배웠느냐 하는 것은 상관이 없습니다. 얼마나 유명한가 무명한가 하는 것도 상관이 없습니다. 하나님이 보낸 자리에서 예수님을 품고 삶을 어떻게 이해하고 하나님께 어떻게 순종하느냐만 있는 것입니다.

잘 생각해 보십시오. 무엇이 불만이십니까? 여러분은 믿음 없는 것에 대하여 불만을 가지셔야 합니다. 여러분이 어떤 것에 대하여 억울해하지만 그 문제와 관련해서 믿음이 부족했느냐 하는 것은 생각하지 않습니다. 그렇다면 우리의 믿음은 어떠한 것이겠습니까? 그것은 자기 소원을 이루려는 어떤 조건에 불과할 뿐입니다. 그래서 믿음을 생각할 때 우리는 자신의 존재도 확인되고 자존심도 지킬 수 있고 자랑도 할 수 있을 만한 더 좋

믿음

은 조건을 갖추는 것으로 오해합니다. 믿음이 우리의 그런 욕심과 범벅이 되어 있습니다.

예수님을 믿는다는 말은 그 모든 것에 대하여 다시 생각하게 만듭니다. 하나님의 아들이 죄인을 위하여 죄인들의 손에 죽으십니다. 그가 모욕 가운데 죽으십니다. "네가 하나님의 아들이거든 내려와 보라." 우리의 처지도 그와 방불합니다. "네가 예수를 믿는다면 네가 믿는 하나님을 증명해 보라." 우리도 지금 그런 처지에 서 있습니다.

이 본문에서 바울은 자신이 이렇게 결박된 것만 빼고는 당신들이 나와 같기를 원한다고 말합니다. 그렇다고 그가 그들에게 '알아들었으면 이 결박을 풀어 주십시오'라고 의도한 것은 아닙니다. 그는 오해를 받고 억울한 형편 가운데서 예수님을 품습니다. 그래서 그가 정상적이었다면 만날 수도 없었던 사람들을 만난 것입니다. 총독과 왕 앞에서 자기가 믿는 예수님을 증거할, 다른 방법보다 더 좋은 방법을 만났다고 이해하고 있습니다. 여러분도 그렇게 하셔야 합니다.

벤허가 영화 막바지에서 '아버지여, 저들을 사하소서'라는 예수님의 한마디 말씀 때문에 칼을 내려놓는 것이 감동을 주는 이유는, 그의 억울한 전반부 인생이 있었기 때문입니다. 그런 것이 없었다면 우리에게 감동이 다가오지 않습니다. 그 선포의 내용이 구체화되지 않습니다. 그냥 한낱 좋은 말에 불과할 따름입니다. 용서나 관용과 같은 말처럼 추상적이 됩니다. 이렇게 추상적이 되면 책임의 소재가 모호해집니다. 그냥 말로 할 수 있기 때문입니다. 우리는 말로 하지 말고 몸으로 해야 합니다. 삶으로 해야 합니다. 삶에 담긴 보배라야 합니다. 우리가 직접 걸어가야 합니다. 벤허가 그 모든 모진 인생을 걸어 십자가 앞에서 용서의 뜻이 무엇인지 체득하고 자기 것으로 삼은 것처럼 말입니다. 성경은 우리에게 그것을 요구하고 있습니다.

하나님의 선포에 참여하는 길

우리가 가야 할 길과 하나님이 우리를 어떻게 사용하시는가 하는 문제는 구별되어 있습니다. 우리의 곤고한 인생과 감추어진 존재가 얼마나 쓸모 있을지, 얼마나 효과 있을지 우리는 모릅니다. 그러나 우리가 한 가지 아는 것은 있습니다. '더 이상 칼을 품고 살지 않겠다. 예수님을 품고 살겠다.' 바로 이것입니다. 그러면 우리의 인생에서 어떤 것이 더 나아집니까? 이것은 내 책임에 속한 것이 아니라 하나님께서 하실 일입니다. 나는 그냥 지지고 볶는 길을 가는 것입니다. 우리는 커다란 하나님의 약속을 알고 있습니다.

창세기 12장에 보면, 하나님이 아브라함을 이렇게 부르십니다.

여호와께서 아브람에게 이르시되 너는 너의 고향과 친척과 아버지의 집을 떠나 내가 네게 보여줄 땅으로 가라. 내가 너로 큰 민족을 이루고 네게 복을 주어 네 이름을 창대하게 하리니 너는 복이 될지라. 너를 축복하는 자에게 는 내가 복을 내리고 너를 저주하는 자에게는 내가 저주하리니 땅의 모든 족속이 너로 말미암아 복을 얻을 것이라 하신지라(창 12:1-3).

아브라함은 고향과 친척과 아버지의 집을 떠납니다. 이 세상이 가지는 어떤 기반, 어떤 인정, 어떤 자리, 어떤 권력, 어떤 영향에서 쑥 빠져나옵니다. 우리도 하나님이 일하시는 방법에 자신의 인생을 내어놓아야 합니다. 그렇다고 부자가 안 되거나, 유명한 자가 안 되는 것은 아닙니다. 이런 것들은 우리에게 동일한 조건일 따름입니다. 가지면 가져서 생기는 유혹과 시험이 있는 것이고, 못 가지면 못 가진 억울함과 불만이 있는 것입니다. 유명하면 유명한 대로 자랑이 있는 것이고, 무명하면 무명한 대로 살아가는 때가 있는 것입니다. 그것들은 우리에게 다 동일한 조건들입니다. 예수님을 품고 산다는 것은 이런 것들에 좌우되지 않는 것을 말합니다. 이런 것들에 의해 도움을 받는 것도 아니고, 그것들 때문에 손해를 보는 것도 아닙니다.

사람들은 이렇게 묻습니다. 그러면 어떻게 사회에서 정의를 구현할 것인가? 예수님을 믿는 사람들이 도처에 있어야 합니다. 억울함을 견디며 가진 것으로 자랑하지 않는 사람들이 이 세상에서 특별한 역할을 해서, 아우성치고 칼질밖에 할 줄 모르는 사람들의 전쟁과 파멸을 막는 것입니다. 우리가 나서서 막는 것이 아니라, 거기에서 우리는 칼집이 되고 방패가 되어야 합니다. 이것은 하나님이 일하심으로써 발생하는 우리의 위대한 존재와 지위를 뜻합니다. "내가 너로 큰 민족을 이루고 네게 복을 주어 네 이름을 창대하게 하리니 너는 복이 될지라"(창 12:2). 이는 우리 모든 신자에게 허락된 하나님의 선포입니다.

그것은 하나님이 먼저 우리에게 물어보신 것도 아니요, 우리를 이해시켜 허락하신 것도 아니요, 우리와 타협하여 이루신 것도 아닙니다. 하나님 홀로 이것을 작정하신 것입니다. 그래서 인간이 된다는 것은 대단한 것입니다. 하나님의 자녀와 백성으로 부름을 받는다는 것은 대단한 위대함이요 명예와 영광이 됩니다. 우리를 축복하는 자는 하나님께 복을 받고 우리를 저주하는 자는 하나님께 저주를 받을 것입니다. 우리가 복인 것입니다. 그것을 모른다면 우리의 얼굴은 펴질 날이 없을 것입니다.

창세기 22장에서 하나님은 아브라함에게 백 세에 준 이삭을 잡아 바치라고 하십니다. 이삭을 잡으라는 것은 매우 무시무시한 시험입니다. 하나님은 아브라함에게 많은 민족의 조상이 되게 하리라, 하늘의 별 같고 바다의 모래 같은 자손을 주리라 약속하신 바 있었지만 오랫동안 자식을 주시지 않다가 결국 아브라함이 백 세가 되었을 때 주셨습니다. 그런 자식을 이제 잡으라는 것입니다.

하나밖에 없는 이 아이를 잡으면 하나님의 약속이 불가능해지는 것 아니겠습니까? 일단 아이가 하나라도 있어야 그 후손이 하늘의 별같이 많아질 것 아니겠습니까? 그런데 그 자식을 잡으라는 것입니다. 아브라함이 많이 고민했을 것입니다. 그러나 그가 마침내 이해했을 것입니다. '하나님은 우리와 일하시는 방법이 다르고 능력이 다르시다.' 그래서 그가 이삭을 잡은 것입니다. 그러나 하나님이 그것을 막으셨습니다. 말하자면 하나님이 그에게 이삭을 돌려준 셈입니다. 그리고 하나님은 그에게 이렇게 약속하십니다.

여호와의 사자가 하늘에서부터 두 번째 아브라함을 불러 이르시되 여호와께서 이르시기를 내가 나를 가리켜 맹세하노니 네가 이같이 행하여 네 아들 네 독자도 아끼지 아니하였은즉 내가 네게 큰 복을 주고 네 씨가 크게 번성하여 하늘의 별과 같고 바닷가의 모래와 같게 하리니 네 씨가 그 대적의 성문을 차지하리라(창 22:15-17).

"내가 나를 가리켜 맹세하노니"라는 표현은 하나님의 진정성을 가리킵니다. 그의 신실하심과 능력과 거룩하심으로 하는 맹세입니다. 그가 하신 맹세는 "네게 큰 복을 주고 네 씨가 크게 번성하여 하늘의 별과 같고 바닷가의 모래와 같게 하리니 네 씨가 그 대적의 성문을 차지하리라"는 약속이었습니다. 이것이 하나님께서 일하시는 방법입니다. 그리고 "네 아들 네 독자라도 아끼지 아니하였은즉"이라는 표현은 무슨 뜻이겠습니까? "네가 원하는 길로 가지 않기로 내 앞에 항복하였으니 내가 네게 복을 주리라. 네 씨가 번성하고 네 씨가 대적의 문을 얻으리라"는 것입니다. 이것이 우리 신자의 현실인 것입니다.

우리는 볼 줄을 모르니까 예수 믿는 것을 무엇을 갖는 어떤 것으로 확

믿음

인하려고 합니다. 우리는 무엇을 보아야 할까요? 하나님이 우리에게 무엇을 주려 하시는지를 보아야 합니다. 우리는 그것을 십자가에서 확인할 수 있습니다. 아브라함이 이삭을 잡는 장면에서 그 십자가가 예표된 것입니다. 하나님의 일하심의 놀라움, 부활의 능력, 무한한 은혜, 그의 약속의 신실함 이런 내용을 십자가보다 더 잘 나타낼 수 있는 것은 아예 없습니다.

그러니 우리는 우리의 길을 기꺼이 가야 합니다. 하나님이 이 길을 통해 이 보잘것없는 나를 써서 십자가의 기적과 능력과 은혜를 잇고 계십니다. "네 씨가 하늘의 별과 같고 바닷가의 모래와 같게 하리라." 여러분은 이를 믿으셔야 합니다. 모두 이 길로 와야 합니다. 우리가 이 길을 걷는 것이 하나님의 선포에 참여하는 방법입니다. 누구 잘하는 사람 하나 데려다가 가게 하는 것으로는 되지 않습니다. 한 사람이 두 인생을 살 수 없습니다. 각자의 자리는 다 고유하고 특별합니다. 아무도 그 자리를 대신할 수 없습니다. 그러니 명예를 가지고 자신의 자리를 지키십시오. 세상은 우리를 모릅니다. 그러나 예수님 안에서 우리가 확인한 대로, 우리는 경이로운 복된 존재요 기적의 삶을 사는 존재입니다. 이 사실을 아는 위대함으로 말없이 바보가 되고 삼킨바 된 우리의 삶을 걸어가기로 하십시다.

12

일반은총

엡 1:7-10

우리는 그리스도 안에서 그의 은혜의 풍성함을 따라 그의 피로 말미암아 속량 곧 죄사함을 받았느니라. 이는 그가 모든 지혜와 총명을 우리에게 넘치게 하사 그 뜻의 비밀을 우리에게 알리신 것이요 그의 기뻐하심을 따라 그리스도 안에서 때가 찬 경륜을 위하여 예정하신 것이니 하늘에 있는 것이나 땅에 있는 것이 다 그리스도 안에서 통일되게 하려 하심이라.

기독교의 특징은 초월이 아닌 계시

좋은 신앙의 특징은 상식과 교양 같은 이런 일반적인 모습에서 확인됩니다. 우리는 기독교 신앙에 대한 가장 큰 오해 중 하나로 초월성을 너무 강조한 나머지 신앙이 좋다는 것에는 세상의 모습과 자연의 모습을 갖지 않는, 훨씬 신비스럽고 초월적인 형태로 가는 본성을 가지고 있습니다. 언젠가도 말씀드린 바와 같이, 기독교의 특징은 초월이 아닌 계시라고 했습니다. 다른 모든 종교들에서는 신(神)에 대한 설명이 없습니다.

그러나 기독교만은 하나님이 자신을 우리에게 나타내고 설명하시며 인격적으로 찾아오시는 종교입니다. 그래서 하나님은 우리를 기다려 주시고 계속 반복하여 기회를 주며 설득하시고 이해할 기회와 경험을 주십니다. 이런 것이 가장 중요한 특징으로 되어 있는 것이 기독교입니다. 우리

174   믿음

는 본성적으로 초월주의를 좋아해서 신앙이라 하면 세상에서 볼 수 없는 모습을 가지는 것을 자꾸 본성적으로 추적해서 좋은 신앙이라면 흙 안 밟고 다니는 사람, 비가 내려도 안 맞는 사람, 이런 식으로 되어 버렸는데 그렇지 않습니다. 그래서 "무엇이 좋은 신앙이며 무엇이 잘못된 신앙인가?" 할 때 초월주의에 관한 기본적인 이해와 초월주의에 반대하고 있는 자연주의, 즉 자연신론이라는—하나님을 제외시키고 세상은 자연 자신이 갖는 원칙대로 움직인다는—이 양극단을 하나의 기준으로 삼아서 우리의 신앙을 점검해야 하는 것입니다.

초월을 논할 때는 그 내용이 얼마나 초월적인가 하는 데서 초월을 논하는 것이 아니라 초월은 권위의 측면을 이해할 때 쓰는 것입니다. 초월을 논할 때는 언제나 하나님만이 유일한 창조주이시며 통치자이시며 심판자시라는 것을 확인하는 데 초월을 동원하는 것입니다. 방법으로서의 초월이나 형태로서의 초월은 사실 성경에서는 그렇게 강조하고 있는 바가 아닙니다. 초월을 잘못 이해하면 우리는 자연적인 모든 것들, 조금 신학적인 표현을 빌린다면, 일반은총론적인 영역들에 대해 무시하게 됩니다. 우리는 마태복음 5장에 나오는 이 말씀을 늘 기억해야 합니다.

또 네 이웃을 사랑하고 네 원수를 미워하라 하였다는 것을 너희가 들었으나 나는 너희에게 이르노니 너희 원수를 사랑하며 너희를 박해하는 자를 위하여 기도하라. 이같이 한즉 하늘에 계신 너희 아버지의 아들이 되리니 이는 하나님이 그 해를 악인과 선인에게 비추시며 비를 의로운 자와 불의한 자에게 내려 주심이라. 너희가 너희를 사랑하는 자를 사랑하면 무슨 상이 있으리요 세리도 이같이 아니하느냐. 또 너희가 너희 형제에게만 문안하면 남보다 더하는 것이 무엇이냐. 이방인들도 이같이 아니하느냐. 그러므로 하늘에 계신 너희 아버지의 온전하심과 같이 너희도 온전하라(마 5:43-48).

여기 등장하는 내용은 하나님이 불의한 자와 의로운 자의 구별 없이, 선인과 악인의 구별 없이 해를 비추시며 비를 내려 주시는 하나님의 일반 은총론입니다. 하나님이 초월의 영역에서만 하나님이실 뿐 아니라 자연과 믿지 않는 자들에게도 하나님이시며, 그들에게도 필요한 은혜를 베푸는 분이시라는 것입니다. 우리가 본문으로 택한 에베소서 1장의 말씀도 바로 이것입니다. 예수 그리스도 안에서의 통일, 모든 것, 즉 하늘에 있는 것이나 땅에 있는 것이 다 그리스도 안에서 통일되는 것, 구원 얻은 자만이 그리스도 안에서 어떤 혜택을 받는 것이 아니라 이 세상의 만물이 다 그리스도로 말미암아 원래 하나님께서 지으신 창조의 영광으로 회복되는 것, 이 것이 그리스도의 큰 비밀입니다. 그래서 우리가 예수를 믿고 나면 예수 믿은 표가 종교적인 형태와 명분을 취하는 데서만 나타나는 것이 아니라 일상적인 모든 것에서—상식, 교양, 경우 같은 데에서—나타나는 것입니다.

이 문제를 이해함에 있어서 앞으로 계속 살펴보려고 하는 것은 우리의 신앙을 건강하지 못하게 하나의 극단으로 몰아가는 것이 초월주의입니다. 예수 믿은 것이 자연과 일반 상식으로부터 자꾸만 자신을 제외시켜서 초월로 자신을 극단적으로 몰아가는 것은 가장 큰 신앙상의 오류 중 하나입니다. 이렇게 하면 어떤 문제가 생기는가 하면, 자연이라는 일반 세상은 하나님의 통치 영역이 아닌 것이 되어 버립니다. 지옥은 누가 다스립니까? 거기도 하나님이 다스리는 곳입니다.

여름철에 주로 등장하는 공포 영화들 가운데 한 장르를 차지하는 것 중 기독교 신앙을 묘하게 상업적으로 채색해서 하나님과 그 대적하는 죄악의 힘을 대등하게 설정해서 만든 것이 있습니다. 대표적인 것이 '엑소시스트'와 '오멘'입니다. 거기에 보면 악한 세력의 공격에 대해 신부가 기도하며 심지어 성경책을 다 찢어서 벽에 붙이고 십자가를 그려 놓았음에도 불구하고 악한 세력의 공격을 막아 내지 못하는 장면들이 나오는데, 그것은 다 사기입니다. 악한 무리들이 하나님을 대적하고 있는 것은 사실이지만 그들이 하나님과 대등한 힘을 갖고 있지는 못합니다. 그들이 우리를 유혹하고 위협할 수 있습니다. 그러나 하나님의 손에서 우리를 건드릴 수는 없습니다. 그것은 다 할리우드가 장사하려는 목적으로 꾸며 낸 이야기일 뿐, 사탄과 그의 휘하들이 하나님의 뜻에 거스르고 있다고 해서 하나님의 통치와 그 힘에 감히 항거할 수 있는 것은 아닙니다.

지옥은 하나님께서 그분을 거스르고 그 뜻을 방해한 모든 심판 받아 마땅한 자들을 가둔 일종의 감옥이요 형벌의 장소입니다. 그곳의 통치자도 하나님이십니다. 우리는 마치 지옥의 왕은 사탄이고 천국의 왕은 하나님인 것같이 선과 악을 대등하게 충돌시키고 있는데 그렇지 않습니다. 그래서 세상에 관한 문제를 이해할 때도 세상이 꼭 도망가야 할 곳은 아닙니다. 성경이 세상에 대해서 경계하는 것은 세상의 원리, 그 죄악된 흐름에 우리보고 연합하지 말라는 것이지 세상을 등지거나 도망가라고 가르친 적이 없습니다.

초월주의와 자연주의의 오류

우리가 좋은 신앙을 가진다고 할 때, 세상으로부터 도망가고 초월로 치장하는 것이 좋은 신앙이라고 믿는 것은 성경이 주장하는 좋은 신앙과는 사실 거리가 멉니다. 이 초월이 강조되는 것에서 가장 오해되고 경계해야 하는 부분은 이것입니다. 초월이 강조되면 은혜가 강조되고, 초월과 은혜가 강조되면 책임이 설 자리가 없어진다는 사실입니다. 우리가 감당해야 하는 책임 있는 어떤 과정이나 노력, 훈련 같은 것들이 설 자리를 잃게 됩니다. 그런 것이 없어지면 무슨 문제가 생기는가 하면, 우리를 인격적으로 대접해서 우리를 하나님의 형상대로 지은 그 자리에 서게 하시려는 하나님께서 우리 안에 채우시려는 것들이 내 것이 되는 과정이 없어지게 됩니다. 하나님의 꼭두각시가 되고 하나님이 조종하는 사람이 되는 것이 아니라, 하나님의 뜻에 내가 기꺼이 순종하고 그 뜻을 받들어 섬기는 일에 스스로를 훈련시키는 일들이 '자연'이라는 이름으로 제외되게 됩니다.

그래서 좋은 신앙을 얻으려고 자꾸 은혜를 구하며 세상을 등지고 산으로, 기도원으로 소나무 뿌리를 찾아서 좇아가게 되는 것입니다. 일상적인 연습과 일상 속에서 나타나야 하는 신자된 자의 고급한 격과 변화된 내용의 부요한 모습들이 자꾸만 외면당합니다. 심지어는 기도할 때도 아우성을 치며 하고, 설교할 때면 말끝마다 '아멘'을 해서 도무지 설교할 수 없게 만듭니다. '아멘'을 하는 것이 최고의 신앙 표현도 아니고, 또 말을 알아듣고 '아멘'을 해야 하는데 침만 삼켜도 '아멘'을 외쳐 대니 설교할 수가 없습니다. 그리고 기도할 때도 생각을 해야 하는데, 단시간 동안 누가 더 많은 단어를 내뱉는가의 싸움이 되어 버렸습니다. 뭐라고 했는지 하나도 모르고 나옵니다. 기도를 마치고 나오는 교인들의 얼굴을 보면 얼이 빠진 것 같습니다. 그런 것은 신앙이 아닙니다. 그런 식의 열심을 내는 것을 신앙이라고 하지 않습니다.

하나님의 사람된 고급한 내용들은 그 내용의 질에서뿐만 아니라 과정을 통한 격에 대해서도 평가를 받습니다. 그런데 왜 이렇게 됐는가 하면, 우리의 신앙이 원색적이고 단세포적이기 때문입니다. 신앙이 얼마나 부요하고 풍성한가 하는 것들에 대한 소개나 교육을 받은 적이 없기 때문에, 조금만 부요한 자리로 가면 길을 잃고 맙니다. 도대체 무슨 소리인지 모릅니다. 그저 악을 쓰는 것만 익숙하고 이런 고급한 표현 하나도 우리에게는 익숙하지 않은 것입니다.

머리가 우수한 것과 성실한 것은 다릅니다. 머리가 좋은 것은 일종의 은사입니다. 성실하다는 것은 어떻습니까? 우리는 그것을 은사로 취급하지 않습니다. 그러나 우리가 사람을 대해 보면 똑똑한 것 이상으로 성실하다는 것은 크게 평가해 줘야 할 덕목입니다. 우리는 똑똑한 것만 너무 쳐주는 사회 속에 있는데 사실은 그렇지 않습니다. 성실하다는 것은 한 사람을 평가하는 데 있어서 똑똑한 것보다 더 점수를 줘야 하는 것입니다. 똑똑한 것은 노력해서 안 되지만 성실한 것은 얼마든지 할 수 있다는 차원에서, 하나님이 더 고급하고 더 복된 것들은 모두에게 그 혜택을 열어 놓고 있다는 것을 알아야 합니다.

이런 초월에 대한 우리의 일방적인 편애, 치중들을 경계해야 하는 것과 동시에 자연주의에 대해서도 경계해야 합니다. 자연주의는 말하자면 우리가 보통 이야기하는 인본주의(人本主義)를 말합니다. 하나님을 빼놓고 일반적인 과학이라든가 이성, 자연법칙에 의해서 인간이 필요한 모든 것을 얻을 수 있다고 생각하는 것입니다. 즉 자연주의는 초월적 권위를 외면하는 것입니다. 가장 크게 잘못된 것은 초월적 권위를 외면함으로써 인간의 능력을 절대시하고 인간 자신이 필요로 하는 것을 자급자족할 수 있다고 믿는 것입니다. 이것은 굉장히 잘못하고 있는 것입니다. 기독교가 다른 종교에 대해서 늘 비평을 받고 공격을 받는 큰 내용이 바로 여기에 있습니다.

우리는 필요한 것을 하나님께 구하여 얻는 은혜의 종교입니다. 그러나 다른 종교들은 말하자면 인간 안에 내재되어 있는 신적 요소들을 개발하는 종교입니다. 그래서 근본적으로 기독교를 제외한 다른 종교들을 '범신론'이라고 합니다. 인간 자신의 힘의 소양을 개발하는 것을 그 목적으로 하고 있습니다. 그래서 다른 종교들은 다 득도하는 것이 목적입니다. 그러나 기독교는 그렇지 않습니다. 하나님을 알고 하나님을 닮는 것, 인격적 대상에 관한 지식과 닮음과 순종과 사랑에 초점을 모으고 있습니다. 이것이 다른 것입니다. 우리는 모든 선한 것과 의미 있는 것들을 하나님으로부터만 은혜로 얻는다고 믿습니다. 하나님 외에는 어떤 의미나 가치나 진리나 생명이나 영원에 속한 것을 만들어 낼 수 없으며 줄 수 없다고 알고 있습니다. 이것이 우리가 자연주의에 대해 반대하며 경계하는 근본적인 이유입니다.

그러나 하나님만이 모든 가치와 의미와 영원과 생명과 진리에 속한 근원이시라는 것을 하나님이 우리에게 주입하시지 않습니다. 하나님은 우리에게 그것을 가르치시고 설명하며 납득시키십니다. 그것이 나의 것이 되게 합니다. 나의 실력이 되게 합니다. 초월주의로만 흘러서도 안 되고 자연주의로만 흘러서도 안 되는 이 조화! 하나님만이 절대 권위자이심에도 불구하고 우리를 그분만이 주실 수 있는 은혜로 부르셨습니다. 권위적 차원에서는 초월이지만, 그것을 우리를 조종하는 방법으로 쓰는 것이 아니라 우리에게 채워 나의 것으로 만들고 우리로 하여금 하나님을 닮은 자녀로 만들기 위해 나에게 이해시키고 습득시키고 내 것으로 만든다는 차원에서는 노력하고 연습하고 책임져야 하는 영역입니다. 이런 차원에서 우리는 일반은총론의 영역, 말하자면 과정이 있고 연습이 있고 훈련이 있는 책임들에 대해서도 소홀히 해서는 안 됩니다. 말하자면 이것이 좋은 신앙과 나쁜 신앙을 구별하는 중요한 하나의 기준선이 됩니다.

초월로만 기독교를 이해하면, 은혜라는 이름으로 우리는 내가 져야 할 모든 책임을 하나님께 넘깁니다. "이웃을 사랑하라." 연습해야 합니다. 그것은 기도해서 생기지 않습니다. 이웃을 사랑하는 것. 성경에서는 더 나아가 "원수를 사랑하라"고 합니다. 원수를 사랑하는 것을 연습해야 합니다. 어떻게 연습하라고 했습니까? 살아가면서 미워하는 사람이 안 생기는 경우는 없습니다. 우리는 좋은 신앙을 가지면 모두를 향해 마음이 열릴 것이라고 믿는데 그렇지 않습니다. 우리가 영원한 나라에 가고 변화된 몸을 가지고 완전해질 때까지 우리는 이런 죄의 본성들과 불완전함으로 인해 겪는 어떤 약점들을 가지고 살 수밖에 없습니다.

그중 하나로 꼴 보기 싫은 사람이 있습니다. 꼴 보기 싫은 사람이 있으면, 그 원수를 어떻게 사랑해야 합니까? 기도하고 또 기도하고 기도했더니 괜찮아지는 그런 것이 아니라 연습을 해야 합니다. 어떻게 연습합니까? 만나면 도망가든가, 정 못 참겠거든 뒤에서 욕을 하라고 했습니다. 그런데 우리는 모르니까 꼭 이렇게 말을 합니다. "치사하게 뒤에서 욕을 해? 와서 면전에서 하라 그래!" 아닙니다. 면전에서 하는 것은 정말 무례한 일입니다. 뒤에서 하는 것은 그나마 예의를 갖춘 것입니다. 생각해 보십시오. 나라님도 뒤에서는 욕을 하는 것이랍니다. 그것을 인정해야 합니다. 여러분이 안 해봐서 그런 말을 하는 것입니다. 그다음에는 같이 얼굴을 보고도 잠깐은 참을 수 있는 경지, 5분 정도 참는 경지에 가고, 다시 그것을 극복하면 두드러기가 나든지 합니다. 그렇게 연습해야 하는 것입니다.

살다 보면 내 마음에 들지 않는 사람이 생깁니다. 마음에 안 들면 어떻게 합니까? 내 편을 모으러 다닙니다. 내가 누구를 미워하는 것이 내 잘못이 아니라는 것을 확인시키기 위해서 모든 사람에게 그 사람의 잘못된 것을 이야기합니다. "내가 저 사람을 싫어하는 것은 내가 못나서가 아니라 저 사람이 싫어할 수밖에 없는 조건 속에 있기 때문이다"는 것을 만들어 나가는 것입니다. 그래서 누구를 만나면 계속 "누구는 이래, 누구는 기도할 때 떨어"부터 시작해서 이야기합니다. 그것을 안 하는 것입니다. 누가 마음에 안 들거든 계속 좋은 말을 하십시오.

한때 유명했던 데일 카네기라는 사람은 대인 관계에 관한 글을 많이 썼습니다. 그가 대인 관계의 ABC로 내놓은 것 중 "상대방을 칭찬하라"가 있습니다. 그런데 무엇을 칭찬하라고 하느냐면 "없는 것을 칭찬하지 말라"는 것입니다. 누구나 보면 한 가지는 칭찬할 것이 있답니다.

어느 날 카네기에게 은행 창구에 있는 직원이 와서, 손님 사진을 보여주면서 "이 사람은 도무지 칭찬할 곳이 없다"라고 하더랍니다. 유심히 보니까 눈도 코도 귀도 입도 키도 옷도 어디 하나 칭찬할 것이 없더랍니다. 그런데 머리카락이 예쁘더랍니다. 이것을 칭찬해 주라고 했답니다. 그래서 다음 날 은행 직원이 "어! 선생님, 어쩜 그렇게 머리를 예쁘게 잘 가꾸세요" 하고 칭찬해서 점수를 땄답니다. 누구나 칭찬할 것은 한 가지 있습니다.

여러분, 옛날 영화 중 '빅 컨츄리'라는 유명한 영화가 기억납니까? 그 레고리 펙, 찰톤 헤스톤, 진 시몬스, 캐럴 베이커가 나온 영화입니다. 서부의 어느 목장주들이 자기네 소를 먹이기 위해 샘을 놓고 다투는 내용입니다. 한 샘으로부터 시냇물이 흐르는데, 진 시몬스가 소유주이고 다른 사람이 그것을 빼앗으려고 합니다. 이 샘을 빼앗아 개울물을 돌리면, 옆에 있는 조그마한 목장을 가지고 있는 사람들은 이제 망하게 됩니다. 그래서 둘이 자꾸 티격태격합니다. 그런데 이 큰 목장에서 목장주가 동네 유지들을 모아 놓고 파티를 하는데, 작은 목장의 목장주가 총을 들고 쳐들어옵니다. "야! 너 돈 있고 영향력 있다고 치사하게 개울물을 돌려? 네가 사나이라면 정면에서 덤벼 봐!" 이제 파티는 끝난 것입니다. 모두가 쳐다보고 있습니다. "너는 앞에서 못 쏘지? 좋아. 내가 돌아설 테니까 뒤에서 쏴라!" 그렇게 수치를 줄 수가 없습니다. 다시 돌아서면서 "사람들 앞이라서 못 쏘는구나! 다음에 혼자 있을 때 쏘려무나" 하고 갑니다. 이 얼마나 망신입니까? 그런데 이쪽 주인공의 태도가 아주 기가 막힙니다. 이런 것 좀 연습하십시오. "저 친구가 나한테 적이지만 용기 하나는 참 가상해! 그저 약간 분별이 없을 뿐이지." 이처럼 멋있게 굴어 보십시오. 이렇게 연습하는 것입니다.

과정의 중요성

우리는 모든 것을 들고 가서 붙들고 기도해야 한다고 믿습니다. 그러니 과정이 없는 것입니다. 과정이 없으면 어떻게 해서 그 자리에 올라갔는지가 없어집니다. 연습할 수가 없게 됩니다. 그리고 늘 이런 소망과 기대만 있습니다. "나는 좋은 신앙 갖고 싶어요." 그것이 전부입니다. 그러고는 하지 않습니다. 우리가 잘 아는 박 목사님의 공부 경험과 똑같지 않습니까? '공부해야지, 공부해야지' 하면서 한 번도 안 합니다. 그러나 '늘 공부해야지' 하는 것 때문에 머리가 아파서 병원에 갔더니 스트레스가 쌓였다는 것 아닙니까! 의사 선생님이 부모님에게 말합니다. "너무 공부시키지 마십시오. 이 학생은 지금 공부 때문에 너무 스트레스가 쌓였습니다." "아니? 연필 들고 책상에 앉아 있는 것을 본 적이 없는데 무슨 스트레스요?" 아들의 고백을 들어 보니까 스트레스가 쌓이게 되었더라는 것 아닙니까! 공부 못하는 자녀들은 '해야지, 해야지'만 있고 정작 공부는 하지 않습니다. 반면에 공부 잘하는 자녀들은 '놀아야지, 놀아야지' 하면서 책상에서 일어나지 않습니다.

좋은 신앙을 어떻게 가집니까? 연습하는 것입니다. 너무 초월로 가면 안 됩니다. 공짜로 얻어먹는 것으로 가면 안 됩니다. 하나님이 초월을 동원하실 때가 있습니다. 이런 일은 성경 안에서 특별히 어느 부분에서 그런가 하면, 하나님으로부터만 모든 것이 시작되기 때문에—모든 선한 것과 모든 영원한 것이 하나님으로부터만 시작되기 때문에—하나님이 시작하셔야 합니다. 우리를 만드셔야 하고 우리에게 생명을 주셔야 하고 우리에게 지식을 주셔야 하고 하나님을 알게 하셔야 합니다. 그러나 그것이 내 것이 되어야 합니다. 나를 로봇같이 조작하시는 것이 아니며 나를 물건으로 만드신 것이 아니라, 나라는 인격적 존재가 하나님의 사람이 되는 것 아닙니까? 그렇지 않습니까? 구원 자체에서도 그렇습니다. 골로새서 3장을 보겠습니다.

그러므로 너희가 그리스도와 함께 다시 살리심을 받았으면 위의 것을 찾으

라. 거기는 그리스도께서 하나님 우편에 앉아 계시느니라(골 3:1).

"너희가 구원을 얻었느냐? 그다음에 너희가 할 일이 있다. 위의 것을 찾으라"는 것입니다. 우리가 해야 합니다. 우리 자신을 키워 나가야 합니다. 그 위의 것이 무엇입니까?

위의 것을 생각하고 땅의 것을 생각하지 말라. 이는 너희가 죽었고 너희 생명이 그리스도와 함께 하나님 안에 감추어졌음이라. 우리 생명이신 그리스도께서 나타나실 그때에 너희도 그와 함께 영광 중에 나타나리라. 그러므로 땅에 있는 지체를 죽이라(골 3:2-5).

위의 것을 찾는 방법 가운데 하나가 부정적이고 소극적인 면, 즉 "음란과 부정과 사욕과 악한 정욕과 탐심이니 탐심은 우상숭배"이므로 이런 것을 하지 말라는 것입니다.

이제는 너희가 이 모든 것을 벗어 버리라. 곧 분함과 노여움과 악의와 비방과 너희 입의 부끄러운 말이라. 너희가 서로 거짓말을 하지 말라. 옛 사람과 그 행위를 벗어 버리고 새 사람을 입었으니 이는 자기를 창조하신 이의 형상을 따라 지식에까지 새롭게 하심을 받는 자니라(골 3:8-10).

이 연습을 해야 하는 것입니다. 우리가 그만한 내용과 실력을 가진 상태, 그런 정도로 연습하여 어떤 격에 도달해야 하는 것입니다. 대표적인 예를 로마서 6장에서는 이렇게 들고 있습니다.

그런즉 우리가 무슨 말을 하리요. 은혜를 더하게 하려고 죄에 거하겠느냐.

믿음

그럴 수 없느니라. 죄에 대하여 죽은 우리가 어찌 그 가운데 더 살리요. 무릇 그리스도 예수와 합하여 세례를 받은 우리는 그의 죽으심과 합하여 세례를 받은 줄을 알지 못하느냐. 그러므로 우리가 그의 죽으심과 합하여 세례를 받음으로 그와 함께 장사되었나니 이는 아버지의 영광으로 말미암아 그리스도를 죽은 자 가운데서 살리심과 같이 우리로 또한 새 생명 가운데서 행하게 하려 함이라(롬 6:1-4).

구원이 무엇입니까? 은혜로 죄와 사망에서 우리를 건져낸 것입니다. 처음에 구원 얻은 이들이 당황해하는 것이 무엇인가 하면 "그럼 내가 할 일이 뭐가 있느냐?"는 것입니다. 구원에서 우리가 할 일이 없다는 데 놀라는 것입니다. "그럼 내가 죄와 사망으로 돌아가면 또 건져내 주실 것 아니냐! 우리가 할 것이 없지 않느냐!" 이것을 출애굽 사건으로 보면, 애굽에서 이끌어 낸 것이 말하자면 구원입니다. 애굽에 돌아가면 또 이끌어 내실 것입니다. 하지만 하나님께서 이스라엘 백성을 애굽에서 이끌어 내실 때는 목적지가 있었습니다. 가나안에 보내려고 애굽에서 이끌어 내신 것입니다. 젖과 꿀이 흐르는 땅, 하나님께서 기업으로 주시는 땅으로 가라고 애굽에서 이끌어 내신 것입니다.

로마서 6장의 이야기도 이것입니다. "너희가 은혜로 죄와 사망에서 구원을 얻었다. 할 일이 없다고? 구원을 얻은 자로서 가야 할 데가 있느니라." 그것이 무엇입니까? 새 생명 가운데서 행하라는 것입니다. 새 생명 가운데서 행하라는 것이 무엇입니까? 6절 이하를 보겠습니다.

우리가 알거니와 우리의 옛 사람이 예수와 함께 십자가에 못 박힌 것은 죄의 몸이 죽어 다시는 우리가 죄에게 종노릇하지 아니하려 함이니 이는 죽은 자가 죄에서 벗어나 의롭다 하심을 얻었음이라. 만일 우리가 그리스도와 함께 죽었으면 또한 그와 함께 살 줄을 믿노니 이는 그리스도께서 죽은 자 가운데서 살아나셨으매 다시 죽지 아니하시고 사망이 다시 그를 주장하지 못할 줄을 앎이로라. 그가 죽으심은 죄에 대하여 단번에 죽으심이요 그의 살아 계심은 하나님께 대하여 살아 계심이니 이와 같이 너희도 너희 자신을 죄에 대하여는 죽은 자요 그리스도 예수 안에서 하나님께 대하여는 산 자로 여길지어다(롬 6:6-11).

의의 무기로 바치고 사는 삶

구원을 얻었다는 것이 무엇입니까? 이제는 너희가 죄 아래 있지 않고 하나님 아래 있다는 것을 알고, 하나님 아래 있는 자로 살라는 것입니다.

그러므로 너희는 죄가 너희 죽을 몸을 지배하지 못하게 하여 몸의 사욕에 순종하지 말고 또한 너희의 지체를 불의의 무기로 죄에게 내주지 말고 오직 너희 자신을 죽은 자 가운데서 다시 살아난 자같이 하나님께 드리며 너희 지체를 의의 무기로 하나님께 드리라. 죄가 너희를 주장하지 못하리니 이는 너희가 법 아래 있지 아니하고 은혜 아래에 있음이니라(롬 6:12-14).

그러므로 우리는 매일 우리의 신앙을 점검해야 합니다. 하루라는 시간을, 매일의 삶을 의의 무기로 나를 바치고 있는지를 이렇게 점검해야 합니다. "의의 무기로 사는가, 죄에게 나를 맡겼는가, 하나님께 나를 맡겼는가?"

이것은 명분과 형태의 싸움이 아닙니다. 우리가 갈라디아서 5장에 나오는 성령의 열매에서 보는 바와 같이, 사랑과 희락과 화평과 오래 참음과 자비와 양선과 충성과 온유와 절제를 열매 맺는 모든 일들, 일상적인 모든 일들에서 의의 무기로 자신을 바쳤는지, 성령을 따라 살았는지가 신앙을 점검하는 성경적인 기준입니다. 우리의 삶을 보면 신앙적으로 사는 것을 포기하고 세상 사람들과 똑같이 살고, 그렇게 돈을 벌어서 주를 위해 쓰겠다고 생각합니다. 그런 것이 아닙니다. 또 어떻게 해서든지 시간을 남겨서 기도하는 시간과 성경 보는 시간을 갖는 것을 신앙이라고 생각합니다. 아닙니다.

우리는 세상 사람들과 똑같은 조건과 환경 속에서 일상생활을 하는데, 그들은 죄에 팔려서 살고 있고 우리는 의의 무기로 자신을 드린 하나님의 사람으로 사는 것입니다. 지지고 볶는 이 인생살이를 하나님의 사람으로 사는 것입니다. 거기에 신앙의 아주 중요하고 책임 있는 것을 요구받는 실제적인 현실이 있습니다. 이 일들을 못하고 있습니다. 그래서 그의 신앙인된 표가 어떤 특별한 종교적인 형태와 명분으로 나타나는 일, 즉 기도하고 전도하며 성경 보는 일에서는 뛰어난데 일상적인 면에서는 영 점수를 못 주겠다는 말입니다.

그가 하는 말, 표정, 대인 관계를 보면, 이웃과 그 시대와 자기가 속한 사회와 세상 앞에서 하나님의 사람으로 살아 나가는 매일의 삶을 하나님의 사람으로서 살지 못하고 있습니다. 그것은 기도하고 성경을 보는 그런 간단한 이야기가 아닙니다. 의의 무기로 살아야 하는 것입니다. 예수를 믿는다는 것은 믿는 사람들끼리 경쟁하는 싸움이 아닙니다. 우리가 보냄 받은 각자의 삶의 현장에서—우리가 더 많은 시간을 보내는 삶의 현장에서—하나님의 사람으로 버티고 서 있는 것입니다. 소극적으로는 세상 사람들과 다르게 살며, 적극적으로는 하나님의 사람으로 힘써 사는 것입니다. 그는 정직하고 성실하며 자신을 위하지 않고 이웃을 위해 삽니다. 십자가를 지고 하나님의 은혜와 통치와 복 주심을 자기의 유일한 힘으로 삼고, 누가 보든지 말든지 손해가 되든지 말든지 하나님 앞에서 자기의 삶을 살아

나가는 것입니다. 그것이 여러분의 모든 장소와 모든 부딪히는 사건에서 그리고 모든 생각에서 드러나야 하는 것입니다.

신앙이 좋다는 것은, 수도꼭지에서 쏟아진 물기둥이 욕조 전체를 넓게 채워 나가는 것처럼 되는 것입니다. 쏟아지는 물기둥은 고드름이 달리듯 서 있는 것이 아니라 욕조 전체를 채우는 것입니다. 따라서 신앙이 좋다는 것은, 한 인간이 갖는 전 인격과 전 존재와 전 사고와 전 습관과 버릇에 녹아 있는 그 수준에서 평가받는 것이며, 단지 높은 기둥 하나로 평가받는 것이 아닙니다. 이 점을 명심하여 우리의 신앙을 드러내 보이되 이 세상을 살면서 동원해야 하는 모든 것들, 생각과 열심과 무슨 힘과 부딪혀야 하는 모든 사건들에 다 스며들게 해서 여러분의 욕조를 채워야 합니다. 그것이 다 찰 때 "저 사람은 신앙이 좋은 사람이다"라는 평가, 하나님으로부터 성경을 기준으로 받는 평가를 비로소 받게 될 것입니다.

그렇지 않으면 여러분은 몇 가지 물기둥을 가지고서, 마치 고드름을 가지고 우기는 가난한 신앙의 경지에 있음을 확인해야 합니다. 이것이 잘못되면, 신앙은 좋은 것 같은데 만나면 재미가 없고 향기가 없는 신자들이 자꾸 나오게 됩니다. 균형이 없고 어느 한 군데만 기형적으로 자라 있고 나머지는 전부 볼품없는 그런 인격이 되어 버립니다. 예를 들어, 기도하는 것이나 전도하는 것을 보면 신자 같은데 다른 면에서 만났을 때는 재수가 없는 신자를 양산해 내게 됩니다. 이것이 한국교회의 병입니다. 만나면 무슨 잘난 소리는 계속 하는데, 입을 다물어야 할 때도 떠들고 있습니다. 신앙이 좋다는 사람이 눈치 하나 없다는 말입니다.

신앙이 좋으면 사람이 멋있어집니다. 사람보다 더 멋있는 것은 없습니다. 사람보다 보기 싫은 것도 없고 사람보다 보기 좋은 것도 없습니다. 무엇을 하는지보다 누구하고 하는지가 참된 재미를 만드는 것 아닙니까! 여행이 좋다고요? 누구와 함께 가는지가 핵심입니다. 오죽 인간들이 쓸 만

믿음

하지 않으면 혼자 다니겠습니까? 오죽하면 산을 가겠습니까? 인간들이 얼마나 꼴 보기 싫게 굴면 산을 가겠습니까? '아예 돌을 보는 것이 낫고 나무를 보는 것이 낫다'가 되었는데, 이것은 죄로 말미암은 비참한 현실입니다. 여러분이 그것을 고쳐야 합니다. 여러분이 이웃들 앞에 만나고 싶고 만나면 사랑스럽고 힘이 나고 자꾸만 보고 싶은 사람이 되어야 합니다. 그것이 신앙의 중요한 하나의 요소요 힘인 것입니다.

13

하나님의 믿음

히 6:13-7:10

하나님이 아브라함에게 약속하실 때에 가리켜 맹세할 자가 자기보다 더 큰 이가 없으므로 자기를 가리켜 맹세하여 이르시되 내가 반드시 너에게 복 주고 복 주며 너를 번성하게 하고 번성하게 하리라 하셨더니 그가 이같이 오래 참아 약속을 받았느니라. 사람들은 자기보다 더 큰 자를 가리켜 맹세하나니 맹세는 그들이 다투는 모든 일의 최후 확정이니라. 하나님은 약속을 기업으로 받는 자들에게 그 뜻이 변하지 아니함을 충분히 나타내시려고 그 일을 맹세로 보증하셨나니 이는 하나님이 거짓말을 하실 수 없는 이 두 가지 변하지 못할 사실로 말미암아 앞에 있는 소망을 얻으려고 피난처를 찾은 우리에게 큰 안위를 받게 하려 하심이라. 우리가 이 소망을 가지고 있는 것은 영혼의 닻 같아서 튼튼하고 견고하여 휘장 안에 들어가나니 그리로 앞서 가신 예수께서 멜기세덱의 반차를 따라 영원히 대제사장이 되어 우리를 위하여 들어가셨느니라. 이 멜기세덱은 살렘 왕이요 지극히 높으신 하나님의 제사장이라. 여러 왕을 쳐서 죽이고 돌아오는 아브라함을 만나 복을 빈 자라. 아브라함이 모든 것의 십분의 일을 그에게 나누어 주니라. 그 이름을 해석하면 먼저는 의의 왕이요 그다음은 살렘 왕이니 곧 평강의 왕이요 아버지도 없고 어머니도 없고 족보도 없고 시작한 날도 없고 생명의 끝도 없어 하나님의 아들과 닮아서 항상 제사장으로 있느니라. 이 사람이 얼마나 높은가를 생각해 보라. 조상 아브라함도 노략물 중 십분의 일을 그에게 주었느니라. 레위의 아들들 가운데 제사장의 직분을 받은 자들은 율법을 따라 아브라함의 허리에서 난 자라도 자기 형제인 백성에게서 십분의 일을 취하라는 명령을 받았으나 레위 족보에 들지 아니한 멜기세덱은 아브라함에게서 십분의 일을 취하고 약속을 받은 그를 위하여 복을 빌었나니 논란의 여지 없이 낮은 자가 높은 자에게서 축복을 받느니라. 또 여기는 죽을 자들이 십분의 일을 받으나 저기는 산다고 증거를 얻은 자가 받았느니라. 또한 십분의 일을 받는 레위도 아브라함으로 말미암아 십분의 일을 바쳤다고 할 수 있나니 이는 멜기세덱이 아브라함을 만날 때에 레위는 이미 자기 조상의 허리에 있었음이라.

하나님의 불변한 약속

이 본문은 하나님의 맹세가 불변하며 예수님의 대제사장직이 영원하다고 이야기합니다. 하나님이 아브라함에게 맹세하셨는데, 그 맹세가 불변하다는 것을 당신의 말씀에 근거하여 보증해 주셨고, 예수님을 보내실 때에 "너는 멜기세덱의 반차를 따라 영원한 대제사장이 되라"고 하셨다는 것이 본문이 말하는 주요 내용입니다.

하나님은 아브라함에게 어떻게 맹세하셨을까요? 창세기 12:2-3을 보겠습니다. "내가 너로 큰 민족을 이루고 네게 복을 주어 네 이름을 창대하게 하리니 너는 복이 될지라. 너를 축복하는 자에게는 내가 복을 내리고 너를 저주하는 자에게는 내가 저주하리니 땅의 모든 족속이 너로 말미암아 복을 얻을 것이라 하신지라"(창 12:2-3). 이렇게 하나님은 아브라함에게 복을 약속하시는데, 히브리서 6장에 인용된 맹세는 창세기 22장에 나옵니다.

그러면 창세기 12장의 맹세와 22장의 맹세는 어떤 차이가 있을까요? 창세기 12장에 나온 말씀은 하나님이 아브라함을 그의 고향 갈대아 우르에서 이끌어내 가나안으로 부르신 여정 초반에 하신 약속입니다. 이 약속은 창세기 15장에도 나오고 17장에도 반복하여 등장합니다. 그리고 마침내 22장에도 등장하는데, 히브리서 6장에서 인용한 사건은 이 22장에 나옵니다. 바로 이삭을 바친 사건입니다. 하나님의 사자가 내려와 이삭을 잡으려는 아브라함을 불러 만류합니다. 그런 다음 이 약속을 주십니다. 창세기 22:15부터 보겠습니다.

여호와의 사자가 하늘에서부터 두 번째 아브라함을 불러 이르시되 여호와께서 이르시기를 내가 나를 가리켜 맹세하노니 네가 이같이 행하여 네 아들 네 독자도 아끼지 아니하였은즉 내가 네게 큰 복을 주고 네 씨가 크게 번성하여 하늘의 별과 같고 바닷가의 모래와 같게 하리니 네 씨가 그 대적의 성문을 차지하리라. 또 네 씨로 말미암아 천하 만민이 복을 받으리니 이는 네가 나의 말을 준행하였음이니라 하셨다 하니라(창 22:15-18).

아브라함의 순종을 기뻐하신 하나님이 그에게 이 약속을 주신 것입니다. "내가 반드시 너에게 복 주고 복 주며 너를 번성하게 하고 번성하게 하리라." 이 약속에 등장하는 복은 마치 아브라함이 이삭을 바친 순종 때문에 자격이 갖추어져 받게 된 것처럼 읽힙니다. 그런데 아브라함의 생애 전체를 놓고 보면, 훨씬 전에 그러니까 이삭을 바치는 것은 고사하고 이삭을 얻기도 전에 이미 동일한 약속이 주어진 것을 알 수 있습니다. 따라서 아브라함이 이삭을 바치는 순종이 있어서 하나님이 복을 약속하셨다고 보는 것은 무리가 있습니다.

믿음에 붙잡힌 아브라함

물론 이삭을 바친 아브라함의 행위는 훌륭합니다. 하지만 아브라함의 생애에서 발견되는 하나님의 약속은 이 순종이 있기 전부터 허락된 것이었습니다. 창세기 12장과 15장, 그리고 17장에서 이를 확인할 수 있습니다. 15장은 타는 횃불이 쪼갠 고기 사이로 지나감으로써 어길 수 없는 약속임을 하나님이 친히 보이셨다면, 17장은 아브람의 이름을 아브라함으로 바꾸어 주시면서 앞서와 마찬가지로 "나는 네 하나님이 되고 너는 내 백성이 될 것이다. 네 후손이 번성하여 너는 열국의 아비가 될 것이다"라고 약속하심으로써 언약의 불변성과 동일성을 강조합니다.

그렇다면 이삭을 바친 사건은 하나님에게서 복을 받아 내는 조건과 자격으로 제시되어 있다고 짐작하는 그런 순종 행위를 넘어선 것입니다.

아브라함이 이삭을 바침으로써 하나님께 복을 받았다는 단순한 이야기가 아닙니다. 본문의 강조점은 '하나님이 아브라함에게 약속하셨고 그 약속을 지키기 위하여 맹세하셨다. 그리고 아브라함은 모든 믿는 자의 조상이다'라는 점에 있습니다. 따라서 하나님이 당신을 가리켜 맹세하여 복을 주기로 한 근거가 무엇이었느냐 하는 질문에 대하여, 아브라함이 이삭을 바쳐서 복을 주셨다고 답하는 것은 너무 간단한 것입니다. 로마서 4장은 아브라함의 믿음에 대해 좀 더 깊은 관점으로 우리를 인도해 줍니다. 로마서 4:13-16을 보겠습니다.

> 아브라함이나 그 후손에게 세상의 상속자가 되리라고 하신 언약은 율법으로 말미암은 것이 아니요 오직 믿음의 의로 말미암은 것이니라. 만일 율법에 속한 자들이 상속자이면 믿음은 헛것이 되고 약속은 파기되었느니라. 율법은 진노를 이루게 하나니 율법이 없는 곳에는 범법도 없느니라. 그러므로 상속자가 되는 그것이 은혜에 속하기 위하여 믿음으로 되나니 이는 그 약속을 그 모든 후손에게 굳게 하려 하심이라. 율법에 속한 자에게뿐만 아니라 아브라함의 믿음에 속한 자에게도 그러하니 아브라함은 우리 모든 사람의 조상이라(롬 4:13-16).

하나님은 약속하신 대로 아브라함과 그 후손에게 복을 주시기로 합니다. 이 복은 율법을 기준으로 한 것이 아니라 믿음을 기준으로 한 것이라고 말씀합니다. 그렇다면 율법과 믿음의 차이는 무엇일까요? 율법의 기준은 잘잘못에 있지만 적어도 믿음은 잘잘못이 기준이 아닙니다. 그 이유는 율법과 믿음이 서로 대조되고 있기 때문입니다. 믿음이 '잘잘못을 넘어선 것'이라면 그것은 율법의 '잘잘못'과 어떤 차이가 있을까요? 믿음은 은혜에 속한 것이고 인과응보를 벗어난 것입니다. 하지만 믿음이 인과응보라는 잣대를 벗어나 잘잘못이라는 기준이 없는 것에 불과하다면, 우리에게는 '제멋대로 하기'밖에 남을 게 없습니다. 이 '제멋대로'라는 것은 사실 잘잘못 곧 율법의 기준만도 못한 것입니다.

그렇다면 도대체 믿음은 율법과 어떤 대조를 이루는 것일까요? 율법도 하나님이 주신 것입니다. 그런데 믿음은 율법보다 더 좋은 방책으로 주신 것입니다. 율법은 잘못하지 않게 하는 것일 뿐, 잘하게 하지는 못합니다. 이제 그 대조가 어떤 것인지 드러났습니다. 믿음은 잘하게 한다는 것입니다. 하지만 우리는 잘하게 하는 것에 대해서는 잘 모릅니다. 우리가 잘못하지 않게는 하나 잘하는 것은 만들어 내지 못합니다. 그런데 이제 아브라함이 어떻게 되었다는 것입니까? 그가 잘못하지 않게 하는 것에 붙잡힌 것이 아니라, 잘하게 하는 것에 붙잡혔다는 것입니다. 그것이 어떻게 나타납니까? 하나님이 아브라함을 불러 그의 생애와 함께하시면서 아브라함이 할 수 없는 것을 그에게 주셨기 때문입니다.

첫째는 이삭을 낳은 일입니다. 그가 이삭은 어떻게 얻습니까? 나이가 들어서 더 이상 아이를 가질 수 없을 때 이삭을 낳습니다. 아브라함이 99세 때 하나님이 찾아오셔서 "내년 이맘 때 네가 아들을 안으리라"고 하십니다. 아브라함과 사라의 반응이 어땠습니까? 그들이 웃었습니다. 좋은 소식이니, 화를 내야 할 이유는 없으니 그들이 웃었겠지요. 이런 상황에서 그들과 하나님 사이에 어떤 대화가 오갑니까? "너 웃었다." "아닙니다. 웃지 않았습니다." "아니다. 너 웃었다. 너 내년에 아이를 낳거든 이름을 웃음이라고 지어라." 그래서 이름을 이삭으로 짓게 됩니다.

이렇게 이삭을 허락하신 하나님을 가리켜 "없는 것을 있는 것으로 부르시는 이"(롬 4:17)라고 표현합니다. 그것은 아브라함이 아이를 잘 키우느냐 못 키우느냐 하는 이야기보다 앞서는 문제입니다. 아브라함이 스스로 만들 수 없는 것을 얻었다는 것입니다. 이는 하나님이 그의 인생에서 함께

하고 계신다는 가장 중요한 증거입니다.

그런데 그렇게 얻은 이삭을 바치라는 것입니다. 아브라함은 차마 바칠 수 없었을 것입니다. 하지만 하나님이 바치라고 하시니 달리 선택의 여지가 없었겠지요. 이제 이삭을 처음 주실 때와 똑같은 상황이 벌어진 셈입니다.

선택의 여지가 없는 고난

성경이 순종에 대하여 하고 싶은 이야기는 이런 것입니다. 우리 인생에 선택의 여지가 없는 고난도 있다는 것입니다. 잘못해서 벌을 받는 것이 아니라 아무리 잘해도 고난은 떠나지 않습니다. 아브라함이 자신의 인생에서 이 고난에 직면합니다. 그는 하나님으로부터 도망갈 수 없다는 사실을 압니다. 그에게 다른 선택, 타협할 제3의 길이 없습니다. 이삭을 잡을 수밖에 없었습니다. 그래서 그는 이삭을 데리고 번제로 바치기 위해 집을 떠납니다. 그렇게 실행에 옮기자 곧바로 하나님이 "됐다. 너 순종했다"라고 하신 것이 아닙니다. 하나님이 정하신 산에 아브라함이 올라 아들을 번제로 드리기 위해 그를 묶고 칼로 잡으려는 순간, 하나님이 "됐다"고 하심으로써 아브라함에게 부활을 보이십니다.

이삭은 아브라함이 자녀를 갖지 못했을 때 얻은 아들일 뿐 아니라 죽음에서 다시 살아난 아들입니다. 죽음도 통과한 자식을 갖게 됨으로써, 아브라함은 자신의 생애에서 중요한 두 가지 증거를 갖게 됩니다. 하나님은 없는 것을 있는 것으로 부르시는 분이요, 죽은 자를 살리신 분이라는 증거입니다. 하지만 아브라함은 이 두 증거만 갖게 된 것이 아닙니다. 이는 없는 것을 있게 만들 수 있고 죽은 자를 돌려받게 하실 수 있는 하나님이 이미 앞서 무한정 열어 놓으신 약속에서 분명 확인되는 바입니다. 즉 "너는 복의 근원이 될 것이다. 너는 열국의 아비가 될 것이다"라는 약속입니다. 따라서 그에게서 그 두 증거만 전부였다고 생각한다면, 우리는 그가 열국의 아비가 되리라고 하신 하나님의 약속을 놓칠 수밖에 없습니다.

아브라함은 낳을 수 없는 이삭을 얻었고, 그렇게 얻은 이삭을 드렸지만 되돌려 받습니다. 그가 이와 같은 창조와 부활의 증거를 갖게 되는데 그것으로 끝이 아닙니다. 더 나아갑니다. 이런 증거들을 통해 그는 성경이 말하는 "하나님의 영광의 찬송"(엡 1:12)이 되며, "하나님의 자녀들의 영광의 자유에 이르는"(롬 8:21) 자리로 마음껏 가는 것입니다. 우리가 그것을 몰라서 자주 놓치곤 합니다. 하나님이 우리를 "왜 예수 믿게 하고 감동하게 해놓고서는 이런 어려운 길로 인도하시는가"라고 우리는 원망하고 시험에 빠지곤 합니다. 우리가 고난에 대하여 생각하는 것은 그런 수준밖에 되지 않습니다. 더 앞으로 나아가야 하는 길에서 놓치곤 합니다. 우리는 아브라함이 갖게 된 그런 두 증거들로 만족하는 것에 그치고 맙니다. 그러나 낳을 수 없던 아이를 얻게 되고 죽었던 아이를 돌려받는 이런 일은 하나님이 하시고자 하는 일의 일부라는 사실을 기억해야 합니다. 하나님은 이보다 더 큰일을 하신다는 사실을 기억하십시오. 로마서 4:17을 이어서 읽어 보겠습니다.

기록된 바 내가 너를 많은 민족의 조상으로 세웠다 하심과 같으니 그가 믿은 바 하나님은 죽은 자를 살리시며 없는 것을 있는 것으로 부르시는 이시니라(롬 4:17).

없는 것이 있게 되고, 죽은 것이나 실패한 것도 돌려받는 일은 시작에 불과합니다. 우리는 하나님이 당신의 자녀라 부르기에 부족함이 없을 만큼 그분이 기뻐하고 만족하시는 존재라는 운명과 목적을 가집니다. 그렇게 만드시기 위하여 고난과 순종이라는 현실이 있다고 성경은 이야기하니다. 히브리서 2:14-18을 보겠습니다.

자녀들은 혈과 육에 속하였으매 그도 또한 같은 모양으로 혈과 육을 함께 지니심은 죽음을 통하여 죽음의 세력을 잡은 자 곧 마귀를 멸하시며 또 죽기를 무서워하므로 한평생 매여 종노릇하는 모든 자들을 놓아 주려 하심이라. 이는 확실히 천사들을 붙들어 주려 하심이 아니요 오직 아브라함의 자손을 붙들어 주려 하심이라. 그러므로 그가 범사에 형제들과 같이 되심이 마땅하도다. 이는 하나님의 일에 자비하고 신실한 대제사장이 되어 백성의 죄를 속량하려 하심이라. 그가 시험을 받아 고난을 당하셨은즉 시험 받는 자들을 능히 도우실 수 있느니라(히 2:14-18).

하나님이 우리를 돕고 계십니다. 그런데도 우리는 고난이 싫습니다. 그것은 우리가 힘들게 살고 싶어 하지 않기 때문입니다. 하지만 하나님은 우리를 고난이라는 방법으로 만들어 가십니다. 왜 고난이 있을까요? 하나님은 고난으로 일하시기 때문입니다. 구원은 결코 값싼 것이 아닙니다. 우리를 구원하시는 일에 자신의 아들을 보내어 십자가에 매다신 하나님이십니다. 이 하나님이 예수님의 부활로써 보이신 증거로 무언가 더 굉장한 것을 만들어 내시려는 까닭에 역사가 있고, 우리 인생이 있고, 오늘의 한숨과 고민이 있는 것입니다. 이 일을 위해 십자가에 달려 죽으시고 부활하신 예수님이 하늘 보좌 우편에 앉아 지금도 우리를 편들고 계십니다. 이렇게 이야기하는 것이 기독교입니다.

하나님의 믿음

고난과 순종에 대해 다시 생각해 보십시오. "그가 아들이시면서도 받으신 고난으로 순종함을 배워서 온전하게 되셨"(히 5:8-9)다고 말씀합니다. 이처럼 고난과 순종은 온전함을 채우는 몸통 같은 것입니다. 다만 한 번의 도전이나 위협이나 테스트가 아니라, 그것이 우리의 본질과 내용을 채워 위대함으로 나아가게 하는 방법이라고 성경은 이야기합니다.

겟세마네의 기도를 떠올려 보십시오. 예수님은 "내 아버지여, 만일 할 만하시거든 이 잔을 내게서 지나가게 하옵소서"(마 26:39)라고 기도하십니다. 이에 하나님은 "더 가자"라고 응답하십니다. 예수님은 차마 가실 수 없는 길을 가심으로써, 우리 인생에 일어나는 어떤 일도 예수님이 걷고 겪어 내신 일을 넘어서는 것은 하나도 없게 하셨습니다. 그리하여 마침내 십자가에 달려 "아버지여, 저들을 사하소서. 저들은 자기들이 하는 일을 알지 못함이니이다"라는 기도로 자신을 십자가에 못 박은 자들까지 껴안을 수 있었습니다.

그렇다면 오늘 우리에게 일어나는 어떠한 원통함에 대해서도 하나님이 그것을 뒤집어 영광이 되게 하실 것이라고 믿어야 합니다. 그것이 마치 정반대로 가는 길처럼 보이지만, 하나님이 우리 안에 채우시려고 하는 내용을 담는 방법이라고 믿어야 합니다. 창조의 하나님, 부활의 하나님이기 때문입니다. "우리에게 일어난 일 중 우리를 손해 보게 하는 것은 없다"라는 선언이 성경이 하는 이야기이고 현실에서 경험하는 바입니다. 어찌 이런 창피한 일을, 이런 말도 안 되는 일을 뒤집을 수 있다는 말입니까? 네, 하나님은 그것을 뒤집을 수 있습니다.

가장 잘 알려진 찬송가를 하나 꼽으라고 하면, '나 같은 죄인 살리신'이라는 찬송을 드는 사람이 많을 것입니다. 이 찬송을 지은 존 뉴턴은 노예선 선장 출신으로 노예들을 실어 날랐던 사람입니다. 이 찬송가의 가치는 말도 안 되는 그의 그런 과거를 떼어 놓고는 생각할 수 없습니다. 그래서 그 찬송은 깊이와 가치와 울림이 있는 것입니다. 우리의 경탄을 자아냅니다. 이 찬송을 등 따시고 배부르게 살아온 사람이 지었다고 하면 뭐 그리 대단하겠습니까. 이런 반전이나 역전이 있다는 것이 얼마나 놀랍습니까?

낮은 선이고 밤은 악입니까? 그렇지 않습니다. 밤도 낮만큼의 풍성함이 있습니다. 해만 선이고 달은 악입니까? 그렇지 않습니다. 모두 다 하나님의 창조물입니다. 하나님이 모두에게 당신의 영광을 담아내심으로써 그 영광은 깊고 넓고 놀랍고 풍성해져 우리의 찬송을 불러일으킵니다. 그렇게 하나님이 우리 인생에 간섭하시며 우리를 부르신다고 말씀하십니다.

"너희가 핍박을 당하나 지지 말라"고 응원하시는 것이 아니라, 이 핍박이 일을 한다고 말씀하십니다. 아브라함이 이삭을 데리고 나아가기까지 그 모든 눈물과 한탄과 절망이 결국 한 인간에게 채우려는 하나님의 뜻을 알게 하고, 아브라함을 얼마나 깊이 있는 존재로 만들었을지 생각해 보았냐고 우리에게 가르칩니다. 이것이 히브리서가 고난받는 성도들에게 주는 위로입니다. 결과를 알기 때문에 순종하는 것이 아닙니다. 이렇게 하면 보상받으니까 마지못해 하는 순종이 아닙니다. 하나님이 우리를 율법이나 잘잘못에 맡기지 않고 당신이 뜻하시는 목적을 위하여 우리를 붙잡아 끌고 가시는 열심, 예수님에게 "더 가자"라고 하시는 하나님의 믿음 때문에 순종하는 것입니다. 우리가 미더운 존재여서가 아닙니다. 우리를 만드시려는 하나님의 의지, 냉정하고 기계적인 심판관의 마음이 아니라 우리를 위하여 깊고 놀랍고 고통스러워 보이는 길을 고집하는 하나님의 마음을 성경은 믿음이라는 단어로 표현합니다. 믿음이 조건이나 자격으로 쓰일 때가 더러 있습니다. 그런데 가장 놀랍게는 하나님의 기이한 일하심에 믿음이라는 단어를 씁니다. 그래서 우리는 이런 결론에 이릅니다. 에베소서 1:3 이하입니다.

찬송하리로다. 하나님 곧 우리 주 예수 그리스도의 아버지께서 그리스도 안에서 하늘에 속한 모든 신령한 복을 우리에게 주시되 곧 창세 전에 그리스도 안에서 우리를 택하사 우리로 사랑 안에서 그 앞에 거룩하고 흠이 없게 하시려고 그 기쁘신 뜻대로 우리를 예정하사 예수 그리스도로 말미암아 자기의 아들들이 되게 하셨으니 이는 그가 사랑하시는 자 안에서 우리에게 거저 주시는 바 그의 은혜의 영광을 찬송하게 하려는 것이라(엡 1:3-6).

이렇게 한 번으로 끝나지 않습니다. 너무 중요해서 그렇습니다. 11절부터 이어서 보겠습니다.

모든 일을 그의 뜻의 결정대로 일하시는 이의 계획을 따라 우리가 예정을 입어 그 안에서 기업이 되었으니 이는 우리가 그리스도 안에서 전부터 바라던 그의 영광의 찬송이 되게 하려 하심이라. 그 안에서 너희도 진리의 말씀 곧 너희의 구원의 복음을 듣고 그 안에서 또한 믿어 약속의 성령으로 인치심을 받았으니 이는 우리 기업의 보증이 되사 그 얻으신 것을 속량하시고 그의 영광을 찬송하게 하려 하심이라(엡 1:11-14).

성령이 우리를 붙잡고 이 약속을 이루신다고 합니다. 성령은 우리를 붙잡고 계실 뿐, 문제를 대신 해결해 주시지는 않습니다. 우리가 필요하다고 느낄 때마다 나타나서 화끈하게 방언을 주시거나, 들었다 놓았다 한 번 해주시지 않고, 있는지 없는지 모르게 숨어 침묵하고 계십니다. 그런 다음 우리를 어디로 떠밀어 가십니까? "하나님, 맙소사!"라고 외치는 자리로 우리를 떠미십니다. "제가 왜 이런 고난을 겪어야 합니까?" 하고 물으면, 성령은 이유를 말씀하시는 대신 우리더러 "더 가자"라고 하십니다.

우리가 걸어가는 길의 신비는 예수께서 걸으신 길의 신비와 같습니다. 예수님이 원치 않으신 길을 하나님이 고집하시고 그로 걷게 하신 고난이요 순종입니다. 이것들은 잘잘못의 문제를 넘어서 있는 길에 관한 것이요, 선택의 문제가 아닌 길에 관한 것입니다. 그것은 하나님이 요구하시기 때문에 등장합니다. 따라서 우리 인생에는 고난이 있을 수밖에 없습니다. 내가 예수도 믿고 선한 소원도 있고 잘 믿겠다고 다짐도 이미 했는데, 이해할 수 없는 길을 걸어야 한다는 데 예수 믿는 사람들의 고통이 있습니다. 성경은 이것을 지극히 정상이라고 가르칩니다.

아브라함의 생애가 하나님이 자랑하시고 맹세하신 생애가 되었듯이 우리의 생애 역시 그리스도 안에서 우리의 감사와 감격과 경탄으로 마무리될 것이라고 성경은 약속합니다. 모든 이들의 현실이 하나님의 인도하심임을 기억하고 위로와 힘과 자랑과 실천이 넘치는 인생이기를 바랍니다.

14

삶의 큰 틀

눅 3:1-18

디베료 황제가 통치한 지 열다섯 해 곧 본디오 빌라도가 유대의 총독으로, 헤롯이 갈릴리의 분봉 왕으로, 그 동생 빌립이 이두래와 드라고닛 지방의 분봉 왕으로, 루사니아가 아빌레네의 분봉 왕으로, 안나스와 가야바가 대제사장으로 있을 때에 하나님의 말씀이 빈 들에서 사가랴의 아들 요한에게 임한지라. 요한이 요단강 부근 각처에 와서 죄사함을 받게 하는 회개의 세례를 전파하니 선지자 이사야의 책에 쓴 바 광야에서 외치는 자의 소리가 있어 이르되 너희는 주의 길을 준비하라. 그의 오실 길을 곧게 하라. 모든 골짜기가 메워지고 모든 산과 작은 산이 낮아지고 굽은 것이 곧아지고 험한 길이 평탄하여질 것이요 모든 육체가 하나님의 구원하심을 보리라 함과 같으니라. 요한이 세례 받으러 나아오는 무리에게 이르되 독사의 자식들아, 누가 너희에게 일러 장차 올 진노를 피하라 하더냐. 그러므로 회개에 합당한 열매를 맺고 속으로 아브라함이 우리 조상이라 말하지 말라. 내가 너희에게 이르노니 하나님이 능히 이 돌들로도 아브라함의 자손이 되게 하시리라.

요한의 세례

이 본문은 예수님의 공생애가 시작되기에 앞서 세례 요한이 먼저 등장하는 장면입니다. 세례 요한은 회개의 세례를 베풀고 주를 만나게 할 준비를 시킵니다. 그런데 이 요한의 세례, 즉 회개의 세례가 누가복음에서는 독특하게 나타납니다. 왜 독특하다고 하는지 생각해 봅시다. 우리가 복음서를 읽을 때에는 이미 기독교에 대하여, 유대교 전통에 대하여 어떤 최소한의 지식을 가지고 접근하는 것이 보통입니다. 아무런 준비 없이 복음서를 대하는 사람들도 물론 있겠지만, 대개 우리가 복음서를 읽겠다고 마음에 작정할 때에는 예수님이 누구신가, 신약과 구약이 무엇에 대한 기록인가에 관한 최소한의 이해를 갖고서 더 자세히 알아보려고 하는 법입니다. 복음서 기자들도 그러한 독자들을 예상하고 있습니다.

누가복음은 서두에도 밝히고 있듯이 데오빌로 각하에게 보내는 편지입니다. 그 사람이 누구인지는 확인되지 않습니다. 그러나 "데오빌로 각하에게"(눅 1:3)라는 표현에서 보듯이, 그는 아마도 당시 로마 고관이었을 것으로 추측합니다. 현직이었든 전직이었든 로마 정권의 최상층에 속한 지위에 있는 사람으로 말입니다. 지금 누가는 유대 기독교적인 전통에 대한 이해가 충분하지 않은 사람에게 예수님을 설명하고 그 의미를 전하고자 이 복음서를 쓰고 있습니다.

누가복음은 예수님이 나시던 때의 상황도 말해 줍니다. 성경의 표현으로 아구스도, 우리가 아는 아우구스투스 황제 때 예수님이 태어나셨다고 기록합니다(눅 2:1, 7). 그리고 누가복음 3장에 따르면, 세례 요한의 등장은 디베리오 황제 곧 티베리우스 황제 때라고 그 역사적 배경을 분명하게 언급합니다.

세례 요한의 세례는 우리가 아는 대로 일차적으로 유대인을 향한 것입니다. 약속된 메시아를 준비해야 하는 회개로 그가 세례를 베풀었습니다. 그런 면에서 보자면, 세례 요한의 회개는 데오빌로 각하 같은 사람에게는 무슨 이야기인지 감이 잡히지 않고 이해가 쉽지 않은 내용일 수밖에 없습니다. 그러나 바로 여기에 누가복음의 진정한 목적이 있습니다. 누가는 지금 데오빌로 각하에게 요한의 회개, 즉 요한이 요구하는 회개를 소개함으로써 기독교 신앙의 가장 중요한 핵심이 단지 종교 내에서 위치를 가지는 것이 아니라, 인류와 역사와 세계라는 큰 틀에서 그 의미를 갖는다고 말하는 것입니다. 그래서 누가복음 식으로 이야기하자면, 세례 요한의 등장과 회개를 촉구하는 그의 선포를 통해서 예수님을 믿는다는 것이 어떤 의미를 갖는 것인가 하는 이해와 관점을 등장시키는 것입니다. 그리고 이것은 예수 없이 사는 인생이 갖는 세상에 대한 그리고 인간에 대한 이해나 관점과 서로 다르다는 것을 대비합니다. 이 후자에 대하여 기독교 신앙이 도전하고 있다고 이해해야 합니다. 우리는 그러한 관점을 세계관이라고 이야기할 수 있습니다.

세상에 도전하는 기독교 세계관

세계관에 대한 좋은 정의가 있습니다. 제임스 사이어는 『기독교 세계관과 현대 사상』에서 "세계관이란 우리가 살고 움직이고 몸담을 수 있는 토대를 제공해 주는 이해나 지식이나 결단"이라고 말합니다. 여기서 '이해'나 '지식'이 나란히 놓인 것은 여러분도 이해가 가겠지만, 왜 '결단'이라는 말이 이들 단어와 나란히 놓여 있나 하는 생각이 들 것입니다. 그러나 생각해 보면, 우리는 살면서 세계관을 구체적이고 분명하고 종합적으로 정리하고 있지는 않을지라도, 또는 세계관 자체를 의식하고 있지 않을지라도, 우리가 평가하고 선택하고 결정하는 근거에는 어떤 세계관이 있을 수밖에 없다는 것을 압니다.

　우리 어른들이 자녀에게 늘 하는 이야기가 있습니다. "너 그렇게 해서는 이 세상 못 산다." 이런 말에 이미 세계관이 묻어 있습니다. 이겨야 한다, 강해야 한다, 살아남아야 한다고 하는 내용입니다. 사실 세계관이 없다면, 큰 틀이 없다면 우리는 결정할 수 없습니다. 방향을 잡을 수 없습니다. 어느 쪽이 동쪽인지 서쪽인지를 알아야 가든지 말든지 할 것 아닙니까? 그런데 방향을 정하지 않은 채 달린다면 그것은 그저 달리는 것뿐입니다. 그것은 그냥 스피드를 즐기는 것으로만 의미가 있습니다. 어디를 그리고 왜 가느냐 하는 질문에는 답할 수 없습니다.

이 세계관을 더 잘 이해하기 위해서 세계관의 일곱 가지 요소를 소개하고자 합니다. 이 요소들은 앞에서 세계관을 정의한 제임스 사이어가 제안한 내용입니다. 첫째, 무엇이 궁극적 실재이고 권위인가? 둘째, 우리를 둘러싼 세계의 본질은 무엇인가? 셋째, 인간은 무엇인가? 넷째, 인간은 죽으면 어떻게 되는가? 다섯째, 지식이 가능한 까닭은 무엇인가? 여섯째, 옳고 그름을 어떻게 구별할 수 있는가? 일곱째, 인간 역사의 의미는 무엇인가?

여러분, 제정신으로 이것들을 다 생각하고 연구할 사람은 없습니다. 그러나 가만히 들어 보면 이것이 여러분에게 결코 낯선 것은 아닙니다. 이것은 여러분이 의식하든 의식하지 않든지 여러분 삶의 모든 판단과 방향 설정에서 생각하지 않을 수 없는 중요한 요소라는 것을 금방 공감하실 것입니다. 그런 의미에서 기독교는 바로 이 세계관의 요소들을 가질 수밖에 없습니다.

기독교는 단지 세상 속에서 행하는 하나의 종교 행위 또는 각자의 신념의 문제가 아닙니다. 기독교인이 된다는 것은 그의 세계관에서 세상과 전혀 다른 요소들을 가지는 것을 말합니다. 기독교 신앙은 단순한 믿음과 행동을 뛰어넘어 세계관의 철저한 기독교화가 필요합니다. 세계관의 철저한 기독교화란 모든 것을 기독교적으로 생각하는 것을 말합니다. 기독교 신앙은 우리가 누구이고 역사가 무엇이고 세계가 무엇이고 궁극적인 실재와 최종 권위가 누구인가에 관해서 이야기합니다. 이 큰 틀에 동의하지 않고, 이 큰 틀을 정리하지 않고 기독교 신앙을 논하게 되면, 그것은 다만 하나의 기호나 취미나 사적 영역의 일부로 제한되어 그저 어느 한 사람의 작은 선택에 지나지 않게 됩니다.

기독교 신앙에서 가장 중요한 것은 예수님과의 인격적 관계입니다.

우리는 이 말을 즐겨 사용합니다. 그 표현을 쓸 때에는 다음과 같은 긍정적인 이유가 있습니다. 기독교 신앙은 법칙이나 이념이나 관념의 문제가 아니라, 인격과의 교제라는 면에서 예수님과의 인격적 교제라는 것입니다. 그래서 하나님은 우리를 한 인격으로 대접하시고 우리가 하나님 앞에 나아갈 때에는 하나님이 인격이시라는 것, 즉 그가 지·정·의를 가지고 계시다는 사실을 기억하고 나갑니다. 우리의 기도는 하나님께 무엇을 주문하는 것도 아니며, 필요한 물품을 달라고 나열하는 것도 아닙니다. 어떤 의미에서 인격과 인격 간에 밀고 당기고 호소하고 설득하고 합의하는 그런 전제들이 들어 있다는 것입니다.

그러나 이것이 부정적으로 잘못 이해되면, 인격적 관계라는 것이 두 존재 간의 내밀한 사적 관계 외에는 아무것도 아닌 것이 될 수 있습니다. 예수님을 믿는다는 문제가 한 개인이 취하는 선택이나 개인이 가지는 취미에 지나지 않게 된다는 것입니다. 그 자신이 살아가는 삶의 전 실존 영역과 시대와 사회적인 관계에서 갖는 어떤 책임과 전혀 무관한 것이 되고 맙니다. 이것은 성경이 거부하는 방향입니다. 사도행전 17장에 보면, 이 문제에 대한 사도 바울의 탁월한 증언이 나옵니다.

바울이 아레오바고 가운데 서서 말하되 아덴 사람들아, 너희를 보니 범사에 종교심이 많도다. 내가 두루 다니며 너희가 위하는 것들을 보다가 알지 못하는 신에게라고 새긴 단도 보았으니 그런즉 너희가 알지 못하고 위하는 그것을 내가 너희에게 알게 하리라. 우주와 그 가운데 있는 만물을 지으신 하나님께서는 천지의 주재시니 손으로 지은 전에 계시지 아니하시고 또 무엇이 부족한 것처럼 사람의 손으로 섬김을 받으시는 것이 아니니 이는 만민에게 생명과 호흡과 만물을 친히 주시는 이심이라. 인류의 모든 족속을 한 혈통으로 만드사 온 땅에 살게 하시고 그들의 연대를 정하시며 거주의 경계를 한정하셨으니 이는 사람으로 혹 하나님을 더듬어 찾아 발견하게 하려 하심이로되 그는 우리 각 사람에게서 멀리 계시지 아니하도다. 우리가 그를 힘입어 살며 기동하며 존재하느니라. 너희 시인 중 어떤 사람들의 말과 같이 우리가 그의 소생이라 하니 이와 같이 하나님의 소생이 되었은즉 하나님을 금이나 은이나 돌에다 사람의 기술과 고안으로 새긴 것들과 같이 여길 것이 아니니라. 알지 못하던 시대에는 하나님이 간과하셨거니와 이제는 어디든지 사람에게 다 명하사 회개하라 하셨으니 이는 정하신 사람으로 하여금 천하를 공의로 심판할 날을 작정하시고 이에 그를 죽은 자 가운데서 다시 살리신 것으로 모든 사람에게 믿을 만한 증거를 주셨음이니라 하니라(행 17:22-31).

잘 아시다시피 이 말씀은 아덴에 도착한 바울이 그리스가 가지고 있는 많은 우상들을 보며 마음에 안타까움이 가득해서 이제 복음을 전하는 장면입니다. 그런데 바울이 복음을 전하는 모습을 보면 아주 중요한 문제로 그들과 논쟁을 펼치고 있는데, 그것이 바로 세계관 문제입니다. 너희가 많은 신들을 둔 것을 보았고, 그중에 알지 못하는 신까지 세운 것을 보았다고 합니다. 이것이 무슨 뜻이냐 하면, 너희가 특별히 어떤 신을 알고 섬기지 않을지라도 알지 못하는 신까지 둔 것을 보면, 너희가 인간의 한계를 이해하고 인간은 자신보다 훨씬 위대한 신이 필요하다는 것을 인정하고 있다. 그것을 내가 알겠다. 그런데 너희는 인간보다 위대하고 인간을 초월하는 신이 필요하다고 해서 그 신을 너희 손으로 만들어 놓고 경배하니 이게 말이 되느냐 하는 것이 바울이 말하고자 하는 핵심입니다. 신이 있다면 신이 우리에게 필요를 공급해야지 너희가 어떻게 신을 만들고 신에게 필요한 것을 공급하면서 신이 필요하다고 하느냐? 이제 보라. 내가 전하려는 복음의 핵심에 따르면, 우리가 믿는 하나님은 우리를 지으셨고 우리의 필요를 채워 주실 뿐 아니라 예수 그리스도를 죽음에서 부활시킴으로써 그분이 창조의 하나님이요 부활의 하나님이신 것을 증명하셨다. 무슨 증거가 더 필요하겠느냐? 너희는 너희가 가진 세계관을 내려놓고 진정한 주인이신 하나님 앞으로 돌아오라고 하는 것입니다. 이것이 사도 바울의 복음 증거입니다. 그것이 누가복음 3장에서 보는 바와 같이 어느 날 누가가 데오빌로 각하에게 세례 요한의 회개를 들이대는 이유입니다.

경쟁의 법칙이 아닌 하나님의 통치

우리가 세상을 살면서 가장 크게 부딪히는 현실은 세상이 무섭다는 사실입니다. 세상은 우리가 사는 현실입니다. 이 세상은 자기의 법칙을 가지고 있습니다. 세상이 가지고 있는 법칙은 잘 아시는 대로 '경쟁의 법칙'입니다. 살기 위해서 타인을 죽여야 하는 경쟁의 법칙이며, 그러기 위해서는 수단과 방법을 가리지 않습니다. 우리는 하나님을 믿고 예수님 안에서 삽니다. 예수님을 믿고 하나님을 주인으로 섬기고 산다는 것은, 이 경쟁의 법칙이 최종 권위가 아니라 하나님이 예수님으로 완성하시는 통치를 섬기고 받아들이는 것이 최종 권위라고 믿는다는 뜻입니다.

그러면 어떤 일이 일어납니까? 세상이 갖는 세계관과 다른 세계관을 갖는다면, 우리는 세상 속에서 세상의 법칙과 우리의 법칙이 공존할 수 없다는 도전과 시련을 경험할 수밖에 없습니다. 이 문제 앞에서 신앙인들이 가지는 위험은 바로 기독교 세계관을 포기하고 자신의 신앙을 사적인 영역으로 축소하여 신앙을 개인적인 영역에 국한해 버린다는 사실입니다. 이 문제에 대하여 구약은 이렇게 꾸짖고 있습니다.

너희 소돔의 관원들아, 여호와의 말씀을 들을지어다. 너희 고모라의 백성아, 우리 하나님의 법에 귀를 기울일지어다. 여호와께서 말씀하시되 너희의 무수한 제물이 내게 무엇이 유익하뇨. 나는 숫양의 번제와 살진 짐승의 기름에 배불렀고 나는 수송아지나 어린 양이나 숫염소의 피를 기뻐하지 아니하노라. 너희가 내 앞에 보이러 오니 이것을 누가 너희에게 요구하였느냐. 내 마당만 밟을 뿐이니라. 헛된 제물을 다시 가져오지 말라. 분향은 내가 가증히 여기는 바요 월삭과 안식일과 대회로 모이는 것도 그러하니 성회와 아울러 악을 행하는 것을 내가 견디지 못하겠노라. 내 마음이 너희의 월삭과 정한 절기를 싫어하나니 그것이 내게 무거운 짐이라. 내가 지기에 곤비하였느니라. 너희가 손을 펼 때에 내가 내 눈을 너희에게서 가리고 너희가 많이 기도할지라도 내가 듣지 아니하리니 이는 너희의 손에 피가 가득함이라. 너희는 스스로 씻으며 스스로 깨끗하게 하여 내 목전에서 너희 악한 행실을 버리며 행악을 그치고 선행을 배우며 정의를 구하며 학대 받는 자를 도와주며 고아를 위하여 신원하며 과부를 위하여 변호하라 하셨느니라(사 1:10-17).

구약성경에서 이스라엘 역사의 끝 부분을 보면, 그들이 멸망할 즈음이 되어서는 종교의 부패가 아주 심각하게 일어납니다. 종교적 열심과 그 원색성이 훨씬 강화되면서 종교적 부패가 동시에 일어났습니다. 그 부패의 핵심은 그들이 하나님을 사적인 영역에 가두고 자신의 소원을 들어주시는 분으로 격하시켰다는 것입니다. 그들 삶의 중심에 있었던 진정한 궁극적인 실재는 세상이었다는 사실입니다. 정치적 평화와 물질적 풍요가 실제적인 인생의 낙이요 중요한 것이었지, 하나님은 그것을 이루어 주시는 힘에 불과한 처지로 내밀리고 말았습니다. 그러니까 이렇게 말씀하십니다. "나는 너희가 나한테 와서 제사 드리는 게 싫다. 그만 나와라. 꼴도 보기 싫다. 왜냐하면 너희는 나를 진정한 나로서 이해하지 못하고 있기 때문이다. 내가 너희에게 요구하는 신앙이 무엇인지를 모르고 있다. 더 열심히 더 치열하게 더 자주 찾아와서, 우리말로 하자면, 뻔질나게 찾아와서 내 속만 썩이고 간다."

그럼 어찌해야 합니까? 이사야 1:17에서 보신 대로, "선행을 배우며 정의를 구하며 학대받는 자를 도와주며 고아를 위하여 신원하며 과부를 위하여 변호하라"고 하신 것입니다. 그런데 이 구절을 다음과 같이 읽으시면 안 됩니다. "사회 정의를 실현하라." 그런 말이 아닙니다. "선행과 구제를 베풀어라"는 그런 말이 아닙니다. 그것은 네 삶의 원리와 네가 가진 세계관이 하나님의 통치를 근거로 하고 있다면, 세상이 추구하는 이해관계와 경쟁과 보상의 원리에서 벗어나 하나님의 통치, 자비와 긍휼과 의로움과 신실하신 통치에 네 삶을 바치라는 뜻입니다. 이것이 무슨 뜻입니까? 선행이란 투자가 아니라는 것입니다. 선행은 보상을 위하여 하는 행위가 아닙니다. 고아와 과부를 돌아본다는 것이 무엇입니까? 이해관계를 벗어나는 삶을 살라는 것입니다. 보상을 바라는 결정을 넘어서라는 것입니다.

하나님의 통치 아래 산다는 것은 이 세상의 위협과 시험 앞에서 이런 것들을 벗어나 살겠느냐고 묻는 말입니다. 이 세상이 가지는 위협이 무엇입니까? "너 그러면 죽어!"와 같은 말이 아닙니까? 하나님의 통치 아래 산다는 것은 그저 하나님 앞에 와서 제사를 지내고 예배를 드리는 것에 불과한 것이 아니라, 자신에게 주어진 현실에서 하나님의 통치에 순종하고 살겠느냐고 묻는 것입니다. 그러기 위해서는 우리의 세계관이 바뀌어야 합니다. 보이는 세상은 궁극적 실재가 아닙니다. 역사는 우연히 끌려가는 것도 아니요, 정치의 논리나 승자의 논리에 연결되어 있는 것도 아닙니다. 이것을 극복하지 못한다면 우리는 세상을 이길 수 없습니다.

이것은 누가 강요할 문제는 아닐 것입니다. 어떤 한 개인이 내가 세상 외에는 더 큰 진리나 더 큰 다른 법칙을 확인한 것이 없다고 한다면, 그 사람에게 우리가 뭐라고 할 수는 없습니다. 그러나 만일 우리가 예수를 믿는다고 고백한다면, 그 말이 가지는 의미를 분명히 알아야 합니다. 그 말은 여러분이 다만 주일 하루 예배드리러 오시는 것과 혹 열심을 더 내어 여러분의 일터에서 신우회 만드는 정도로는 안 된다는 것입니다. 자신의 삶의 관점과 방법이 바뀌어야 합니다.

이에 여러분은 이렇게 질문하실지 모릅니다. 그렇게 살면 죽지 않겠습니까? 네, 그렇습니다. 신앙이란 고민스러운 문제입니다. 내가 예수님을 믿는다고 고백하고 확신한다고 해서 세상을 단숨에 이기지 못하기 때문입니다. 그래서 우리 신자들이 타협해서 취하는 일반적 태도가 있습니다. 어떤 것은 아주 외면하면서도 어떤 것들은 철저히 고수하는 방식 말입니다. 세상에서는 세상 식으로 살고 믿음은 어느 영역에서만 지킵니다. 예배드릴 때, 헌금할 때, 자녀에게 훈계할 때에는 아주 적극성을 보입니다. 식기도 할 때도 그렇고, 결혼만은 믿는 집안이어야 합니다. 이 두 가지만 틀림없고, 나머지는 신자다움 수준에서 한국교회는 우수하지 않습니다. 최소한의 너그러움이나 최소한의 이해조차 부족합니다. 특별한 경우나 특별한 영역으로 들어가야만 신앙이 표현된다는 것입니다. 하나님이 유일한 궁극적 실재이시며 통치자이신데 이 세상이라는 환경과 조건 속에서 그가 요구하시는 것을 지켜내는 일에서 우리는 매우 실력이 부족하다는 사실입니다.

주어진 현실에서 믿음을 보이라

누가복음 3장에서 우리는 뜻밖의 족보가 나오는 것을 볼 수 있습니다. 이 족보가 예수님으로부터 거슬러 올라가서 최종적 기원을 하나님으로 제시하고 있습니다. 왜 이런 족보를 기록했을까요? 하나님이 전 인류, 세상, 우주, 역사의 기원이시라는 것을 드러내기 위함입니다. 그러니까 그것은 여러분이 예수님을 믿는다고 고백하면 자신의 존재와 삶을 어떻게 이해해야 하는가 하는 근본적인 문제와 직면하게 만듭니다. 물론 이 질문이 여러분의 신앙 문제에서 순서상 맨 처음에 나타난 것은 아니었을 것입니다. 예수님을 믿을까 말까 혹은 죽은 다음에는 어떻게 되는가 하는 것이 더 우선적인 질문이었을 것입니다.

그러나 그런 질문에 답을 알고서 죽은 다음에 내세가 있다고 믿게 되었다면, 다시 말해 하나님의 나라 곧 영생이라고 말하는 것을 믿는 자가 되었다면, 그것이 이 세상과는 어떻게 다른 것인가를 이해하고서 이 세상을 사는 동안 그 나라를 준비하는 자로 살아야 한다는 것입니다. 현실을 외면하고 도피할 것이 아니라 주어진 환경과 조건 속에서 자신의 인생을 그 나라의 사람으로서 훈련하고 준비하는 과정인 것으로 바라보아야 합니다.

여러분도 아시다시피, 정치가에게 권력을 주는 것은 그 권력을 누리라고 주는 것이 아니라 그 책임의 중대함 때문에 주는 것입니다. 그러므로 자격이 준비되어 있지 않고 훈련되어 있지 않은데 권력을 쥐는 것은 참으로 무서운 일입니다. 이와 마찬가지로 하나님이 자기 백성을 불러 천국을 주시고자 할 때, 하나님이 우리를 그의 백성답게 만드시는 것은 당연한 일이라고 성경은 가르칩니다.

신약성경의 서신들을 읽어 보면, 우리가 해야 하는 일들로 가득합니다. 당연한 일들입니다. 그것을 어디서 해야 합니까? 실험실에서 하는 것도 아니고, 머릿속으로 하는 것도 아니고, 바로 우리에게 주어진 조건 속에서 그 일들을 해야 합니다. 그 조건이란 무엇입니까? 현실이 전부인 것 같고, 보이는 것이 전부인 것 같고, 이기기 위해서는 다 죽여야 할 것 같은 세상의 위협과 공갈이 아니겠습니까? 우리는 이런 조건 속에서 자신을 훈련시켜야 합니다. 만일 여러분의 신앙이 이런 차원의 이해를 갖지 못한다면, 평생 여러분에게 예수 믿는 일은 하나님 앞에 보상을 받는 것이나 숨어서 전전긍긍하는 것 정도에 머물고 말 것입니다. 신자로서의 인생을 모험과 자랑과 기적으로 가질 수가 없습니다.

데오빌로 각하 여러분, 저의 이 말이 사실인 줄로 아시고 각하께서도 들으셨듯이 예수가 오신 이 신비와 권위와 진리를 알아들으시고, 참 믿음의 인생을 걷기를 바랍니다.

15
믿음의 양면성

롬 10:9-15

네가 만일 네 입으로 예수를 주로 시인하며 또 하나님께서 그를 죽은 자 가운데서 살리신 것을 네 마음에 믿으면 구원을 받으리라. 사람이 마음으로 믿어 의에 이르고 입으로 시인하여 구원에 이르느니라. 성경에 이르되 누구든지 그를 믿는 자는 부끄러움을 당하지 아니하리라 하니 유대인이나 헬라인이나 차별이 없음이라. 한분이신 주께서 모든 사람의 주가 되사 그를 부르는 모든 사람에게 부요하시도다. 누구든지 주의 이름을 부르는 자는 구원을 받으리라. 그런즉 그들이 믿지 아니하는 이를 어찌 부르리요 듣지도 못한 이를 어찌 믿으리요 전파하는 자가 없이 어찌 들으리요 보내심을 받지 아니하였으면 어찌 전파하리요 기록된 바 아름답도다. 좋은 소식을 전하는 자들의 발이여 함과 같으니라.

믿음은 어떻게 생기는가

'믿음이 어떻게 생기는가?' 하는 것을 생각할 때 로마서 식으로 이야기하면 "믿음은 들음에서 난다"고 했습니다. 이 말은 기독교 신앙이 자생적인 것이 아니고 인간이 만들어 낸 것이 아니라 밖에서부터 온 것이라는 뜻입니다. 그래서 믿음은 사실에 관한 확인이기보다 우리를 찾아오시고 자신을 계시하신 하나님에 대한 신뢰이기 때문에 하나님께서 당신을 우리에게 보이시는 일이 선행되어야 한다고 말씀드렸습니다.

그런데 믿음이라는 것이, 이렇게 믿어야 할 대상과 내용이 소개되고 설명되고 납득되어야 할 이유는 무엇이겠습니까? 그것은 하나님이 자신을 나타내시고 믿어야 할 어떤 내용을 설명하시는 이유가 필요한 것이기 때문입니다. 우리에게 믿음이 생기려면 먼저 그런 선행 조건은 반드시 필요합니다. 그러나 믿음이 생기는 문제에서 믿음의 대상과 그 내용이 소개되는 것으로만 그쳐 버린다면 부족하다는 것입니다. 왜냐하면 믿는 자의 영혼과 인격에 하나님이 믿음의 대상으로 이해되어야 하고, 또 믿기로 결정해야 하는 주관적인 면은 아직 남아 있기 때문인 것입니다.

모든 믿음은 은혜라고 이야기하는 이유는, 하나님이 먼저 우리에게 믿어야 할 대상인 자신을 나타내시며 설명하시고 또 우리가 믿어야 할 내용들을 하나님 외에는 아무도 우리에게 보여주거나 설명할 수 없다는 차원에서 언제나 하나님이 이 일을 시작하셔서야만 가능하다는 차원에서 은혜인 것입니다. 하지만 이 은혜는 우리의 반응과 책임을 만들어 내기 위한 것입니다. 이 말을 이해해야 합니다. 믿음은 은혜라고 이야기하는 것은 우리 혼자서 하나님을 더듬어 알거나 기독교의 내용을 우리가 만들어 낼 수 있는 것이 아니라, 하나님이 자신을 우리에게 보여주시고 하나님이 어떤 분이시며 우리에게 무슨 내용을 채우기 원하시는지를 하나님만이 갖고 계시기 때문입니다. 하나님이 찾아오시고 설명하시며 주시지 않으면 우리는 반응할 수가 없습니다. 결정할 내용과 대상이 없지 않습니까? 그래서 언제나 믿음은 은혜입니다. 그 은혜는 늘 우리에게 설명하고 설득하여 반응하라는 은혜이지, "하나님이 시작하셨으니 하나님이 끝장을 내십시오" 하며 책임까지 떠넘기는 그런 은혜는 아닌 것입니다.

많은 사람들이 이 문제를 혼동하는 것은 믿음의 은혜와 책임의 경계선이 어떻게 되는지 몰라서 일어나는 것이라고 생각합니다. 믿음은 끝까지 은혜이면서 끝까지 책임인 것입니다. 나중에 실천의 부분에서 설명을 드리겠습니다만 은혜이면서 책임이라는 이 부분은 믿음에서만 나타나는 것이 아니고, 구원 자체의 성격에서도 그렇습니다. 구원에서 우리가 은혜와 믿음의 양면성을 볼 수 있는데, 우리가 함께 읽은 로마서 10장이 그렇습니다. 로마서 3장에서 설명하는 식의 '믿음 설명'이 아닙니다. 여기서는 믿음이 구원의 방법으로 제시된 하나님의 은혜이고 선물이며 원인 없이 결과를 만드시는 하나님의 법칙으로 소개되지만 전부 책임입니다. 9절을 다시 보겠습니다. "네가 만일 네 입으로 예수를 주로 시인하며 또 하나님께서 그를 죽은 자 가운데서 살리신 것을 네 마음에 믿으면 구원을 받으리라."

이런 부분이 바로 구원에서 믿음이 책임을 설명할 때 등장하는 것과 믿음이 은혜를 설명할 때 등장하는 양면이 있다는 것을 말하는데, 이를 놓치면 구원을 은혜로만 보아서 본인의 책임을 놓치는 경우가 있게 됩니다. 이 은혜로 치중한 쪽을 우리는 '구원파'라고 합니다. 유명한 사람으로는 워치만 니가 있습니다. 책임을 얼마만큼 강조해야 되는지를 모르는데, 이 책임을 강조한 쪽을 우리는 '알미니안주의'라고 합니다. 책임을 강조하는 파인데, 감리교가 이 파에 속합니다. 이단의 문제는 아니고 어느 쪽에 강조점을 두는지로 서로 교파를 달리하고 있습니다. 하지만 믿음의 목표와 내용은 같습니다. 설명에서 차이가 있는 것인데, 왜 그런 문제가 생겼는지를 살펴보면 구원에서 은혜를 설명하는 데도 '믿음', 책임을 설명하는 데도 '믿음'이라는 동일한 단어를 쓰는 데서부터 이 혼동이 야기된 것으로 보입니다.

이 로마서 10장에서 분명히 말하는 것은 "하나님께서 그를 죽은 자 가운데서 살리신 것을 네 마음에 믿으면 구원을 얻는다"는 것입니다. 우리는 책임을 강조하는 이 믿음을 여러 곳에서 보는데, 대표적인 성경 구절이 사도행전 16장에 나옵니다. "주 예수를 믿으라. 그리하면 너와 네 집이 구원을 받으리라"(행 16:31). 이때 믿음은 분명히 책임으로서의 믿음이며 조건으로서의 믿음으로 등장하고 있습니다. 로마서 3장에서 설명하는 믿음은 은혜와 하나님의 선물로서 또는 예수 그리스도 안에서 우리를 구원해 내시는 하나님의 능력으로서의 은혜의 믿음이 아니고 책임의 믿음입니다.

그러면 왜 이 둘은 '믿음'이라는 같은 단어로 혼용되는가? 이유가 있습니다. 우리가 믿음을 설명할 때 구원을 빼놓을 수 없었던 것은, 믿음의 시작을 하나님이 하실 수밖에 없다는 것이 구원에서 그렇다고 말씀드렸습니다. 구원이 하나님께서 시작하실 수밖에 없는 것이었고, 구원받지 않으면―즉 하나님을 알고 하나님과 화목하지 않고서는―믿음이라는 것은 시작할 수 없는 것이었습니다. 믿음은 하나님에 대한 신뢰이기 때문에 하나님을 모르고서는 이 믿음은 시작할 수가 없습니다. 하나님이 자신을 알리셔서 일어나는 첫 번째 결과가 구원입니다. 하나님과의 화목이며 하나님을 아는 것이며 하나님을 믿고 사랑하게 되는 것입니다.

그런데 이 구원에서 하나님이 우리에게 하나님과 화목하게 하시며 하나님과 원수되었던 것을 제거하시며 우리를 그의 자녀로 불러 하나님을 알게 하시는 이 행위야말로 기계적으로 조작하거나 조종하는 것이 아닙니다. 우리의 영혼에 하나님께서 깊이 간섭하셔서 우리의 죽은 영혼을 소생시키시며 하나님과의 관계를 정상화하여 하나님을 알게 합니다. 즉 구원은 우리의 영혼과 전 인격에 대한 것입니다.

영혼과 인격에 역사하는 구원

구원이란 지정의(知情意)를 가진 하나님의 형상을 따라 지음 받은 한 인격에게 하나님을 알리시고 하나님과 화목하게 하는 인격적 교류를 시작하신 것, 말하자면 한 가족을 만드는 행위입니다. 그래서 구원은 늘 영혼과 인격에 역사가 이루어집니다. 구원이 이루어진 자는 하나님과 화목하는 일과 하나님을 아는 이 일에 인격적인 반응이 언제나 가장 먼저 일어나는 것입니다. 구원을 얻은 자에게 일어나는 회개는, 자기가 하나님께 얼마나 못할 짓을 했는가 하는 인격적 참회입니다. 하나님을 잊고 산 것, 하나님을 외면하고 산 것, 하나님 없이 산 것에 대한 참회인 것입니다. 그것은 인격적인 것이지, 윤리적이고 도덕적이지 않습니다. 하나님과의 관계 속에서 자신의 인격적 위치를 보는 것입니다.

구원이 믿음의 반응과 책임을 요구하는 것은, 하나님의 은혜로 말미암아 믿음으로 일어나는 구원의 맨 첫 번째 정상화된 내용과 구원으로 말미암아 만들어진 첫 번째 결실 혹은 변화된 모습이 인격에서 나타나는 것입니다. 구원은 인격에 대한 사역이요 변화요 기적이요 돌이킴인 것입니다. 따라서 구원은 하나님의 은혜로 받은 것이 너무도 확실합니다. 하지만 그 반응은 늘 인격적인 이 결단, "내가 주를 믿습니다. 주를 영접합니다. 다시는 나를 죄에 팔아먹지 않겠습니다" 하는 인격적인 결합을 그 첫 번째 반응과 결단으로 내놓게 되는 것입니다. 그래서 하나님의 은혜로 구원을 얻는다고 하는 것은, 그 은혜가 우리의 영혼과 인격에 발언하고 역사하는 것을 말합니다. 구원 얻은 자의 모든 반응이 인격적 반응으로 나올 수밖에 없다는 것을 놓치면 은혜와 책임의 관계를 구원 자체에서도 놓치게 됩니다.

믿음을 설명할 때 잠시 설명드린 바와 같이, 이것은 구원에서도 동일한 핵심이고 믿음에서도 동일한 핵심입니다. 예수 믿는 사람 누구에게나 이루어진 이 구원은 은혜의 결과이고, 내게 이루어진 하나님의 의지와 능력에 의한 새로운 운명입니다. 그런데 하나님의 은혜나 의지, 능력에 의해서 나를 조작한 것이 아니라—기계와 부속을 바꾸어 놓는 것이 아니라—내 지성과 내 감정과 내 의지, 전 인격과 전 영혼에 대해 하나님이 베푸신 구원의 내용이 결과로 나온 것이라는 말입니다. 이것은 아무리 강조해도 부족한 것입니다.

"구원은 은혜다"라고 할 때 가장 대표적인 성경 구절을 에베소서 1:3

이하에서 찾을 수 있습니다.

찬송하리로다. 하나님 곧 우리 주 예수 그리스도의 아버지께서 그리스도 안에서 하늘에 속한 모든 신령한 복을 우리에게 주시되 곧 창세전에 그리스도 안에서 우리를 택하사 우리로 사랑 안에서 그 앞에 거룩하고 흠이 없게 하시려고 그 기쁘신 뜻대로 우리를 예정하사 예수 그리스도로 말미암아 자기의 아들들이 되게 하셨으니 이는 그가 사랑하시는 자 안에서 우리에게 거저 주시는 바 그의 은혜의 영광을 찬송하게 하려는 것이라(엡 1:3-6).

우리를 어느 때 택하셨는가 하면 창세전입니다. 구원이 언제 이루어졌는가 하면 창세전인 것입니다. 이 '창세전에'라는— '세상을 만들기 전 가장 먼 옛날부터'라는—표현을 쓰는 이유는 이렇습니다. 하나님께서 태초부터 우리에게 구원을 예비하셨다면 우리는 혹 생각하기를 '그럼 타락도 알고 계셨는가? 타락도 예정 속에 있었겠구나' 하는데, 그런 개념에서 이 말씀을 하시는 것이 아닙니다. 하나님은 무슨 일을 하시다가 잘 안 되어서 계획을 변경하고 보완하는 일이 없는 분이십니다. 우리의 타락이 하나님의 뜻 가운데 있는 것이 아닙니다. 하나님은 악에게 시험을 받지도 않고 또 누구를 시험하지도 않는 분이십니다. 그분에게는 악한 것이나 정당하지 못한 것이 없으십니다.

우리가 타락하는 바람에 예수님이 십자가를 지신 것은 사실이지만, 그렇지 않았다 할지라도 우리의 완성은 예수 그리스도 안에서 가능했을 것이라는 것은 창세기 처음에서 볼 수 있습니다. 아담과 하와가 범죄하자 하나님이 이렇게 말씀하십니다. "이 사람이 선악을 아는 일에 우리 중 하나같이 되었으니 그가 그의 손을 들어 생명나무 열매도 따 먹고 영생할까 하노라"(창 3:22). 이 때문에 에덴동산에서 쫓겨납니다. 생명나무는 예수 그리스도를 상징하는 것으로 봅니다. 그래서 하나님께서 이미 우리를 만드셨을 때, 그때 아담과 하와의 수준이 완성의 수준이 아니었던 것은 분명합니다. 그리스도 예수로 말미암아 어떤 비약(飛躍)이 하나 더 남아 있었던 것 같습니다. 그런데 그리로 가지 않고 타락하고 만 것입니다.

이제 우리가 예수 그리스도 안에서 구원을 얻어 올라가는 지위는 옛날 아담과 하와의 자리가 아닙니다. 그것보다 훨씬 더 높은 자리입니다. 하나님이 원래 의도하신 완성된 자리, 하나님의 형상을 따른 인간의 가장 복된 영광의 자리일 것입니다. 그래서 하나님이 하시는 모든 일에는 중간에 변경이 없으시며 시행착오가 없으시다는 것 때문에 우리의 구원을 논할 때 "이것은 태초부터다. 창세전이다" 하는 이야기로 하나님이 성실하고 신실하게, 그리고 전능의 힘을 동원하여 일하심을 강조하는 것입니다. "우리의 구원은 하나님의 뜻에 의한 것이요 하나님이 뜻을 세우셨으면 처음부터 가지신 뜻이지 중간에 일이 잘 안 되어 변경해서 만드신 것이 아니다." 이렇게 하다 보니까 '창세전에'가 된 것입니다. 은혜를 강조하는 것입니다.

이 은혜는, 창세전에 택함 받은 우리 각자의 현실 속에 하나님께서 찾아오셔서 우리의 영혼과 인격에 발언하여 우리의 입술을 통해 마음으로 믿은 전 인격을 동원한 자발적인 항복을 요구하시는 것입니다. 우리는 하나님의 은혜로 구원을 얻습니다. 그런데 이 구원이 하나님과 나를 알게 하며 하나님께서 그리스도 안에서 내게 행하신 사랑과 일을 알게 합니다. 그래서 모든 구원은 이루어진 은혜의 결과이며 운명인 것입니다. 그리고 이 결과와 운명과 함께 하나님에 대한 이해와 내게 향하신 하나님의 사랑과 의지에 대한 이해와 항복이 당연히 있게 됩니다. 즉 구원은 신분과 운명뿐 아니라 우리의 인격에 하나님이 찾아오시는 것이라서 이 인격적 항복이 당연히 초래되는 것입니다. 구원의 조건이라기보다 결과요, 가장 중요한 초점이 되는 인격적 항복이 일어나는 것입니다.

굳게 서는 믿음

이사야서 7장을 보겠습니다.

웃시야의 손자요 요담의 아들인 유다의 아하스 왕 때에 아람의 르신 왕과 르말리야의 아들 이스라엘의 베가 왕이 올라와서 예루살렘을 쳤으나 능히 이기지 못하니라. 어떤 사람이 다윗의 집에 알려 이르되 아람이 에브라임과 동맹하였다 하였으므로 왕의 마음과 그의 백성의 마음이 숲이 바람에 흔들림같이 흔들렸더라. 그때에 여호와께서 이사야에게 이르시되 너와 네 아들 스알야숩은 윗못 수도 끝 세탁자의 밭 큰길에 나가서 아하스를 만나 그에게 이르기를 너는 삼가며 조용하라. 르신과 아람과 르말리야의 아들이 심히 노할지라도 이들은 연기 나는 두 부지깽이 그루터기에 불과하니 두려워 말며 낙심하지 말라. 아람과 에브라임과 르말리야의 아들이 악한 꾀로 너를 대적하여 이르기를 우리가 올라가 유다를 쳐서 그것을 쓰러뜨리고 우리를 위하여 그것을 무너뜨리고 다브엘의 아들을 그중에 세워 왕을 삼자 하였으나 주 여호와의 말씀에 그 일은 서지 못하며 이루지 못하리라. 대저 아람의 머리는 다메섹이요 다메섹의 머리는 르신이며 육십오 년 내에 에브라임이 패망하여 다시는 나라를 이루지 못할 것이며 에브라임의 머리는 사마리아요 사마리아의 머리는 르말리야의 아들이니라. 만일 너희가 굳게 믿지 아니하면 너희는 굳게 서지 못하리라 하시니라(사 7:1-9).

9절 하반절에 "만일 너희가 믿지 아니하면 너희는 굳게 서지 못하리라"는 말씀이 나오는데, 이 말씀은 믿음에 관해 믿음을 이해하는 대표적인 성경 구절로 여겨지고 있습니다. "믿지 아니하면 너희는 굳게 서지 못하리라"는 말씀은 믿음과 존재의 일치를 뜻하는 구절로 이해됩니다. 즉 믿지 아니하면 그 존재가 무너진다는 것입니다. 믿지 못하면 그 존재는 없는 것입니다. 즉 하나님에게 인정받는 존재는 믿는 자라는 것입니다. 중세 후기의 신학자 안셀름은 이 구절을 '너희가 믿지 아니하면 이해할 수 없을 것이다'라고 해석하고, 이 구절을 근거로 해서 '나는 이해하기 위해 믿는다'라는 슬로건을 제창합니다. 그래서 신앙의 동의는 적절한 이해에 근거해야 한다고 하는 이해를 추구하는 신앙의 주제를 만듭니다. 그러므로 모든 신앙은 알지 못하고는 생겨날 수 없다는 것입니다. 그러나 이 문제는 알아야 할 뿐만 아니라 하나님께서 우리로 하여금 굳게 하시기를 원한다는 데까지 진전되어야 하는 것입니다.

지금 유다 왕 아하스 때 아람과 북왕조 이스라엘이 동맹해서 유다를 치러 오는 것입니다. 아하스에게 큰일이 난 것입니다. 나라의 운명이 바람 앞에 등불같이 되었습니다. 그때 하나님께서 이사야를 보내서 "걱정 마라. 내가 너희 나라를 지키고, 쳐들어오는 나라들이 결단코 너희를 이기지 못할 것이다" 하면서 "너희가 굳게 믿지 아니하면 너희는 굳게 서지 못하리라. 내 백성이 되고 내 자녀가 되려면 믿음이 있어야 한다"는 말씀을 하십니다. 10절 말씀을 보면 "여호와께서 또 아하스에게 말씀하여 이르시되 너는 네 하나님 여호와께 한 징조를 구하되 깊은 데에서든지 높은 데에서든지 구하라"고 하십니다. 징조를 구해서 믿으라고 하십니다. "네가 믿을 만한 어떤 조건을 제시해 봐라"고 하시는데 아하스가 이 말씀을 듣지 않습니다. 징조를 구하지 않습니다. 그는 하나님에 대한 믿음과 신뢰가 없습니다. 하나님께서 "너희가 굳게 믿지 아니하면 너희는 굳게 서지 못하리라" 하실 때, 믿음을 믿을 만한 증거를 제시하지 않고 내용을 설명하지 않고 그냥 믿으라고 하는 것이 아니라 믿도록 제시하시는 것입니다. 믿는 자의 굳음, 믿는 자의 든든함을 목표로 하고 있는 것입니다.

빌립보서 2장에 이런 설명이 나옵니다. 여기에서 은혜로 얻은 구원이 책임의 믿음을 구하는 것으로 언제나 연결되는 것을 봅니다. "그러므로 나의 사랑하는 자들아, 너희가 나 있을 때뿐 아니라 더욱 지금 나 없을 때에도 항상 복종하여 두렵고 떨림으로 너희 구원을 이루라"(빌 2:12). 여기서 말하는 구원은 보통 말하는 '칭의'의 구원이 아닙니다. 죄인에서 하나님의 자녀가 되는 구원을 말하는 것이 아니고, 그 구원의 완성을 말하는 '성화'를 이야기하는 것입니다. 이 12절은 5절 이하와 연결됩니다.

> 너희 안에 이 마음을 품으라. 곧 그리스도 예수의 마음이니 그는 근본 하나님의 본체시나 하나님과 동등됨을 취할 것으로 여기지 아니하시고 오히려 자기를 비워 종의 형체를 가지사 사람들과 같이 되셨고 사람의 모양으로 나타나사 자기를 낮추시고 죽기까지 복종하셨으니 곧 십자가에 죽으심이라(빌 2:5-8).

예수 그리스도의 십자가를 설명하는데, 이때는 십자가로 말미암아 구원을 얻었다는 것을 설명하는 대목이 아닙니다. 1절 이하를 보겠습니다.

> 그러므로 그리스도 안에 무슨 권면이나 사랑의 무슨 위로나 성령의 무슨 교제나 긍휼이나 자비가 있거든 마음을 같이하여 같은 사랑을 가지고 뜻을 합하며 한마음을 품어 아무 일에든지 다툼이나 허영으로 하지 말고 오직 겸손한 마음으로 각각 자기보다 남을 낫게 여기고 각각 자기 일을 돌볼뿐더러 또한 각각 다른 사람들의 일을 돌보아 나의 기쁨을 충만하게 하라(빌 2:1-4).

너희는 이렇게 너희 구원을 완성하라는 것입니다. 예수 그리스도로 말미암아 너희가 구원을 얻었고, 예수 그리스도로 말미암아 믿음의 본을 보지 않았는가 하는 것입니다. "믿음의 표준과 모델을 보지 않았는가? 그러니 이렇게 해라"는 책임이 늘 요구됩니다.

믿음의 본질을 다루면서 이 말을 했습니다만, 예수를 믿고 나서 사람들이 좋은 신앙을 갖기 위해서 구하는 것 가운데 이런 것이 있습니다. 기계적으로 다뤄 달라는 기도를 하는 것입니다. "술친구가 찾아오면 그 녀석이 벙어리가 되게 해주십시오. 술친구가 와서 나를 붙잡고 가려고 하면 발이 안 떨어지게 해주십시오." 모두가 이런 기도를 한두 번씩은 합니다. 그런데 그 기도가 끝나기가 무섭게 술친구가 열두 명이나 찾아옵니다. 이상하게 그것을 막아 주시지 않습니다. 내가 결정하기를 요구하시지, 하나님은 절대 조종하지 않으십니다. 이런 외적 조건으로 내가 조종당해서 믿음을 지키는 것을 하나님이 목적하시지 않기 때문에 그렇습니다. 그래서 우리는 늘 당황합니다.

연습과 노력의 중요성

하나님이 우리에게 주신 바, 무엇이 하나님의 뜻이며 무엇이 하나님이 싫어하시는 것인가를 아는 차원에서 그것을 지키는 자리까지 우리에게 책임지라고 하십니다. 이것은 책임지는 싸움입니다. 이 부분을 기도해서 넘어가려고 하면 안 됩니다. 물론 기도해야 합니다. 그러나 그 기도는 언제나 이 책임을 지키기 위한 방법이요 노력으로 등장하는 것이지, 기도하는 것으로 책임과 결과를 떠넘겨서는 안 됩니다. 에베소서 1:17 이하를 보겠습니다.

우리 주 예수 그리스도의 하나님, 영광의 아버지께서 지혜와 계시의 영을 너희에게 주사 하나님을 알게 하시고 너희 마음의 눈을 밝히사 그의 부르심의 소망이 무엇이며 성도 안에서 그 기업의 영광의 풍성함이 무엇이며 그의 힘의 위력으로 역사하심을 따라 믿는 우리에게 베푸신 능력의 지극히 크심이 어떠한 것을 너희로 알게 하시기를 구하노라. 그의 능력이 그리스도 안에서 역사하사 죽은 자들 가운데서 다시 살리시고 하늘에서 자기의 오른편에 앉히사 모든 통치와 권세와 능력과 주권과 이 세상뿐 아니라 오는 세상에 일컫는 모든 이름 위에 뛰어나게 하시고 또 만물을 그의 발 아래에 복종하게 하시고 그를 만물 위에 교회의 머리로 삼으셨느니라(엡 1:17-22).

예수 그리스도는 십자가를 지셨고 교회의 머리가 되셨습니다. 우리가 십자가를 이야기할 때는 구원의 은혜성, 믿음의 은혜성을 십자가에서 봅니다. 그리고 교회에서는 십자가를 지신 예수님이 교회의 머리가 되셔서, 책임지는 믿음과 책임지는 구원을 요구하고 계시다는 것을 보게 됩니다. 에베소서 4:13 이하는 이 부분을 이렇게 설명하고 있습니다.

우리가 다 하나님의 아들을 믿는 것과 아는 일에 하나가 되어 온전한 사람을 이루어 그리스도의 장성한 분량이 충만한 데까지 이르리니 이는 우리가 이제부터 어린아이가 되지 아니하여 사람의 속임수와 간사한 유혹에 빠져 모든 교훈의 풍조에 밀려 요동하지 않게 하려 함이라. 오직 사랑 안에서 참된 것을 하여 범사에 그에게까지 자랄지라. 그는 머리니 곧 그리스도라. 그에게서 온몸이 각 마디를 통하여 도움을 받음으로 연결되고 결합되어 각 지체의 분량대로 역사하여 그 몸을 자라게 하며 사랑 안에서 스스로 세우느니라(엡 4:13-16).

이제 예수님은 우리의 죄를 지고 십자가에 달려 죽으신 데서부터 교회의 머리가 되셔서 끊임없이 우리에게 주의 말씀과 주의 뜻을 가르치십니다. 그래서 요동하지 않는 믿음의 자리까지 가게 하십니다. 머리가 우리에게 가르친다는 사실에서는 '은혜'이고, 그것을 내가 해야 한다는 사실에서는 '책임'입니다. 그래서 우리가 다 하나님의 아들을 믿는 것과 아는 일에 하나가 되어 온전한 사람을 이루어 그리스도의 장성한 분량이 충만한 데까지 이르러야 하는 것입니다. 이것이 우리의 책임입니다.

나중에 실천적인 차원에서 더 깊이 다루겠습니다만, 믿음에서는 '아는 것'과 함께 '연습하는 것'이 굉장히 중요한 부분이 됩니다. 그런데 이상하게도 '신앙'하게 되면, 노력하거나 연습해서 되는 것은 종교적인 것이 아니라고 생각하게 되고, 자꾸 위에서 뭔가 뚝 떨어지는 것을 받는 것으로 생각하게 됩니다. 우리가 하나님을 사랑하며 주를 믿는다고 고백한 것을 가지고 주를 사랑하는 일을 연습하는 것이 하나님이 보실 때 가장 아름답습니다. 연습하고 노력하며 애쓰는 것, 그것이 하나님이 받으시는 제사입니다. 그래서 우리가 하나님 앞에 자발적으로 마음과 뜻과 정성을 모아 노력하고 애써서 연습하여 만든 자리, 하나님이 우리에게 요구하신 하나님 형상의 그 완성의 자리, 그리스도 예수 안에서 우리에게 의도하신 그 아름다운 하나님의 자녀의 자리를 향해 가는 것이 우리의 책임입니다. 이것이 하나님이 우리에게 목적하신 것이며 하나님이 가장 기뻐하시는 것입니다.

이것은 은혜로 받지 않습니다. 물론 늘 은혜가 있지만 우리의 의지가 나약하고 이해가 부족하고 세상의 유혹이 너무 심할 때 하나님께서 더 확실하고 크게 간섭하셔서 나로 하여금 더 분명하게 주를 붙잡게 해달라고 은혜를 구할 수 있습니다. 더 확실하게 하고 더 큰 감동으로 찾아와 주시면 내가 더 확실한 반응을 보일 가능성이 있습니다. 그렇지만 어쨌든 내가 붙잡아야 하고 내가 결정하고 노력하고 연습해서 그 자리에 가야 하는 책임

믿음

의 자리입니다. "두렵고 떨림으로 너희 구원을 이루라"는 것입니다. 이 믿음의 책임과 은혜성을 분명히 해서 우리가 늘 은혜를 구하되, 납득하고 확인하고 항복하고 결정해서 그렇게 실천하려는 의도에서 은혜를 구해야 합니다. 이 믿음의 양면성 즉 하나님의 은혜와 우리의 책임을 기억하고 연습하고 노력하는 여러분이 되시기 바랍니다.

2

믿음의 책임

16
책임

히 4:1-2

그러므로 우리는 두려워할지니 그의 안식에 들어갈 약속이 남아 있을지라도 너희 중에는 혹 이르지 못할 자가 있을까 함이라. 그들과 같이 우리도 복음 전함을 받은 자이나 들은 바 그 말씀이 그들에게 유익하지 못한 것은 듣는 자가 믿음과 결부시키지 아니함이라.

출애굽한 이스라엘 백성이 가나안 입국에 실패한 것은 그들이 믿음과 결부시키지 않았기 때문이라고 본문이 지적하고 있습니다. 이것은 모든 성도에게 책임 있는 믿음생활을 할 것을 촉구하고 있습니다. 사실 좋은 믿음을 갖고 싶은 것은 모든 성도의 공통된 소원입니다. 그러나 어떻게 좋은 믿음을 가질 수 있는가에 대해서는 오해의 소지가 많습니다. 어떻게 하면 아브라함과 같은 믿음을 갖는가, 어떻게 하면 여호수아와 갈렙 같은 믿음을 갖는가 하는 문제들은 우리 모두의 소원이요 공통의 관심사임에도 불구하고 실제로 이 승리하는 믿음을 가진 자는 드뭅니다. 이제 성경을 따라 그 문제를 잘 살펴서 좋은 믿음을 갖는 자리까지 나아가 봅시다.

믿음의 조상 아브라함

믿음과 결부시키라는 이 문제에서 우리의 관심을 끄는 것은, 이 문제가 어떻게 보면 공평하지 못하게 요구된다는 사실입니다. 공평하지 못하다는 것이 무슨 뜻인지 살펴보겠습니다. 이스라엘 백성이 출애굽하여 가데스바네아에서 가나안 입국에 실패하기 전까지 이스라엘은 여러 번 실패했습니다. 그런데 왜 하필 가데스바네아에서 가나안 입국을 거절했을 때만 하나님이 그렇게 진노하셨는가 하는 것입니다.

홍해 앞에 섰을 때 이스라엘 백성이 원망했고, 모세가 율법을 받으러 시내산에 올라가고 없었을 때 금송아지를 만들었습니다. 이때 하나님이 진노하시지 않은 것은 아니지만, 가나안 입국을 거절한 가데스바네아 사건에서처럼 전체적인 책임을 묻지는 않으셨습니다. 그런데 왜 가데스바네아에서 정탐꾼을 보내고 가나안 입국을 거절한 사건에서는 그토록 격노하신 것입니까? 도대체 우리가 믿음을 어떻게 사용해야 하고 믿음은 어떻게 생기는가 하는 문제들에 대해 사실상 모호한 것이 많습니다. 로마서 4장에 이 믿음에 관한 성경의 대표적인 설명이 나오는데, 이것이 쉽게 이해되지 않은 탓인지도 모르겠습니다.

그러므로 상속자가 되는 그것이 은혜에 속하기 위하여 믿음으로 되나니 이는 그 약속을 그 모든 후손에게 굳게 하려 하심이라. 율법에 속한 자에게뿐만 아니라 아브라함의 믿음에 속한 자에게도 그러하니 아브라함은 우리 모든 사람의 조상이라. 기록된 바 내가 너를 많은 민족의 조상으로 세웠다 하심과 같으니 그가 믿은 바 하나님은 죽은 자를 살리시며 없는 것을 있는 것으로 부르시는 이시니라. 아브라함이 바랄 수 없는 중에 바라고 믿었으니 이는 네 후손이 이같으리라 하신 말씀대로 많은 민족의 조상이 되게 하려 하심이라. 그가 백 세나 되어 자기 몸이 죽은 것 같고 사라의 태가 죽은 것 같음을 알고도 믿음이 약하여지지 아니하고 믿음이 없어 하나님의 약속을 의심하지 않고 믿음으로 견고하여져서 하나님께 영광을 돌리며 약속하신 그것을 또한 능히 이루실 줄을 확신하였으니 그러므로 그것이 그에게 의로 여겨졌느니라(롬 4:16-22).

성경은 이렇게 모범적이고 대표적이고 완전한 믿음의 표본으로 아브라함의 믿음을 소개하고 있습니다. 그런데 로마서 4:17에 나오는 아브라함이 하나님 앞에 의롭다 하심을 받았다 하는 대표적인 사건은 바로 창세기 17장의 사건입니다.

아브람이 구십구 세 때에 여호와께서 아브람에게 나타나서 그에게 이르시되 나는 전능한 하나님이라. 너는 내 앞에서 행하여 완전하라. 내가 내 언약을 나와 너 사이에 두어 너를 크게 번성하게 하리라 하시니 아브람이 엎드렸더니 하나님이 또 그에게 말씀하여 이르시되 보라, 내 언약이 너와 함께 있으니 너는 여러 민족의 아버지가 될지라. 이제 후로는 네 이름을 아브람이라 하지 아니하고 아브라함이라 하리니 이는 내가 너를 여러 민족의 아버지가 되게 함이니라(창 17:1-5).

창세기 17:4-5을 로마서 4장에서 인용한 것인데, 여기에는 아브라함의 믿음은 언급되지 않습니다. 그렇지요? 이 대목은 하나님이 아브라함에게 하신 약속만 언급하지 아브라함의 믿음은 언급하지 않습니다. 원래 아브라함이 하나님을 믿으매 이를 의로 여기셨다는, '믿음의 조상'이라는 별명을 얻게 한 사건은 창세기 15장 사건입니다.

이후에 여호와의 말씀이 환상 중에 아브람에게 임하여 이르시되 아브람아, 두려워하지 말라. 나는 네 방패요 너의 지극히 큰 상급이니라. 아브람이 이르되 주 여호와여, 무엇을 내게 주시려 하나이까. 나는 자식이 없사오니 나의 상속자는 이 다메섹 사람 엘리에셀이니이다. 아브람이 또 이르되 주께서 내게 씨를 주지 아니하셨으니 내 집에서 길린 자가 내 상속자가 될 것이니이다. 여호와의 말씀이 그에게 임하여 이르시되 그 사람이 네 상속자가 아니라. 네 몸에서 날 자가 네 상속자가 되리라 하시고 그를 이끌고 밖으로 나가 이르시되 하늘을 우러러 뭇별을 셀 수 있나 보라. 또 그에게 이르시되 네 자손이 이와 같으리라. 아브람이 여호와를 믿으니 여호와께서 이를 그의 의로 여기시고(창 15:1-6).

사실은 창세기 15장의 사건이 아브라함이 믿음의 조상이라는 아름다운 이름을 얻게 된 사건입니다. 그런데 로마서 4장은 아브라함이 어떻게 믿음의 사람이었는지를 이야기할 때 창세기 15장 사건이 아닌 17장 사건을 언급합니다. 창세기 17장은 15장의 하나님의 이 약속을 믿음으로 아브라함을 믿음의 조상으로 만든 그 일을 그르쳐서 일어난 사건입니다. 하나님께서 아브라함에게 나타나셔서 "내가 너의 방패요 지극히 큰 상급이라" 하자 아브라함이 무엇이라고 합니까? "뭐, 다른 것 주실 필요 없이 나는 무자하오니 내가 기르는 엘리에셀이나 잘 크게 해주십시오." 그러자 하나님께서 "아니다. 네 몸에서 날 자, 네 씨로 내가 하늘의 별과 같이 바다의 모래 같게 하겠다"고 하셨습니다. 그래서 아브라함이 이를 믿어서 하나님께서 의로 여기셨다고 했는데, 16장에 가면 아브라함은 자기 아내의 몸종 하갈에게서 이스마엘을 낳습니다.

그래서 17장에는 그 사건을 책망하러 나타나신 하나님의 모습이 나옵니다. 아브라함에게 너와 네 본부인 사이에 내가 네 씨를 주겠다고 하는 것입니다. 4-5절을 다시 보십시오. "보라, 내 언약이 너와 함께 있으니 너는 여러 민족의 아버지가 될지라. 이제 후로는 네 이름을 아브람이라 하지 아니하고 아브라함이라 하리니 이는 내가 너를 여러 민족의 아버지가 되게 함이니라." 여기에 도대체 믿음이 등장할 여지가 없지 않습니까? 아브라함이 하나님을 믿고 말고가 없지 않습니까? 그런데 로마서 4장에서는 이 사건을 어떻게 인용하고 있습니까?

기록된 바 내가 너를 많은 민족의 조상으로 세웠다 하심과 같으니 그가 믿은 바 하나님은 죽은 자를 살리시며 없는 것을 있는 것으로 부르시는 이시니라. 아브라함이 바랄 수 없는 중에 바라고 믿었으니 이는 네 후손이 이같으리라 하신 말씀대로 많은 민족의 조상이 되게 하려 하심이라. 그가 백 세나 되어 자기 몸이 죽은 것 같고 사라의 태가 죽은 것 같음을 알고도 믿음이 약하여지지 아니하고 믿음이 없어 하나님의 약속을 의심하지 않고 믿음으로 견고하여져서 하나님께 영광을 돌리며 약속하신 그것을 또한 능히 이루실 줄을 확신하였으니(롬 4:17-21).

앞에서 살펴본 바와 같이, 창세기 17장은 15장에 그나마 조금 있었던 아브라함의 믿음이 깨지고 실패해서 하나님이 다시 등장하신 사건 아닙니까? 안 믿어지시면 창세기 17장으로 다시 돌아가 보겠습니다. 로마서에서 이야기하는 대로, 아브라함이 백 세나 되어 자기 몸의 죽은 것 같음과 사라의 태의 죽은 것 같음을 알고도 믿음이 약해지지 않은 것이 사실인지 보겠습니다. 창세기 17장입니다.

하나님이 또 아브라함에게 이르시되 네 아내 사래는 이름을 사래라 하지 말고 사라라 하라. 내가 그에게 복을 주어 그가 네게 아들을 낳아 주게 하며 내가 그에게 복을 주어 그를 여러 민족의 어머니가 되게 하리니 민족의 여러 왕이 그에게서 나리라. 아브라함이 엎드려 웃으며 마음속으로 이르되 백 세 된 사람이 어찌 자식을 낳을까. 사라는 구십 세니 어찌 출산하리요 하고 아브라함이 이에 하나님께 아뢰되 이스마엘이나 하나님 앞에 살기를 원하나이다(창 17:15-18).

이 말씀과 로마서 4장의 말씀을 비교해 보십시오.

아브라함이 바랄 수 없는 중에 바라고 믿었으니 이는 네 후손이 이같으리라 하신 말씀대로 많은 민족의 조상이 되게 하려 하심이라. 그가 백 세나 되어 자기 몸이 죽은 것 같고 사라의 태가 죽은 것 같음을 알고도 믿음이 약하여지지 아니하고 믿음이 없어 하나님의 약속을 의심하지 않고 믿음으로 견고하여져서 하나님께 영광을 돌리며 약속하신 그것을 또한 능히 이루실 줄을 확신하였으니(롬 4:18-21).

어디에서 아브라함이 확신했습니까? 로마서의 증언은 "아브라함이 엎드려 웃으며 마음속으로 이르되 백 세 된 사람이 어찌 자식을 낳을까. 사라는 구십 세니 어찌 출산하리요 하고 아브라함이 이에 하나님께 아뢰되 이스마엘이나 하나님 앞에 살기를 원하나이다"(창 17:17-18)와 전혀 다릅니다. 그럼에도 불구하고 로마서 4장은 이 사건을 어떻게 표현합니까? 믿음의 한 표본이라고 합니다. 어떻게 이런 이상한 일이 생길 수 있단 말입니까? 아브라함은 분명히 창세기 15장과 17장의 사건에서 확인한 대로, 우리 믿음의 조상이라든가 믿음의 영웅이라고 불리기에는 분명히 부적격합니다. 부적격한 그 사건을 인용해서 아브라함의 믿음이 연약해지지 않고, 약속을 의심치 않으며, 믿음으로 견고해져서 약속하신 것을 능히 이루실 줄 확신했다고 성경은 도장을 찍고 있습니다. 왜 이런 일이 생길까요?

믿음의 조건과 근거를 먼저 제시하심

여기에는 이런 이유가 있습니다. 믿는다는 것은 믿는 자에게 그 첫 번째 조건을 요구하지 않습니다. 믿어야 할 사람보고 "너 믿을래, 안 믿을래?" 이렇게 묻는 법은 없습니다. 모든 믿음은 믿을 수 있는 조건을 제시한 후에 "너 믿을래, 안 믿을래?"가 나오는 것입니다. 그러므로 아브라함이 믿음의 조상이라는 이름을 얻은 그 사건 속에는 아브라함이 믿음의 조상이 될 수 있었던, 믿을 수 있는 근거가 포함되어 있다는 것을 성경이 가르치고 있는 것입니다. 좋은 믿음은 내가 어떻게 진심과 한마음으로 믿음을 충성되게 갖고 있는가 이전에, 그 믿음의 내용과 대상에 관한 확신과 근거가 있는지가 첫 번째 조건으로 등장하는 것입니다. 다시 로마서 4:17을 보면 "기록된 바 내가 너를 많은 민족의 조상으로 세웠다 하심과 같으니 그가 믿은 바 하나님은 죽은 자를 살리시며 없는 것을 있는 것으로 부르시는 이"가 핵심인 것입니다. 이것 없이는 아브라함의 신앙은 믿음의 조상 자리까지 갈 수 없는 것입니다.

창세기 15장에서 아브라함은 최소한의 믿음을 표현했습니다. 아브라함이 하나님을 믿으매 이를 그의 의로 여기셨다는 사건이 등장합니다. 하지만 이때의 믿음은 연약한 믿음이었습니다. 하나님께서 아브라함에게 나타나신 것은 창세기 11장 끝 부분입니다. 그의 고향과 친척과 아버지의 집인 갈대아인의 우르에서 하나님이 나타나셔서 그를 부르시고 명하신 가나안 땅으로 보내십니다. 그래서 그가 고향과 친척과 아버지의 집을 떠나고 가나안에 와서 나그네된 인생을 살고 여러 우여곡절을 겪으면서 하나님과 사귀어 나갑니다. 그분을 배워 나갑니다. 기근으로 인해 애굽에 내려갔다 오고, 하나님이 그를 바로 앞에서 지키시는 것을 보고, 롯과 헤어지고, 가나안 전쟁에 휩쓸리기도 합니다. 이런 과정들을 지나서야 비로소 창세기

15장에 와서 하나님을 최소한의 수준에서 믿는 자리에 이릅니다.

그러나 그의 믿음은 백 세나 된 자기에게 아들을 주실 수 있다는 것을 믿는 자리까지는 아직 이르지 못했습니다. 그의 몸에서 날 후손이 하늘의 별 같고 땅의 모래 같을 것이라는 약속을 진심으로 믿는 자리까지는 이르지 못했습니다. 그러나 하나님은 그에게 이삭을 주셔서 가르치십니다. 아브라함의 전 생애에 걸쳐서 하나님은 아브라함을 믿음의 조상으로 완성시키십니다. 그 시작은 갈대아인의 우르에서부터이고, 그 완성은 이삭을 바친 자리까지인 것입니다. 그래서 야고보서 2장은 믿음을 이렇게 정의합니다.

네가 하나님은 한분이신 줄을 믿느냐 잘하는도다 귀신들도 믿고 떠느니라. 아아 허탄한 사람아, 행함이 없는 믿음이 헛것인 줄을 알고자 하느냐. 우리 조상 아브라함이 그 아들 이삭을 제단에 바칠 때에 행함으로 의롭다 하심을 받은 것이 아니냐. 네가 보거니와 믿음이 그의 행함과 함께 일하고 행함으로 믿음이 온전하게 되었느니라. 이에 성경에 이른 바 아브라함이 하나님을 믿으니 이것을 의로 여기셨다는 말씀이 이루어졌고 그는 하나님의 벗이라 칭함을 받았나니(약 2:19-23).

따라서 창세기 15장에 나타난, 아브라함이 하나님을 믿으니 이를 그의 의로 여기셨다는 지점은 시작에 불과한 것입니다. 그곳은 아직 완성의 자리가 아닙니다. 그의 믿음이 시작하는 자리였던 것입니다. 그의 믿음이 이삭을 바치는 믿음의 자리, 그 완성의 자리까지 이를 수 있었던 것은 그후의 숱한 세월 속에서 하나님이 그를 만나시고 간섭하셔서 그를 항복하게 하셨기에 가능했던 것입니다. 그래서 믿음이란 무엇입니까? 행함의 시작입니다. 알지 못하면 행할 수 없습니다. 행함은 믿고 아는 일을 완성하는 것입니다. 지금 성경이 우리에게 가르치려고 하는 것은, 아브라함이 백 세나 되어 낳은 아들을 제단에 바치는 자리까지 간 것은 하나님이 그에게 충분히 항복할 만큼 믿음의 조건과 근거를 제시했기 때문이라는 것입니다. 그런 것들 없이 아브라함의 믿음이 완성될 수 없다는 것입니다. 따라서 모든 믿음은 어디서부터 출발합니까? 하나님께서 우리로 하여금 믿을 수 있는 근거와 내용을 충분히 허락하시는 것으로부터 출발합니다. 그래서 우리는 믿음을 구하는 것입니다.

그 대표적인 예가 이것입니다. 예수님의 제자 도마는 다른 제자들이 부활하신 예수님을 만났다는 말에 대해 고개를 저었습니다. "내 눈으로 보고, 내 손가락으로 만져 보기 전에는 나는 믿을 수 없다." 그러나 이 부분에 대해서 그는 책망을 듣지 않습니다. 요한복음 20장입니다.

열두 제자 중의 하나로서 디두모라 불리는 도마는 예수께서 오셨을 때에 함께 있지 아니한지라. 다른 제자들이 그에게 이르되 우리가 주를 보았노라 하니 도마가 이르되 내가 그의 손의 못 자국을 보며 내 손가락을 그 못 자국에 넣으며 내 손을 그 옆구리에 넣어 보지 않고는 믿지 아니하겠노라 하니라. 여드레를 지나서 제자들이 다시 집 안에 있을 때에 도마도 함께 있고 문들이 닫혔는데 예수께서 오사 가운데 서서 이르시되 너희에게 평강이 있을지어다 하시고 도마에게 이르시되 네 손가락을 이리 내밀어 내 손을 보고 네 손을 내밀어 내 옆구리에 넣어 보라. 그리하여 믿음 없는 자가 되지 말고 믿는 자가 되라(요 20:24-27).

주님은 믿음의 조건, 믿음의 근거를 제시하지 않고는 우리에게 믿음의 책임을 요구하시지 않습니다. 그러나 믿을 만한 충분한 조건을 제시하신 다음에는 믿음이 우리의 몫이 되는 것입니다. 하나님을 만났고, 예수 그리스도를 만났으면, 믿음의 충분한 내용과 근거를 확보했으면, 그다음에는

믿음

우리의 책임 있는 믿음의 결부만 남는 것입니다. 이것이 히브리서 4장이 우리에게 가르치는 것이요, 히브리서 3장을 통해 경고하는 것입니다.

믿음의 책임을 요구하심

신명기 4장으로 가 보겠습니다. 여기서는 우리에게 무슨 믿음을 요구합니까? 우리에게 허락된 믿음의 내용, 믿음의 근거가 충분한 이상 그다음에 남은 것은 믿음의 책임이라는 것입니다. 히브리서 3장 후반부 전부가 출애굽한 이스라엘 백성이 믿음과 결부시키지 않아서 가나안 입국을 박탈당한 문제였고 그것으로 인한 경고였습니다. 이제 그것을 함축하여 설명하는 대목을 만나는 것입니다.

> 네가 있기 전 하나님이 사람을 세상에 창조하신 날부터 지금까지 지나간 날을 상고하여 보라. 하늘 이 끝에서 저 끝까지 이런 큰일이 있었느냐. 이런 일을 들은 적이 있었느냐. 어떤 국민이 불 가운데에서 말씀하시는 하나님의 음성을 너처럼 듣고 생존하였느냐. 어떤 신이 와서 시험과 이적과 기사와 전쟁과 강한 손과 편 팔과 크게 두려운 일로 한 민족을 다른 민족에게서 인도하여 낸 일이 있느냐. 이는 다 너희의 하나님 여호와께서 애굽에서 너희를 위하여 너희의 목전에서 행하신 일이라. 이것을 네게 나타내심은 여호와는 하나님이시요 그 외에는 다른 신이 없음을 네게 알게 하려 하심이니라(신 4:32-35).

우리가 하나님이 누구신지, 하나님이 어떤 분이신지, 그분의 약속이 어떤 효력을 가지는지에 대해 충분히 납득하고 항복하기 전까지는 믿음의 책임을 요구하시지 않습니다. 그러나 그 일을 충분히 행하신 후에는 우리의 책임만 남습니다. 안 그렇습니까?

여호와께서 너를 교훈하시려고 하늘에서부터 그의 음성을 네게 듣게 하시며 땅에서는 그의 큰 불을 네게 보이시고 네가 불 가운데서 나오는 그의 말씀을 듣게 하셨느니라. 여호와께서 네 조상들을 사랑하신 고로 그 후손인 너를 택하시고 큰 권능으로 친히 인도하여 애굽에서 나오게 하시며 너보다 강대한 여러 민족을 네 앞에서 쫓아내고 너를 그들의 땅으로 인도하여 들여서 그것을 네게 기업으로 주려 하심이 오늘과 같으니라. 그런즉(하나님이 믿음의 조건과 근거와 내용을 충분히 너에게 보이시고 증명하시고 확신시키셨으니) 너는 오늘 위로 하늘에나 아래로 땅에 오직 여호와는 하나님이시요 다른 신이 없는 줄을 알아 명심하고 오늘 내가 네게 명령하는 여호와의 규례와 명령을 지키라(신 4:36-40).

이렇게 여기는 우리의 몫이라는 말입니다.

히브리서 3장으로 돌아가 보겠습니다. 결국 무엇이 문제입니까? 이스라엘 백성이 가데스바네아에서 가나안 입국을 거절한 것에 대해 하나님이 진노를 격발하시게 된 이유가 무엇입니까? 이제는 믿음의 조건과 내용과 근거가 그들에게 충분히 전달되었기 때문인 것입니다. 그럼에도 불구하고 이스라엘 백성의 끊임없는 잘못, 그리고 오늘날까지 어느 시대나 어느 사회나 있어 온, 주를 믿는 백성들의 큰 실패의 전형적인 모습은 바로 이것입니다.

그러므로 성령이 이르신 바와 같이 오늘 너희가 그의 음성을 듣거든 광야에서 시험하던 날에 거역하던 것같이 너희 마음을 완고하게 하지 말라. 거기서 너희 열조가 나를 시험하여 증험하고 사십 년 동안 나의 행사를 보았느니라(히 3:7-9).

하나님께서 이스라엘 백성에게 충분한 믿음의 근거와 내용을 가지고 설득하셨음에도 불구하고 그들이 그것을 근거로 하여 책임져야 할 부분에서 늘 충분치 않았다는 것입니다. 열 가지 재앙을 보았고, 홍해를 건넜고, 반석의 물을 마시고, 만나를 먹고, 구름기둥 불기둥의 인도를 받으면서도 일만 생기면 하나님의 백성으로서 살아야 할 자기 책임을 회피하기에 급급하다는 것입니다. 이 말씀을 이해하시겠습니까? 내가 하나님을 알고 하나님을 믿기에 충분한 조건을 받기 전이라면 우리가 잘못할 때 책망하지 않으십니다.

믿음의 책임을 지지 않는 이유

그러나 충분한 조건과 내용과 근거가 제시되고 우리의 책임만 남아 있는 상태에서 우리가 모르겠다고 하는 것은 가증한 것입니다. 완악한 것입니다. 마음을 강퍅하게 한 것입니다. 왜 그렇습니까? 하나님의 사람으로 산다는 것은, 즉 믿음을 지키고 세상을 대적하여 거룩하게 싸우는 이 싸움은 그 승리가 악한 세상을 전복시키는 것으로 결과를 맺지 않습니다. 내가 믿음을 지키고 승리함으로써 세상이 다 회개하고 내가 목숨을 걸고 하나님 편에 선 것을 보상하지 않습니다. 우리 믿음의 싸움, 거룩한 싸움은 나 하나가 세상의 흐름에 휩쓸려 가는 것을 거부한 것에 불과합니다. 내가 거룩한 싸움을 싸우고 진리를 지키고 생명의 자리에 서 있다고 해서 세상이 놀라지도 않고 영향을 받지도 않습니다. 내가 그렇게 한 것에 대해 세상은 나를 위협하고 협박하고 조롱하고 괴롭힐 것입니다. 그래서 우리는 하나님과 하나님이 내게 주시는 사랑과 명령과 약속과 우리 신앙의 내용과 원칙에 대해 충분한 납득과 확신이 있음에도 불구하고 이 싸움을 보류하는 것입니다. 거룩한 싸움을 보류하는 것입니다. 끊임없이 하나님이 과연 내 편이신지, 하나님이 과연 나를 통해 역사하시는지를 더 보여주어야만 믿음의 싸움을 하겠다는 것입니다. 끊임없이 원망만 하는 것입니다. "하나님의 사람으로 살고 싶어도 먹을 것이 없습니다. 마실 것이 없습니다. 입을 것이 없습니다. 덥습니다. 춥습니다. 상대방은 아낙 자손이며 그 성들은 높습니다." 이에 대해 하나님은 "너희가 어느 때까지 나를 시험하려 하느냐" 하십니다.

여러분의 믿음이 아직 하나님이 누구신지, 하나님이 여러분에게 정말 사랑을 갖고 계신지에 대해 불분명하고 불확실한 수준에 있다면, 여러분은 얼마든지 하나님 앞에 나아가 이렇게 구할 수 있습니다. "나의 믿음 없는 것을 도와주소서." 그러면 도마 앞에 나타나신 예수님이 "네 손가락을 내 옆구리에 넣어 보고 믿는 자가 되라" 하실 것입니다. 그러나 대부분의 성도들은 충분한 신앙의 내용을 소유하고 있는 분들 아닙니까? 이스라엘 백성이 홍해를 건너고 불기둥 구름기둥의 인도를 받은 것 이상의 것을 가지고 있습니다. 그것이 무엇입니까? 예수 그리스도가 나를 위해 오셨고 십자가에 돌아가신 것을 소유하고 있고 알고 있습니다. 영원한 나라가 있고 하나님이 이 세상을 심판하실 것과 영원한 나라에 나를 세우기 위해 하나님이 그 아들을 아끼지 아니하시고 나를 사랑하신 것을 소유하고 있습니다. 더 이상 무엇이 필요합니까.

그런데 왜 자꾸 요구합니까? 무엇을 요구하는 것입니까? 신앙의 책임 있는 싸움, 책임 있는 신앙의 결부가 아니라 편하게 살고 싶은 것입니다. 신자된 싸움을 해도 세상이 변하지 않고, 우리의 승리가 삶을 편하게 하는 것이 아니라 끊임없이 싸워야 하는 인내의 싸움에 불과하다는 것 때문에 우리는 원망하는 것입니다. 이 부분에 대한 히브리서 3장의 경고를 보겠습니다.

형제들아, 너희는 삼가 혹 너희 중에 누가 믿지 아니하는 악한 마음을 품고 살아 계신 하나님에게서 떨어질까 조심할 것이요 오직 오늘이라 일컫는 동안에 매일 피차 권면하여 너희 중에 누구든지 죄의 유혹으로 완고하게 되지 않도록 하라(히 3:12-13).

완고한 마음이지 무지한 마음이 아닙니다. 하나님을 몰라서 지금 신앙의 반응을 못하는 것이 아닙니다. 충분히 알지만 그렇게 사는 신자로서의 삶의 어려움을 면하기 위해 하나님께 내 책임을 전가하고 원망하는 마음입니다.

성경에 일렀으되 오늘 너희가 그의 음성을 듣거든 격노하시게 하던 것같이 너희 마음을 완고하게 하지 말라 하였으니 듣고 격노하시게 하던 자가 누구냐. 모세를 따라 애굽에서 나온 모든 사람이 아니냐(히 3:15-16).

누가 하나님을 격노하시게 했습니까? 모세를 따라 애굽에서 나온 모든 이들, 즉 열 가지 재앙을 보고 홍해를 건너고 만나를 먹고 반석의 물을 마시고 모세가 손을 들어 아말렉을 친 사건을 목도한 자들 아닙니까? 여러분의 신앙은 하나님 앞에 핑계 댈 수 없는 것입니다. 이 히브리서로 위로를 받아야 했던 초대교회의 어떤 믿음의 집단들, 그들의 고민과 어려움도 이와 같았습니다. 예수를 믿고 영원한 나라를 소유한 하나님의 백성으로 사는 데 현실이 고달픕니다. 하나님 앞에 원망하고 싶은 것입니다. 지금 히브리서가 그들을 뭐라고 권면하는 것입니까? "너희가 믿음의 내용과 근거와 조건을 넉넉히 소유하고 있지 않은가, 가나안 땅 입국을 거부한 이스라엘의 실패와 지금 너희의 불평이 뭐가 다른가" 하고 지적하는 것입니다.

이 이야기는 오늘날 우리에게도 동일합니다. 우리가 오늘날 신앙의 싸움을 하지 않고 이 세상에 휩쓸려 사는 것이야말로 이스라엘이 실패했던 문제요, 이 히브리서를 받아야 했던 초대교회의 어떤 믿음의 집단이 가진 문제인 것입니다. 왜 여러분이 신앙의 싸움을 하지 않고 원망만 한다고 말씀드렸습니까? 왜 밤낮 이것저것을 달라는 싸움만 합니까? 여러분의 믿음의 조건과 내용과 근거가 부족해서 그런 것이 아닙니다. 여러분은 신앙의 싸움을 함으로써 닥칠 이 세상과의 어려움이 싫은 것입니다.

그러나 여러분은 어느 한곳에 서야 합니다. "하나님과 어울릴 것인가, 세상과 어울릴 것인가?" 이 문제입니다. 하나님이 여러분에게 충분한 믿음의 조건을 제시하시지 않은 것이 아니라, 아브라함을 인도하듯 여러분을 여기까지 인도해 오신 것입니다. 여러분이 하나님에 관한 지식과 그분의 오래 참으심과 전능하신 능력과 여러분을 향한 다함없는 사랑 때문에 납득되었기 때문에 지금 이 자리에 있는 것입니다. 남은 것은, 이제 와서 이삭을 바치라는 것입니다. 가나안에 들어가라는 것입니다. 여러분은 이 경고를 지나간 이야기로 듣지 말고 오늘 성도로서의 삶의 현장에 여러분의 결정으로 받아들여야 할 것입니다. 하나님을 희롱하지 마십시오. 그에게 책임과 원망을 돌리지 마십시오. 여러분은 이미 충분한 믿음의 내용과 근거를 갖고 있습니다. 그것이 없거든 구하십시오. 그러나 여러분이 그것을 충분히 갖고 있음에도 신자의 마땅한 충성된 현실을 살고 있지 않다면, 변명의 여지도 도망갈 자리도 없습니다. 지혜롭기를 바라고 하나님 앞에 인정받는, 세상과 틀어지고 하나님과 화목한 여러분 되시기를 권합니다.

믿음

17

세상

요 17:18

아버지께서 나를 세상에 보내신 것같이 나도 그들을 세상에 보내었고.

신자의 편협한 반응

이 본문은 우리가 예수를 믿은 후에 바로 천국으로 불려 가지 않는 이유를
밝히고 있습니다. 우리는 세상에 보냄 받은 사람들입니다. 아버지께서 예
수를 세상에 보내신 것같이 우리도 예수님에 의해서 세상에 보냄 받았습
니다. 그런데 그 말의 의미는 무엇일까요? 즉 우리는 세상으로 왜 보냄 받
았고 어떻게 보냄 받았고 무엇을 위해서 보냄 받은 것일까요? 세상이 다만
우리의 목표물이나 싸움터인지 아닌지 또는 그 이상인지에 대한 문제에
대해서 우리는 좀 더 많은 생각을 해야 합니다. 이것을 이해시키기 위해서
제가 몇 가지 책을 인용하고자 합니다.

먼저는 김용옥 교수가 쓴 『여자란 무엇인가』라는 책입니다. 1985년에
고려대에서 동양사상 입문 특강 시간에 강의한 것을 출간한 책인데, 제목
에서 연상되는 것보다는 더 깊은 내용을 담고 있습니다. 다음의 내용을 보
고 여러분은 어떤 느낌이 듭니까? 이 글에 불경스런 단어들이 상당히 많이

나오지만 그대로 인용하겠습니다. 제 신앙과 혼동하지는 말아 주십시오.

이스라엘 민족의 야훼는 결코 인류 문명사에서 보편성을 가질 수 없다. '하나'님이라는 말 자체가 '둘이 있다'는 것을 존재론적으로 전제하고 있기 때문이다. 그리고 "내 앞에서 다른 신을 네게 두지 말라"는 제1계명은 이미 야훼 자신이 자기의 유일성(하나인 님)을 거부하고 있다. 즉 나 이외의 '다른 신'을 이미 존재론적으로 인정하고 있기 때문이다.

이 부분에 대한 각주를 보면 이렇습니다.

십계명은 '열 말'(deka logoi)이라는 희랍 어원에서 'The Decalogue'라고 부른다. 학자들은 이 십계명은 예언자들의 가르침의 요약으로 보며, 대강 아모스와 호세아의 시대, 그러니까 B. C. 750년 이후에 성립한 것으로 본다. 십계명의 내용은 고대 근동 지방에 매우 평범하고 흔하게 깔려 있는 그들의 도덕관념을 표현하고 있을 뿐, 새로운 것이라고는 아무것도 없다. 우리나라에는 고대로 전래해 온 기자(箕子)의 팔조법금(八條法禁) 이상의 것으로 의미부여를 할 필요는 없을 것이다(김용옥의 생각임. 강요하지 않음). 그리고 13세기 이전까지는 이 십계명이라는 것은 기독교인들에게는 아무 의미가 없었던 것이다. 13세기부터 가톨릭교회가 죄를 고백하는 고해성사의 매뉴얼(manual) 속에 십계명을 집어넣음으로서 기독교와 관련을 맺게 된 매우 의례적인 것임을 정확히 이해해야 할 것이다.

이어서 봅니다.

그의 유일성이란 남을 윽박지르고 후려 패는 배타성일 뿐이다. 우리 농경

믿음

민족의 입장에서 보면 이와 같이 노경에 간신히 얻은 아들 하나를 태워 죽여 피를 봄으로써까지 해서 그 복종을 시험하고 강요하는(아브라함-이삭의 경우) 그러한 야훼 하나님, 사랑하고 질투하고 시기하고 벌을 주고 공갈하고 협박하는('협박의 하나님'[God of intimidation]은 내 말이 아닌 신학용어임) 그러한 하나님은 마피아의 두목보다도 더 무서운 깡패 새끼에 지나지 않는다. 이러한 '깡패 새끼 하나님'은 디아스포라(Diaspora)만을 부랑하면서 살아온 이스라엘인들에게 너무도 정답고 친숙하고 또 든든하게 느껴지는, 즉 그들의 몸에 배어 있는 유목 기질(nomadic temperament)에 너무도 적합한 신앙대상이 될 수 있지만, 우리 고요한 새벽의 나라 조선에 조용히 농사짓고 사는 사람들에게는 너무도 이질적인 것이다.

이렇듯 김용옥 씨는 책의 곳곳에서 기독교에 대해 비판합니다. 기독교에 대해 비판하는 가장 큰 이유는, 기독교는 서구 사회의 유목 민족에 그 뿌리를 두고 형성된 하늘 숭배의 한 형태이지 땅을 숭배하는 농경 사회와는 맞지 않으며 보편적인 종교가 아니요 절대적인 종교가 아니라는 것입니다. 저는 120퍼센트 동감합니다. 이분은 학자로서 이야기했고 학자로서 거기까지 추적한 것은 높이 평가 받을 만하며 그것은 타당한 것입니다. 그는 신자가 아니라고 분명히 서두에 밝혔고, 신자가 아니면서 하나님을 하나님이라고 고백하고 추적할 수 있는 사람은 세상에 아무도 없습니다. 오죽하면 사도 바울마저도 하나님을 향한 열심이 기독교인들을 핍박하는 것으로 나타났겠습니까.

그러나 중요한 어떤 문제가 있습니다. 그 문제를 두드러지게 드러내고 싶어서 이 책을 인용한 것입니다. 그 문제는 바로 세상을 향해 우리 신자들이 가지고 있는 잘못된 태도입니다. 그러나 그 문제가 무엇인지 명확하게 밝히기 전에 앞의 책과 정반대되는 책을 하나 더 인용하고자 합니다.

조성기 씨가 쓴 『야훼의 밤』 제2권입니다. 그 책에 이 사람이 신앙생활의 첫걸음을 내디딜 때 가입했던 어떤 종교 단체의 이야기를 기록한 것이 나옵니다. 아주 재미있습니다. 저자가 자기 이야기를 쓴 것으로 보입니다. 이 소설의 주인공은 성민이라는 사람입니다. 그는 가난해서 먹고 살기 위해 아르바이트를 할 수밖에 없었는데, 그가 몸담고 있는 종교 단체에서는 그것을 허락하지 않습니다. 저자는 그 부분을 이렇게 묘사했습니다.

성민의 문제는 두 가지로 요약되었다. 생활의 염려에 시달리며 아르바이트를 하고 있다는 것과 아르바이트를 해서 할머니를 먹여 살리고 있다는 것이었다. 회관에서는 아르바이트를 하는 것을 거의 죄악시하다시피 하는 오랜 전통을 불문율로 가지고 있었다. 전도하기도 바쁜데 아르바이트를 할 시간이 어디 있느냐는 것이었다. 그러면 스스로 학비나 생활비를 벌어야 하는 가난한 학생은 어떻게 해야 하는가. 믿음으로 전도하는 일을 우선적으로 해보면 나머지 생활 문제는 해결된다는 식이었다. 전도와 극빈 사이에는 아르바이트가 아니라 오직 믿음이 있다는 주장이었다.

이런 식의 태도에 대해서 어떻게 생각하십니까? 이렇게 살 수 있는 사람은 없습니다. 아무도 이렇게 살지 않습니다. 만일 그럴 수 있다면, "신앙에 대해서 어느 쪽이 옳은가"라는 질문에 대해 여러분 모두가 믿음으로 사는 것이 원칙이라며 후자를 선택할 것입니다. 바로 이 대목이 가장 어렵고 풀어지지 않는 문제가 도사리고 있는 부분입니다. 이 문제를 뛰어넘지 않는 한, 우리는 언제나 세상에 나가서 턱없는 완전주의를 꺼내 놓아 자기도 그렇게 못 살면서 모든 사람한테 그것을 강요하다가 서로 말싸움만 하다 마치는 신앙생활을 할 위험성이 있습니다.

한 구절만 더 인용하면, 이렇게까지 신앙을 요구하는 대목이 나옵니다. 성민이 그가 속한 단체에서 고백하는 장면입니다.

예수님은 군중 심리로 아무런 생각 없이 따라오는 무리들을 향해 문득 돌아서셨습니다. 그리고 제자로서 치러야 할 뼈아픈 대가에 대해 냉엄하게 말씀하셨습니다. 부모 형제, 처자까지 버릴 각오가 되어 있지 않으면 예수님의 제자가 될 자격이 없다고 말씀하셨습니다. 이 말씀 앞에 저는 깊이 회개하지 아니할 수 없습니다. 저는 그동안 가족들에 대한 연민의 정에 빠져 주의 사명을 게을리했습니다. 특히 할머니를 먹여 살려야 하는 문제에 매여 꼼짝을 할 수 없었습니다. 저는 이제 믿음으로 결단합니다. 아르바이트를 하면서 허비하는 시간을 주님께 바쳐 드리겠습니다. "먼저 그의 나라와 그의 의를 구하라. 그리하면 이 모든 것을 너희에게 더하시리라"는 말씀을 믿고 아르바이트를 더 이상 하지 않겠습니다. 그리고 마음이 참으로 아프지만 할머니를 다시 양로원으로 보내겠습니다. 할머니의 눈물과 저의 눈물을 주님께서 유리병에 담아 달아 보시고 어떤 모양으로든지 축복해 주실 것입니다. 저는 계속 주의 사명을 위해 모든 것을 버리고 순교 정신으로 십자가를 지겠습니다.

이 부분은 조성기라는 소설가가 마음으로만 알고 있는 답입니다. 또한 이렇게 하면 답이 되는지를 알지만 그렇게 할 수 없다는 것을 알고 쓴 글입니다. 여러분도 이런 식의 답을 갖고 있지 않습니까?

그래서 김용옥 씨의 글을 읽으면서 많은 사람들이 거기에 대해 반발했을 것이고 심지어 편지라도 써서 뭐라고 한마디 하고 싶었을 것입니다. "김용옥 교수님 전상서, 귀하께서 쓰신 책을 읽고 참으로 가슴 깊이 탄복하고 감동했습니다. 그러나 귀하께서 가지신 그 깊은 지성 속에 하나님을 아는 지식과 생명력이 없음을 마음으로 슬프게 생각하고 주께서 주신 사랑과 겸손으로 이제 이 글을 올리나이다."이러고 싶지 않습니까? 그 유명한 사람이 홱 뒤집혀서 '기독교란 무엇인가'라는 제목의 책을 쓰면 오늘날 한국의 모든 지성인들이 그냥 하나님 앞에 까무러칠 것이 아닌가란 생각이 들지 않습니까?

그런데 이런 것은 어리석고 쓸데없는 공상에 불과합니다. 하나님은 그런 식의 방법을 쓰지 않으십니다. 하나님은 자신의 일을 이루시는 데 있어서 인간의 지성이나 권세, 능력에 기대지 않으십니다. 제발 그것을 명심하기 바랍니다.

오히려 우리는 이렇게 물어야 합니다. "우리가 세상에 들어가서 만나는 사람들이 누구인가?"바로 김용옥 씨 같은 사람들입니다. 이런 사람들을 만날 것입니다. 그런데 우리가 그들을 하나님의 사람으로 바꾸어 놓는 것이 우리의 유일한 책임이고, 그러한 목표로서 세상에 보냄 받는다면, 하나님께서는 그들을 항복시킬 어떤 방법들을 주셔야 할 것입니다. 그들보다 더 뛰어난 지성이나 지혜, 능력 등을 방법으로 주시든가 기적을 주셔야 합니다. 그렇지 않습니까?

세상 속에서 재창조를 이루심

앞의 두 가지를 합쳐서 생각해 보면, 우리의 적들은 세상의 것으로 무장한 권세와 지성과 능력을 갖고 있는 사람들이요 우리는 아르바이트할 시간도 주님께 바쳐야 하는 오직 믿음으로 나아가는 사람입니다. 이 두 세력이 만나면 기적이 개입되지 않는 한 절대로 문제가 해결될 수 없습니다. 그런데 문제는 성경이 기적을 그런 차원에서 사용한 적이 없다는 것입니다. 성경이 기적으로 세상 사람들을 항복시키며 역사와 사회 속에서 하나님의 하나님되심을 증명하기 위해 등장한 적은 없습니다.

물론 기적은 있습니다. 그 기적이 앞에서 제기된 방향과 이유를 위해서 동원된 적이 있습니다. 여호수아가 이스라엘 백성을 인도해서 가나안 땅에 들어갔을 때 기브온에서 전투가 벌어집니다. 그런데 적군을 거의 진멸시킬 즈음에 해가 지게 되었습니다. 날이 어두워지면 도망가는 사람들이 유리합니다. 그들을 다 못 죽이게 됩니다. 그래서 여호수아가 기도합니다. "하나님, 시간을 조금만 연장시켜 주십시오. 그들을 다 물리칠 때까지 해를 멈춰 주십시오." 그래서 해가 섭니다. 말하자면, 지구의 자전이 멈춥니다. 여러분, 하나님께서 태양을 공중에 세우는 것과 태양으로 적군을 스으 그을려서 죽이는 것 중 어느 쪽이 더 쉽습니까? 어느 쪽이 더 기적 같습니까? 후자가 더 기적 같고 더 쉬운 방법처럼 보입니다. 전자는 대부분을 인간이 다 하고 하나님은 단지 해가 지는 시간을 조금 더 유보시키셨을 뿐입니다. 무슨 기적이 인간이 다 하고 어떤 부분만 하나님이 하게 되어 있습니까? 그러나 우리는 성경에서 역사를 뒤집으며 세상을 다른 세상으로 만드는 데 기적이 동원된 적이 없다는 것을 기억해야 합니다. 기적은 언제나 하나님의 사람을 항복시키는 데만 동원됩니다.

이것이 무엇을 의미할까요? 하나님이 이렇게 하시는 것을 깊이 이해해 보면 뜻밖의 사실을 알게 됩니다. 하나님은 그의 재창조를 처음 자연의 창조 속에서 하신다는 기가 막힌 원리를 알게 됩니다. 이것은 참으로 중요합니다. 우리는 첫 창조를 물리치고 재창조로 바꾸어 내야 한다고 생각합니다. 그래서 세상에 나가면 전부 잡아먹어야 할 대상이고 그렇게 못한 사람들은 죽어 나자빠지는 것으로밖에 세상을 못 보고 있습니다. 그러나 천지는 하나님이 처음에 만들어 놓으신 것이기 때문에 비록 타락하고 죄로 부패했을지라도 하나님은 그것을 없애지 않으시고 그 속에서 재창조를 하시는 것입니다.

여러분, 하나님이 예수님을 이 땅에 보내시고 십자가에 달아 매어 죽이셨다가 다시 살리시는 것과 처음 인간이 타락한 후에 온 천지 만물을 전부 쓸어버리고 다시 만드는 것 중 어느 쪽이 더 쉽습니까? 여러분 같으면 어느 쪽을 택하겠습니까? 저는 후자가 쉽다고 생각합니다. 그런데 하나님은 그렇게 하지 않으셨습니다. 하나님은 첫 창조 속에서 재창조를 해오십니다. 첫 창조는 그것이야말로 목적물이자 무대입니다. 그것들을 환경으로 삼으시고 그 안에서 하나님이 목적하신 바대로 사람을 이끌어 가십니다. 마찬가지로 우리의 이웃, 역사, 국가, 사회 이 모든 것은 그 안에서 내가 존재하며 그 안에 있는 사람들을 만나서 그들이 하나님의 사람들이 되도록 만드는 장소입니다. 하나님께서 이 일반 창조의 세상 속에서 그의 자녀들을 만들어 내시고 완성시켜 나가십니다.

그런데 우리는 신앙을 내가 하나님의 사람으로 거듭났으므로 세상으로 가서 사람을 얼마나 낚아 오는가의 싸움으로만 인식합니다. 그렇게 세상에 나가기 때문에 세상에서 내가 살아야 하는 삶에 대해 온전한 이해를 하지 못합니다. 또한 세상을 무조건 대치적인 것으로만 이해하다 보니, 하나님이 그 속에서 나에게 의도하신 것들에 대해 놓치고 살 수밖에 없는 것입니다.

세상 속에서 신자를 다루심

하나님이 이 세상을 향해 가지고 계시는 시각과 마음 가운데 가장 저를 놀라게 하는 것이 있다면 바로 이 말씀입니다. "태초에 하나님이 천지를 창조하시니라"(창 1:1). 성경은 하나님의 창조를 선포하고는 그것에 대해 어떠한 변명도 증거도 변호도 하지 않습니다. 우리가 알고 있는 기나긴 인류 역사 동안 얼마나 많은 사람들이 이 문제에 대해 시비를 걸고 불경한 소리와 모욕적인 언사를 내뱉었는지 모릅니다. 버트런드 러셀은 『나는 왜 기독교인이 아닌가』라는 책을 잘난 짓이라고 써놓았습니다. 안 믿고 죽어 가는 것도 불쌍한데, 거기다 그런 글까지 쓰고 떳떳하게 큰소리칩니다.

그러나 그것에 대해서 하나님은 한 번도 뭐라고 하시지 않았습니다. 불경한 자에게 벼락이 떨어집니까? 경건한 자에게 벼락이 떨어집니까? 키 큰 사람에게 떨어질 뿐입니다. 신자와 불신자 중 누가 더 많이 고난의 길을 걷습니까? 신자입니다. 우리가 생각하는 것과 얼마나 다릅니까? 김용옥 교수가 '깡패 새끼 하나님'이라고 썼는데 그 글을 쓰는 중에 손에 문둥병이 든 줄 아십니까? 건강무쌍합니다. 혼동하지 마십시오. 하나님이 이 역사와 세상이라는 환경 속에 우리를 보냄으로 말미암아 만들려고 하시는 일 중 가장 큰 것은 우리 자신을 완성시키는 것입니다. 그것을 위해 세상이 필요합니다. 우리는 세상을 향해 고함지르고 정죄하는 것을 신앙생활이라고 오해할 때가 많습니다. 참 끔찍합니다.

저는 신앙생활을 다음과 같이 정의하고 싶습니다. "신앙생활이란 무엇인가? 신앙생활이란 논증(論證)과 고(告)함이 아니라 살면서 증거하고 시험받는 것이다." 하나님을 모르는 세상은 패역함 가운데 망해 가지만 그 속에서 하나님은 그것을 부수고 뜯어내시지 않습니다. 오히려 적극적으로 간섭하시고 그 패역함 속에서 신자들을 완성해 내십니다. 우리는 그 속에서 시험받고 좌절하고 실패합니다. 그러나 승리하도록 간섭받고 있습니다. 그것이 세상입니다.

제가 우리 시대의 유명한 두 사람의 글을 인용했습니다. 세 번째로 박영선 목사라는 사람을 소개합니다. 그가 쓴 괜찮은 글이 하나 있습니다. 제목이 '산다는 것'입니다. 이 글 또한 신앙생활을 정의한 것입니다.

산다는 것은, 인생의 가치와 목표를 설정하고 그 목표를 향해 걸음을 내디딜 때마다 나로 하여금 목표에서 빗나가게 하고 타협시키려는 현실적인 문제에 대해 반응하는 것이다. 그런데 우리는 단지 인생의 목표와 가치를 설정했다는 것만으로 너무 만족해하고 큰소리를 친다. 그러나 산다는 것은 그 목표가 아무리 멋있고 가치 있는 것이라 해도 그 목표에서 빗나가지 않으려는 노력들이기에 훨씬 신경질 나고 자질구레하며 세심한 것이다. 다시 말해서 산다는 것은, 자신의 삶의 궁극적 목표들을 향해 오늘 하루 가는 이 길을 구부러뜨리지 않고자 부닥치는 아픔과 슬픔들이다. 삶이란 가만히 앉아서 목표를 확인하고 쳐다보는 것이 아니라 자신이 스스로 걸어가는 것이기 때문이다.

어느 것이 옳은가를 논증하는 것이 우리의 삶이 아닙니다. 옳은 것을 알고 있는 사람이 이 패역한 시대와 반대하는 조롱 앞에서 넘어지고 몸부림치며 그 길을 걸어가는 싸움입니다. 그것이 신자가 사는 인생입니다. 가다가 돌에 맞아 죽을지도 모르고 지쳐 죽을지도 모르며 외롭게 그 길을 가야 할지도 모릅니다. 하지만 그것을 타협할 수 없도록 요구받고 있고 간섭받고 있는 사람으로서, 이 패역한 세대를 하나님의 사람으로서 생명과 진리를 향해 걸어가는 싸움입니다. 우리는 물론 늘 외출했다가 돌아오곤 하지만 말입니다.

이런 차원에서 훨씬 더 구체적이고 눈에 보이는 것으로 하나님께서 우리를 다루십니다. 그 대표적인 것이 직장 같은 것입니다. 직장이라는 것은 이 사회에서 자신의 삶을 영위하기 위해 필요한 것입니다. 그것이 먹고 살기 위한 것이라도 좋고 또는 사회에서 자신을 확인하는 것이라도 좋습니다. 인간의 삶 속에서 꼭 필요한 요소입니다. 그래서 직장은 열심히 일하는 사람들의 집단이어야 합니다. 그런데 저는 직장에서 신우회(信友會)를 만드는 것을 별로 환영하지 않습니다. 직장에서 신우회를 만들어야 한다는 것은, 사실 우리나라 신앙의 가난함과 유치함을 가장 잘 표현하는 것입니다. 직장에 가서도 신우회로 모여야만 신자인 것이 간신히 설명되는 것입니다.

신자라면 직장에서 '내가 신자입니다'라고 성경책을 꺼내서가 아니라 하나님 앞에 사는 사람으로서의 성실함과 정직함으로 '저 사람은 다르다'라고 인정을 받아 내어야 하는 것입니다. 신자는 교회에 나오는 것만이 아니라 직장에서 주어진 일반적인 일들 속에서 그가 얼마나 정직하고 성실하며 근검한지로 훈련되는 것입니다. 우리는 자기 이익을 위해 남을 잡아먹으려는 욕심에서 벗어날 수 없는 인간입니다. 그래서 우리의 신앙적인 싸움은 기도를 했는지 안 했는지, 예배를 드렸는지 안 드렸는지 같은 종교적인 형태뿐 아니라 세상 속에서 성실과 사랑과 정직을 이루어 내는 훈련도 되어야 하는 것입니다.

그런데 대부분의 신자들은 이런 훈련은 안 하고 언제나 종교적인 형태의 훈련으로 자기를 표현해 왔습니다. 그래서 기도하라면 청산유수로 하는데, 정직하지도 않고 성실하지도 않고 마치 염라대왕 옆에 있는 것 같은 표정을 짓는 사람이 많습니다. 아무 훈련도 안 되어 있습니다. 어떤 분들은 이런 제 이야기를 들으면 앞에서 김용옥 교수의 이야기를 들은 것만큼 충격을 받습니다. "아니 그러면 기도도 하지 말고 어떻게 하라는 말입니까?"라고 묻습니다. 바로 그것이 그렇게 묻는 사람의 현주소입니다. 어떤 의미에서는 하나도 모르는 것입니다. 하나님이 계시다는 것과 예수를 믿으면 천국 간다는 것 외에 아무것도 모르는 것입니다.

예를 들어, 그런 사람들은 마음속에 구운 벽돌을 수십만 장 가지고 있을 것입니다. 그러나 그 벽돌로 개집도 못 지어 놓고 있는 것입니다. 들어가 살 집은 고사하고 개집도 못 지어 놓고 아무것도 안 되어 있습니다. 그저 어디 가서 설교 듣고 오고 성경공부 하고 와서 구운 벽돌만 산같이 쌓아 놓고, 비 오면 그냥 그 옆에서 비 맞고 바람 불면 그 위에서 바람 맞고 있습니다. 그 벽돌이 실제적으로 아무런 도움이 안 됩니다. 판잣집으로 개집 지어 놓는 것만큼도 못합니다. 이것이 바로 여러분의 상태입니다.

세상 속에서 열매 맺어야 하는 신앙

여러분의 직장에서 주일날 출근하라고 요구하면 나가십시오. 그것이 신앙에 있어서 최고의 싸움이 아닙니다. 만일 여러분에게 믿지 않는 남편이 있는데 그가 주일날 교회 가는 것을 방해하면 오지 마십시오. 세상에 여러분의 신앙을 막을 수 있는 것은 아무것도 없습니다. 언제나 신앙을 갖는지, 안 갖는지는 개인의 책임입니다. 주변 책임이 아닙니다. 그러나 그 신앙을 형태화하는 것은 주변과의 마찰입니다. 교회에 오는 것이 신앙은 아닙니다. 그것은 신앙에 도움이 되며 신자가 지켜야 하는 몇 가지 의무 중 하나입니다.

신앙은 여러분의 영혼이 개인적으로 하나님을 찾는 것이고 하나님을 아는 것이며 그분을 경배하는 것입니다. 그것을 무엇으로 막을 수 있겠습니까? 하나님이 아닌 이 세상의 그 무엇이 여러분의 영혼을 붙들어 맬 수 있겠습니까? 어떤 국가도 어떤 사회도 그 누구도 우리의 신앙을 방해할 수 없습니다. 그러나 교회를 가는 문제는 국가에 따라, 가정에 따라 방해를 받을 수 있으며 직장에 따라서도 방해를 받을 수 있습니다. 여러분이 신앙생활을 정당하게 하기 위해서 주일날을 쉬는 직장으로 옮기는 것은 환영합니다. 박수를 보낼 만한 일입니다. 그러나 주일날 교회에 오는 것이 신앙 최고의 본질적인 싸움이라고 여기지는 마십시오.

여러분이 교회에 와서 성가대 봉사를 하는지 교사를 하는지 헌금을 하는지의 싸움 이상으로 중요한 싸움이 있습니다. 이 세상 속에 보냄 받은 우리가 하나님을 아는 자답게 세상에서 부딪히는 모든 문제를 직장이라든

가 가정이라든가 이웃이라든가 친척이라든가 하는 상황 속에서 신앙으로
ㅡ세상 사람은 할 수 없는 정직, 성실, 사랑으로ㅡ버티어 내는지가 사실은
훨씬 더 본질적인 문제입니다. 그런데 그런 것은 없고, 헌금을 얼마나 하는
지 모든 집회에 얼마나 빠지지 않는지 기도를 얼마나 큰 소리로 하는지 등
으로 신앙을 논해서는 안 됩니다.

제가 왜 기도를 막겠습니까? 제가 왜 헌금하는 것에 아우성을 치겠습
니까? 그것은 다 필요한 일입니다. 그러나 그것만이 기독교의 본질인 양
굳어져 버렸으니, 그런 것만은 아니라는 말입니다. 이것은 헌금도 하지 말
고 주일날 교회에 나오지도 말라는 의미가 아닙니다. 다만 교회에 오고 헌
금을 내는 정도를 가지고 신앙생활을 잘하고 있다고 안심하는 것에 대한
우려입니다.

우리가 살펴본 대로 신자는 "아버지께서 나를 세상에 보내신 것같이
나도 너희를 세상에 보낸다"는 말씀에 대해 합당하게 생활하는 자들입니
다. 신자란 무서운 자들입니다. 어느 곳에서나 지켜보시는 하나님 앞에서
사는 자들입니다. 그것을 쉽게 여길 수 있으리라고 생각하지 않습니다. 우
리는 직장생활을 하면서 그것을 맛봅니다. 지혜가 어디까지이고 타협이
어디까지인지를 알 도리가 없습니다.

지혜란 이런 것입니다. 여기서 관악산에 가겠다고 마음먹습니다. 관
악산에 가겠다고 하면 관악산 정상까지 직선으로 가는 선만 보입니다. 그
러나 그렇게 가는 사람은 피터 팬밖에 없습니다. 걸어서 가야 합니다. 그
리고 직선으로 못 가니 돌아서 갑니다. 그것을 지혜라고 합니다. 목적지
를 가기 위해서 길을 찾아다니는 것이 지혜입니다. 그러나 가겠다고 하고
는 길이 막혀서 못 가겠으니, 혹은 가기 싫으니까 목표를 포기하고 돌아
서는 것을 타협이라고 합니다. 지혜와 타협은 처음에는 구분이 안 됩니다.
앞에 가로막힌 것 때문에 목적지를 가려던 사람도 그것을 뚫고 가지 않고

옆으로 비껴가고, 가로막힌 것 때문에 목적지를 가는 것을 포기한 사람도 옆으로 비껴섭니다. 둘이 똑같아 보입니다. 그러나 한 명은 가기 위해서 도는 것이고, 다른 한 명은 포기해서 돌아서는 것입니다.

우리나라 사람들은 다른 나라 사람들에 비해서 명분론자들입니다. 전 국민의 의식이 완전주의로 꽉 차 있습니다. 그래서 지혜를 부리는 것을 타협이라고 합니다. 형태가 똑같아 보이기 때문입니다. 그러고는 어떻게 합니까? 절벽을 믿음으로 받아서 절벽이 깨지든 내 두개골이 깨지든 해야 합니다. 내 머리가 깨지면 순교이고 절벽이 깨지면 기적입니다. 그래서 모두가 그렇게 절벽에다 머리를 박고 있는 것입니다.

이런 식으로 순교를 구하는 사람들이 있습니다. "순교여, 오라." 그러나 참된 신앙은 그런 식의 것을 요구하지 않습니다. 우리는 이 부분을 직장 생활을 통해서 배웁니다. 내가 눈으로 보았던 직선거리와 실제로 걷는 것이 얼마나 다른지를 알게 됩니다. 우리의 전인격이 하나님의 사람으로 변화되어 채워져야 한다는 것을 깨닫습니다. 그래서 예수 믿고 난 후에도 몇십 년의 시간이 필요한 것입니다.

하나님이 보내신 각자의 환경

성경은 그런 의미에서 성실의 법칙을 설명합니다. 갈라디아서 6:7에 있는 것같이 우리는 심는 대로 거둡니다. 마찬가지로 우리는 세상에서 사회활동을 하는 것을 당연하게 요구받고 있습니다. 이마에 땀이 흘러야 먹고 살 수 있도록 되어 있습니다. 우리가 성실한 만큼 남기는 것입니다. 그러나 우리는 그것이 목표가 아닌 자들입니다. 우리가 많이 가지고 못 가진 것이 우리의 성실의 표현이지 영력의 차이라고 할 수는 없습니다.

더 나아가서 성실함과 상관없는 빈부의 차이가 있습니다. 노력해도 받지 못하며, 노력하지 않았는데도 받은 사람들이 있습니다. 분명히 노력하지 않았는데 잘 태어나서 아버지의 재산을 물려받아 잘사는 사람들이 있습니다. 열심히 노력했는데도 이상하게 화재가 발생하고 수해를 입어 망하는 사람이 있습니다. 그것은 성실의 법칙과 관계없는 것입니다.

하나님은 우리가 선택하지 않은 사회와 환경 속에 우리를 보내셨습니다. 빈부라든가 신분이라는 것도 하나님께서 우리에게 맡기는 것임을 알아야 합니다. 가난을 맡을 수 있고 부를 맡을 수 있고 귀함을 맡을 수 있고 비천함을 맡을 수 있습니다.

남자 분들은 군대에서의 경험을 돌이켜 보십시오. 저는 사병으로 갔다 왔습니다. 그러나 제 친구 중에는 ROTC 장교로 복무하고 온 친구가 있습니다. 장교로 갔다 온 그 친구를 볼 때마다 기가 죽습니다. 여러분, 군대에 가면 장교라는 것이 얼마나 센지 아십니까? 장교는 하늘이고 졸병은 땅속에 있는 지렁이입니다. 그러나 거기서 평생 말뚝을 박을 것이라면 몰라도 병역의 의무를 마치고 나오는 사람이 보면 장교나 일반 사병이나 그 어느 쪽에도 우월감이나 열등감은 존재하지 않습니다. 사병으로 갔다 온 것에 열등감을 느끼는 사람도 없고 장교로 복무하고 왔다고 우월감을 느끼는 사람도 없습니다.

이런 이야기를 하는 분들이 종종 있습니다. "논산 훈련소에 갔는데 동기동창이 병장이더라. 그래서 훈련 중에 짬짬이 건빵을 그냥 얻어먹었다." 그것을 무슨 큰 자랑이라고 늘 이야기하는 것입니다. 그 맛있었던 건빵, 먹을 곳이 없어 꼭 화장실에 가서 먹거든요. 봉지를 잘못 뜯어 다 쏟아지면 주워 먹을 것인가 말 것인가 고민한 이야기. 이런 것이 군대 이야기입니다. 군대에서는 분명히 동기동창이거나 혹은 후배가 분명함에도 불구하고 나보다 계급이 높으면 떳떳이 경례를 붙입니다. 그리고 뒤에서 따로 만나 "너 언제 왔니?"라고 물어봅니다. 그러나 제대 후에는 다시 친구로 돌아가서 편하게 군대의 추억들을 떠올립니다. 이것이 군 복무를 마친 사람들의 생각입니다. 그러나 그 사람의 직업이 군인이라면, 이야기는 달라질 것입니다.

우리는 세상에서 주어진 어떤 역할을 직업으로 삼고 사는 사람들이 아닙니다. 단지 하나님의 사람으로 여기서 어떤 것을 훈련받도록 보냄 받은 사람들입니다. 그것이 사병이냐 장교냐 하는 것은 사실 우습지 않습니까? 분명히 장교는 장교 식당에서 먹습니다. 장교는 군화도 좋습니다. 사병보다 내복도 훨씬 좋습니다. 사병 내복은 꺼칠꺼칠하지만 장교 내복은 훨씬 부드럽습니다. 월급도 훨씬 많이 받습니다. 그러나 그렇다고 해서 모두 장교로 가지 않습니다.

싱클레어 루이스(Sinclair Lewis)란 사람이 이런 말을 했습니다. "인간에게 견딜 수 없는 모욕이 두 가지 있다. 유머 감각이 없는 것과 고생을 모르는 것이다." 얼마나 중요한 말인지 모릅니다. 고생을 모른다는 것은 큰 모욕입니다. 왜냐하면 그는 깊은 생각을 할 틈이 없기 때문입니다. 물론 여유 있는 사람도 깊은 생각을 할 자극을 받을 수 있습니다. 그러나 그는 자신이 해야만 하는 고민을 대신해 줄 수 있는 돈이나 지위가 있습니다. 그래서 그것이 불행의 원인이 되는 것입니다. 그러나 가난하면 그것을 가질 수 없기 때문에 고민을 강요당합니다. 그 고민을 강요당하는 것에 대해서 괴테는 이런 말을 했습니다. "눈물 젖은 빵을 먹어 보지 않은 자와는 더불어 인생을 논할 가치가 없다." 한국 사람들은 그런 면에서 하나님의 축복을 많이 받았습니다. 우리는 음식을 물에 말아 먹은 백성 아닙니까? 눈물 젖은 빵하고 어떻게 비교하겠습니까? 괴테가 우리나라에 왔으면 꼴찌 했을 것입니다. 물에 말아 먹은 밥, 물에 말아 먹은 국수, 맹물에 국수 풀고 간장 한 숟가락 넣어서 후루룩 마셨던 그때가 우리를 훨씬 인간답게 만들지 않았습니까?

여러분은 하나님을 알게 되었고 하나님의 자녀가 되었습니다. 이제 이 명칭을 가지고 무슨 요구를 하고 있습니까? 인생을 어떻게 사십니까? 여러분이 겪는 모든 사건들과 몸담고 있는 환경들이 왜 존재한다고 생각합니까? 우리는 그 속에서 끊임없이 하나님의 사람으로 만들어져 가기 위해 보냄 받고 있는 것입니다.

하나님에게는 지금 이 세상을 다 없애고 싶은 생각이 우리보다 훨씬 더 많으실지도 모릅니다. 그러나 우리를 위해 참고 계십니다. 곧 그날이 옵니다. 그날은 어떤 의미에서 우리의 손에 있을지도 모릅니다. 우리가 하나님의 자녀다운 것, 그것이 완성되지 않는 한 이 세상 종말이 오지 않을 것입니다. 여러분의 인생도 하나님 앞에서 만족할 만한 인생이 되지 않는 한 여러분은 천국에 못 가는 것입니다. 졸업 학점이 안 되면 계속 유급입니다.

주일날 모여서 예배 한 번 드리고 종교적인 어떤 형태를 유지하는 것으로 여러분의 신앙을 고집하지 마십시오. 그런 형식이 없다면 우리는 금방 목표물을 놓쳐 버리고 길을 헤매기 때문에 그런 형식은 중요합니다. "일주일에 한 번 예배에 나온다, 기도회를 한다, 신우회로 모인다." 이런 것들은 다 중요한 것들입니다. 그러나 그것들을 통해서 여러분의 신앙이 개인생활과 사회생활에 녹아 나오지 않는다면, 여러분은 신자가 아닌 것입니다. 여러분의 신앙생활을 더욱 무섭게 하십시오.

하나님께서 여러분에게 허락하신 시간과 역사와 환경 속에서 여러분이 알고 있는 모든 것들을 확충하십시오. 그리고 무엇이 지혜인지 어디가 타협인지 모르겠거든 구하십시오. "너희 중에 누구든지 지혜가 부족하거든 모든 사람에게 후히 주시고 꾸짖지 아니하시는 하나님[아버지]께 구하라. 그리하면 주시리라"(약 1:5).

18

시간

히 12:2-3

믿음의 주요 또 온전하게 하시는 이인 예수를 바라보자. 그는 그 앞에 있는 기쁨을 위하여 십자가를 참으사 부끄러움을 개의치 아니하시더니 하나님 보좌 우편에 앉으셨느니라. 너희가 피곤하여 낙심하지 않기 위하여 죄인들이 이같이 자기에게 거역한 일을 참으신 이를 생각하라.

시간이 요구되는 기독교 신앙

우리가 함께 읽은 히브리서 말씀에서는 예수께서 그 앞에 있는 즐거움을 위해 십자가를 참으시고 부끄러워하지 않으신 사건을 믿음의 최고 모델로 제시하고 있습니다. 그런데 아무리 어렵고 힘들더라도 마음에 믿는 것들을 어떻게 열심히 지켜 냈는가 하는 의지력이라는 의미로서의 믿음이 아닌, 우리가 가지는 기독교적 신앙의 내용들은 믿음이 필요할 수밖에 없다는 것을 이야기합니다. 믿음은 하나의 관계입니다. 한 인격이 한 인격에 대해 갖는 사랑과 긍휼과 자비와 신뢰의 관계입니다. 한 인격이 한 인격을 죄에서 구원하고 의와 진리와 거룩함으로 부르고 완성시키는 일, 즉 그 인격이라는 존재가 완성되기 위해서는 공간이 필요합니다. 우리가 육체이기 때문에 그렇습니다. 기독교 신앙은 관념적인 것이 아닙니다. 의, 거룩함, 선 등의 개념과 이상에 관한 싸움이 아니라 그것이 내 육체에 녹아나야 하는 것입니다. 이 육체로 만들어진 나라는 존재가 의와 진리와 거룩함과 선과 사랑으로 녹아난 그런 성품과 인격을 가져야만 하는 것입니다.

본문 말씀은 그런 것이 만들어지기 위해서는 시간이 필요하다고 가르칩니다. 그런 성품과 인격이 기독교적 신앙이라는 종교적인 방법에 의해서 하루아침에 만들어지는 것이 아니라 긴 과정을 거쳐서 결정되기 때문에 시간이 필요하다고 가르치는 것입니다. 예수 그리스도께서는 그분이 사랑하는 자녀들을 구원해 내시고 그를 반대하는 모든 악의 세력들을 멸하실 그 목표를 이루기 위해 십자가를 지시는 부끄러운 일을 감당하셨습니다. 그분이 가지신 고급하고 영광된 목표가 그분이 겪는 일의 시작 지점에서는 잘 보이지 않습니다. 마치 농부들이 봄에 들에 나가 씨를 뿌리는 것과 같습니다. 먹어야 하는 낱알을 땅에다 버리는 것 같지 않습니까? 그러나 그렇게 해야만 곡식이 자라고 추수할 수 있습니다. 이와 같이, 예수 그리스도께서 지금 목표하신 것을 이루는 시작에서는 그 영광된 모습과 같은 선상에서 시작하는 일임에도 불구하고 둘의 모습은 큰 차이가 있습니다. 그래서 모르는 사람들이 볼 때는 예수 그리스도께서 지금 당하시는 일이 무엇인지 모르는 것입니다. 바로 여기서 믿음이 동원되는 것입니다. 우리에게 하나님이 목표하고 계획하신 것의 결국을 시작했다 할지라도 그 시작이 결국의 자리까지 가는 과정이 있어야 하고, 그 과정이 있다는 것을 우리에게 확인시키는 것이 믿음입니다.

많은 성도들이 우리의 신앙에 실패가 있고 우리의 신앙이 만족스럽지 못한 것은 믿음이 없기 때문이라고 오해합니다. 믿음이란 이름으로 과정 없이 목표에 도달하고자 합니다. 믿음이 있다면 어떤 수준의 자리에 있을 것이고, 믿음이 없다면 그 수준에서 떨어질 것이라고 생각하지요. 그래서 성도들은 일주일 내내 신앙을 붙었다 떨어뜨렸다 합니다. 합격점에 갔다가 떨어졌다가, 또 갔다가 떨어졌다가 하는데 떨어지는 것이 더 많습니다.

그래서 주일만 되면 다 엎드려서 동일하게 하는 기도는 이것입니다. "지난 한 주간도 하나님 뜻대로 살지 못한 이 죄인을 용서하소서." 그러나 이런 것이 아닙니다. 믿음이란 것은 "내가 믿음을 지켰던들 거기에 가 있고 회의도 없고 실패도 없고 희열과 확신과 자랑과 승리 속에 있을 텐데" 하는 것이 아닙니다. 오히려 "그런 온전한 사람이 되기 위해서는 기나긴 길을 걸어가야 한다. 그 결과가 나에게 이루어지고야 말 것이다"라는 것을 알고 포기하지 않고 가는 것이 믿음입니다.

그래서 믿음에 대해서 '가야만 하는 싸움'이라는 개념을 가져야 합니다. 믿음은 어디를 가는데 "너 도시락 싸 가지고 가라"는 것과 같습니다. 도시락 싸 가지고 가는 길이면 하룻길인 거지요? "야, 너 겨울옷도 가지고 가라." 그러면 겨울철을 나야 하는 것 아닙니까? 믿음이 필요하다는 것은 맨손으로 가면 안 되는 부름을 받았다는 뜻입니다. 험난하다는 뜻이 아니라 시간적으로 오래 걸리는 길이라는 의미입니다. 하나님께서 부르신 구원의 결국의 자리까지의 과정은 긴 시간이 요구되는 길이라는 것입니다.

믿음의 시작과 과정

에베소서 2:20 이하를 보겠습니다.

> 너희는 사도들과 선지자들의 터 위에 세우심을 입은 자라. 그리스도 예수께서 친히 모퉁잇돌이 되셨느니라. 그의 안에서 건물마다 서로 연결하여 주 안에서 성전이 되어 가고 너희도 성령 안에서 하나님이 거하실 처소가 되기 위하여 그리스도 예수 안에서 함께 지어져 가느니라(엡 2:20-22).

"함께 지어져 가는" 이 일을 위해 우리가 어떤 기초 속에 있습니까? 모툉잇돌이 되신 예수 그리스도께서 머리가 되시고 우리가 그 몸으로 부름받은 자리에 들어와 있습니다. 이 얼마나 굉장한 자리입니까? 예수 그리스도의 이름으로 무엇이든 구하면 되고, 그리스도께서 우리와 함께하시고 성령이 우리 안에 와 계십니다. 하지만 이것은 그 건물을 짓는 초석에 불과합니다. 우리는 예수를 믿는다는 것, 그리고 신앙적으로 성숙해진다는 것이 어떻게 예수를 더 많이 닮고 그분에게 내가 얼마나 항복하는가의 싸움이란 것을 인정합니다. 그러나 그것이 믿음만 좋으면 금방 되는 것으로 생각합니다. 그때 말하는 믿음은 나를 버리고 세상을 외면하고 하나님의 말씀에 온전히 나를 맡기는 것입니다. 그러나 그것이 오래 걸린다는 말입니다. 믿음은 "말발탈 살발탈" 이렇게 주문을 외우는 것이 아닙니다. 열심히 뜨겁게 기도하고 나면, 마음이 뽕 돌아서서 죄를 보아도 눈이 감기고, 나쁜 말을 하려면 혓바닥이 없어지고, 좋은 데로만 눈이 가는 것이 아닙니다. 믿음은 그런 것이 아닙니다. 그런데 우리는 믿음을 어떤 종교적인 비법으로 생각합니다. 좋은 믿음을 가지면 한 번에 내가 다른 사람이 되고 그런 경지가 지속될 것이라고 생각합니다.

그러나 성경은 우리가 지어져 간다고 말씀합니다. 우리가 상상하는 그런 자리는 언제 가는가 하면 천국에 가야만 이루어집니다. 이 세상에서 완성되지 않습니다. 그러나 우리는 그리로 갈 수밖에 없고, 그것만이 우리의 길이고 우리는 그리로 부르심 받았습니다. 이 부르심으로 우리를 부르신 하나님이 우리를 향해 가지신 목적이 실패치 않으실 것입니다. 우리가 연약하고 혹 실패하는 일이 있어도 우리가 받은 이 부르심을 하나님이 이루시고야 말 것이라는 신뢰가 믿음의 핵심입니다. 그 부르심의 완성까지의 긴 기간을 포기하지 않고, 그 긴 기간이 있기 때문에 믿음이 도입되는 것임을 아는 것이 믿음입니다. 믿음이 있다는 것은 "너 신발 두 켤레 갖고 가라, 너 비옷 갖고 가라" 그런 이야기이지, 신발 두 켤레 가지면 발이 안 부르트고 비옷을 가지면 비가 안 온다는 이야기가 아닙니다. 믿음을 사용하면 난관이 없어지는 것이 아니라, 난관이 있고 시간이 걸리기 때문에 믿음을 가지라고 이야기하는 것입니다. 에베소서 4장입니다.

> 그가 어떤 사람은 사도로, 어떤 사람은 선지자로, 어떤 사람은 복음 전하는 자로, 어떤 사람은 목사와 교사로 삼으셨으니 이는 성도를 온전하게 하여 봉사의 일을 하게 하며 그리스도의 몸을 세우려 하심이라(엡 4:11-12).

하나님의 백성을 온전하게 기르기 위해 사도, 선지자, 전도자, 목사, 교사 같은 사람들이 있어야 한다고 성경은 말씀합니다. 성도는 어른으로 태어나지 않습니다. 신분으로는 단번에 획득되고 영원히 불변하지만, 수준은 어린아이로 태어나서 어른이 되는 것같이 자라야 합니다. 우리가 태어나면서부터 철이 들거나 지능이 높거나 속이 큰 사람이 없는 것과 같은 이치입니다. 자라면서 배우는 것입니다. 자라면서 육체가 클 뿐 아니라 지능이 커 가고 모든 마음 쓰는 것, 생각하는 것, 배려하는 것, 성품과 지성이 크게 됩니다. 그래서 마흔이 넘어서도 머리카락이 곤두서면 못씁니다. 젊었을 때나 성질대로 머리카락이 서야지, 나이가 들면 이것을 다스려서 넘어가야 합니다. 그때도 칼같이 서면 빡빡 깎고 오세요. 죄인으로 태어난 우리 가운데 성질이 좋은 사람이 어디 있습니까? 그 성질을 가라앉지 못하고 스스로 제어하지 못하고 나이가 들어서도 "난 성격이 그래" 하고 말하는 것은 핑계가 될 수 없습니다. 고쳐야 합니다. 성질을 죽여야 하고 못 죽이겠으면 성질이 나려고 할 때마다 도망을 가야 합니다. 그렇게 만들어 가야 합니다. 그렇게 하기 위해서는 얼마나 많은 시간과 과정이 필요한지 우리는 알 수가 없습니다. 그런데 우리는 이 시간과 과정을 자꾸 없애는 것을 믿음이라고 오해할 때가 많습니다.

주변에서 예수 믿는 자들을 유혹하는 이단들이 가장 많이 시험하는 것은 믿음이 무엇인지를 오용하게 하는 것입니다. 믿음을 시간과 과정을 없애는 비법으로 사용합니다. 우리가 지금 마음에 걱정과 근심과 낙심과 회의가 있는 것은 믿음이 없기 때문이라고 찌릅니다. 그러나 그렇지 않습니다. 믿음이 없으면 의심과 걱정과 낙심이 없고 감각도 없습니다. 마치 차선이 없는 길을 가는 것과 같습니다. 틀린 것이 없습니다. 생명이 없고 진리가 없기 때문에 자기들이 틀린 것을 모르고 방탕에 자신을 방임합니다. 방탕하다는 것은 낭비하는 것, 시간을 허비하는 것을 말합니다. 예수와 진리를 모르는 세상 사람들을 보면 아무런 감각 없이 자기 마음대로 하려고 합니다. 자기가 갈 때마다 자기가 차선을 긋고 가는 식이에요. 자기 마음대로 가고 죄로 쓸려 가는 세상을 따라서 거기에 자기 몸을 기꺼이 의탁해서 함께 편안하게 쓸려 갑니다.

그러나 우리는 그렇지 않습니다. 우리는 '이게 아닌데, 이게 아닌데' 하며 삽니다. 여러분은 계속 마음이 불안하고, '믿음생활이 이 정도는 아닐 텐데' 하는 감각을 가지고 있습니다. 이것은 생명의 감각이 지적하는 것이고, 그런 사람들은 다 신앙이 있는 것입니다. 하나님의 사람이기 때문에 그 감각이 있는 것입니다. 그런데 믿음에 대해 오해해서, 어떤 기준에 합격한 날과 불합격한 날로 자기를 평가하니 일주일을 돌아보면 합격한 날은 없고 불합격한 날만 많아서 늘 불안하고 죄송스럽기만 하지요. 그러나 성경은 믿음을 갖거나 성령의 힘으로 합격한 날이 많게 하는 것이 믿음이 아니라고 말씀합니다. 믿음이 우리에게 촉구하는 것은, 우리가 어린아이로부터 출발하여 그리스도의 장성한 분량이 충만한 데까지 가는 이 싸움에는 그 과정과 긴 시간이 있는데 그 과정은 의외로 시행착오가 많다는 것을 인정하라는 것입니다.

매일매일 모든 사건에 승리해야 훌륭해지는 것은 아닙니다. 우리는 실패한 것으로도 많이 훌륭해집니다. 우리를 괜찮은 사람으로 만든 것은 대부분 다 우리를 울게 만든 사건입니다. 웃었던 사건으로 훌륭해진 사람은 얼마 없습니다. 그렇지 않습니까? 우리의 인생에서 우리는 실패로 인해 더 많은 것을 배웁니다. 실패해서 쓴맛을 보고 "내 다시는 게으르지 않으리라, 내 다시는 미련하지 않으리라, 내 다시는 잠자지 않으리라" 이렇게 자신을 촉구하고 분발시키는 것입니다. 그래서 우리의 일주일을 돌아보며 늘 합격선에 올라 가 있게 하는 것으로 믿음을 동원하지 마십시오. 내가 가는 이 길이 멀고 험해도 목적지에 가야 하는 것인데, 지난 한 주간 동안 그 자체로는 실패했을지라도 이 목적지를 향해 내가 한 걸음 더 진전했는지를 보는 데 믿음을 도입해야 합니다. 매일매일 합격선에 올라 가 있는 시간을 얼마나 길게 가졌는지보다는 실패했을지라도 끊임없이 목표를 향해 나를 세우고 그리로 나를 밀어냈는지로 믿음을 사용했다면 그는 믿음이 있는 자요 믿음으로 승리한 자인 것입니다.

시간 속에서 믿음이 강화됨

오늘날 성령 운동들이 성령님의 도우심을 강조하는 것은 우리 성도들에게 귀한 일입니다. 그러나 성령님이 오셔서 하시는 대표적인 일은 우리가 누구인지를 다시 확인시켜 주는 것임을 기억해야 합니다. 우리가 처음 하나님 앞에 무엇으로 부름 받았는지를 다시 확인시켜서 "내가 누구인가, 내가 이래서 되겠는가" 반성하게 하고, 거룩하고 참된 것을 향해 분발하게 하고, 하나님이 나와 함께하시니 걱정 말라고 위로하는 것이 성령님이 하시는 일입니다. 무엇을 해야 하는지를 우리 눈앞에 비춰 주시지 성령님이 절대 우리 대신 업고 가시지는 않습니다. 왜 그렇습니까? 구원의 완성은 내가 완성되어야 하는 문제이기 때문입니다. 어떤 거리를 가는 것이 아니라 어느 수준에 도달해야 하는 것입니다.

우리가 등산 갈 때마다 "야, 내려올 건데 왜 올라가냐, 여기서 도시락 까먹고 가자" 하는 말들을 합니다. 군대 가니까 밤낮 하는 일이 뛰어갔다 오라는 거예요. 다시 올 것을 왜 갑니까? 어디를 가는 것이 문제가 아니라 그것으로 인해 심폐기능과 다리를 튼튼하게 만들어야지요. 육체적으로 사람을 끈질기고 힘쓰게 만들기 위해 훈련하는 것입니다.

마찬가지로, 우리의 인생살이 속에서 밤낮 이런 일을 시키는 것은, 이 삶 속에서 우리가 영적으로 건강해지는 것과 세상을 외면하고 세상을 향해 유혹의 시선을 끊는 일을 만들어 가야 하기 때문입니다. 그렇게 하기 위해서는 세상의 쓴맛을 뼛속 깊이 봐야 합니다. 죄짓는 일을 한두 번에 그만두는 사람이 있습니까? 도박하는 사람들의 손목을 자르면 팔꿈치에 끼우고 한다잖아요. 그리 쉽게 끊어지는 것이 아닙니다. 하나님이 끊임없이 우리 인생에 간섭하셔서 세상을 우리 마음에서 자원하여 외면하게 하십니다. 하나님을 위해 기꺼이 세상 것을 희생하게 하십니다. 그런 일을 만들어 내는 길이 길고, 시간이 많이 필요한 것입니다. 그래서 믿음이 동원되는 것입니다.

여러분이 잘 아는 베뢰아파나 레마파나 혹은 요즘 많이 일어나는 성령 은사 운동은 전부 다 이런 과정 없이 우리를 이 자리에 오게 만들겠다고 합니다. 마치 옛날에 길에서 팔던 만병통치약 같습니다. 옛날 약장수들이 밀가루를 비벼 가지고 때 묻혀서 뭐라고 했는가 하면, 배 아플 때 먹으면 배가 낫고 머리 아플 때 먹으면 머리가 낫고 당뇨에 먹으면 당이 없어지고 머리 나쁜 아이들에게 먹이면 머리가 좋아지고 믿음 없는 사람들에게 먹이면 믿음이 좋아지는 약이라고 했습니다. 그런 말을 여러분은 믿습니까? 안 믿을 것입니다. 그런 약은 세상에 없습니다. 이단이나 이런 부분을 오해한 자들의 유혹이 무엇인가 하면, 성령의 은사를 받기만 하고 또 어떤 식으로 믿음의 어느 경지에 이르면 이 모든 과정 없이, 시행착오 없이 사람이 단번에 훌륭해진다는 것입니다. 이것이 말이 됩니까?

"나는 늘 기뻐요, 나는 늘 승리해요, 내 마음에는 늘 사이다가 올라와요." 이런 경우는 아이일 때 부모님이 선물을 사다 주면 그러는 것입니다. 사탕 두 개면 온 세상을 얻은 것 같고, 시험 봐서 전 과목 모두 백 점을 받으면 행복합니다. 그런 것이 인생의 전부입니까? 아닙니다. 인생은 그렇게 간단하지 않습니다. 그 순간들의 기쁨은 있어도, 그것은 인생의 전 과정에서 아주 조그마한 부분에 불과합니다.

저는 결혼식 주례할 때 솔직히 마음이 아픕니다. 왜냐고요? 아, 우리는 다 알잖아요! 이것이 웃을 일이 아닌데 웃고 서 있거든요. 이제부터 시작이니 얼마나 한심한 일입니까. 이제부터 행복이 없거든요. 여기까지만 재미있지 결혼하는 순간부터 인생은 골치 아픈 거예요. 그런데 정작 신랑, 신부 이 둘은 모릅니다. 그러니 진실을 가르쳐 줄 수도 없습니다. 동화를 보세요. 모든 동화는 결혼에서 끝이 나요. "왕자와 공주가 결혼하여 오래오래 행복하게 살았대요." 그것은 사실 거짓말입니다. 그러나 아이들한테 그 이상의 진실은 밝힐 수가 없지요.

사는 것이 왜 어렵지요? 산다는 것은 그렇게 만만한 것이 아니기 때문입니다. 산다는 것은 목숨을 걸고 온 힘을 다해 싸워야 하는 싸움입니다. 자기를 지켜야 하고 자기 꿈을 실현하기 위해서는 실제로 자기 손으로 해야 하거든요. 그것은 돈으로도 안 되고, 빽으로도 안 됩니다. 본인이 그 실력이 되지 않고는 안 됩니다. 자기 스스로 실력을 만들고 그 만든 실력을 실천해서 자기가 씨를 뿌려 거두지 않고는 만들어지지 않는 것입니다. 멀리서 리모컨으로 조종하거나 무슨 약을 먹어서 그렇게 되지 않습니다. 부적을 사다가 붙여서 되는 것은 없습니다. 그래서 산다는 것이 어려운 것입니다. 우리의 신앙이 이와 같습니다.

하나님께서 우리를 부르신 그 완성의 자리에 가기 위해서는 우리의 온몸과 마음과 정성을 다해 그 가르침대로 좇아가야 합니다. 듣고 이해하고 시험해 봐야 합니다. 맞는지 틀린지 정도의 시험이 아니라, 그 맞은 것을 내 것으로 만드는 시험입니다. "이것이다"라고 아는 것은 사실 아는 것의 시작일 뿐입니다. 아는 것은 행함의 시작이요, 행함은 아는 것의 끝입니다. 아는 것을 자기 것으로 만드는 데는 많은 시간과 과정이 필요합니다. 그래서 믿음이 동원되는 것입니다. 성경이 주장하는 최고의 모델인 예수님도 이런 의미에서 앞에 있는 즐거움을 위해 십자가를 지셔야 했고 갓난아기로 말구유에 태어나셔야 했습니다. 하늘에서 팡파르가 울리고 백마 타고 오셔서 십자가에 딱 한 번 계셨다가 간다 해도 우리는 할 말이 없습니다. 그러나 이 일은 그렇게 되지 않았습니다. 하나님이 이루시려는 일들은 그런 방법으로는 안 하겠다고 정하셨기 때문입니다.

믿음은 목표를 향해 가는 것

빌립보서 3장에 나오는 사도 바울의 신앙고백을 한번 보십시오.

내가 그리스도와 그 부활의 권능과 그 고난에 참여함을 알고자 하여 그의 죽으심을 본받아 어떻게 해서든지 죽은 자 가운데서 부활에 이르려 하노니 내가 이미 얻었다 함도 아니요 온전히 이루었다 함도 아니라. 오직 내가 그리스도 예수께 잡힌 바 된 그것을 잡으려고 달려가노라. 형제들아, 나는 아직 내가 잡은 줄로 여기지 아니하고 오직 한 일 즉 뒤에 있는 것은 잊어버리고 앞에 있는 것을 잡으려고 푯대를 향하여 그리스도 예수 안에서 하나님이 위에서 부르신 부름의 상을 위하여 달려가노라(빌 3:10-14).

신앙은 목표를 향해 가는 것입니다. 그런데 우리가 이 믿음에 대해 잘 못 생각하면, 믿음을 적용한 날과 믿음을 적용하지 못한 날로 생각하곤 합니다. 매일의 삶 속에서 혹 실패가 있었다 할지라도 그것이 목적하는 장소로 나를 밀어내고 진전시켜야 합니다. 그리고 그 긴 과정을 내가 기어코 감수하리라 하는 데 믿음이 동원되어야 합니다. '어제는 합격, 오늘은 불합격' 이런 식의 개념으로 보면 "나는 얼마만큼 했다"가 되어 버립니다. "나는 성경 봤다, 나는 전도했다" 이렇게 되면 자꾸 뒤를 돌아보는 모양이 됩니다.

사도 바울이 하는 말의 의미는, 나는 단순히 뒤는 돌아보지 않는다는 것이 아닙니다. 나는 부름의 자리, 푯대를 향해 달려가는 사람이라고 선언하는 것입니다. 바울에게는 앞으로만 있지 '나는 어디까지 왔다'라고 뒤를 돌아보는 개념이 없습니다. 무슨 선행을 쌓아 나가고 '이만하면 괜찮지' 하는 식으로 자기를 확인하는 것이 믿음생활이 아닙니다. 하나님이 나를 부르신 의와 진리와 거룩함으로 지으심을 받은 새 사람, 하나님의 온전하심을 닮는 자리, 그리스도의 장성한 분량이 충만한 자리, 거기로 가는 것이 믿음입니다. 목표하고 있는 그 자리에 아직도 이만큼 미흡함을 느끼는 것입니다. 믿음이란 '어디까지 왔다'가 아니라 '아직도 거리가 이만큼 남았다'는 개념, 목표를 향한 진행의 개념이 있고 그 도달까지의 과정과 시간이 필요하다는 것을 아는 개념이란 말입니다.

빅터 프랭클이라는 사람이 쓴 『죽음의 수용소에서』라는 책이 있습니다. 이 사람은 2차 세계대전 때 아우슈비츠에 갇혔던 정신과 의사였습니다. 그런 위기 상황에서 사람들이 어떻게 사는가, 무엇으로 사는가에 대한 관찰을 할 기회가 주어진 것입니다. 알다시피, 그때 유대인 수용소에서는 마지막 남은 노동력까지 다 착취하고 쓸모없어진 사람들을 무자비하게 죽였습니다. 매일 아침 수용소 문을 나서서 일터로 갈 때 노동력이 남아 있으

믿음

면 일터로 보내고 노동력이 없어 보이면 손짓해서 가스실로 보냈습니다. 인간 대접이라고는 그 어떤 것도 받을 수 없습니다. 영양 상태나 위생 상태나 인격적 대접에서나 완전히 짐승 이하의 취급을 받았습니다. 빅터 프랭클의 관심사는 그런 환경 속에서 사람들은 무엇으로 견딜까 하는 것이었습니다. 그는 몇 명 안 되는 생존자 중 하나였는데, 많은 사람들이 바로 그것을 물어 왔습니다. "무엇으로 버텼습니까?" 그 사람의 대답이 아주 의미심장합니다. "눈물과 한숨으로 버텼습니다."

우리는 눈물과 한숨을 보통 포기와 실패의 표로 알고 있지만, 실제로 사람이 포기하면 울지 않고 웃습니다. 그래서 정신병자는 다 웃습니다. 포기하면 드디어 울지 않습니다. 이겨 내지는 못했지만 포기하지는 않았기 때문에 우는 것입니다. 우리 성도들에게 가장 많이 나타나는 현상이 무엇인가 하면, 눈물 즉 마음의 절망인데 그것은 여러분이 포기하지 않았다는 증거입니다. 여러분은 좀 창피하지만 삼삼한 신앙의 소유자들입니다.

우리가 믿는 것이 바로 이것입니다. 하나님께서 나에게 힘을 주셔서, 또 하나님의 성실하심과 전능하심으로 말미암아 우리를 실패하게 하지 않고 버려두지 않으실 것을 믿습니다. 나에게 몇 번의 실패가 있었음에도 불구하고 기어코 이길 때까지 시간과 기회를 주실 것을 믿습니다. 그러나 내가 하지 않았음에도 하나님이 데려가시는 것은 믿지 않습니다. 여기에 우리 신앙의 승리의 근거가 있는 것입니다. 우리가 오늘 울고 낙심하며 한숨을 지으면서도 다시 주 앞에 나오는 이유가 있습니다. 우리 안에 있는 생명과 우리를 부르신 하나님의 자비하심과 긍휼하심과 전능하신 손길이 우리에게 이것을 알게 하신 것입니다. 여러분은 지난 주간도 사는 둥 마는 둥 살았을 것입니다만, 하여튼 오늘도 이 자리에 나왔습니다. 대단한 것입니다. 여러분 안에 있는 생명과 여러분을 지키는 성령님께서 여러분을 포기하지 않기 때문입니다. 그리고 여러분도 여러분의 삶에 대해 불만스러워하고 눈물을 흘리도록 안타까워하고 있습니다.

이제 우리가 알아야 할 것은, 어떤 신비로운 믿음이라는 묘약으로 여러분의 신앙이 승리하고 완성의 자리에 가는 것이 아니라는 것입니다. 이 기나긴 시간과 기나긴 과정 속에서, 많은 시행착오와 실패 속에서 여러분의 신앙이 자라고 하나님 앞에 부름 받은 완성의 자리로 접근해 간다는 것입니다. 이 사실을 알고 포기하지 않는 믿음을 갖고 간다면, 여러분은 하나님의 사람으로 승리하는 자들이요 그 복을 누리는 자들이요 마침내 그 자리에 설 수 있는 자들이란 것을 믿음으로 소유하시기 바랍니다.

19

기다림

이에 제자들이 나아와 이르되 바리새인들이 이 말씀을 듣고 걸림이 된 줄 아시나이까. 예수께서 대답하여 이르시되 심은 것마다 내 하늘 아버지께서 심으시지 않은 것은 뽑힐 것이니 그냥 두라. 그들은 맹인이 되어 맹인을 인도하는 자로다. 만일 맹인이 맹인을 인도하면 둘이 다 구덩이에 빠지리라 하시니.

하나님을 알게 하는 율법

예수님과 당시의 유대인들 사이에 충돌하고 있는 문제가 있습니다. 그들은 율법에 관한 이해에 있어서 첨예한 충돌을 일으키고 있습니다. 유대인들은 이 율법을 사람이 지켜야 할 규칙, 하나님이 주신 규칙으로만 이해하고 있습니다. 그러나 예수님은 율법을 하나님께서 주셨다는 것은 윤리와 도덕성 이상의 뜻을 가진다고 말씀하십니다. 그것이 본문에서 보는 바와 같이, 하늘 아버지께서 심지 않으신 것은 다 뽑힐 것이라는 말씀이요, 그 뜻을 제대로 이해하지 못하는 자들은 다 맹인이라는 말씀입니다.

율법의 의의는 윤리와 도덕성의 의미 이전에 그 권위성에 의의가 있습니다. 하나님께서 이스라엘 백성에게, 더 넓게 말하면 인류에게 율법을 주셨다는 것입니다. 그것은 하나님만이 법을 세우실 권한과 지혜가 있으시고 그런 지위에 있으시다는 뜻입니다. 하나님은 유일하게 질서를 세우시고 선한 것을 만드시며 의로운 것과 생명을 만드시고 자라나게 하시는 분이라는 뜻입니다.

출애굽기 20장은 십계명이 기록된 장으로, 하나님께서 율법을 주시는 장면이 나옵니다. 이 율법을 주시는 기본적인 개념을 이렇게 말씀하십니다. "하나님이 이 모든 말씀으로 말씀하여 이르시되 나는 너를 애굽 땅, 종되었던 집에서 인도하여 낸 네 하나님 여호와니라"(출 20:1-2). 이어서 십계명을 선포하십니다. 우리를 구원하시는 하나님, 우리를 비참함과 더러움과 종된 것에서 구원하시는 하나님이십니다. 무질서와 억압과 얽매임과 더러움에서 구원하시는 하나님이십니다. 혼돈에서 구원하시는 하나님이십니다. 율법을 이런 이유로 주신 것입니다. 그리고 안식일에 대해 이렇게 말씀하십니다.

안식일을 기억하여 거룩하게 지키라. 엿새 동안은 힘써 네 모든 일을 행할 것이나 일곱째 날은 네 하나님 여호와의 안식일인즉 너나 네 아들이나 네 딸이나 네 남종이나 네 여종이나 네 가축이나 네 문안에 머무는 객이라도 아무 일도 하지 말라. 이는 엿새 동안에 나 여호와가 하늘과 땅과 바다와 그 가운데 모든 것을 만들고 일곱째 날에 쉬었음이라. 그러므로 나 여호와가 안식일을 복되게 하여 그날을 거룩하게 하였느니라(출 20:8-11).

안식일을 왜 지켜야 합니까? "하나님이 천지를 엿새 동안 창조한 것을 기념하여"라고 되어 있습니다. 그러나 더 넓게 이야기하면, 십계명을 지켜야 하는 이유는—더 크게 율법을 지켜야 하는 이유는—하나님이 창조주이시기 때문이라는 것입니다. 하나님이 창조의 주인이시라는 것은, 그분이 물질세계에 국한된 존재가 아니라는 뜻입니다. 세상을 있게 하고 빛과

믿음

땅과 생물을 만드신 하나님만이 아니라, 정신과 문화와 역사와 영혼과 영원과 선과 의와 생명과 진리와 복을 만드신 하나님이라는 뜻입니다. 이런 것을 만드셨다는 것은, 그분의 소유와 창조 개념뿐 아니라 거룩함과 의와 영원 등 모든 일에서 하나님만이 기원이시라는 말입니다. 하나님만이 이런 것을 만드시고 유지하며 결과하시는 분이라는 뜻입니다.

이 이야기가 특히 구약에 두드러지게 등장합니다. 하나님이 누구신가 하는 것입니다. 우리는 하나님만이 옳으시며 지혜로우시며 선하시며 복되시다는 것을 확인하는 차원에서 율법을 만나야 합니다. 그러나 지금 유대인들은 율법이 규칙에 불과한 까닭에, 그것을 지킨 자와 지키지 않은 자 간에 자랑의 싸움이 있는 것입니다. 그것은 이미 하나님만이 선한 것과 거룩한 것의 주인이시라는 것을 망각하고 있는 처사입니다.

지금 우리가 마태복음 15장에서 보는 싸움은 결례에 관한 싸움입니다. 유대인들은 그 결례를 식사할 때 손을 씻었는가 안 씻었는가 하는 싸움으로 가져갔지만, 예수님은 그 결례가 마음을 씻는 것에 관한 요구요 내용이라고 가르치는 것 아닙니까? 그래서 이 율법의 의의는, 하나님이 누구신지를 드러내는 데 있습니다. 하나님이 누구신지가 확인되면 자동적으로 인간의 위치와 정체성이 드러난다는 것이 율법의 가르침입니다. "하나님만이 심으실 수 있으며 하나님 없이는 우리는 모두 맹인일 수밖에 없다"는 것입니다. 그것이 어떻게 드러납니까? 로마서 3장을 보겠습니다.

기록된 바 의인은 없나니 하나도 없으며 깨닫는 자도 없고 하나님을 찾는 자도 없고 다 치우쳐 함께 무익하게 되고 선을 행하는 자는 없나니 하나도 없도다. 그들의 목구멍은 열린 무덤이요 그 혀로는 속임을 일삼으며 그 입술에는 독사의 독이 있고 그 입에는 저주와 악독이 가득하고 그 발은 피 흘리는 데 빠른지라. 파멸과 고생이 그 길에 있어 평강의 길을 알지 못하였고 그들의 눈앞에 하나님을 두려워함이 없느니라 함과 같으니라. 우리가 알거니와 무릇 율법이 말하는 바는 율법 아래에 있는 자들에게 말하는 것이니 이는 모든 입을 막고 온 세상으로 하나님의 심판 아래에 있게 하려 함이라. 그러므로 율법의 행위로 그의 앞에 의롭다 하심을 얻을 육체가 없나니 율법으로는 죄를 깨달음이니라(롬 3:10-20).

율법의 커다란 의의가 무엇입니까? 하나님은 얼마나 높으십니까? 하나님만이 선함과 의로움과 영원함의 유일한 근원이시라고 앞에서 말씀드렸습니다. 하나님이 인간 앞에 하나님의 하나님되심을 나타내면, 인간은 피조물에 불과하며 선한 것과 의로운 것과 복된 것에 대해 하나님께 의존할 수밖에 없는 존재라는 것이 확인됩니다. 이것이 율법의 커다란 의의입니다. 율법이 우리의 삶에 어떻게 규칙이 되고 안내서가 되는지를 알기 전에, 이런 기본적인 개념을 먼저 이해해야 합니다.

율법의 요구와 인간의 무능

율법이 등장하자, 인간은 율법을 지킬 수 없다는 것이 판명됩니다. 사람은 율법이 요구하는 것을 지킬 마음이 없으며 지키려고 해도 지킬 힘이 없습니다. 그것이 로마서 7장에 소개되어 있습니다.

그런즉 우리가 무슨 말을 하리요. 율법이 죄냐. 그럴 수 없느니라. 율법으로 말미암지 않고는 내가 죄를 알지 못하였으니 곧 율법이 탐내지 말라 하지 아니하였더라면 내가 탐심을 알지 못하였으리라. 그러나 죄가 기회를 타서 계명으로 말미암아 내 속에서 온갖 탐심을 이루었나니 이는 율법이 없으면 죄가 죽은 것임이라. 전에 율법을 깨닫지 못했을 때에는 내가 살았더니 계명이 이르매 죄는 살아나고 나는 죽었도다. 생명에 이르게 할 그 계명이 내게 대하여 도리어 사망에 이르게 하는 것이 되었도다. 죄가 기회를 타서 계명으로 말미암아 나를 속이고 그것으로 나를 죽였는지라. 이로 보건대 율법은 거룩하고 계명도 거룩하고 의로우며 선하도다. 그런즉 선한 것이 내게 사망이 되었느냐. 그럴 수 없느니라. 오직 죄가 죄로 드러나기 위하여 선한 그것으로 말미암아 나를 죽게 만들었으니 이는 계명으로 말미암아 죄로 심히 죄되게 하려 함이라(롬 7:7-13).

"도적질하지 말라"는 말씀이 주어지자 우리는 '도적질하지 말아야 한다'라는 생각이 드는 것이 아니라 '도적질이 뭔가?'라는 생각이 듭니다. 그래서 현대사회가 잘못 가고 있는 것 가운데 하나는, 기사화하면 안 되는 어떤 것들을 가시화시키는 것입니다. 예를 들면, 성교육 같은 것은 공개적으로 할 필요가 없는 것입니다. 그렇게 하면 사람들은 더 큰 호기심으로 가고 더 나쁜 데로 가는 법입니다. 세상의 사기꾼들이 어떻게 사기를 쳤습니까? 그가 어떻게 붙잡혔는지를 신문에 내면 그 범죄 방법이 모두에게 알려집니다. 그러면 "거참 나쁜 놈이구나!"라고 반응하지 않는다는 것입니다. 사람은 어떤 길을 정해 놓으면 그 길을 어겨서 가고 싶은 법입니다. 사람들이 해보고 싶은 것, 시원함을 느끼는 것들이 다 무엇인가 하면, 조용한 예배 시간에 일어나서 아우성을 한 번 쳐보고 싶다는 것입니다. 그렇게 생각해 본 적이 있습니까? 안 해봤지만 지금 이 이야기를 듣고 '오, 그거 신나겠다!'라는 생각이 듭니까? 이것이 바로 고약한 죄의 본성입니다.

그런데 그것을 자꾸 세상에서는 개성이라고, 자유라고 합니다. 개성이라는 말은 맞습니다. 개 같은 성격입니다. 그러나 그것은 자유가 아닙니다. 사람은 깨끗한 것을 보면 더럽히고 싶고, 잘해 놓은 것을 보면 망가뜨리고 싶어 합니다. 성선설을 주장하는 이들의 말대로 누가 위험에 처해 있거나 안 된 것을 보면 도와줄 마음이 생깁니다. 그것은 사실입니다. 그러나 도와주는 일에 마음만 생길 뿐이지, 도와준 적이 있는지 생각해 보십시오. 마음은 원하지만 행사할 실력이 없습니다. 선한 것이 무엇인지 알지만 선을 행할 능력이 우리에게 없습니다. 그래서 모든 사람은 "그걸 왜 그렇게 해? 이렇게 해야지"라고 말을 하지, 실제로 그렇게 행하는 자는 아주 드뭅니다.

율법이 우리에게 가르치는 것이 무엇입니까? "이웃의 것을 탐내지 마라." 더 적극적으로 "이웃을 사랑하라"입니다. 그렇게 사십니까? 못 살지요. 왜 그렇게 못 삽니까? 그렇게 사는 사람이 없어서 못 산다는 것입니다. "왜 나만 밑져야 합니까?" 이것입니다. 그래서 우리는 신자로서의 신앙생활을 도무지 시작할 엄두도 못 내고 있습니다. 그래서 율법이 우리에게 무엇을 가르치는가 하면, 우리 안에 선한 생각이 없으며 혹 선한 생각이 난다 할지라도 선을 행할 능력이 없는 자라는 것을 분명하게 확인해 주는 것입니다. 거기에 율법의 커다란 위치가 있습니다. 그래서 이 율법 앞에 서면 인간은 자신이 누구인지를 알게 됩니다. 로마서 7장을 보겠습니다.

우리가 율법은 신령한 줄 알거니와 나는 육신에 속하여 죄 아래에 팔렸도다. 내가 행하는 것을 내가 알지 못하노니 곧 내가 원하는 것은 행하지 아니하고 도리어 미워하는 것을 행함이라. 만일 내가 원하지 아니하는 그것을 행하면 내가 이로써 율법이 선한 것을 시인하노니 이제는 그것을 행하는 자가 내가 아니요 내 속에 거하는 죄니라. 내 속 곧 내 육신에 선한 것이 거하지 아니하는 줄을 아노니 원함은 내게 있으나 선을 행하는 것은 없노라. 내가 원하는 바 선은 행하지 아니하고 도리어 원하지 아니하는 바 악을 행하는도다. 만일 내가 원하지 아니하는 그것을 하면 이를 행하는 자는 내가 아니요 내 속에 거하는 죄니라. 그러므로 내가 한 법을 깨달았노니 곧 선을 행하기 원하는 나에게 악이 함께 있는 것이로다. 내 속사람으로는 하나님의 법을 즐거워하되 내 지체 속에서 한 다른 법이 내 마음의 법과 싸워 내 지체 속에 있는 죄의 법으로 나를 사로잡는 것을 보는도다. 오호라. 나는 곤고한 사람이로다. 이 사망의 몸에서 누가 나를 건져내랴(롬 7:14-24).

이 고백이 있는 것입니다. 율법의 기능이 무엇입니까? 내가 하나님의 도우심 없이는 선한 생각과 선한 능력을 가질 수 없다고 확인시키는 것입니다. 여기에 율법의 커다란 자리가 있는 것입니다. 그래서 우리는 십자가로 말미암는 구원이 어떻게 율법과 연결되어 있는지를 이런 차원에서 확인해야 합니다. 우리가 십자가를 자랑할 때 율법의 이 가르침, 이 지적, 율법의 위치를 십자가와 충돌시키면 안 됩니다. 로마서 3장을 보겠습니다.

이제는 율법 외에 하나님의 한 의가 나타났으니 율법과 선지자들에게 증거를 받은 것이라. 곧 예수 그리스도를 믿음으로 말미암아 모든 믿는 자에게 미치는 하나님의 의니 차별이 없느니라. 모든 사람이 죄를 범하였으매 하나님의 영광에 이르지 못하더니 그리스도 예수 안에 있는 속량으로 말미암아 하나님의 은혜로 값없이 의롭다 하심을 얻은 자 되었느니라. 이 예수를 하나님이 그의 피로써 믿음으로 말미암는 화목 제물로 세우셨으니 이는 하나님께서 길이 참으시는 중에 전에 지은 죄를 간과하심으로 자기의 의로우심을 나타내려 하심이니 곧 이때에 자기의 의로우심을 나타내사 자기도 의로우시며 또한 예수 믿는 자를 의롭다 하려 하심이라(롬 3:21-26).

십자가는 율법의 완성입니다. 율법은 앞에서 본 바와 같이, 하나님이 누구신지와 또 우리가 누구인지를 확인시켜 주는 역할과 의의를 가지고 있습니다. "하나님은 높으신 분이다. 하나님으로부터만 거룩한 것, 신령한 것, 복된 것, 선한 것이 나온다. 그 앞에서 우리는 우리 안에 선한 것과 의로운 것과 생명과 생각과 본성이 없으며 지킬 능력이 없다"는 것을 확인하게 됩니다. 그러나 하나님께서 율법을 우리에게 주신 것은, 하나님을 나타내시고 우리의 처지를 알게 하셔서 하나님이 우리에게 요구하시는 율법을 계시할 뿐 아니라 이루시려는 것입니다.

우리가 출애굽기 20장에서 본 바와 같이, 율법을 주시는 첫 번째 이유가 무엇입니까? "나는 너희를 종되었던 애굽에서 구원하여 낸 너희 하나님이니라"고 해서 주신 것이 아닙니까? 그들을 애굽에서 구할 뿐만 아니라 죄와 사망에서 구원하기 위해 이 율법을 주신 것입니다. 그래서 드디어 그 율법으로 계시된 하나님의 하나님되심이, 거룩하시고 선하시고 의로우시며 복되신 하나님의 하나님되심이 나타나게 됩니다. 하나님을 나타내실 뿐만 아니라 우리에게 나타내셨기 때문에 우리에게 나타내신 그의 의로우심과 거룩하심과 복되심을 드디어 실행하신 것이 십자가입니다. 십자가에는 하나님의 의로우심과 거룩하심과 복되심이 나타납니다. 그 선하심이 우리에게 어떻게 역사적이고 실제적으로 영원히 간섭하여 우리의 운명을 바꿔놓았는지가 십자가에 있는 것입니다.

이 십자가는 우리를 어디로 데려갑니까? "그런즉 자랑할 데가 어디냐. 있을 수가 없느니라"(롬 3:27)로 데려가는 것입니다. 율법으로도 자랑할 수 없고, 십자가로도 자랑할 수 없습니다. 그리고 "그런즉 우리가 믿음으로 말미암아 율법을 파기하느냐. 그럴 수 없느니라. 도리어 율법을 굳게 세우느니라"(롬 3:31)로 통일된 하나님의 하나님되심과 하나님의 의로우시며 선하시며 복되시며 거룩하심이 어떻게 우리 인간에게 결실되었는지가 일관되게 연결되는 것을 봅니다. 그래서 이런 이야기를 해야 합니다. 율법 앞에 섰을 때나, 십자가 앞에 섰을 때나 동일하게 우리는 하나님 앞에서 자랑할 수 없습니다. 하나님께 자랑할 수 없을 뿐만 아니라 인간 앞에서도 자랑할 수 없습니다.

기다려 주는 신앙

이것이 왜 중요한 이야기입니까? 신앙생활을 해오고 특별히 교회생활을
하다 보면, 여러분의 신앙에 대해서나 또 특별히 교회에 대해서 여러분의
마음속에 소원을 갖게 됩니다. 교회가 좀 더 멋졌으면, 개개인의 신앙이 좀
더 멋졌으면 하는 소원을 갖게 됩니다. 그런데 그 멋진 이상(理想)이 대개
는 자랑스러운 것으로 간다는 데 문제가 있습니다. 교인들이 다 나 같아서
사람들 앞에 손가락질당하지 않고 멋지기를 바랍니다. 내가 속한 교회가
세상 앞에 또는 다른 교회 앞에 일사분란하고 한마음 한뜻이 되어 모두 거
룩하고 흠이 없었으면 하는 꿈을 가집니다. 여기가 바로 신앙상으로 약간
잘못 가는 점입니다. 잘못 간다는 말이 정확한 표현은 아닌데, 일종의 오해
가 있다는 것입니다.

교회는 마치 가정과 같은 곳입니다. 가정에는 부모가 있고 자식이 있
습니다. 자식은 평생 동안 부모 마음에 안 듭니다. 부모가 자식에게 요구
하는 것이 무엇입니까? 철들 날을 기대합니다. 자식들의 생각은 공부 잘하
면 다고, 말썽 안 부리면 다인 줄 압니다. 가끔 자식들이 공부 잘했다는 것
으로 유세를 떠는 경우가 많습니다. "나 공부했어. 그런데 부모가 나한테
해준 게 뭐야?" 이런 소리를 합니다. 또 말썽 좀 안 부리면, "자식 노릇 이쁘
게 해줬더니 부모가 우리들이 얼마나 괜찮은 자식인 줄 몰라!" 이런 소리
를 합니다. 우리 아이들이 한 번 그렇게 해서 제가 곧바로 답변했습니다.
"좋아, 나도 매일 술 먹고 와서 땡깡 한 번 부리마." 그래서 비겼습니다. 그
런 말을 서로 안 하기로 한 것입니다. 여러분, 아이들을 키우다가 어떤 생
각이 듭니까? 대학 가면 한시름 놓겠지 합니다. 대학 가면 좀 나아집니까?

뭐가 나아집니까? 이제는 고등학교 때와 또 다른 걱정거리가 생깁니다. 시집 장가보내면 나 이제 모른다고 합니다. 시집 장가보내면 나아집니까? 김치 담가 달라고 하고 아이 봐달라고 합니다. 자기가 낳은 아이를 왜 직접 안 기르고 부모에게 데려옵니까? 시집 장가간다는 것이 무엇인지 아는 것입니까, 모르는 것입니까? "나중에 돈 벌어서 갚을게요"라고 합니다. 그러면 "야, 너 말썽 안 부리면 그것이 효도야. 뭘 보답을 해. 시집 장가가서 네 일은 네가 책임져. 그게 효도다" 하고 말하세요.

교회가 서로 신앙이 고급한 경지에 이르고 다 같은 데 쳐다보고 서로 마음이 합해져서 천국에 가는 것입니까? 그것은 사는 동안에는 결단코 교회에서 일어날 수 없는 일입니다. 왜냐하면 교회에는 계속 새 신자가 생기기 때문입니다. 그런데 자꾸 이런 생각을 갖는 것입니다. '어느 수준 이상의 사람만 모이고 그다음에는 문 닫자.' 나쁜 생각입니다. 교회에는 끊임없이 신생아가 태어나야 합니다. 젖 먹는 아이가 있고 유치원에 다니는 아이가 있고 초등학교에 다니는 아이가 있는 것입니다. 끊임없이 그런 상태로 가는 것입니다. 그래서 조용할 날이 없는 것이 교회입니다. 그래서 다 무엇을 보는 것입니까? 하나님이 나를 용납하신 것같이 저 사람에게 하나님이 은혜를 베푸시는 그날까지 기다리는 것입니다. 참고 기다리는 것입니다. 우리가 아이들한테 뭐라고 합니까? "너 같은 애 딱 하나만 낳아서 길러 봐." 기다리는 것입니다. "그가 기다리고 기다리는 데도 아니었더라. 하나님이 그에게 은혜를 베풀지 않으셨더라." 그것은 하나님이 하시는 것입니다. 우리가 사전에 "저건 아닌가 봐" 하고 칼을 뽑을 수 없습니다. 하나님은 우리에게 심판권을 맡기지 않으셨습니다. 로마서 15장의 이야기입니다.

이제 인내와 위로의 하나님이 너희로 그리스도 예수를 본받아 서로 뜻이 같게 하여 주사 한마음과 한 입으로 하나님 곧 우리 주 예수 그리스도의 아버지께 영광을 돌리게 하려 하노라. 그러므로 그리스도께서 우리를 받아 하나님께 영광을 돌리심과 같이 너희도 서로 받으라(롬 15:5-7).

신앙의 가장 중요한 요소가 무엇입니까? 기다려 주는 것입니다. 따뜻한 눈을 가지고 기다리는 것입니다. 사람은 다른 사람의 꼴을 못 봅니다. 그런데 자식만은 보지요. 그것은 인간에 대한 이해 때문이 아니라 자식이기 때문에 그렇습니다. 하나님이 주신 부모된 본성으로 참는 것입니다. 부모는 자식을 절대 포기하지 않으며 자식이 하는 것을 호의적인 눈으로 바라보게 되어 있습니다. 그것을 인간 전체에 대해 하나님의 눈으로 바라보는 경지까지 가야 합니다. 그것이 우리 모두가 가져야 하는 십자가의 정신입니다. 이것이 율법을 주신 하나님의 뜻입니다. 모든 사람에 대해 여러분은 기다리며 인내하며 호의적인 눈으로 바라보고, 하나님께서 나에게 베푸신 그 은혜로 그에게 찾아오실 날을 기다려야 합니다.

로마서 14장은 이렇게 시작합니다. "믿음이 연약한 자를 너희가 받되 그의 의견을 비판하지 말라"(1절). 15장은 이렇게 시작합니다. "믿음이 강한 우리는 마땅히 믿음이 약한 자의 약점을 담당하고 자기를 기쁘게 하지 아니할 것이라"(1절). '못난 사람 옆에 서서 잘난 척하기 없기'라는 뜻입니다. 여러분은 고등학교 3학년생이고, 여러분이 비웃는 사람은 유치원생일 것입니다. 여러분이 지금 하나님 앞에 먼저 인도함 받아 앞서 있다고 해서 꼭 더 잘난 것은 아닙니다. 각자 자기 짐을 져야 합니다. 하나님의 인도하심을 따라 여러분의 길을 가며, 여러분의 짐을 지며, 여러분의 책임을 져야 합니다.

그것을 지기 싫으니까 빨리 아이가 크기를 바라고 밤에 몰래 내다 버릴 생각을 하는 것입니다. 서로 짐을 질 것 없이 서로에게 이익이 되고 유리하고 생색나는 단체를 만들고 싶어 합니다. 하지만 그런 신앙을 갖고 싶은 것은 십자가에 반대되는 생각입니다. 여러분이 얼마나 부모의 마음을 가지는지, 하나님의 마음을 가지는지, 그리고 여러분이 은혜가 필요했던 것처럼 모든 사람에게 은혜가 필요하다는 것을 얼마나 납득하는지에 따라 여러분은 쓸모 있는 신앙인이 되기도 하고, 자기 자신 하나를 증명하기 위해 여러 이웃과 여러 교우를 시험에 들게 하는 사람이 될 수도 있습니다. 각자가 율법 아래 선 유대인들의 오해에서 벗어나 십자가 아래 서 있다는 것과 그것이 율법의 정신을 잇는 하나님의 은혜와 긍휼과 자비의 뜻인 것을 기억해야 합니다. 그리고 여러분이 서 있는 곳에 십자가가 서고 하나님이 영광 받으시는 그런 증거와 책임과 결실이 있기를 바랍니다.

20

사랑

마 18:8-10

만일 네 손이나 네 발이 너를 범죄하게 하거든 찍어 내버리라. 장애인이나 다리 저는 자로 영생에 들어가는 것이 두 손과 두 발을 가지고 영원한 불에 던져지는 것보다 나으니라. 만일 네 눈이 너를 범죄하게 하거든 빼어 내버리라. 한 눈으로 영생에 들어가는 것이 두 눈을 가지고 지옥 불에 던져지는 것보다 나으니라. 삼가 이 작은 자 중의 하나도 업신여기지 말라. 너희에게 말하노니 그들의 천사들이 하늘에서 하늘에 계신 내 아버지의 얼굴을 항상 뵈옵느니라.

신자의 본질인 믿음과 사랑

본문에서 손과 발을 찍어 내버리라거나 눈을 빼어 내버리라 하는 일들은 나타나는 증상을 치료하자는 문제가 아닙니다. 그런 증상이 나타나는 본질이 무엇인지에 초점을 맞추고 있습니다. 우리가 감기를 앓을 때 먹는 직접적인 감기 치료제가 없습니다. 그런데 콧물이 안 나게 하고 기침이 안 나게 하는 약을 먹습니다. 그것이 감기 치료약인 것과는 전혀 다르지 않습니까? 증상을 치료하는 것과 병 자체를 치료하는 것이 다르듯, 지금 여기서 손을 자르고 발을 자르라고 하는 것은 무엇이 잘못되어서 그런 증상이 나타나는지를 살펴서 본체에 불순물이 낀 것을 제거하라는 말씀인 것입니다.

그런데 이렇게 말하고 보니 결국 "우리의 신자된 본질이 무엇인가?"

하는 문제를 다시 한번 분명하게 이해해야겠습니다. 그리고 그 참다운 본질에서 나오는 현상들과 잘못된 현상들의 구별도 우리에게는 상당히 필요한 문제라는 것을 확인해야겠습니다.

믿는 사람들이 가장 긴급하게 정리해야 하는 문제는 이것입니다. 본질은 변화되지 않은 채, 그러한 현상들을 만들어 내는 것으로 본체를 대신하는 잘못을 빈번히 저지르는 것입니다. 어느 시대나 예수 믿는 일의 가장 어려운 부분은, 본질에 관한 이해보다 현상에 관한 반응이 더 과도하게 많다는 것입니다. 오늘날도 현상으로 신앙의 내용을 증거하는 일들이 자주 성도들을 유혹하고 있습니다. 이것에 대해서는 이후에 좀 더 자세히 살펴보겠습니다.

우리의 신자된 본질을 설명하는 말씀이 로마서 14장에 나옵니다. "의심하고 먹는 자는 정죄되었나니 이는 믿음을 따라 하지 아니하였기 때문이라. 믿음을 따라 하지 아니하는 것은 다 죄니라"(롬 14:23). 로마서 14장에서 이 문제를 거론하는 것은, 당시 로마제국에서 시중에 유통되는 모든 육류는 각종 우상에게 바쳐진 다음에 나오는 우상의 제물이었기 때문입니다. 그래서 "그것을 먹는 것이 죄인가 아닌가?" 하는 질문이 있었습니다. 그런데 바울은 그것은 지금 여기서 따질 문제가 아니고 "믿음을 따라 해야 한다"고 말합니다. 믿음을 따라 해야 한다는 것은 우리가 속한 영역, 우리 존재의 변화된 신분이 믿음이라는 단어로 설명된다는 것입니다. 믿음으로 설명된다는 것의 의미가 로마서 5장에서 좀 더 구체화됩니다.

그러므로 우리가 믿음으로 의롭다 하심을 받았으니 우리 주 예수 그리스도로 말미암아 하나님과 화평을 누리자. 또한 그로 말미암아 우리가 믿음으로 서 있는 이 은혜에 들어감을 얻었으며 하나님의 영광을 바라고 즐거워하느니라(롬 5:1-2).

믿음

따라서 "믿음으로"라는 이 표현은 우리가 이미 의롭다 하심을 얻었고, 은혜의 자리에 있다는 표현입니다. 다시 말해서, 우리가 구원을 논할 때 믿음으로 은혜로 구원을 얻는다는 이야기를 하려는 것이 아닙니다. 믿음이라는 단어로 "우리가 원래 있던 자리에서 다른 데로 왔다. 우리가 속해 있던 영역이 바뀌었다"는 것을 말하고 있습니다. 우리는 세상에서 자기 마음대로 살고, 자기중심적으로 살고, 세상에 보상을 요구하고 사는 자리에서 하나님 안으로 들어온 자들입니다. 그러므로 우리는 하나님의 뜻을 따라 살고, 하나님 앞에 보상을 기대하고, 하나님의 기쁘심을 소원으로 삼고 사는 사람이라는 것입니다. 그래서 믿음으로 하지 않는 모든 것이 죄라는 말은, 어떤 종교적인 현상이나 행위를 가리키는 것이 아닌 우리가 속한 영역, 질서, 가치 등을 대표하는 말로써 믿음을 따라 하지 않는 모든 것이 죄라는 뜻입니다. 따라서 하나님께 속한 자로서 살아야 합니다. 여러분, 이해하시겠습니까?

하나님께 속한 자들의 대표적인 특징이 무엇입니까? 혹은 하나님의 백성으로 부름 받은 자들이 세상 사람과 다른 것이 무엇입니까? 지금 말씀드린 대로, 그들은 자신을 위해 살고 우리는 하나님을 위해 삽니다. 우리는 하나님께 속했고 그들은 세상에 속했습니다. 대표적으로 무엇이 다를까요? 일단 우리는 사랑을 내세웁니다. 고린도전서 16:14은 "너희 모든 일을 사랑으로 행하라"고 말씀합니다. 왜 사랑으로 해야 합니까? 우리가 속한 영역, 우리가 속한 이 나라의 질서에서 가장 두드러지는 특징이 사랑이기 때문입니다. 요한일서 4장을 보겠습니다.

사랑하는 자들아, 우리가 서로 사랑하자. 사랑은 하나님께 속한 것이니 사랑하는 자마다 하나님으로부터 나서 하나님을 알고 사랑하지 아니하는 자는 하나님을 알지 못하나니 이는 하나님은 사랑이심이라. 하나님의 사랑이 우리에게 이렇게 나타난 바 되었으니 하나님이 자기의 독생자를 세상에 보내심은 그로 말미암아 우리를 살리려 하심이라. 사랑은 여기 있으니 우리가 하나님을 사랑한 것이 아니요 하나님이 우리를 사랑하사 우리 죄를 속하기 위하여 화목 제물로 그 아들을 보내셨음이라. 사랑하는 자들아, 하나님이 이같이 우리를 사랑하셨은즉 우리도 서로 사랑하는 것이 마땅하도다. 어느 때나 하나님을 본 사람이 없으되 만일 우리가 서로 사랑하면 하나님이 우리 안에 거하시고 그의 사랑이 우리 안에 온전히 이루어지느니라(요일 4:7-12).

우리가 왜 사랑해야 합니까? 우리가 하나님께 속했기 때문입니다. 우리의 책임이나 목표로서가 아니라 우리의 본질로서 사랑할 수밖에 없는 것입니다. 하나님께 속했기 때문에 그렇습니다. 감기가 들어서 기침이 나듯이, 하나님께 속했기 때문에 그 본질이 사랑이 되고 마는 것입니다. 그래서 사랑이 본체가 되어 무엇이든지 나오는 것입니다. 이것이 믿는 자의 근본 내용이며, 신자라는 존재의 인격과 그 본질의 특징입니다. 하나님을 닮는 것입니다. 마태복음 5:43 이하를 떠올려 보십시오.

또 네 이웃을 사랑하고 네 원수를 미워하라 하였다는 것을 너희가 들었으나 나는 너희에게 이르노니 너희 원수를 사랑하며 너희를 박해하는 자를 위하여 기도하라. 이같이 한즉 하늘에 계신 너희 아버지의 아들이 되리니 이는 하나님이 그 해를 악인과 선인에게 비추시며 비를 의로운 자와 불의한 자에게 내려 주심이라. 너희가 너희를 사랑하는 자를 사랑하면 무슨 상이 있으리요. 세리도 이같이 아니하느냐(마 5:43-46).

기억나십니까? 말하자면, 이것이 하나님의 백성된 자들의 본질입니다. 이것이 본체입니다. 여기에서부터 무언가가 나오는 것입니다. 그런데 이런 문제에서 우리가 오해하고 있는 부분이 있습니다. 그 대표적인 것이 바로 마태복음 7장에 나오는 말씀입니다. 사람들이 "주여, 주여, 우리가 주의 이름으로 선지자 노릇 하며 주의 이름으로 귀신을 쫓아내며 주의 이름으로 많은 권능을 행하지 아니하였나이까"라고 말합니다(마 7:22). 그러나 주님께서는 "내가 너희를 도무지 알지 못한다"고 하십니다. 왜 그렇습니까? 그들은 사랑으로, 믿음으로 이 행위를 한 것이 아니기 때문입니다. 선지자 노릇을 하고 귀신을 쫓아내고 권능을 행했지만 이것은 다 종교라는 명분으로 자기 치장을 한 것에 불과합니다. 마태복음 6장에서 이미 경고한 내용입니다. "사람에게 보이려고 그들 앞에서 너희 의를 행하지 않도록 주의하라"(마 6:1).

자기 치장을 위한 신앙

기독교 신앙이 그 명분과 형태를 가지고도 하나님을 위하지 않고 자신을 위할 수 있다는 것은 성경에서 가장 중요하게 경고하는 것들입니다. 그것들을 우리 안에서 뽑아 내버려야 합니다. 스스로의 모습을 돌이켜 보십시오. 내가 행하는 것을 보고 내 증상을 보면 알게 됩니다. 내 손이, 내 발이, 내 눈이 어떤 짓을 하는지 보면 내 속에, 내 본질에 무슨 불순물이 꼈는지 압니다. 그 불순물 중 가장 대표적인 불순물이 종교를 동원하여 자기 치장을 하는 것입니다. 하나님 앞에 있지 않습니다.

　로마서 3장에 등장하는 세상 사람들의 특징은 하나님을 두려워하지 않는다는 것입니다. 그 나열된 부패상과 죄악들보다도 그들이 하나님을 두려워하지 않는다는 것이 더 강조되고 있습니다. "저희는 마음에 하나님 두기를 싫어한다. 자기를 사랑한다. 세상 앞에 보상을 받으려 한다." 이런 것들이 문제입니다. 여러분의 신앙을 점검해 보십시오. 어느 시대나 이 병이 성도들 사이에서 가장 많습니다. 이 병은 예수를 믿고 하나님의 자녀가 되면 하나님이 보상해 주신다는 것을 영적인 차원에서 이해하지 않고 세상적인 차원에서 오해하는 병입니다. 예수를 믿었으면 만사가 형통해지고 세상 앞에서 큰소리칠 수 있는 지위와 어떤 힘이 주어질 것이라고 기대하는 것입니다.

그런데 여러분이 예수를 아무리 열심히 믿어도 세상적으로 보상받는 것이 없습니다. 그래서 어떻게 합니까? 우리는 예수 믿는 자로 살지 않는 것을 당연시합니다. 하나님 앞에 반항심을 가지고 떳떳하게 나옵니다. 주일날 교회에 올 때도 감사함과 기쁜 마음으로 오는 것이 아니라 '하나님은 나한테 해주신 것이 없지만 나는 그래도 주일날 교회는 갑니다'라는 아주 방자한 마음으로 옵니다. 그런데 그것이 너무나 습관화되고 골수에 뿌리가 박혀서 자기가 방자하게 오는 것을 모릅니다. 제가 이렇게 지적하면 옆 사람을 봐요. 내가 그럴 리 없다는 것이지요. '나야 뭐, 그럴 리 없으니까.' 그런데 이 부분이 중요한 것입니다. 여러분이 요구하는 것은, 내가 하나님을 위해 가진 신앙 고백과 그 열심에 대해서 하나님에게 큰 것을 달라는 것입니다. 세상적인 지위, 세상적인 능력을 달라는 것입니다. 하지만 내가 주를 위해서 일생을 바치겠다고 하는데도 아무것도 안 주시니, 내가 그냥 이렇게 지지고 볶으며 살 수밖에 없지 않느냐고 하소연합니다. "여기에다가 뭘 더 하라는 것인가? 이만하면 됐지."

그런데 이것이 왜 그렇게 잘못일까요? 우리가 '사랑 장'이라 부르는 고린도전서 13장에서 가장 중요하게 가르치는 것은, 모든 신앙적인 행위는 사랑에서 나온다는 것입니다. 사랑이 본체라는 것입니다.

내가 사람의 방언과 천사의 말을 할지라도 사랑이 없으면 소리 나는 구리와 울리는 꽹과리가 되고 내가 예언하는 능력이 있어 모든 비밀과 모든 지식을 알고 또 산을 옮길 만한 모든 믿음이 있을지라도 사랑이 없으면 내가 아무것도 아니요(고전 13:1-2).

이 모든 일을 다 해도 사랑이 없으면 그것이 소용없다는 뜻이 아닙니다. 사랑이 없으면 내가 없는 것이라는 뜻입니다. 본체가 없는 것입니다. 본체가 없이 움직이는 것이 무슨 행동입니까? 아무것도 아닙니다. 따라서 믿음이 사랑으로 대표되는 이유가 여기에 있습니다. 우리가 원래 있던 자리에서 하나님을 아버지로 모시는 영역으로 들어왔다는 차원에서 믿음이라는 것이 우리의 신자됨을 설명하는 대표적인 단어가 됩니다. 또한 사랑이 대표적인 단어가 된 것은, 옮겨 온 이 나라에서는—즉 구원받아 하나님의 백성이 된 이 나라에서는—모든 인격의 가장 중요한 본질이 사랑이기 때문입니다.

그러면 사랑이 무엇을 합니까? 사랑은 그 사랑이 만나는 사건과 사람 앞에서 사랑으로 반응하고 대응합니다. 그래서 같은 사랑으로 어느 때는 충고하고, 어느 때는 참아 주는 것입니다. 사랑 때문에 내가 나서야 하고 밝혀야 하는 때도 있지만, 사랑 때문에 내가 지고 양보하고 뒤집어써야 하는 때도 있는 것입니다. 그것이 사랑입니다.

그러나 잘 보십시오. 우리 대부분은 신앙을 사랑으로 시작하지 않고, 누가 맞는지 틀린지를 밝히고 누가 더 우세하고 잘났는지 서로 경쟁하는 데 익숙합니다. 사랑이 갖는 반응, 사랑이 갖는 특징으로서의 분별이 없습니다. 사랑이 필요 없습니다. 그래서 "나는 어느 교회에 다닌다"고 이야기할 때 자부심을 갖고 말하는 교인들이 있습니다. 해외에 나갔을 때 그곳에 잠시 여행을 온 교인들을 만나는 경우가 더러 있습니다. "목사님, 저는 어느 교회 다녀요"라고 할 때, 대부분 우리가 보통 아는 유명한 교회, 큰 교회에 다니는 분들은 대단한 자부심을 갖고 이야기합니다. "나는 어느 교회에 다녀요." 그러면 제가 속으로 '그래서?'—아, 미국에 갔으니까 이제 영어로 생각을 하겠죠—'So what?' 합니다.

거기서 한 번은 유나이티드 항공(United Air Lines) 승무원으로 일하는 할머니를 만난 적이 있습니다. 그분하고 이야기하는 도중에 한국 사람들이 영어를 굉장히 웃기게 한다는 말이 나왔습니다. 물론 영어로 한 이야기입니다. 그 내용을 지금 다 밝힐 순 없지만요. 언젠가 한국에서 미국으로 가는 비행기를 탔는데, 어떤 젊은 학생을 만났다고 합니다. 방학을 맞이해서 8주 동안 어학연수를 가는 학생이었습니다. 어학연수를 가는 사람 정도는 당연히 알아들을 만한 것을 물어봤습니다.

"Coke or Sprite?" 하고 물었습니다. 그러자 이 학생이 "Yes!"라고 합니다. 그래서 눈치껏 알아듣고 Coke를 가져다주었다고 합니다. 두 달 정도 후에, 한국으로 오는 비행기에 그 학생이 앉아 있었습니다. 그래서 '이제 8주나 어학연수를 했으니까 당연히 알아듣겠지'라고 생각하고는 "Coke or Sprite?" 하고 물었습니다. 그랬더니 8주 어학연수를 받고 온 그 학생이 뭐라고 했겠습니까? "Yep!" 어디서 사투리는 하나 배워 가지고 온 것입니다.

그런데 우리나라 신앙인들을 만나면 똑같습니다. "Coke or Sprite?" 하고 물으면 "Yes!"라고 대답합니다. 그다음에 3년 연습시키고 "Coke or Sprite?" 하고 물으면 "Yep!"이라고 대답합니다. 이런 식입니다. 우리는 끝까지 이 문제를 모릅니다. 참 중요한 문제인데, 이 본질을 뚫고 들어오는 신앙인들이 굉장히 적습니다. 그래서 사실은 모두가 스스로 신자된 특권을 놓치고 산다고 저는 생각합니다.

　　　　　　　　　　　　　　　　　　　　　　　　　　　　　믿음

하나님 자녀됨의 싸움

사랑의 반응을 한다는 것은, 사랑의 시각과 사랑의 마음에서 나에게 오는 상대방을 위하는 것입니다. 사랑 없이 하면, 무엇을 동원해도 자기를 위해 하는 것입니다. 이것이 본질적으로 다른 것입니다. 하나님이 우리에게 주시는 대표적인 말씀이 "너희는 세상의 빛이요, 너희는 세상의 소금"이라는 선언입니다. 빛과 소금은 스스로 무슨 힘을 갖는 것이 아닙니다. 존재의 다름에 그 가치가 있습니다. 빛이라는 존재의 가치, 소금이라는 존재의 가치에 그 값이 있습니다. 따라서 "소금이 그 맛을 잃으면 무엇으로 짜게 하리요, 무슨 소용이 있겠는가"라는 말씀이 따라오는 것입니다. 이런 이야기입니다.

하나님이 우리 모두를 소금으로 이 세상 속에 골고루 넣으셨습니다. 그런데 우리는 골고루 들어가 있는 데서는 힘도 못쓰고 있다가 어느 날 "예수 믿는 사람 다 모여라" 하면 으악 하고 놀랄 만큼 많이 모입니다. 북 치고 장구 치면서, "물렀거라, 이놈의 새끼들. 예수 안 믿으면 다 죽는다"고 외쳐 댑니다. 이렇게밖에는 신자 노릇을 못하고 있습니다. 어디에서 틀리고 있는지 아십니까? 예수를 믿는다는 것이 무엇인지 모르는 것입니다. 처음부터 틀렸기 때문입니다. 우리는 다른 존재들입니다. 우리는 하나님의 자녀들입니다. 따라서 우리는 이 싸움을 해야 합니다. 세상의 자녀 노릇을 할 것인지 하나님의 자녀 노릇을 할 것인지 정해야 합니다.

이런 식은 말이 됩니다. "내가 하나님의 자녀인 것은 알지만 아직도 세상의 매력과 욕심을 못 버리겠습니다. 잠깐만 더 놀다 오겠습니다." 하지만 "나는 예수 잘 믿었는데 왜 안 해주십니까?" 이런 것은 말이 안 되는 것입니다. 전자는 하나님 앞에 불만이 없습니다. 자기가 잘못하는 줄 압니다. 그러나 후자는 '내가 무엇을 잘못했기에 안 해주십니까?'라는 태도입니다. 그런 인물 중 대표적인 사람이 바로 엘리야입니다.

기독교 배경이 깔려 있는 서구에서 자식들의 이름을 짓는 것을 보면 성경 인물들이 많습니다. 대표적으로 바울하고 요한이 가장 많습니다. 물론 엘리야나 다니엘 등 성경에 나오는 유명한 믿음의 사람들의 이름을 사용합니다. 물론 이름이란 그렇게 사용하는 법입니다. 그러나 따지고 보면, 어느 때는 그 사람들의 믿음 때문에 그 이름을 지은 것인지 아니면 그 사람들이 유명해서 그 이름을 지은 것인지 헷갈립니다. 우리는 엘리야 시대에 목숨을 걸고 바알에게 무릎 꿇지 않은 자가 엘리야만이 아니라 7천 명이 더 있었다는 것을 압니다.

그러나 엘리야는 하나님 앞에 항변했지요. "나 하나 남았는데 아합이 나까지 죽이려고 합니다. 그런데 하나님, 왜 나를 보호해 주지 않으십니까?" 엘리야가 갈멜 산 전투에서 승리를 이끌어 냈지만, 이세벨이 죽이려고 하자 화가 나서 시내산까지 도망가서 동굴에 드러누운 것이 아닙니까. "나 못해요." "너 왜 여기 와 있느냐?" "아합과 이세벨이 다 죽이고 나 하나 남았습니다. 나마저 죽이려 드는데, 하나님은 가만히 계시고 나보고 어떻게 하란 말입니까?" 하나님이 어떻게 대답하셨습니까? "야, 바알에게 무릎 꿇지 않은 자 칠천 명을 내가 남겼다."

그러면 잘 보십시오. 아이의 이름을 지을 때 칠천이라고 짓는 사람 봤습니까? 김칠천, 윤칠천과 같은 식의 이름은 없습니다. 말하자면, 누가 이름을 칠천이라고 짓겠습니까마는 왜 바울, 요한, 요셉, 다니엘, 한나, 에스더라고 짓습니까? 정말 신앙 때문입니까? 사실은 그 사람들이 유명하기 때문에 우리가 그들을 더 좋아하는 것이 아닙니까? 그 사람들이 받은 유명세를 받고 싶고, 그들이 후대 사람들에게 받는 추앙을 욕심내는 것이라면 그런 이름을 지으면 안 됩니다. 그렇게 이름 짓는 것은 틀렸습니다.

그런 것이 결국 우리가 가진 신앙에 대한 기대 수준입니다. "왜 세상 앞에서 내 확인이 안 되는가? 이것이 안 되는 한, 나는 못해 먹겠다." 이런 식입니다. 그래서 떳떳하게 신앙생활을 안 합니다. 떳떳하게 하지 않고 숨어서 하는 것이 아니라 신앙생활을 안 하는 짓을 떳떳하게 한다는 말입니다. 아주 대놓고 신앙생활을 하지 않습니다. 앞에서 말씀드린 대로, 주일날 아주 방자한 태도로 예배에 나옵니다. "하나님은 해주신 것 없사오나 이 몸은 목숨 바쳐 주일을 지키나이다." 이런 식입니다.

로마서 9장에 사도 바울이 이스라엘의 실패와 이방인의 구원, 그 둘의 차이를 설명하는 대목이 나옵니다.

> 그런즉 우리가 무슨 말을 하리요. 의를 따르지 아니한 이방인들이 의를 얻었으니 곧 믿음에서 난 의요. 의의 법을 따라간 이스라엘은 율법에 이르지 못하였으니 어찌 그러하냐. 이는 그들이 믿음을 의지하지 않고 행위를 의지함이라. 부딪칠 돌에 부딪쳤느니라(롬 9:30-32).

"이방은 왜 구원을 얻었는가? 그들이 믿었기 때문이다. 그러면 이스라엘은 왜 구원을 못 얻었는가? 그들이 행위에 의지했기 때문이다." 여기에서 믿음과 행위를 대조하는 것은, 이방인들은 하나님을 믿었고 이스라엘은 하나님을 안 믿었다는 이야기입니다. 안 믿었다는 것이 무슨 뜻입니까? 그들은 자신들에게 허락된 모든 종교를 자기 치장으로 썼다는 말입니다. 행위를 의지했으며 나는 잘났다고 했습니다.

이 모든 것들을 오늘날에도 보게 됩니다. 앞에서도 잠깐 그런 이야기를 했습니다만, 지금 우리나라에서 모든 사람의 입에 오르내리는 성공한 교회, 유명한 교회라고 하면 도대체 무엇으로 유명한 것입니까? 무엇으로 성공했다고 하는 것입니까? 그 교회 다니는 사람들이 다른 교회 사람들과 무엇이 다릅니까? 이런 것을 비교해야 합니다. 어느 학교가 좋은 학교라고 하면, 그 학교에 다니는 학생은 뭔가 달라야 합니다. 학교 배지만 다르다고 전부가 아닙니다. 성공한 교회, 좋은 교회라면 그 교회에 나가는 교인은 달라야 하고, 최소한 달라지는 과정이라도 있어야 합니다. 달라지도록 요구받아야 합니다. 이렇게 악을 쓰는 설교라도 들어야 합니다. 요새 김용옥 씨 강의하는 것을 보니, 어디서 많이 본 것 같은 생각이 들지 않으세요. 저랑 무척 비슷합니다. '저 사람은 왜 저러나'를 생각해 보면서 '내가 왜 지랄을 떨까' 생각해 봤더니 답답해서 그런 것입니다. 참 답답합니다. 대부분이 다 엉터리로 신앙생활을 합니다. 김용옥 씨는 얼마나 성질이 나면 머리까지 깎았겠습니까. 저도 다음 주에 확 깎고 올지 모릅니다. 답답해요. 정말 답답합니다.

어느 날 어떤 부인이 저한테 전화를 했습니다. "목사님, 저는 이 교회 교인이 아니고 다른 교회 나가는 사람인데 어떻게 우연히 들렀습니다. 설교를 잘하시더군요. 그런데 목사님, 오늘 설교 중에 '지랄'이라는 말을 열네 번이나 하셨어요." "그렇지요? 저도 잘하고 싶어요. 그 말을 안 쓰고 하고 싶은데, 하는 게 더 좋습니다. 뜻이 잘 전달되어서요." 김용옥 씨가 그 답을 주었습니다. 자신이 이렇게 험한 말을 사용하는 것에 대해서 변명했습니다. "뜻을 얻으면 말은 없는 것이다." 참 의미 있는 말이라고 생각합니다. 말은 수단이고 방법입니다. 뜻을 전달하고 뜻을 이해시키려고 하는 것인데, 뜻은 안 듣고 말 가지고서 싸우자고 하면 싫습니다.

본질적인 싸움을 하라

그런데 이 말을 하는 이유가 있습니다. 기독교인된, 신자된 본질은 놓아두고 어떻게 하는지에 지금 싸움이 붙었습니다. 어느 시대나 그렇듯이 지금도 그렇습니다. "하루에 기도 몇 시간 해? 하루에 성경 몇 장 봐?" 이런 것은 그 훈련과 연습에서 필요한 것이지만 사용하기에 따라서는 다른 이야기가 됩니다. "너희 교회는 선교사 몇 명 파송해? 선교 헌금 얼마나 해?" 그것은 각 교회나 각 가정마다 모두 다른 것입니다. 한 가정이 돈을 어디에 가장 많이 투자하는지는 각 가정마다의 이유가 있는 것입니다. 물론 잘잘못을 가리는 싸움도 해야 합니다만 기본적으로 그렇습니다. 그런 것을 가지고 어디가 더 좋고 어디가 더 나쁘다 이렇게는 못합니다. 증상과 현상은 본질을 확인하기 위한 것이지, 그것이 본질을 대신하는 것은 아닙니다.

우리는 자꾸 자기 치장으로 갑니다. 그래서 모든 교회가 신앙을 무엇인가 하는 것으로 가져가고 있습니다. 어떤 행동으로 신앙의 본질을 오해합니다. 그 싸움입니다. 지금 신자되기로 한 것을 감수하십시오. 싫으면 보류하십시오. 다른 것들로 그것을 스스로 속이지 마십시오. 본인만 속는 것이 아니라 남까지 속이게 됩니다. 한국교회는 이런 식의 경쟁이 붙었습니다. 교인을 많이 모으는 경쟁, 교회를 크게 만드는 경쟁, 일을 많이 하는 경쟁 말입니다. 그래서 돌아야만 넘어지지 않는 팽이처럼 되었고, 달려야만 서 있는 자전거처럼 되었습니다. 가만히 있으면 어쩔 줄 몰라 합니다.

여러분도 자꾸 교회에서 무언가 일할거리를 달라고 조급하게 조르지 마십시오. 그것이 아닙니다. 이미 여러분은 존재로서의 책임과 가치가 있습니다. 여러분은 이미 빛이고 소금입니다. 하나님이 여러분을 두신 곳에 가만히 있기 바랍니다. 거기서 빛과 소금 노릇을 하십시오. 전도하고 기도하고 그러지 말고 가만히 있으세요. 소금을 예쁘게 조각해서 진열장에 넣는 사람이 어디 있습니까? 소금은 그냥 막 뿌리는 것입니다. 빛은 형체가 없는 것입니다. 빛을 어떻게 조각하겠습니까? 빛은 밝아야 합니다.

여러분이 어떤 증상과 현상을 갖고 있는지 보십시오. 그 증상과 현상 자체를 고치려고 하지 마십시오. 왜 그런 것들이 나오는지를 보기 바랍니다. 여러분의 신자된 본질에 대한 이해와 기대에 어떤 불순물이, 세상의 유혹과 시험이 들어와 있는지 보세요. 그것을 찍어 버려야 합니다. 뽑아 버려야 합니다. 예수님이 베드로를 이렇게 책망하십니다. "사탄아, 내 뒤로 물러가라. 너는 나를 넘어지게 하는 자로다. 네가 하나님의 일을 생각하지 아니하고 도리어 사람의 일을 생각하는도다"(마 16:23). 결국 이 싸움입니다. 이것이 본문에 나오는 작은 자 문제까지 연결되어 있습니다. 우리가 신자된 이 특권, 이 다름, 이 존재 가치를 알고 우리 인생이 하나님의 손안에 있다는 것을 알아야 합니다. 그럴 때 우리는 우리의 빛됨과 소금됨으로 우리의 역할을 감당한다는 것을 알게 되며, 감수하게 되고, 하나님께서 우리를 통해 이루시는 기적들을 보게 될 것입니다. 그리고 신자된 인생만이 걷는 영광된 길을 걸을 수 있게 될 것입니다. 모두가 이 문제에서 하나님과 스스로를 속이지 말고 세상과 타협하지 않는 믿음의 승리와 자랑이 있기를 바랍니다.

21

좋은 일

고전 16:5-12

내가 마게도냐를 지날 터이니 마게도냐를 지난 후에 너희에게 가서 혹 너희와 함께 머물며 겨울을 지낼 듯도 하니 이는 너희가 나를 내가 갈 곳으로 보내어 주게 하려 함이라. 이제는 지나는 길에 너희 보기를 원하지 아니하노니 이는 만일 주께서 허락하시면 얼마 동안 너희와 함께 머물기를 바람이라. 내가 오순절까지 에베소에 머물려 함은 내게 광대하고 유효한 문이 열렸으나 대적하는 자가 많음이라. 디모데가 이르거든 너희는 조심하여 그로 두려움이 없이 너희 가운데 있게 하라. 이는 그도 나와 같이 주의 일을 힘쓰는 자임이라. 그러므로 누구든지 그를 멸시하지 말고 평안히 보내어 내게로 오게 하라. 나는 그가 형제들과 함께 오기를 기다리노라. 형제 아볼로에 대하여는 그에게 형제들과 함께 너희에게 가라고 내가 많이 권하였으되 지금은 갈 뜻이 전혀 없으나 기회가 있으면 가리라.

이 고린도전서 16장은 고린도전서 서신을 맺는 장이라서 내용을 하나로 묶어서 설명하기가 좀 어렵습니다. 이 점을 염두에 두고 내용을 추적하기 바랍니다. 5-12절까지는 내용이 세 가지로 나뉘어져 있습니다. 하나는 6절에 있는 바와 같이 "혹 너희와 함께 머물며 겨울을 지낼 듯도 하니 이는 너희가 나를 내가 갈 곳으로 보내어 주게 하려 함이라" 하는 것이고, 그다음은 8-9절에 있는 "내가 오순절까지 에베소에 머물려 함은 내게 광대하고 유효한 문이 열렸으나 대적하는 자가 많음이라" 하는 대목과, 마지막으로 10-12절은 디모데와 아볼로를 동역자의 관계로 말하고 있습니다. 이제 이 세 가지 내용을 나눠서 살펴보겠습니다.

오해를 감수하는 책임

먼저, "혹 너희와 함께 머물며 겨울을 지낼 듯도 하니 이는 너희가 나를 내가 갈 곳으로 보내어 주게 하려 함이라"(6절)는 나의 여행에 관련된 모든 것을 책임져 달라는 부탁입니다. "너희가 나를 내가 갈 곳으로 보내어 주게 하려 함이라." 우리말 표현은 이렇게 완곡하게 되어 있습니다만, 내 여행의 모든 경비와 또 들어가는 다른 수고와 준비, 안전과 동행하는 것까지 모든 것을 고린도 교회가 책임져 줄 것을 부탁하는 것입니다. 이것이 왜 우리의 관심을 끌고 있는가 하면, 같은 문제에 대해 사실 고린도 교회가 사도 바울에게 책망을 들었기 때문입니다. 고린도전서 9장을 보겠습니다.

우리가 먹고 마실 권리가 없겠느냐. 우리가 다른 사도들과 주의 형제들과 게바와 같이 믿음의 자매된 아내를 데리고 다닐 권리가 없겠느냐. 어찌 나와 바나바만 일하지 아니할 권리가 없겠느냐. 누가 자기 비용으로 군 복무를 하겠느냐. 누가 포도를 심고 그 열매를 먹지 않겠느냐. 누가 양 떼를 기르고 그 양 떼의 젖을 먹지 않겠느냐(고전 9:4-7).

고린도 교회 교인들 중 일부가 사도 바울을 대적하면서 그를 삯군 목자라고 공격했습니다. "다른 직업으로 먹고 살 능력이 없으니까 복음을 전파한다. 사실은 호구지책을 마련하고 있다"라고 말입니다. 이 구절에서 바울은 이런 비난에 대해 변명하며 설명하고 있습니다. 이런 비난에 대해 사도 바울이 얼마나 분개했는지 모릅니다. 그 이후의 내용을 보십시오.

내가 사람의 예대로 이것을 말하느냐. 율법도 이것을 말하지 아니하느냐. 모세의 율법에 곡식을 밟아 떠는 소에게 망을 씌우지 말라 기록하였으니 하나님께서 어찌 소들을 위하여 염려하심이냐. 오로지 우리를 위하여 말씀하심이 아니냐. 과연 우리를 위하여 기록된 것이니 밭 가는 자는 소망을 가지고 갈며 곡식 떠는 자는 함께 얻을 소망을 가지고 떠는 것이라. 우리가 너희에게 신령한 것을 뿌렸은즉 너희의 육적인 것을 거두기로 과하다 하겠느냐. 다른 이들도 너희에게 이런 권리를 가졌거든 하물며 우리일까 보냐. 그러나 우리가 이 권리를 쓰지 아니하고 범사에 참는 것은 그리스도의 복음에 아무 장애가 없게 하려 함이로다. 성전의 일을 하는 이들은 성전에서 나는 것을 먹으며 제단에서 섬기는 이들은 제단과 함께 나누는 것을 너희가 알지 못하느냐. 이와 같이 주께서도 복음 전하는 자들이 복음으로 말미암아 살리라 명하셨느니라. 그러나 내가 이것을 하나도 쓰지 아니하였고 또 이 말을 쓰는 것은 내게 이같이 하여 달라는 것이 아니라. 내가 차라리 죽을지언정 누구든지 내 자랑하는 것을 헛된 데로 돌리지 못하게 하리라(고전 9:8-15).

이런 구절들을 통해서 우리는 사도 바울의 섭섭함이 어디에 있는지 분명히 알 수 있습니다. 사도 바울은 주를 위하는 마음에서 불쌍한 영혼들을 위해 사심 없이 헌신하고 희생을 무릅썼음에도 불구하고, 이런 공격과 오해를 받게 된 것입니다. 참으로 말할 수 없이 섭섭했던 것입니다. 그래서 변명을 하지요. "내가 하는 일이 먹고 살기 위한 방편이 아니라, 하나님의 큰 은혜를 나누기 위해 내가 기꺼이 하는 것인데, 이 일을 하는 동안 이것으로 인해 어떤 도움을 받는 것은 하나도 잘못이 없다. 너희가 오해할까봐 내가 처음부터 피해를 끼치지 않게 하기 위해 얼마나 애썼는지 너희가 잘 알지 않느냐. 그럼에도 불구하고 너희가 나에게 이렇게 누명을 씌우는 것이냐? 그런 오해와 어떤 것으로 인해 내가 하는 일의 영광과 진실이 가려지지 않기를 바란다"라고 기록한 내용이 고린도전서 9장입니다.

그럼에도 불구하고 고린도전서 16장에서는, "혹 너희와 함께 머물며 겨울을 지낼 듯도 하니 이는 너희가 나를 내가 갈 곳으로 보내어 주게 하려 함이라"고 했습니다. 앞의 지적을 염두에 두면, 여행에 필요한 경비와 모든 것들을 책임져 주기를 바란다고 쓰고 있는 것이 우리의 주위를 끄는 것이 당연합니다. 그런데 여기에 바울의 위대함이 있습니다. 바울은 복음을 위해 일하고 있는데, 다른 목적 때문에 하는 것같이 오해받고 있습니다. 그러나 하나님과 하나님이 베푸신 은혜와 진리와 구원을 위해 분노할지언정 자신을 위해 변명하는 일은 사양하고 있는 것을 봅니다. 왜냐하면 사도 바울의 사역을 돕기 위해 참여한 이들이 모두 하나님의 일에 동참하는 그 복을 알기 때문에, 바울은 개인적으로 오해받는 일이 있다 하더라도 복음에 방해되는 것이 아니라면 꿀꺽 삼킬 준비가 되어 있는 것입니다. 정말 위대한 대목입니다. 보통 위대한 대목이 아닙니다.

여기서 우리는 하나의 교훈을 얻게 됩니다. 우리는 자신이 맡은 일이 무엇인지를 분명히 알아야 한다는 것입니다. 신자는 하나님의 영광과 하나님이 베푸신 은혜를 증명해야 하는 책임이 있습니다. 나의 자존심을 세우는 것이 원래 목적이 아닙니다. 뿐만 아니라 한 걸음 더 나아가서 나의 결백을 증명하는 것도 우리에게 주어진 사명이 아니라는 것입니다. 우리는 이 문제를 굉장히 오해합니다. 우리가 섬기는 주님과 그분이 허락하시는 복음과 은혜를 오해받지 않게 하는 것과 하나님의 영광을 가리지 않는 것, 이것과 내가 오해받는 것을 구별할 줄 모르는 신앙이 너무 많아서 우리의 신앙은 늘 이렇게 기초적인 데서 맴돌기 일쑤인가 봅니다.

2차 세계대전 중에 일본 군부의 가장 큰 골칫거리는 많은 군인이 할복 자살하는 것이었습니다. 한참 이기는 동안은 괜찮았는데, 태평양 전쟁으로 확대되어 패하는 일이 생기자 장성급 장교들이 패전할 때마다 할복했습니다. 천황폐하를 뵐 면목이 없다고 할복하는데, 아주 골칫거리였습니다. 그가 얼마나 책임감을 가지고 있었는지, 국가를 위해 오직 한마음을 가지고 있었는지 하는 단심(丹心)은 증명되지만, 한 나라를 위해 자기가 해야 할 책임을 다하지는 못한 것입니다. 국가를 위해 맡은 바 책임보다는 개인의 책임이 앞서 할복자살이 자행되는 것은 큰 문제였습니다.

이런 문제는 오늘날 우리에게도 너무 많이 일어나고 있습니다. 목사가 자신이 해야 할 일을 다 이해하지 못하고 개인적인 결백을 앞세움으로 하나님께서 하시는 일을 오히려 망치는 일이 많습니다. 군인이 싸우다가 패하면 포로가 되어야 합니다. 자폭하면 안 됩니다. 물론 죽을 때까지 싸워야 합니다. 싸우는 것이 더 이상 도움이 되지 않을 것 같으면, 사로잡혀 가서 포로수용소에 수용되어 그곳을 지키는 군인을 하나라도 더 늘게 만들어서 적군의 전투력을 감소시킬 책임이 있는 것입니다. 포로가 된 사람을 구차하게 목숨을 유지하는 사람이라고 보면 안 됩니다. 군인으로 부름 받고 나와서 싸우는 동안은 열심히 싸울 것이요, 목숨을 다해 싸웠음에도 불구하고 패했다면, 붙잡혀 가서 열심히 뒤에서 골치 아프게 해야 합니다. 일선에 나가야 할 병력들이 포로들을 지키게 해야 합니다. 심문받을 때 헷갈리게 하고 화나게 하고 쓸데없는 소리를 해서 적의 정보를 교란시켜야 합니다. 할 수 있는 한 치사하게 살아서 열심히 자국을 위해 일해야 하는데, 그냥 죽으면 아무것도 안 된다는 말입니다. 무덤은 아무도 와서 지키지 않습니다.

이것이 군인의 책임입니다. 또한 모든 신자의 책임이기도 합니다. 여러분이 해야 하는 것입니다. 신자로서 얼마나 신자다움에만 치중해 있습니까? 좀 더 치사하고 좀 더 어렵게 살아서 적의 후방에서 적을 교란시켜야 하는 임무에는 거의 눈을 뜨지 못하고 있는 것이 우리 신자들의 현실입니다. 우리가 해야 할 일이 무엇인지를 아직 깊이 깨닫지 못한 것이 아닌가 싶습니다.

권위의 바른 사용

교회의 일을 하다 보면 이런 상황에 부딪히곤 합니다. 교인들 전체의 이해를 얻지 못하고 지금 당장 해야 할 일이 생깁니다. 모두의 이해를 얻어서 만들어 낼 수 없어, 누군가 아는 사람 혼자서 결정을 내려야 할 때, 그 결정을 내리는 근거가 무엇인가 하면 권위입니다. 권위는 그런 의미에서 독재성과 비슷해 보입니다. 영어에서 권위라는 말을 authority라는 단어로 잘 씁니다. 그런데 authoritarian이라면 독재자입니다.

독재와 권위의 어근이 같다는 것은 상당히 흥미롭습니다. 상대방의 동의를 구하지 않고 한쪽에서 일방적으로 힘을 가진 자가 자기 이익을 위해 힘없는 자의 손해를 강요하는 것을 독재라고 합니다. 그러나 권위는 진리를 이해하지 못하는 자에게 진리를 주어서 그로 하여금 손해를 보지 않도록 하는 힘의 행동을 말합니다. 그래서 성경은 권위 있는 책이지요. 우리가 주님의 말씀을 다 이해할 수 없고, 주님이 진리와 영광과 생명과 모든 것에서 절대적으로 옳으시기 때문에 우리는 순종하는 것입니다. 그래서 기독교 신앙은 믿음과 순종 아닙니까? 믿음과 순종은 믿을 내용을 합의하는 것이 아닙니다. 그래서 하나님께서 목사에게 어떤 권위를 주신 것은 이런 결정 때문일 것입니다. 이런 결정을 내리는 데 있어서 교인들의 대표로 참여하는 이들이 장로입니다. 그래서 보통 교회에서 존경 받기도 하고 매도당하기도 하는 직분이 목사와 장로라는 직분일 것입니다. 그 이유는, 교인 모두가 이해하고 합의하기 이전에 어떤 문제를 미리 결정할 수밖에 없는 책임 때문에 그렇습니다.

그런데 그것을 민주주의라는 이름으로, 민주화라는 이름으로 모두에게 설명하고 설득시키고 결정하려는 결벽증이 생기면 일을 망칠 수 있습니다. 상대방이 납득했을 때는 일이 생긴다는 것입니다. 프로판 가스가 열려 있는 상태에서 성냥을 켜면 터집니다. 그런데 프로판 가스가 열려 있는 줄 아무도 모릅니다. 무색무취하기 때문이지요. 누군가가 한 사람만 가스가 열려 있는 것을 보고 알았습니다. 그래서 "창문을 열고 환기하고 화기를 조심하십시오"라고 말합니다. 그러나 모든 사람이 인정할 수 없습니다. 그래서 어떻게 확인할까요? 불을 켜 보자고 합니다. 그러면 망하는 것이지요. 확인과 함께 끝장나는 것입니다. 그때 어떻게 해야 합니까? 전문가가 있는 힘을 다해 무력으로라도, 무슨 수를 써서라도 그 사태를 막아야 하는 것 아닙니까? 목사의 어려움, 장로의 어려움이 다 마찬가지입니다.

신자의 어려운 책임이 여기에 있는 것입니다. 여러분이 이 세상의 친구에게, 아니 이 세상 전체를 향해 여러분이 하는 이야기와 여러분이 제안하는 것과 여러분이 증명하는 것이 맞는지 틀리는지 확인하고 증명할 방법이 없습니다. 그러나 우리는 압니다. 우리만이 압니다. 그들은 모릅니다. 그들과 함께 가위바위보를 할 수도 없고, 투표를 할 수도 없습니다. 권위 있게 있는 힘을 다할 수밖에 없는 것입니다. 일종의 억지를 써야지요. 상대방의 반발을 사는 억지라면 고려해 봐야겠지만, 상대방이 등을 돌리는 것이 아닌 줄 알면 뭐든지 할 수밖에 없습니다.

그러므로 여러분은 세상 앞에서 신자로서의 책임을 다할 때 상대방이 어지간히 싫어하고 반대할 정도로 "나 할 일 다했어" 하고 돌아선다면 다시 가야 합니다. "너에게 빼앗아 먹으려는 것이 아니고, 너를 속여 먹으려는 것이 아니다. 아까 한 말 이해했지? 그러니 이제부터는 사심 없이 이 말을 들어야 한다." 그러고는 쳐들어가는 끈기와 배려와 책임이 있어야 합니다. 그러면 여러분은 이렇게 되묻습니다. "나는 세 번이나 했지만 안 됩니다."

"다섯 번 하십시오.""나는 다섯 번 했습니다.""그러면 일곱 번 하십시오."
성경이 뭐라고 했습니까? 일곱 번씩 일흔 번이라도 하라고 했습니다. 우리
가 맡은 일의 즐거움과 그 내용이 상대방에게 전달되지 않는다면, 여러분
은 어떻게 해서든지 모든 사람이 주께서 베푸신 구원과 은혜에 동참하도
록 하기 위해 모든 수단과 방법을 동원해야 합니다. 그렇게 하지 않으면 여
러분의 책임을 다하지 않는 것이 됩니다.

대적을 은혜의 대상으로 여김

두 번째로 기억할 것은 8-9절의 내용입니다. "내가 오순절까지 에베소에
머물려 함은 내게 광대하고 유효한 문이 열렸으나 대적하는 자가 많음이
라." 이 구절은 참 재미있습니다. 사도 바울이 간 곳에는 하나님께서 택하
신 백성이 있었습니다. 사도 바울이 그들을 하나님의 백성으로 불러내야
하고 거듭나게 해야 합니다. 그러나 어느 곳이나 그를 대적하는 세력이 있
습니다. 우리가 일을 해야 하는 곳에는 적이 진을 치고 있습니다. 이런 일
이 없기를 바라지 마십시오. 순탄한 길로 가서 꽃을 꺾어 오고, 열매를 거
둬 올 것이라고 계산하지 마십시오. 그리고 아군이 많다고 거기에는 적이
없다고 생각하지 마십시오. 이것이 바울의 생애를 특징짓는 것이며, 동시
에 모든 신자를 특징짓는 것이기도 합니다.

　우리는 성경에서 가장 놀라운 변화를 받은 사람이 누구냐고 물으면
어떻게 대답합니까? 사도 바울이라고 말합니다. 사도 바울만큼 예수를 믿
을 조건 가운데 최악의 조건인 사람은 없었습니다. 그러나 그는 변화되어
가장 크게 주를 위하는 사람이 되었습니다. 사도 바울이 회심할 줄 누가 알
았겠습니까? 주께서 아나니아를 불러서 사울에게 가라고 할 때, 아나니아
가 뭐라고 했습니까? 이 사람이 그동안 주의 성도들을 핍박한 것을 주께서

　　　　　　　　　　　　　　　　　　　　　　　　　　　믿음

도 알지 않으시냐고 말했습니다. 그 말은 모두가 회개해도 저 사람은 안 할 것이라는 뜻입니다. 그러나 그가 변했습니다. 어떤 사람에게도 '저 사람은 희망이 없다'라는 딱지를 붙여서는 안 됩니다. 우리 모두에게 하나님의 기적과 은혜가 일어날 수 있다는 것을 믿고 기다려야 합니다. 아무에게도 '이 사람은 더 이상 희망이 없다'는 도장을 찍지 않아야 합니다. '이 시대는 희망이 없다'는 도장도 찍지 않아야 합니다. 우리가 살아 있는 한, 그리고 살아서 하나님의 일을 하는 한 내가 만나는 모든 시대와 환경과 사건과 일에 대해 언제나 이 두 가지 면이 있다는 것을 알아야 합니다.

우리가 하는 일에 대적이 있음과, 그 대적이 하나님께서 불러 회개시키려는 사람 중 하나인 것을 우리는 놓치지 않고 보아야 합니다. 왜냐하면 자칫 잘못하면 신앙의 행위들을 신자끼리 모여서 행하는 일만 많아질 수 있기 때문입니다. 우리는 하나님을 모르고 하나님을 대적하는 사람들을 변화시켜야 하는데, 그렇게 안 하고 우리끼리 합니다. 그래서 나가서 변화시키고 구원을 얻게 한 상대방을 전리품으로 생각하는 경우가 많습니다. 이것만큼 큰 잘못도 없을 것입니다. 그 사람을 잃어버린 아들, 잃어버린 한 마리의 양으로 생각하지 않습니다. 우리만 고급하고 대등한 존재로 생각합니다. 그들을 전리품으로 취급해서 가서 누가 많이 주워 왔는가 하는 존재, 안 좇아오면 거침없이 버리고 잊을 수 있는 대상으로 생각합니다. 누가 봐도 전리품이고 노리개로 취급하는 이런 생각에서 벗어나야 합니다. 그가 지금 영적 수준이 낮다 해도, 전혀 하나님을 알지 못하는 수준이라 해도, 그리고 믿음 속에서의 기대와 믿음 속에서의 대적이 있어도 우리는 하나님의 은혜와 구원으로 인해 한 영혼을 귀하게 여길 줄 알아야 합니다. 아무리 많은 대적이 우리 앞에 있어도, 우리를 비난하는 어떤 사람이 있어도, 신자들은 그들이 처한 어떤 악한 상황에서도 신앙적인 기대와 용서와 온유와 주님의 마음을 가져야 합니다.

마지막 세 번째로 기억할 것은 10-12절의 내용입니다. "디모데가 이르거든 너희는 조심하여 그로 두려움이 없이 너희 가운데 있게 하라. 이는 그도 나와 같이 주의 일을 힘쓰는 자임이라. 그러므로 누구든지 그를 멸시하지 말고 평안히 보내어 내게로 오게 하라. 나는 그가 형제들과 함께 오기를 기다리노라. 형제 아볼로에 대하여는 그에게 형제들과 함께 너희에게 가라고 내가 많이 권하였으되 지금은 갈 뜻이 전혀 없으나 기회가 있으면 가리라."

이 당시 디모데는 아직 젊었습니다. 바울이 디모데에게 "누구든지 네 연소함을 업신여기지 못하게 하고"(딤전 4:12)라고 권면한 것을 보면 분명히 알 수 있습니다. 이 부분에서 우리는 목사라는 직분이 그의 능력으로만 부여받은 것이 아님을 깊이 이해할 필요가 있습니다.

하나님께서 한 사람에게는 빨간 옷을 입히고, 다른 사람에게는 노란 옷을 입히고, 또 다른 사람에게는 파란 옷을 입힌 것과 같습니다. 하나님께서 각 사람에게 빨간 옷, 노란 옷, 파란 옷을 주신 것입니다. 모두 다 하나님께로부터 받은 고맙고 황공한 상입니다. 목사로 부름 받았든지 일반 성도로 부름 받았든지, 하나님께서 많은 사람들 중 누군가를 뽑아서 목사로 삼았다고 여기니까 선택되었다는 생각을 갖는 것입니다. 평신도도 이같이 부르신 것입니다. 많은 쪽으로 불렀기 때문에 값이 싸다고 생각하는 것은 지능지수가 모자란 자들의 생각입니다. 바보 같은 목사들끼리 모여 있을 때 하는 이야기예요. 괜찮은 식견을 가지고 있으면 절대로 그렇게 생각하지 않습니다. 많아서 값이 싸다는 것은 얼마나 바보 같은 소리입니까? 공기라든가, 물이라든가, 모래라든가, 밤하늘의 별같이 많아서 너무 좋은 것이 얼마든지 있습니다. 얼마든지 많아도 좋은 것을 사람들은 돈이라고 말합니다. 그러나 돈은 많을수록 좋지만 너무 많으면 흉합니다. 오죽하면 부모를 다 죽이겠습니까? 돈을 왜 그렇게 좋아하는지 모르겠어요.

아무튼 교회 안에 목사가 있고, 그 목사로 인해 성도들이 자라는 것입니다. 그러면 그 한 세대가 끝나면 끝입니까? 또 다음 세대가 옵니다. 그 다음에 젊은 목사가 생기는 것입니다. 누가 그를 키웁니까? 교회가 키우는 것입니다. 그렇지요? 목사가 성도를 키우고 그 성도가 목사를 키우고, 그 목사가 성도를 키우고 또 그 성도가 목사를 키웁니다. 서로서로에게 부모이지요. 우리 교회는 제가 여러분을 만드는 단계이고, 다음 단계에서는 여러분이 목사를 만들어야 합니다. 그때 그 목사를 여러분이 흉볼 수 없는 거예요. 왜입니까? 여러분의 자녀 가운데 공부 잘하면 다 목사 안 시키잖아요. 대학에 떨어지면 "야, 너 신학교에나 가라"고 합니다. 공부를 좀 괜찮게 하는 아이가 신학교에 가면, "너 왜 신학교에 가니?"라며 깜짝 놀라서 장로님이 급구 말리기까지 합니다.

그러니까 목사는 최소한 기본 상식과 기본 교양이 없는 가운데 된 것이 아닙니까? 여러분이 목사에게 계속 갖다 바친 것은 심방 때 맛있는 음식밖에 없어요. 그러니 머릿속에 뭐가 들어 있겠어요. 음식만 들어 있지요. 무슨 좋은 이야기가 나오겠어요? 이것이 바로 그 이야기입니다. 우리의 자손을 우리가 만들어야지요. 우리의 자녀를 만들듯이, 다음 세대의 목사는 교회가 만드는 것입니다. 그 목사는 자기가 배운 대로, 영향을 받은 대로 교회를 만듭니다. 누가 누구에게 책임이 있다고 아무도 이야기를 못합니다. 당사자만의 책임이 아닙니다. 모두의 책임입니다. 우리 모두가 이 책임을 가지고 있습니다. 교회가 여러분이 유익을 얻은 것보다 더 큰 유익의 기관과 장소가 되도록 후손에게 넘겨주어야 합니다. 그래서 여러분은 교회를 교회답게 만드는 데 가장 신경을 써야 합니다. 교회가 대외적으로 구제와 전도의 행위를 하는 것보다는 교회의 질과 신앙적인 인격과 신앙적인 분위기로 흐름을 타고 있어야 합니다. 그것이 우리의 자녀들에게 가장 크게 영향을 미치기 때문입니다.

　이것이 본문에서 보는 중요한 세 가지 내용입니다. 좋은 일에 상대방을 동참시키는 배려와 아량을 가지십시오. 자기 한 사람의 결백을 증명하는 혹은 하나의 책임만 지는 사람이 되지 마십시오. 다 제사장의 직분을 가지고 있기 때문입니다. 그리고 우리에게 적이 없어야 하고 원수가 없어야 한다는 것을 기억하십시오. 모든 사람이 다 하나님께서 베푸시는 구원과 은혜의 대상일 뿐입니다. 여러분은 기대를 가지고 여러분 앞에 있는 모든 사람을 만나야 하고 그들을 상대해야 합니다. 그리고 그 모든 것을 통해 신앙의 인격을 지켜서 이웃과 이 시대뿐 아니라 후손에게 영향을 미치십시오. 하나님의 영광과 하나님의 나라를 위해 교회다운 교회를 만드는 데 여러분의 책임을 다하십시오. 이것이 우리의 가장 중요한 책임입니다.

22

사회적 책임

요 14:6

예수께서 이르시되 내가 곧 길이요 진리요 생명이니 나로 말미암지 않고는 아버지께로 올 자
가 없느니라.

개념으로 오해된 신앙

이 본문은 예수 그리스도가 누구신지를 설명할 때 늘 빠지지 않고 등장하
는 말씀이고, 우리가 익숙하게 암송하고 있는 중요한 구절이기도 합니다.
그러나 이 말씀에는 우리가 표면적으로 이해하고 있는 것 이상의 깊은 뜻
이 있습니다. 사실 길, 진리, 생명을 인격과 결부시키는 것은 상당히 충격적
인 발언입니다. 원래 진리나 생명 같은 말들은 어떤 도(道)나 깨우칠 수 있
는 것, 그래서 우리 모두가 소유할 수 있는 것으로 묘사되어야 합니다. 하지
만 여기서는 남들이 나눠 가질 수 없는 어떤 것으로 묘사하고 있습니다.

　　예수 믿는 일 중 가장 빈번하게 발생하는 일이 기독교를 하나의 도로
이해하는 것입니다. 그것만큼 어려운 싸움이 없습니다. 사람들은 매번 스
스로를 괜찮은 사람으로 여기면서 "무엇을, 어떻게, 왜"라는 것을 가르쳐
주기만 하면 된다고 오해하고 있기 때문입니다. 그러나 우리가 "무엇을 위

해서" "그것을 어떻게" "왜 해야 하는가" 등을 깨우쳐 주면 자동적으로 올바른 행동을 할 것으로 생각하는 것은 큰 착각입니다. 인간이라는 존재는, 어떤 도나 수단이나 방법을 소유하는 것 정도로는 불충분합니다. 그래서 예수님이 "내가 길이다." "내가 진리이다." "내가 생명이다"라고 말씀하시는 것입니다.

기독교를 소개할 때 가장 자주 나오는 단어가 '사랑'과 '공의'입니다. 그런데 역사 속에서 종종 일어나듯, 국가와 사회의 위기 속에서 사회 정의를 구현하기 위한 수단으로 기독교가 요청받는 것처럼 난감한 일도 없습니다. 최근에 신문이나 방송을 보면, 교수들의 시국성명, 학생들의 데모에 대한 보도, 그에 대한 정부의 설명 등으로 늘 어수선합니다. 우리도 도저히 가만있을 수 없는 시기가 되었습니다. 더욱이 몇몇 성직자들과 교회들도 이 일에 앞장서고 있습니다.

그러나 기독교는 이 세상을 낙관적으로 보지 않고 비관적으로 봅니다. 이것이 기독교가 이 세상을 보는 눈입니다. 인간에 대해서도 비관적으로 봅니다. 인간은 다 저주 아래 있고 비참하며, 결국 사망의 잠을 자고 절망의 자리에 떨어질 수밖에 없다고 선언합니다. 신자는 세상이 예수 그리스도의 심판으로 마감될 것을 알고 있는 사람들입니다. 기독교인은 이 세상이 나아질 것이라는 기대를 하지 않는 사람입니다. 이것은 참으로 중요한 세계관입니다. 그렇다면 이 세상을 살아가는 기독교인으로서 사회적 책임을 어떻게 감당해야 할까요?

교회의 정치 참여

세상에서 싸우고 있는 정치적인 문제에서 기독교는 늘 두 가지 위협 속에 있습니다. 먼저는 권세를 잡은 자들이 그들의 이익을 위해 종교적인 힘을 빌리려고 압력을 넣는 공갈이 있습니다. 성직자들과 종교 지도자들을 공갈 협박으로 붙잡아서 그들의 이익과 평안을 위해 종교적인 힘으로 편들어 줄 것을 요구합니다. 어느 시대나 어느 나라나 그렇습니다.

동시에 거기에 반대하는 세력들은 성직자들을 향해 "당신네들은 이세상의 명예와 목숨을 초월한 자들이니 정당한 일에 앞장서야 하지 않는가?"라고 요구합니다. 그런데 그 문제에 있어서 기독교는 기본적으로 세상이 좋아지지 않을 것이라는 성경적 예언에 근거한 시선을 갖고 있습니다. 우리나라뿐 아니라 미국이나 구소련을 포함한 전 세계 어느 나라, 어느 왕조, 어느 국가든지 선한 곳으로 굴러가지 않는다는 것을 믿습니다. 그래서 우리는 국가의 모든 위정자들이 예수 믿는 사람이 될 것을 바라지 않습니다. 이상해 보이지만 저는 이것이 성경적인 견해라고 생각합니다. 요한복음 17장에 보면, 신자들에 대한 예수 그리스도의 정확한 묘사가 나옵니다.

내가 아버지의 말씀을 그들에게 주었사오매 세상이 그들을 미워하였사오니 이는 내가 세상에 속하지 아니함같이 그들도 세상에 속하지 아니함으로 인함이니이다. 내가 비옵는 것은 그들을 세상에서 데려가시기를 위함이 아니요 다만 악에 빠지지 않게 보전하시기를 위함이니이다. 내가 세상에 속하지 아니함같이 그들도 세상에 속하지 아니하였사옵나이다. 그들을 진리로 거룩하게 하옵소서. 아버지의 말씀은 진리니이다. 아버지께서 나를 세상에 보내신 것같이 나도 그들을 세상에 보내었고(요 17:14-18).

여기에서 정확하게 묘사한 것처럼 우리는 세상에 속하지 않습니다. 세상에 살고 있지만 세상의 원리나 세상의 목적과 다른 자들입니다. 예수 그리스도께서 하나님 아버지의 보내심 받아 오신 것같이 우리도 이 땅에 보냄 받은 자로 있습니다. 우리만이 유일하게 생명과 진리와 빛과 영원에 대한 증인으로 있습니다. 세상을 고치기 위해서가 아니라 세상에 있는 사람들을 향해 영원한 나라와 영적인 세계를 증거하는 증인으로 있습니다. 우리는 그들이 살고 있는 환경을 고치기 위해 있는 것이 아니라 그들을 고치기 위해 있습니다. 이 나라를 민주화하기 위해 있는 것이 아니라 이 나라에서 우리와 같이 살고 같이 호흡하는 모든 사람에게 영생과 생명과 영원을 증거하기 위해 있습니다. 자칫 잘못하면 하나의 행사나 운동을 위해 기독교가 동원될 수 있습니다. 그러나 기독교는 행사나 운동을 위해 있지 않고 사람을 위해 존재합니다. 우리는 모든 사람을 불쌍한 사람이요, 하나님의 은혜가 필요한 사람으로 봅니다. 죄를 미워하되 사람을 미워하지 않는 입장에서 사람을 만납니다.

이런 식으로 반론을 제기하는 분들이 있습니다. "그러나 미국은 다르더라. 미국의 의회를 보라. 레이건을 보라. 민주주의를 꽃피운 영국을 보라." 그런데 정말 그 나라들은 완벽할까요? 미국이라는 나라는 공의가 실현되고 하나님의 진리가 시행되는 국가일까요? 저는 절대 그렇게 보지 않습니다. 이 세상에서 가장 미운 나라가 현재로서는 북한입니다. 그다음에 미운 나라가 구소련이라면 그다음쯤은 미국이라고 여겨야 마땅합니다. 그 차이가 막상막하입니다. 물론 미국이 우리나라의 해방에 관여했고, 우리를 공산치하에서 구해 준 것에 대해서는 깊이 감사합니다. 그러나 미국은 결단코 좋은 나라가 아닙니다.

꽤 오래전에 언론인이자 소설가인 선우휘 씨가 이런 칼럼을 썼습니다. 행패를 부리던 구소련 병사를 벌주던 구소련군 장교 이야기와, 느닷없이 길 가던 자기 친구들을 붙잡아서 패고 낄낄거리고 비웃어서 파출소에 연행되었던 미국 병사들이 파출소까지 다 때려 부수고 웃었던 이야기. 그 양극단적인 경험을 묘사하면서 선우휘 씨가 "누가 우리 편인가? 우리밖에 우리 편은 아니다"라고 표현한 것을 기억합니다. 우리는 분명히 눈을 떠야 됩니다. 미국이라는 나라는 국익을 위해서라면 언제든지 폭력을 쓸 수 있는 나라입니다. 미국이 민주주의를 지키는 나라라고 오해하지 마십시오. 미국도 자기네 배를 불리기 위해 언제든지 남을 죽일 수 있는 나라요, 그럴 수 있는 민족입니다.

종종 교회가 사회적인 요청에 응답해야 한다는 것에 대한 증거로 과거의 역사를 이야기하는 분들이 있습니다. 3.1 운동과 항일 투쟁에 기독교인들이 늘 앞장서지 않았느냐는 것입니다. 그러나 기독교인이 앞장섰지 기독교가 앞장서지 않았습니다. 그 앞장섰던 선구자들이 기독교인이라는 것과 기독교라는 세력이 앞장선 것은 이야기가 다릅니다. 기독교인이 많이 참여했던 것은 좋은 점입니다. 그러나 기독교가 앞장선 것은 아닙니다. 기독교가 앞장선 것처럼 보였던 것은 나름대로의 이유가 있습니다.

어느 나라든 자기 문화와 다른 문화, 즉 이방 민족의 침입에 대해 거부감이 있는 법입니다. 어느 나라나 민족주의라는 것이 있는 법입니다. 그런데 우리나라를 침략한 나라가 일본이었습니다. 일본의 적이 서구였습니다. 우리 적의 적은 우리 편이 아닙니까? 그래서 그 나라가 믿는 종교에 호감을 갖게 되었습니다. 대원군이 천주교를 핍박한 것은 종교적인 문제가 아니었던 것을 알아야 합니다. 프랑스 신부들을 앞세운 천주교가 정치적인 세력을 쟁취하려고 해서 정치적인 싸움으로 발전되어 순교를 당하게 되었습니다. 개인적으로 죽은 사람들은 분명히 신앙적으로 죽은 것이 사실입니다만, 대원군이 천주교를 배척한 것은 종교적인 이유가 아니라 정치적인 이유였다는 것을 깊이 알아야 합니다. 서구가 동양을 식민주의로 침략하면서 늘 사탕발림으로 내세운 것이 기독교였습니다. 영국, 네덜란드, 스페인 어느 나라 할 것 없이 다 기독교를 앞세우고 쳐들어왔습니다. 그러나 아시아의 어느 국가도 기독교 국가가 되지 않았습니다. 인도는 영국이 그렇게 오랫동안 통치했지만 기독교를 안 믿었습니다. 인도네시아는 네덜란드가 통치했습니다. 네덜란드는 지금 세계에서 유일하게 개혁교회가 국교인 나라입니다. 그 나라의 수상들이 목사였습니다. 신학자들이 장관입니다. 그러나 인도네시아는 이슬람교도들이 되었습니다. 기독교가 마음에 안 드는 것입니다.

탐욕의 수단이 될 수 없는 기독교 신앙

우리가 늘 걱정하는 것 가운데 하나는, 영원과 생명과 진리가 사람들의 손에 의해 욕심과 탐욕의 수단이 되는 것입니다. 그러나 예수 그리스도께서는 한 번도 진리를 우리에게 던지신 적이 없습니다. 우리가 그것을 감당하지 못하는 자인 줄 아시기 때문입니다. 늘 "내가 길이고, 내가 진리이고, 내가 생명이라"고 하심으로 기독교인의 신앙은 언제나 그리스도 예수와의 문제라는 것을 강조하신 것입니다. 기독교 신앙은 어떤 의미에서 진리와의 문제가 아니라 인격적인 것입니다. 그분 자신입니다. 예수 그리스도를 소유하는 것, 예수 그리스도 앞에 무릎 꿇는 것, 그분이 나를 주장하시는 것과의 싸움이지 그분이 가르치신 것을 내가 소유함으로 내가 그것을 응용하는 싸움이 아닙니다. 누가복음 9장에 이런 기록이 있습니다.

예수께서 따로 기도하실 때에 제자들이 주와 함께 있더니 물어 이르시되 무리가 나를 누구라고 하느냐. 대답하여 이르되 세례 요한이라 하고 더러는 엘리야라, 더러는 옛 선지자 중의 한 사람이 살아났다 하나이다. 예수께서 이르시되 너희는 나를 누구라 하느냐. 베드로가 대답하여 이르되 하나님의 그리스도시니이다 하니(눅 9:18-20).

예수께서 우리에게 물으시는 것은 언제나 이렇습니다. "기독교가 무엇이냐?"가 아니라 "너희는 나를 누구라고 하느냐?"입니다. "너희는 나를 누구라고 하느냐?"라는 질문에 베드로는 "나의 주시요 나의 하나님이십니다"라고 대답했습니다. 이와 같이 예수 그리스도를 주로 삼으며, 그분이 나의 주인되시는 것을 인정하는 고백이 필요합니다. 기독교는 우리에게 무슨 도를 전하는 것 이전에 그리스도 예수에 대한 어떤 행복과 만족이 있는가의 싸움입니다. 그분이 이렇게 요구하십니다. "또 무리에게 이르시되 아무든지 나를 따라오려거든 자기를 부인하고 날마다 제 십자가를 지고 나를 따를 것이니라"(눅 9:23).

하지만 우리는 주를 따르지 않고 내 길을 걸으면서 그리스도의 능력과 사랑과 축복을 동원하자고 그분을 조를 수 있습니다. 지금 이 땅에서 일어나고 있는 정치적인 혼동에 있어서 제가 가장 아파하는 부분은 이것입니다. 어느 사람도 영적인 문제에는 관심이 없으면서 그저 기독교를 동원하려고만 하는 것입니다. 말하자면 상대방을 넘어뜨리려는 싸움밖에 없는데 기독교가 개입되는 것을 우리는 거부하는 것입니다. 우리는 영혼을 살리는 싸움에만 동원됩니다. 특별히 성당에서 그리고 어느 교회를 중심으로 한 일부 장로교회에서 정치와 사회 문제에 대한 시국성명을 내고 앞장서서 데모도 합니다. 그것이 개인적으로 이루어진다면, 저는 뭐라고 하지 않을 셈입니다. 그것은 개인적인 책임이요 권리라고 할 수 있습니다. 그일을 하는 사람이 기독교인인 것은 괜찮습니다. 그러나 기독교라는 이름으로 해서는 안 됩니다. 기독교를 거기에 이용해서는 안 됩니다.

우리는 이런 역사적인 교훈을 갖고 있습니다. 하나님을 모르는 이슬람교도들이 예루살렘을 비롯한 성지를 장악하고 있는 것에 화가 나서 유럽 전체가 들고일어났습니다. 성지 탈환을 위한 총공세를 펼쳤습니다. 그래서 그들이 성공했습니까? 오히려 망해 버렸습니다. 놀랍게도 하나님은 그런 식으로 일하시지 않습니다. 하나님은 오히려 지고 망하고 죽는 방법으로 기독교를 연결하고 계십니다.

우리 교회에 교수님들이 여러 분 나옵니다. 그중 많은 분들이 학교에서 시국성명에 서명하고 그 명단을 만천하에 공포했습니다. 개인적으로 저는 그분들이 용기 있는 분이라는 것을 알고 있으며 잘하셨다고 생각합니다. 그러나 또 그렇게 하지 않고, 교수가 해야 할 일은 학생들을 학문적으로 가르치는 일이지 정치하는 일은 아니라며 시국성명에 서명을 안 하는 분도 용기 있는 분이요 잘하시고 있다고 생각합니다. 거기에 누가 누구에게 잘했다 잘못했다고 할 수 있는 문제가 있습니까? 우리는 왜 그런 식으로밖에 못 싸웁니까? 오죽하면 교수가 시국선언을 하게 되었는지에 대해서는 분명히 공감합니다. 그럴 수밖에 없었던 것을 공감합니다. 그럴 수밖에 없어서 거기에 참여한 것을 저는 높이 평가합니다.

그러나 동일한 원리를 반대쪽으로 끌고 가 보십시오. 우리나라는 원래 각자가 맡은 일에 충성했으면 괜찮을 것인데, 그렇게 하지 않아서 이렇게 되었습니다. 그 큰일 중 하나가 군인들입니다. 군인들이 할 일만 했더라면, 이 일은 아마 훨씬 좋아졌을 것입니다. 그러나 동시에 오죽하면 정치에 관여했겠는가를 생각하면, 그것도 공감하지 못할 것이 없습니다. 박정희 대통령이 이런 이야기를 했습니다. "나는 불행한 군인"이라고. 그분이 쇼하려고 그런 말을 했다고 생각하지 않습니다. 그분은 분명히 본인을 불행하게 생각했을 것입니다. 그분이 이런 말을 한 적이 있습니다. "봄 가뭄이 하도 심해지니까 밤잠을 못 잔다. 비가 오나 밖을 내다보며 내가 무슨 죄를 지었기에 비 안 오는 것을 이렇게 밤을 새워 가며 걱정을 해야 되는가"라고 말입니다. 불행했던 분입니다. 이 시점에서 우리가 누구에게 뭐라고 하겠습니까? 쿠데타 일으킨 군인에게 뭐라고 하겠습니까? 아니면 가만 있는 분에게 가만히 있었다고 뭐라고 하겠습니까? 마찬가지로 지금 데모하는 학생에게 뭐라고 하겠습니까? 데모 안 하고 공부하는 학생에게 뭐라고 하겠습니까? 그것은 어떤 의미에서는 개인적인 선택이라고 봅니다.

제가 말하려는 것은, 그런 개인적인 문제와 자기가 선택한 일을 연결시키기 위해 전심을 동원하여 사람들에게 여론을 펼치는 것은 좋지만 기독교를 거기에다 걸지 말라는 것입니다. 기독교는 그 일에 절대 걸리지 않는 것입니다. 저는 마치 정치에 초연하여 거기에 끼는 것을 다 반대하는 사람처럼 자꾸 오해받습니다. 그렇다고 해서 제가 데모를 부추기려는 것도 물론 아닙니다. 저는 이 나라를 누가 장악하든 관심이 없습니다. 저는 여러분 모두에게 가장 중요한 것을 전하려고 하는 것입니다. 영원한 나라가 있으며, 이제 곧 예수께서 천사장의 호령 소리와 함께 오실 것이라는 것입니다. 지금 잘살고 못살고 하는 문제보다 훨씬 중요한 일이 있습니다.

신자가 세상에서 사는 방식

세상 사람들은 종종 예수 믿는 사람들에 대해서 현실을 도피하는 사람, 비겁하고 연약한 사람이라고 비난합니다. 정말 그럴까요? 독재자에 대해서 죽음을 무릅쓰고 피 흘리며 데모하는 것이 용기일까요? "이렇게 하는 것만이 옳은 일입니다"라며 모두를 선동해서 일을 내가 원하는 방식으로 바꾸는 것만이 최선일까요? 아닙니다. 세상에서 가는 모든 길들이 결국은 좋은 곳으로 가지 않는다는 것을 빨리 파악할 필요가 있습니다. 세상 사람들은 죽고 나서야 그것을 압니다. 우리는 살아생전에 그것을 알고 있는 사람입니다. 빌립보서 3장은 세상 사람들의 삶에 대해 이렇게 묘사하고 있습니다.

형제들아, 너희는 함께 나를 본받으라. 그리고 너희가 우리를 본받은 것처럼 그와 같이 행하는 자들을 눈여겨보라. 내가 여러 번 너희에게 말하였거니와 이제도 눈물을 흘리며 말하노니 여러 사람들이 그리스도의 십자가의 원수로 행하느니라. 그들의 마침은 멸망이요 그들의 신은 배요 그 영광은 그들의 부끄러움에 있고 땅의 일을 생각하는 자라. 그러나 우리의 시민권은 하늘에 있는지라. 거기로부터 구원하는 자 곧 주 예수 그리스도를 기다리노니(빌 3:17-20).

세상 사람들이 가는 길은 자기 욕심을 채우는 것입니다. 미국도 그렇고, 구소련도 그렇습니다. 한반도의 평화를 원하는 이는 우리밖에 없습니다. 어느 나라도 원하지 않습니다. 남북한이 대치하고 있어야 구소련도 북한에 무기를 팔아먹고 미국도 남한에 무기를 팔아먹습니다. 아무도 우리 편이 아닙니다. 그러나 그것은 어느 인간이나 마찬가지입니다. 우리도 옛날에 베트남 전쟁에 참전했는데, 그 나라를 도와주러 간 것이 아니라 돈 벌러 갔습니다. 모두가 자신이 잘살려고 남을 고달프게 하는 것을 외면하고 사는 법입니다. 우리의 신은 우리의 배라는 말입니다. 자기 욕심을 따라 사는 것입니다.

그러나 거기에서부터 우리는 부름 받은 자입니다. 하나님의 사랑을 받았고, 의가 무엇인지 알며, 생명이 무엇인지 알고, 영원을 알게 된 것입니다. 우리가 소유하고 있는 것은 남의 것을 빼앗아야만 내 몫이 생기는 가난한 것이 아닙니다. 주어도 주어도 남는 것입니다. 우리는 다른 민족보다 우리 민족이 우수한 것을 증명하거나 우리나라가 다른 나라보다 괜찮은 나라인지를 증명하기 위해서가 아니라, 예수 그리스도께서 우리를 위해 죽으셨고 우리 인생들을 불쌍히 여기신 것에 항복하고, 거기에 붙잡힌 바 되어 목숨을 걸고 이 도를 전하기 위해 삽니다. 우리는 죽음을 불사하고 십자가에 못 박히는 것과 불에 타 죽는 것과 사자의 밥이 되며 톱으로 켬을 당하며 가죽이 벗겨지는 일을 여태껏 감수하며 이 신앙을 지켜 왔습니다.

우리가 가난하며 비겁합니까? 아닙니다. 조금만 잘못하면 기독교는

믿음

이렇게 오해됩니다. 마치 살아생전에 잘 먹고 편안하게 사는 것이 기독교의 목표인 것으로 늘 오해됩니다. 그러나 그렇지 않습니다. 많은 사람들이 이렇게 묻습니다. "그럼 당신네는 이 나라와 이 땅이 혼돈하고 혼란스럽고 처참해도 좋다는 말이요?" 아닙니다. 우리는 가능한 한 편안하기를 바랍니다. 그러나 우리가 알고 있는 바에 의하면, 하나님은 이 땅을 우리에게 편안한 환경으로 이루어 주시지 않습니다. 이 땅에 유토피아를 만드는 것이 그분의 목표가 아니기 때문입니다. 그러면 이 땅에서 무엇을 요구하십니까? 이 땅에서 우리를 괴롭게 하심으로 이 세상이 무엇이며, 이 세상이 우리를 유혹하는 그 뒷면에 무엇이 있으며, 그 진면목이 무엇인지를 밝혀서 우리로 하여금 영원을 사모하게 하며, 영원한 나라를 준비하게 하며, 죽음의 잠을 자지 않게 하는 것이 그분의 목적입니다. 그래서 원래 신자의 삶은 좀 고달픈 편이 낫습니다.

신앙의 참된 싸움

한국 기독교가 가장 어려웠던 적은 일제 강점기도 아니고, 공산주의의 핍박을 받을 때도 아니었다고 생각합니다. 현재의 이런 혼란기도 아니라고 생각합니다. 가장 어려웠던 시절은 80년대입니다. 지난 70년대에 이 나라의 경제가 무시무시하게 성장했습니다. 그래서 예수 믿는 사람도 다 잘살기 시작했습니다. 십일조가 옛날에 비해서 열 배, 스무 배로 뛰었습니다. 그래서 요즘은 돈이 모자라는 교회가 없습니다. 목사들도 다 좋은 차를 탈 수 있게 되었습니다. 그러나 기독교는 갑자기 그 힘을 잃고 말았습니다. 돈이 훨씬 좋다는 것을 알게 되었습니다. 돈으로 모든 일이 됩니다. 그래서 교회마다 돈 있는 사람이 윗자리를 차지하게 되고, 돈으로 장로를 사기 시작하고, 목사도 배우자로 선택할 만하게 되었습니다. 그런데 목사들이 돈맛을 보자 교인들에게 말을 함부로 할 수 없게 되었습니다. 돈으로 자기 삶을 보장받기 시작하자 교인들이 무서워지기 시작했습니다. 타협하기 시작했습니다. 기독교는 그 진리와 생명을 놓쳤습니다. 예수 그리스도가 설 자리를 잃었기 때문입니다. 우리가 모일 때마다, 또한 각자의 삶에서 그리스도의 필요성을 다시 한번 절감하는 것으로 가지 않으면 그것은 신앙이 아닙니다.

우리는 기독교가 기독교 아닌 것으로 서서히 초점이 옮겨지고 있고, 정작 싸워야 할 싸움이 아닌 엉뚱한 데로 말려들고 있다는 것을 모릅니다. 여러분, 목사가 강단에서 신앙에 관한 이야기를 하는 것과 대정부 발언을 하는 것 중 어느 쪽이 좀 나아 보입니까? 우리에게 맡겨진 모든 권위와 능력은 생명과 진리이신 예수 그리스도를 증언하는 데 있습니다. 그리고 목숨을 걸고 이 일을 합니다. 이것은 세상에 있는 어떤 일보다 중요하며, 어떤 것보다 급박합니다. 거기에는 유혹도 많고 거짓말도 많고 시험도 많습니다. 저는 거짓말이나 협박은 겁이 안 납니다. 그러나 편안한 것은 겁이 납니다. 여러분이 잘 먹고 잘살게 된 것이 저에게는 훨씬 어렵습니다. 언제든지 주일날 가족들을 모두 차에 태워서 놀러 갈 수 있게 된 것이 저는 가장 무섭습니다. 1부 예배를 오전 6시에 해달라는 사람이 생겨서 저는 가장 어렵습니다.

여러분, 기독교를 오해하지 마십시오. 우리의 신자된 축복과 사명을 놓치지 마십시오. 우리가 어떻게 하나님 앞에 부름 받았으며, 우리가 어떻게 세상과는 다른 동네에 살게 되었는지를 잊지 마십시오. 우리의 존재 이유는 우리에게 행하신 하나님의 크신 일을 증거하기 위함이라는 것을 잊어서는 안 됩니다. 사실 이런 이유 때문에 하나님께서 우리를 고통스럽게 하시는 것입니다. 고통이라는 것이 국가적인 이유에서만 생기는 것은 아닙니다. 개인적으로 더 많이 생깁니다. 그러한 고통으로 인해 우리는 우리의 연약함과 그리스도의 필요성을 더욱 깊이 이해하게 되고 하나님 앞에 항복하게 됩니다. 그래서 그것이 축복인 것입니다. 오늘 여러분이 미국에 살고 있다고 생각해 보십시오. 여러분이 걱정할 것이 이것밖에 더 있겠습니까? "디트로이트 타이거즈, 왜 오늘 야구에 졌어?" 놀아도 돈이 나오는데 무슨 걱정이 있겠습니까? "레지 잭슨, 왜 오늘 홈런 못 쳤지?" 이런 것을 한탄하면서 여러분은 편안히 죽음의 잠에 잠겨 있을 것입니다.

거기에 비하면 우리는 축복받은 백성이라고 저는 생각합니다. 일본이 침략했기에, 공산당이 침략했기에, 그리고 여태껏 마음에 드는 정치 한 번 못 해봤기에 우리는 아마 훨씬 더 신앙인으로 다져질 수 있었으리라고 생각합니다. 그리고 그 책임은 어떤 의미에서는 우리나라 민주주의의 미천한 경력 때문이라고 봐야 옳습니다. 그것이 어떤 개인의 잘못이겠습니까? 그리고 그 개인에게 어떤 잘못이 있어도 우리는 그가 불쌍할 뿐입니다. 김일성도 불쌍하고 고르바초프도 불쌍하고 우리 모두가 불쌍하지 않습니까? 그가 큰소리쳐서 원자탄이 발사되고 수소탄이 폭발한들 불쌍한 영혼들이 아닙니까? 오늘 죽으면 하나님의 영원한 진노의 불 가운데서 영원토록 고통 속에서 살아야 할 것을 생각해 보십시오. 그 사람들이 불쌍한 사람들입니다. 우리가 행복한 사람입니다. 예수 그리스도 안에 살며, 신앙으로 살며, 하나님의 자녀로 산다는 것이 무엇인지 곰곰이 생각해 보기 바랍니다.

예수 그리스도만이 우리의 길이요 진리요 생명입니다. 그분은 자신의 전 생애를 결국 죽음이라는 데로 끌고 가십니다. 놀랍지 않습니까? 그분은 분명히 파도를 잠잠하게 할 수 있으며, 죽은 나사로를 불러내실 수 있는 능력을 갖고 계셨지만 죽음의 길을 가서서 썩는 밀알로 파묻히셨습니다. 우리는 종종 기독교가 능력을 외치고 있기 때문에 그 능력을 세속적으로 요구할 때가 많습니다. 그러나 그렇게 하지 마십시오. 죽는 용기를 가지십시오. 예수 그리스도께서 죽음과 멸망 가운데 있는 자들을 일으키시는 놀라운 기적에 동참한 자로서, 그 일에 부름 받은 사역자요 증인으로서 우리의 인생이 펼쳐져 있다는 것을 알아야 합니다. 여러분, 사회생활을 하는 한 사람의 국민으로서 정당한 결정을 하십시오. 그러나 여러분이 결정한 것을 반드시 이루기 위해서 자칫 잘못하면 시험에 빠질 수 있다는 것을 늘 명심해야 합니다. 시민과 국민으로서의 책임을 갖되 신자로서 이 세상이 어떻게 굴러갈 수밖에 없는지를 알아야 합니다. 그 속에서 우리가 만나는 사람, 부딪히는 사건 속에서 어떻게 생명과 영원을 증거할 것인지에 더 많은 초점을 기울이기 바랍니다. 이 나라를 위해 기도하십시오. 그리고 그 기도 속에서 하나님의 은혜와 긍휼을 이 땅에 있게 하기 위해 정당한 신자가 되어야 한다는 자기 책임을 잊지 마시기 바랍니다.

인격 성숙

엡 1:7-10

우리는 그리스도 안에서 그의 은혜의 풍성함을 따라 그의 피로 말미암아 속량 곧 죄사함을 받았느니라. 이는 그가 모든 지혜와 총명을 우리에게 넘치게 하사 그 뜻의 비밀을 우리에게 알리신 것이요 그의 기뻐하심을 따라 그리스도 안에서 때가 찬 경륜을 위하여 예정하신 것이니 하늘에 있는 것이나 땅에 있는 것이 다 그리스도 안에서 통일되게 하려 하심이라.

믿음의 지적 요소

"무엇이 좋은 믿음인가? 그리고 믿음 문제에서 조심해야 할 것이 무엇인가?"를 다루려고 합니다. 좀 더 구체적으로 이야기하면 잘못된 믿음에 대해 다루려고 합니다. 전체적인 안목을 갖기 위해 우리가 그동안 이야기했던 믿음에 대한 설명들을 포괄적으로 살펴본 후에, 좋은 믿음에 대해 다룰 것입니다.

처음에 믿음이란 열심의 문제가 아니고 인격적 관계를 말한다고 설명하며 시작했습니다. 믿음이란 인격적 존재와 인격적 존재 사이의 관계이지, 열심에 관한 문제는 일차적인 것이 아니라고 했습니다. 기독교 신앙에서의 믿음이란 그 신앙의 대상인 하나님에 대한 이해요 앎이요 교제입니다. 그래서 기독교 신앙에서 이야기하는 믿음이 생겨나는 유일한 방법은 하나님께서 우리에게 자신을 알리시며 찾아오는 것으로만 시작됩니다.

그리고 믿음이라는 단어가 함축하고 있는 것은, 하나님은 우리를 조작하거나 조종하시기를 원치 않고 설명하고 납득시키기를 원하시며, 우리를 그런 대등한 가치로 대접하신다고 말씀드렸습니다. 우리를 하나님께서 자신의 형상대로 만드셨다고 성경이 설명 하는 것이나 우리를 구원하신 예수를 믿음으로 인해 하나님의 자녀로 삼으시는 일들은 전부 하나님께서 우리를 어떤 존재로 어떤 가치로 인정하고 계시고 무엇을 목적으로 삼고 계시는지를 우리에게 알려 주시는 것입니다. 따라서 믿음의 성장은 하나님을 아는 것과 직결되고, 믿음의 필수적이고 유일한 요소가 됩니다. 모든 믿음은 하나님을 아는 것과 연결됩니다. 안다는 것은 정보를 갖고 있는 정도가 아니라 깊은 인격적 관계를 이야기하는 것입니다. 즉 요한복음 17장에 소개되는 "영생은 곧 유일하신 참 하나님을 아는 것"이라는 말씀에 나오는 "아는 것"과 같은 의미입니다.

믿음이란, 하나님이 자신을 우리에게 보여주시는 것으로 시작할 수밖에 없고 그것만이 유일한 원인이고 시작입니다. 동시에 믿음이란 말이 갖는 인격적 대등성 때문에 하나님께서 자신을 알리신 것에 대한 인간의 자발적이고 열심 있는 반응이 요구된다는 차원에서 책임 또한 은혜 못지않게 중요한 부분을 차지하고 있습니다.

한국교회에서 가장 혼동하고 있는 믿음에 관한 예 가운데 하나가 '생기는 믿음'과 '책임져야 하는 믿음'의 구별이 모두에게 모호한 것입니다. 저는 은혜로 받는 믿음이 있고 내가 책임져야 하는 믿음이 있다고 누누이 말씀드렸습니다. 그래서 믿음의 성장을 위해서 요구되는 것은 언제나 하나님께서 우리를 찾아오시고 하나님께서 우리에게 항복시키기를 원하시는 하나님의 하나님되심, 그 성품과 인격에 대해 성경이 요구하는 우리의 책임 있는 반응입니다. 그것은 하나님을 닮는 것, 예수 그리스도를 닮는 것

또는 바울을 닮는 것 등에서 모델로 제시된 바와 같이 성품적이고 인격적인 것이라고 말씀드렸습니다.

여러분이 기도를 하거나 성경을 보는 것은 언제나 이 인격자이신 하나님을 만나고 하나님께 영향을 받는 것입니다. 그래서 우리가 기도를 하면 주문을 외우는 것이 아니라 하나님 존전에 나아가는 것이며 그분의 품을 찾아드는 것과 같다고 분명하게 인식해야 합니다. 내 열심과 소원을 하나님 앞에 열심히 관철시키는 것을 믿음이라고 하지 않습니다. 좋고 강한 믿음은 하나님을 인격적, 성품적 차원에서 아는 것이고 닮는 것이고 기대하는 것입니다. 반대로 거짓되고 잘못된 믿음은 닮아야 하는 믿음의 내용과 목표를 놓치고 하나님을 수단으로 쓰는 것, 자기 믿음의 책임을 놓치고 상대방에게 짐을 떠넘기는 것입니다. 이런 것들이 대표적으로 신앙상의 잘못된 것들입니다.

좋은 신앙이란

전체적인 이해와 거시적인 안목을 갖고 보자면, 좋은 신앙이란 어떤 특별한 초월성이나 종교적인 형태로 나타나는 것이 아니라 상식과 일반적인 것으로 나타난다고 정의할 수 있습니다. 이것은 좋은 신앙이 자꾸 초월로 주장되는 것을 교정하기 위해 제가 이렇게 표현한 것입니다. 신앙이 좋으면 자연스럽게 상식으로 나타납니다. 그것이 우리가 본 에베소서 1장의 말씀입니다. 그런 차원에서 다시 한번 보겠습니다.

우리는 그리스도 안에서 그의 은혜의 풍성함을 따라 그의 피로 말미암아 속량 곧 죄사함을 받았느니라. 이는 그가 모든 지혜와 총명을 우리에게 넘치게 하사 그 뜻의 비밀을 우리에게 알리신 것이요 그의 기뻐하심을 따라 그리스도 안에서 때가 찬 경륜을 위하여 예정하신 것이니 하늘에 있는 것이나 땅에 있는 것이 다 그리스도 안에서 통일되게 하려 하심이라(엡 1:7-10).

그리스도 안에서의 통일은, 구원이나 회심 같은 것만 그리스도 안에 있는 것이 아니라, 그리스도로 말미암아 만물이 하나님과 화목하며 하나님의 크신 재창조 사역으로 모든 세상이 변하는 것을 말합니다. 아직 우리의 육체나 세상의 자연들이 저주 아래 있고 사망 아래 있는 것이 우리의 현실입니다. 나중에 새 하늘과 새 땅에 가야만 변화된 우리의 육체와 변화된 새 하늘과 새 땅과 하나님의 영광으로 가득 찬 흠 없는 자연 세계를 받을 것입니다.

그러나 믿는 자들이 예수 그리스도로 말미암아 영원한 삶에 속하는 것들을 지금 누리는 것같이, 변화된 신자와 믿지 않는 자의 가장 큰 차이는 현실적으로 자연을 보는 눈, 일반을 보는 눈, 자연과 일반을 쓰는 시각과 목적과 내용에서 다릅니다. 그런데 우리는 자꾸만 신앙이 좋다고 하면 초월과 자연이라는 개념으로 경계선을 그어서 성스러운 것과 속된 것으로 나누는 버릇이 있습니다. 그리고 자연과 일반에 속한 것은 다 속된 것이고, 초월에 속한 것 곧 종교적인 형태와 명분을 가진 것만을 신앙의 영역과 내용으로 생각하는 버릇이 있습니다.

그 결과로, 수도승처럼 자꾸만 스스로를 하나님의 사람으로서 가져야 하는 안목과 부요함에서 어느 한쪽으로 치중하고 폐쇄시킵니다. 그래서 자꾸 기도원으로 숨어드는 식의 신앙관이 문제가 있다는 것입니다. 세상의 원리와 내용 면에서가 아니라 형태 면에서 세상과 자꾸 분리하는 이런 식의 신앙관을 가지는 것이 잘못이라는 말입니다. 그래서 여러분이 예수를 잘 믿는 신앙의 고급한 경지에 가면, 표정부터 다릅니다. 기도를 해야 신앙인인 것이 증명되고, 손에 성경을 들어야 신자인 것이 표가 나는 것이

믿음

아닙니다. 믿는 사람만이 갖는—즉 온 천하 만물을 주장하시고 역사를 움직이시는 하나님의 자녀로서 갖는—하나님의 의로우심과 선하심과 복되심에 참여한 자의 시각과 변화가 여러분을 모든 것에서 다르게 하는 것입니다.

신자의 도덕과 상식의 문제

그런데 이런 일반과 상식, 자연이라는 형태로 좋은 신앙이 표현되어야 한다고 할 때 조심해야 할 것이 있습니다. 그것이 윤리와 도덕과는 어떻게 차이가 있는가 하는 것입니다. 세상 사람들이 예수 믿는 사람들에게 가장 많이 뭐라고 하는 것 중 하나가 '예수 믿는 사람들이 믿지 않는 사람보다 더 정직한가? 믿지 않는 사람 중에도 얼마든지 착한 사람이 있다!'라는 식의 지적입니다. 세상 사람들이 가지고 있는 윤리와 도덕은 어쨌든 그 기준이나 목표가 자기 의(義)입니다. 자기 잘난 것의 한 증명으로 윤리와 도덕을 지킵니다. 그러나 예수 믿는 사람들이 지키는 일반과 상식 혹은 자연에서의 의로움과 선함은 윤리와 도덕의 차원이 아니라 우리를 지으신 하나님의 인격과 성품의 발현입니다.

믿지 않는 자의 정직이나 성실의 배후에는 '나는 너와 다르다'라는 자기 증명과 자기 자랑이 있습니다. 믿는 자들의 윤리나 도덕 또는 상식이나 교양 차원의 아름다움과 선함의 배경은 언제나 하나님의 영광입니다. "하나님께서 우리를 그의 형상대로 만들어서 이것이 가능합니다. 하나님께서 그리스도 예수 안에서 나를 구원하셔서 이렇게 바꿔놓았습니다. 이것이 하나님께서 의도하신 인간의 진정한 아름다움입니다"라는 하나님의 영광이 언제나 전면에 나서게 됩니다. 이 차이를 이해하시겠습니까?

얼핏 봐서는, 믿지 않는 자나 믿는 자나 윤리와 도덕적 차원에서의 차별이 없어 보입니다. 그러나 믿는 자와 믿지 않는 자는 근본에서 차이가 납니다. 윤리나 도덕 혹은 일반 상식과 경우, 예의범절에서 그런 일들을 행하는 의와 선처럼 어떤 덕목들이 행해지는 동기나 이유나 목표가 전혀 다른 것입니다. 이것이 우리의 신앙을 점검하는 중요한 기준이요 또한 성경이 요구하는 것입니다.

그런데 이런 차원에서 "신자가 자기 신앙이 검증되지 않으면 안 된다"는 이야기를 하다 보면, 조금 전에 이야기한 윤리와 도덕이라는 차원에서뿐 아니라 기독교 종교를 하나의 관념론으로 바꾸려는 도전을 받게 됩니다. 우리가 보통 이야기하는 자유주의 신학 혹은 신신학이라고 하는 것이 바로 이것입니다. 자유주의 신학이라는 것은, 실제로 하나님이 계시고 성경에 기록된 역사가 있었던 것이 아니라, 이스라엘 사람들이 인간의 고귀한 도덕성을 고취시키기 위해―하나의 동기 유발과 교훈을 위해―신화적인 형태의 교훈서같이 성경을 기록했다는 것입니다. 즉 우리가 어렸을 때 들었던 '너 말 안 들으면 망태 할아버지가 잡아간다'라는 식의 신화 형태를 윤리와 도덕을 고취시키기 위한 동기로 교훈서처럼 성경을 썼다는 것입니다.

신신학 혹은 자유주의 신학이 주장하는 이 문제에서 가장 중요한 핵심은, "실제로 하나님은 없다"고 하는 것입니다. 인격적 존재인 하나님과 그분의 권위와 다스림을 부인합니다. 제가 알고 있는 목사 가운데 자유주의 신학을 한 분이 섬기는 교회의 표어가 '하나님은 사랑이시다'입니다. 우리와 표현이 다를 바 없습니다. 그러나 그 표어가 뜻하는 '하나님은 사랑이시다'는 우리와 다릅니다. 그들은 하나님이 계시다고 믿지 않습니다. 하나님의 가장 중요한 성품이 사랑이라고 이야기하고 있는 것이 아닙니다. '사랑'이 하나님인 것입니다. 그들은 '사랑하라'를 가르치려고 하나님을 등장시켰다고 주장합니다.

하나님이 실제로 있어서가 아니라 인간들이 멋지게 살아가도록 가르치기 위해 하나님이라는 가공의 신을 등장시켰다는 것입니다. 그 하나님은 사랑을 가르치고 우리를 교훈하기 위한 가공의 신으로 등장하는 것입니다. 그래서 신앙이 자연과 상식, 교양 같은 것으로 나타나야 한다는 것이 굉장히 어렵습니다. 믿는 사람보다 믿지 않는 사람이 더 정직할 수 있습니다. 세상 사람들이 "저 사람은 예수 안 믿어도 천국 갈 사람이야!" 하고 말하는 것은 그들이 몰라서 하는 이야기입니다. 우리는 착한데도 지옥 가는 사람들이 많다는 것을 인정합니다. 그리고 못났지만 천국 가는 사람이 많다는 것도 인정합니다.

예수를 믿으면 그 사람이 어떻든 간에 구원을 얻고 천국에 갈 것입니다. 예수 믿는 사람이 세상 사람들보다 더 약삭빠르고 더 교활하고 더 음흉하고 더 거짓말을 잘하고 더 엉터리일 수 있습니다. 그러나 천국에 가려면 분명히 예수를 믿어야 합니다. 착해서는 가지 못합니다. 이와 같이 우리의 신앙도 말하자면 내가 기도를 열심히 한다든가, 전도를 열심히 한다든가, 성경을 많이 본다든가, 특별히 헌신했다든가 하는 것으로 자기 신앙을 점검하지 마십시오.

늘 말씀드리듯, 목욕탕 욕조에 물을 받으면 수도꼭지에서 물이 나옵니다. 수도꼭지는 욕조보다 높이 달려 있습니다. 그 높은 수도꼭지에서 밑바닥까지 물기둥이 이어져 있는데, 그것으로 욕조가 차는 것은 아닙니다. 한참 있다가 들여다봐도 절반도 안 차 있습니다. 그것이 쏟아져서 전체를 채워야 합니다. 여러분이 어떤 물기둥들, 예컨대 기도하는 물기둥, 어떤 감격으로 인해 헌금하는 물기둥 몇 개를 가지고 있다는 것으로 자신의 높이는 수도꼭지라고 생각하는데 그렇지 않습니다. 그런 것들이 욕조 전체를 채워야 하는 것같이, 좋은 신앙은 여러분이 가진 어떤 특별한 물기둥들이 다 담겨서 일반적인 것, 자연적인 것, 상식과 교양에 속하는 것들을 채우고 올라와야 하는 것입니다.

내가 가진 어떤 물기둥의 크기로 누구의 믿음이 큰지를 비교하는 것은 고드름을 따서 누구 키가 더 큰지를 비교하는 것과 같습니다. 그렇지 않습니다. 그것이 쌓여서 하나님의 형상대로 만들어진 인간의 지정의가 사회의 문화와 정신과 삶의 모든 면에서 드러나는 생각과 반응과 책임을 지는 능력, 이런 모든 것을 채운 것까지가 여러분의 수준인 것입니다. 줄 서는 것, 차를 타고 가다 성질을 내는 것 등에 여러분의 수준이 있는 것입니다. 몇 가지 물기둥을 가지고 여러분의 신앙을 잘못 생각하지 마십시오. 그런데 우리는 그렇게 하기 일쑤입니다. 이 물기둥을 보존하기 위해서는 이 물기둥이 내려와서 욕조 전체를 채우는 것이 아니라 고드름처럼 얼어야 합니다. 그래야 물기둥이 서 있으니까요. 물기둥이 내려오면서 전체를 채우면 흔적도 없이 사라집니다. 그렇게 흔적도 없이 사라진 경험이 많지 않습니까?

여러분, 어떤 집회에서 또는 어떤 순간에 여러분이 은혜를 받은 경험들이 있을 것입니다. "맞다. 이거다!" 벅찬 희열을 안고 돌아갔는데, 며칠 안 되서 "꽝"으로 돌아온 기억이 있습니까? 그것은 꽝이 된 것이 아니라 물기둥이 욕조 전체에 퍼져서, 전체로는 2밀리미터 정도 수위가 상승한 겁니다. 받을 때는 큼직한 물기둥을 받았는데 왜 그 감격이 며칠 안 가서 없어졌는가? 그것은 없어진 것이 아니라 여러분 인격의 수위를 2밀리미터 정도 높여 놓은 것입니다. 그러니 흔적도 없지요. 그래서 어느 날 "나 이제 알았어!" 하는 사람은 보통 "꽝"입니다. 이것이 좋은 신앙을 점검하는 아주 중요한 부분입니다. 우리가 좋은 신앙, 혹은 잘못된 신앙을 점검할 때 "이것이 신앙이다. 하나님은 이것을 좋아하실 것이다"라고 스스로 선택하고 만든 어떤 몇 가지 일에 자신을 붙들어 매고 있는 것은 아닌지 각별히 조심해야 합니다.

묵묵히 자라나는 신앙

우리는 여태껏 "신앙이 좋다는 것이 무엇인가?"를 살펴보았습니다. 제가 즐겨 사용하는 마태복음 7:22 이하를 보겠습니다. "그날에 많은 사람이 나더러 이르되 주여, 주여, 우리가 주의 이름으로 선지자 노릇 하며 주의 이름으로 귀신을 쫓아내며 주의 이름으로 많은 권능을 행하지 아니하였나이까 하리니 그때에 내가 그들에게 밝히 말하되 내가 너희를 도무지 알지 못하니 불법을 행하는 자들아, 내게서 떠나가라 하리라"(마 7:22-23). 성경은 언제나 이렇게 되어 있지 않습니까? "너희가 내 이름으로 여기 있는 작은 자 하나에게 물 한 그릇 준 그것을 내가 기억하리라. 너희가 여기 있는 어린 자 하나를 돌아보지 않은 그것이 내게 하지 않은 것이다!" 우리는 이 부분을 놓치고 있습니다. 신앙이 좋다는 것은 우리가 생각하는 것과는 다릅니다.

우리가 좋은 신앙, 믿음의 본질을 추적하면서 확인한 것은 "우리라는 존재가 무엇인가?" 하는 것이었습니다. 하나님의 형상대로 지음 받았으며 예수 그리스도로 말미암아 구원을 얻은 우리라는 존재가 무엇이었습니까? 하나님 앞에 쓸모 있는 기계가 되는 것이 아닙니다. 하나님은 우리를 수단이나 방법으로, 무슨 도구로 사용하실 마음이 없으십니다. 하나님은 우리 자신이 목적이십니다. 우리가 자식을 키워서 나중에 잡아먹으려고 키우지 않는 것과 같습니다. 자식이 잘되는 것이 부모의 최고의 목표입니다. "저걸 잘 키워서 늙어 힘없을 때 빼먹어야 하는데……" 이렇게 자식을 키우지 않습니다. 그것이 성경이 우리에게 가르치는 것입니다.

그런데 우리는 왜 자꾸 쓸모 있는 자가 되려고 할까요? 그것이 꼭 나쁜 것은 아닙니다만, 몇 가지 쓸모 있는 것으로 인해 꼭 해야 하는 여러 다른 부분들을 놓치고도 본인은 좋은 신앙인이라고 생각하는 것이 문제라는 것입니다. 그래서 한국교회는 좋은 신앙이 능력 있는 것, 열심 있는 것으로 가고 말았습니다. 그래서 어느 곳에서나 자랑과 심판이 난무하고 있습니다. 그래서 믿는 사람끼리 친하지 않습니다. 좀 쓸모 있는 일을 했다고 생각하는 사람은 늘 언제나 자랑스럽게 그렇지 못한 사람들을 흉보고 비난하고 심판할 자격이 있다고 생각합니다. 예수 믿는 사람들의 공통된 자세는 언제나 감사하는 것이요, 겸손할 수밖에 없는 것입니다. 이것이 한국교회에서 사라진 이유가 무엇일까요? 성경이 이야기하는 하나님과 하나님이 자기 백성에게 무엇을 목적하시는지를 놓치고 있기 때문입니다.

여러분의 신앙이 지금 어떤 자리에 있습니까? 물론 여러분 가운데는 이 말씀을 듣고 "내가 너무 한두 개 가지고 기고만장했구나!"하며 스스로를 경고해야 할 분도 있을 것입니다. 그러나 더 많은 분들에게 "여러분이 잘못하고 있는 것이 아니다"라는 말씀을 드리고 싶습니다. 여러분이 쓸모 있어야 하나님 앞에 칭찬받는 신앙인이 되는 것이 아닙니다. 그저 누가 알아주지 않고 특출하지 않아도 속이 조금씩 차고 자라나고 있으면, 여러분이야말로 참다운 하나님의 백성이요, 하나님 안에서 복 받은 자녀들입니다. '난 이런 걸 못 하고 있어. 난 저런 걸 못 하고 있어. 하나님을 위해서 보란 듯이 해놓은 게 없어……' 이런 것으로 걱정하지 마십시오.

우리가 자녀들에게 요구하는 것이 무엇입니까? 단 하나입니다. "공부나 해!" 이것입니다. 홍수 나면 댐에 가서 밤새 지키고, 교통사고 나면 달려가서 울고, 남북 정상회담 하러 가는 대통령에게 '잘 다녀오십시오' 하며 태극기 흔들지 말라는 것입니다. "다 집어치우고 공부나 해!" 이것은 곧 우리 교회의 표어 '너나 잘해!'입니다. 그런데 그렇게 잘나서 경쟁하고 생색내는 몇몇 사람들의 잘못 때문에 한국교회의 더 많은 사람들, 하나님의 사람으로 정당하게 부름 받고 있는 사람들로 하여금 '난 아닌가 봐!'라는 이상한 절망과 열등감을 낳았다는 것입니다. 그것이 더 무섭습니다. 여러분이 잘하고 있는 것입니다. 앞선 사람이 꼭 잘난 것은 아닙니다. 신앙이란 한평생을 놓고 만들어 나가는 싸움이지 어느 한순간에 앞섰다고 해서 그 사람이 1등은 아닙니다. 여러분 모두가 하나님의 크신 은혜 가운데서 어떻게 부르심 받았습니까? 에베소서 1:17 이하로 다시 한번 확인하겠습니다.

우리 주 예수 그리스도의 하나님, 영광의 아버지께서 지혜와 계시의 영을 너희에게 주사 하나님을 알게 하시고 너희 마음의 눈을 밝히사 그의 부르심의 소망이 무엇이며 성도 안에서 그 기업의 영광의 풍성함이 무엇이며(엡 1:17-18).

십자가의 감격이 있습니까? 그 이후도 기대하라는 말씀입니다. 십자가는 시작입니다. 그 부르심의 소망, 그 기업의 영광의 풍성함을 기대하십시오. 그것을 위해 십자가를 세웠고, 그것을 위해 예수 그리스도를 못 박았습니다. 그리고 그 예수를 교회의 머리로, 우리의 머리로 주셨고 우리는 그의 몸인 것입니다.

신앙이라는 것을 이렇게 표현하는 것을 용서하십시오. 신앙은 날뛰는 것이 아닙니다. 묵묵히 자라나는 것입니다. 멋지게 자라나십시오. 투우하는 소를 키우는 것이 아니라, 우유 잘 나오고 살진 소가 되어야 하는 것입니다. 여러분 각자가 그리스도 예수 안에서 여러분을 불러내신 하나님의 뜻과 인도하심과 마침내 영광의 자리에 앉히시고야 말겠다는 하나님의 의지와 목표를 이해하시기 바랍니다. 그래서 감사하고 충성하고 승리하는 여러분이 되시기 바랍니다.

24

영적 싸움

엡 6:13-17

그러므로 하나님의 전신 갑주를 취하라. 이는 악한 날에 너희가 능히 대적하고 모든 일을 행한 후에 서기 위함이라. 그런즉 서서 진리로 너희 허리띠를 띠고 의의 호심경을 붙이고 평안의 복음이 준비한 것으로 신을 신고 모든 것 위에 믿음의 방패를 가지고 이로써 능히 악한 자의 모든 불화살을 소멸하고 구원의 투구와 성령의 검 곧 하나님의 말씀을 가지라.

신자로서의 전투를 감행하라

이 본문은 여섯 가지 무장에 대해서 말씀하고 있습니다. '진리의 허리띠' '의의 호심경' '평안의 복음이 준비한 신' 이 세 가지 무장이 전반부에 나오고, '믿음의 방패' '구원의 투구' '성령의 검' 이 세 가지 무장이 뒤이어 나옵니다. 앞의 세 가지와 뒤의 세 가지는 조금 차이가 있습니다. 이것들이 차별되어 보이는 것은 16절부터의 시작이 약간의 차등을 두고 있기 때문입니다. 뒤의 세 가지를 설명할 때 앞의 세 가지, 즉 모든 것 위에 뒤의 세 가지를 언급한 것 같습니다.

앞의 세 가지는 기본적인 무장이라고 할 수 있고, 뒤의 세 가지는 그것보다 좀 더 고급한 무장이라고 할 수 있습니다. 특별히 앞의 세 가지와 뒤의 세 가지 비유를 든 무장 자체에도 차등이 있습니다. 앞의 세 가지는 군인이 전투를 하지 않을 때도 보통 착용하는 것들입니다.

여러분, 전투를 한다고 해서 늘 총을 쏘고 칼싸움을 하는 것은 아닙니다. 소강상태가 있습니다. 전투중 소강상태가 되면, 어떤 것들은 계속 착용하고 있지만 어떤 것들은 풀어 놓기도 합니다. 예를 들면, 신발이나 의의 호심경이나 허리띠 같은 것들은 완전히 마음 놓고 잘 때 외에는 풀지 않는 것들입니다. 전시라면 늘 착용하고 있어야 합니다. 그 뒤에 나오는 투구나 방패나 검 같은 것은 직접 싸우지 않는 한, 전투중이라도 소강상태가 되면 벗어 놓는 것들입니다.

이것이 본문에 나오는 악한 영들과의 싸움을 생각할 때 우리에게 절대적으로 도움이 될 것들입니다. 신자들은 어떤 의미에서는 앞의 세 가지 무장은 늘 갖추고 있어야 합니다. 뒤의 세 가지 무장은 신자들에 따라서 조금은 차이가 있다고 생각합니다. 이 무장들은 어느 것이나 다 필요한 것입니다. 하지만 앞의 세 가지 무장은 어느 신자나 갖추고 있어야 하는 근본적인 것들입니다.

뒤의 세 가지 무장도 물론 필요합니다. 앞의 것보다 무장의 가치가 약한 것은 아닙니다. 뒤의 세 가지 무장은 좀 더 치열한 전투에 필요한 것들입니다. 그래서 신자들 가운데 뒤의 세 가지 무장을 가질 틈이 없이 신앙생활을 끝내 버리는 것 같은 사람들이 많습니다. 하나님이 봐주셔서 그런 것이 아니라, 여러분이 전투를 놓치고 있어서 그렇습니다. 앞의 세 가지 무장을 놓치면 신자된 위치와 신앙생활 자체가 흔들립니다. 뒤의 세 가지 무장이 없으면 신앙의 전투를 놓칩니다.

자신이 신자임을 알고 있음에도 불구하고 신자로서의 전투를 전혀 안하고 있는 사람이 있습니다. 앞의 세 가지 무장은 하고 있지만, 적을 공격하고 적과 싸우지 않는 군인들이 많다는 말입니다. 군인은 어떤 복장으로 있는 것이 가장 명예로운지 아십니까? 찢어진 군복을 입고 있는 것이 가장 명예로운 것입니다. 그래서 '사나이와 깃발은 낡을수록 좋다'는 서양 속담이 있을 정도입니다. 그것은 전투를 했다는 표입니다. 허리띠 버클이 반짝반짝 빛나고 상하의가 주름이 잘 잡혔으면 '저 친구, 뇌물 쓰고 후방에서 놀다 나온 군인이구나' 하는 평가를 받을 것입니다.

대부분의 신자가 어떤 실수를 하고 있는지 아십니까? 전쟁은 하지 않고 군복에 주름 잡고 나와 있습니다. 이것은 다른 사람의 이야기가 아니라 바로 여러분의 이야기입니다. 그래서 뒤의 세 가지 무장을 살펴보면서, 우리가 어떤 영적 전투를 회피했는지 점검해 보려고 합니다. 이것은 상당히 중요한 문제입니다.

공격받는 것이 당연한 신자의 현실

먼저, 믿음의 방패를 가지라고 했습니다. 믿음의 방패가 왜 필요한가 하면, 이로써 모든 악한 자의 불화살을 소멸하기 때문입니다. 불화살을 쏘아서 상대방의 전쟁 기구나 전투 요원을 상해합니다. 불화살은 화살에 붙은 불이 인화 물질에 옮겨붙게 해서 상대방에 타격을 주도록 고안된 고대 무기입니다.

이 영적 전투에서 기억해야 할 것이 있습니다. 이것은 나의 결함 때문에 일어나는 것이 아니라는 사실입니다. 불화살을 누가 쏩니까? 악한 자가 쏩니다. 여러분이 전투하는 모습을 그려 보면 쉽게 이해될 것입니다. 공격할 때 강한 곳을 공격합니까, 약한 곳을 공격합니까? 약한 곳을 공격합니다. 그것은 약한 곳과 싸우고 만다는 뜻이 아닙니다. 약한 곳을 침입할 입구로 삼아서 적의 심장부를 격파하자는 것입니다. 결국은 적을 거꾸러뜨리기 위해 약한 곳에서부터 시작하자는 것이지, 약한 곳만 공격하고 철수하겠다는 공격은 없습니다. 전쟁은 혼자서 해치우는 것이 아닙니다.

전쟁이란 상대방이 나를 치는 것입니다. 내가 약해서 적이 공격하는 것이 아니라 나를 넘어뜨려야 할 이유가 있기 때문에 공격하는 것입니다. 땅을 빼앗기 위해, 재산을 빼앗기 위해, 원수가 되었기 때문에 나를 공격하는 것입니다. 악한 무리가 우리를 원수로 여기기 때문에 우리를 넘어뜨리려고 공격합니다. 그래서 악한 자가 우리에게 불화살을 쏜다는 것이, 우리 안에 그 불화살을 맞을 만한 결함이 있다는 것은 아닙니다.

이것은 참으로 중요한 사실입니다. 보통 신자들이 시험이 들어 죄에 빠졌을 때 자신의 약함 때문에 걸려들었다고 자책하는 것은 어떤 의미에서 옳은 일이 아닙니다. 물론 진 것은 약함 때문이지만, 신자 안에 약함이 있었던 것은 아닙니다. 악한 자가 신자에게 불화살을 쏘는 최고의 목적은 무엇입니까? 불화살을 맞은 사람으로 하여금 이러한 모든 문제로 인해 자책하도록 해서 시험에 빠지게 하는 것입니다. '내가 초가집을 짓지 않았으면 불이 안 붙었을 텐데. 내가 나무로 집을 짓지 않았으면 불이 안 붙었을 텐데. 내가 벽돌로 집을 지었으면 불화살에 안 맞았을 텐데…….' 자꾸 이런 생각이 나도록 하는 것이 첫 번째 싸움입니다.

악한 자가 불화살을 쏘았을 때, 즉 사탄이 공격할 때 노리는 최고의 목표는 사탄이 불화살을 쏘았다는 것을 놓치게 하고 우리 안에서 불길이 타올랐다고 생각하게 하는 것입니다. 즉 사탄의 불화살을 맞았을 때 '나는 이렇게 어리석다. 나는 아직도 멀었다. 나는 아직도 죄를 사랑한다. 나는 신자도 아니다. 나 같은 것이 교회에 나가는 것은 하나님께 손해다'라는 생각이 들게 합니다.

상대방이 나를 공격했다는 것을 놓치게 하고, 내 안에서 악한 것이 출발했다고 생각하게 합니다. '나는 왜 이렇게 못났을까? 나는 왜 이렇게 악한 생각이 날까?' 하며 고민하게 만듭니다. 그것이 우리 안에서 나온 것이 아니라는 것을 제가 증명해 보겠습니다.

여러분, 기도를 하거나 성경을 볼 때 가장 큰 어려움은 집중이 안 된다는 것입니다. 기도를 하려고만 하면 산란한 마음이 들고 '내가 가스레인지의 불을 끄고 왔나? 빨래는 걷었나?' 같은 별별 생각이 다 납니다. 성경을 읽을 때도 자꾸만 같은 줄을 맴돕니다. "태초에 하나님이 천지를……, 태초에 하나님이 천지를……." 그러다가 스르르 잠이 들어 버립니다. 이것은 우리 안에 있는 어떤 결함이 아니라 악한 자의 공격이라는 것을 알 수 있습니다.

우리가 신문을 보거나 텔레비전 연속극을 볼 때 집중이 안 된 적이 있습니까? 신기합니다. 신문을 보다가 심지어 광고란에 "청바지 줄여 놨다. 철수야, 돌아와라. 엄마 병환중. 위독하니 급히 돌아와라!" 이런 것을 읽을 때는 전혀 다른 생각이 안 납니다. 사탄은 우리가 그런 것을 읽을 때는 전혀 공격하지 않습니다. 우리가 집중력이 부족하거나 의지가 부족하거나 결함이 있는 것이 아니라, 우리가 영적인 곳으로 갈 때 사탄은 있는 힘을 다해 공격하는 것입니다. 우리가 성경을 읽으면 악착같이 공격합니다. 우리의 신심이 부족한 것이 아닙니다. 사탄은 성도들이 가는 길에 지뢰를 묻어 놓고 공격하고 방해하며 철조망을 치고 포를 쏘아서 우리로 하여금 갈수 없게 만듭니다.

그러나 사탄이 좋아하는 것을 우리가 하면 얼마나 달고 오묘하게 하는지 모릅니다. 졸리지 않고 다른 생각도 안 납니다. 텔레비전을 보면 30분이 지나도 눈 하나 깜박 하지 않습니다. 성경책만 보면 펴 놓은 채 잠이든 적이 한두 번이 아닙니다. 읽는 것을 그만두도록 사탄이 우리를 공격합니다. 이것이 분명한 증거입니다. 우리는 공격받는 사람이라는 것을 잊지 말아야 합니다.

의심, 불경, 유혹, 박해의 불화살

사탄이 화살을 쏩니다. 그 화살은 주된 공격의 형태가 있습니다. 어떤 식으로 공격하는가 하면, 먼저 의심하게 합니다. 하나님의 말씀을 의심하게 합니다. 잘 믿고 있다가 어느 날 갑자기 그 화살을 맞습니다. "전능하사 천지를 만드신" 하다가, '그렇게 전능하신 분이 왜 내가 대학에 붙지 않게 하시고 재수를 하게 만드셨을까? 기도했는데 왜 시험 볼 때마다 떨어질까?' 이렇게 의심하게 하고 걸리게 만듭니다. "내가 예수를 믿는데 예수를 믿는다는 것이 무엇일까?" 아무것도 아닌 이런 말에 맴돌게 만듭니다. 어느 날 갑자기 내가 예수를 믿는 것과, 절간에서 목탁을 두드리는 것이 무엇이 다른지 의심을 갖게 합니다. '그는 머리를 깎았고 나는 안 깎았다는 것밖에는 차이가 없는데'라고 어느 날 의심의 화살을 맞습니다. 내가 믿는 것과 안 믿는 것이 구별이 안 되도록 의심의 쳇바퀴를 돌립니다.

여러분, 그런 의심에 빠졌을 때 해답이 무엇인지 아십니까? 여러분의 자녀가 느닷없는 질문을 할 때가 있습니다. "엄마, 인생이 뭐야?" 뭐라고 답하겠습니까? "너, 숙제 했어?" 이것밖에 답이 없습니다. 여러분이 의심날 때 해야 할 일은, 신자로서 오늘 할 일을 하는 것입니다. 그런 생각에 말려들지 말고 오늘 내가 성경을 다섯 장 읽기로 했으면 이를 악물고 읽으십시오. 기도하다가 의심으로 막혔습니까? 이를 악물고 사도신경을 외우고 주기도문을 외우고 끝내십시오. 기도가 안 나옵니까? 암초에 걸립니까? 찬송가를 부르고 주기도문을 읽으십시오. 그 불붙은 화살에 가연성 물질을 자꾸 갖다 넣고 후후 불지 마십시오. 불은 꺼지지 않고 더 활활 탑니다. 의심의 화살을 맞았거든 도망 오십시오.

이 형태 가운데 여러분이 놀랄 만한 것이 하나 더 있습니다. 뜻밖에도 많은 옛 성자(聖者)들이 고백한 이런 형태의 사탄의 불화살이 있습니다. 그것은 불경한 생각이 드는 것입니다. 하나님에 대해 모독적인 생각이 드는 것입니다. 저도 그런 생각이 든 적이 있고, 그 일로 상담을 해준 적도 있습니다. 나이가 드신 어떤 분이 저를 찾아와 도무지 입에 올릴 수 없는 상소리를 하나님과 주님께 한 적이 있다고 했습니다. 그런 욕들이 어느 날 느닷없이 나오곤 해서 '내가 사탄의 졸개가 아닌가, 아니면 사탄이 아닌가' 하는 생각을 한 적이 있다며 저에게 물어 왔습니다. 그것은 불화살을 맞은 것입니다.

이런 식의 공격이 있다는 것을 알아야 합니다. 신자가 이런 공격을 아주 극단적인 형태로 당하지 않는다 할지라도, 대부분의 신자가 이런 불경한 생각에 어느 부분은 저촉되고 있다는 것을 알아야 합니다. 우리가 사용하는 욕 가운데 신성모독을 욕으로 하고 있다는 것을 아는 사람은 드물 것입니다. "맙소사! 맙소사!"의 주어가 무엇입니까? "하나님"입니다. 곧 "하나님, 맙소사!"입니다. '하나님, 왜 일을 이 따위로 하십니까?'라는 뜻입니다. 영어의 욕 가운데 비슷한 욕이 있습니다. "Jesus Christ!" 곧 "예수 그리스도!" 그것이 욕 가운데 하나입니다. 우리말로 '제기랄!' 정도의 뜻입니다. 그것을 다 설명할 수는 없지만 신성모독입니다.

이와 같은 뉘앙스가 우리에게도 올 때가 있습니다. 어떤 날 문득 이런 욕이 나옵니다. "제기랄!" 신자가 이런 욕을 할 때는 어느 부분이든지 하나님께 대한 불만과 불평이 결부되어 신경질적으로 나오는 것이 사실입니다. 사탄의 불화살입니다. 불화살을 맞았을 때 이런 식으로 가지 말라는 것입니다. '내가 정말 신자일까? 어떻게 내가 참혹한 욕을 할 수 있을까?'로 가지 마십시오. 불화살을 맞은 것입니다. 빨리 돌이키십시오. "하나님, 이것은 제 본심이 아닙니다. 어리석고 철이 없어 부지불식간에 나간 미련하고도 뜻이 없는 비명입니다"라고 회개하십시오. 사람이 이런 실수를 할 수 있는 것은, 자신의 잘못 때문이 아니라 불화살을 맞아서 그렇습니다. 이

믿음

것이 기독교 역사상 유명한 성자들의 고백 속에 들어 있는 이야기입니다. 평범한 신자들의 이야기가 아니라 뛰어난 성자들의 이야기 속에 있는 고백입니다.

그다음에 또 놀라운 것이 있는데, 가장 본능적인 충동을 받는 것입니다. 유혹을 받습니다. 허영심과 사치, 그리고 혈기의 유혹을 받습니다. 하나님 앞에 엎드리어 하나님이 일하시는 방식대로의 온유와 오래 참음과 겸손이 아니라, 여태껏 해왔던 신앙적인 경력을 빌미로 해서 어느 날 하나님에게 물어보지 않고 혈기를 부립니다. 모세가 저질렀던 실수입니다. "반석에 명하여 물을 내라"고 했는데, 그가 반석을 두 번이나 치며 혈기를 부립니다. 그래서 약속된 나라에 들어가지 못합니다. 모세도 저지른 실수입니다. 그런 시험을 우리도 당합니다. 이것은 어떤 성자라도 고백한 사탄의 불화살들입니다.

불화살이 왔을 때 우리는 당황합니다. "내 안에 이런 본능이, 쾌락을 향한 본능과 욕심과 허영심이, 세상의 권세욕이 살아 있었단 말인가? 혈기가 살아 있었단 말인가?" 30-40년 전에 했던 욕설이 튀어나와 깜짝 놀랍니다. 그렇지 않습니다. 거기에 붙은 불은 여러분이 불장난을 하거나 불을 질렀거나 기름을 흘려서가 아니라 사탄의 불화살이 박혔기 때문에 타오른 불에 불과합니다. 좌절하지 말고 놀라지 마십시오. 사탄이 우리를 넘어뜨리려고 불화살을 쏜 것입니다. 넘어지면 정말 지는 것입니다.

서양에 이런 놀라운 속담이 있습니다. '비둘기가 내려와 앉는 것은 피할 수 없다. 그러나 집을 짓지 않도록 말릴 수는 있다.' 비둘기가 내려와 앉는 것은 비둘기가 하는 것입니다. 그냥 걸어가는데 비둘기가 내려와 앉는 것입니다. 그것을 우리가 막을 수는 없습니다. 그러나 비둘기가 집을 짓게 하는 것은 우리의 책임입니다. 내가 가만히 있어야 집을 짓지, 흔들어 쫓는데 어떻게 비둘기가 집을 짓겠습니까?

사탄이 우리에게 불화살을 쏘았을 때 우리 안에 집을 짓게 하는 것은, 그 이유가 내 안에 있다고 생각하기 때문입니다. 좌절했기 때문입니다. '나는 분명히 아니구나. 나는 하나님의 사랑을 받을 자격이 없구나. 나는 못난 놈이구나. 나 같은 것이 죄를 안 짓겠다고 아우성치며 무슨 기도를 하랴? 나같이 더러운 인생이……, 맘대로 해라!' 하고 넘어짐으로써 방어력을 포기하게 되고, 사탄이 마음껏 여러분을 유린하게 합니다. 여기까지는 가지 않아야 합니다.

이 싸움은 상대방이 불화살을 쏜 것입니다. 내가 어디에 불화살을 맞았는지의 문제가 아닙니다. 그 불화살이 여러분이 의심해서 왔든지 불경스러운 생각에서 왔든지 어떤 본능적인 유혹을 자극해서 왔든지 간에 그것이 문제가 아니라, 그것으로 인해 여러분이 좌절하고 절망해서 예수 믿는 사람의 위치를 포기하고 '맘대로 해라' 하고 적에게 자신을 맡긴 것이 실패가 되는 것입니다.

사탄이 불화살로 공격하는 것 가운데 앞에서 말한 것들보다 좀 더 원색적인 공격이 하나 더 있습니다. 그것은 박해입니다. 겁주는 것, 예수 믿는 사람에게 겁주는 것이 있습니다. 예수님을 믿으면 몸이 아픕니다. 예수님을 믿으면 집안에 어려운 일이 생깁니다. 영적으로 겁줄 수도 있고 일상생활에서 겁줄 수도 있습니다. 예수를 믿음으로 인해 많은 사람에게 조롱당하기도 하고 불이익을 당하기도 합니다. 어쩌면 여러분의 직장에서 그것으로 인해 다른 고통을 당할 수도 있습니다. 진급에 방해가 되기도 하고, 사람을 사귀는 데 방해가 되기도 하며, 박해와 불이익으로 여러분이 겁먹을 수도 있습니다. 이것들은 불화살 가운데 하나입니다.

이 모든 것을 무엇으로 이깁니까? 악한 자의 불화살을 소멸하기 위해 "믿음의 방패를 가지라"고 했습니다. "근신하라. 깨어라. 너희 대적 마귀가 우는 사자같이 두루 다니며 삼킬 자를 찾나니 너희는 믿음을 굳게 하여 그를 대적하라. 이는 세상에 있는 너희 형제들도 동일한 고난을 당하는 줄을 앎이라"(벧전 5:8). 사탄이 어떻게 하고 있습니까? 우는 사자같이 두루 다니며 삼킬 자를 찾고 있습니다. 기회만 엿보고 있습니다. 그런 박해와 공격 앞에 우리가 노출되어 있습니다. 적은 호시탐탐 우리를 노리고 있습니다. 이것을 이길 방법은 믿음뿐입니다.

신앙 싸움의 본령

그런데 이 문제에서 우리는 보통 틀립니다. 이긴다는 것은 이런 뜻이 아닙니다. '믿음으로 내 안에 악한 생각이 일어나지 않게 한다. 믿음으로 내 안에 불경스러운 생각이 일어나지 않게 한다.' 그런 것은 없습니다. 싸움의 본령은 사탄이 불화살을 못 쏘게 하는 것이 아닙니다. 그것은 하나님께서 하실 싸움입니다.

그런데 하나님은 사탄이 불화살을 쏘도록 놔두십니다. 대표적인 예가 바로 욥의 경우입니다. 사탄이 욥을 마음껏 유린합니다. 그의 가족을 하루아침에 다 죽이고, 그의 재산을 하루아침에 다 빼앗습니다. 정수리부터 발끝까지 악창이 나고 가장 가까운 친구들마저도 그에게 와서 악담을 합니다. 공격당하지 않게 하지 않습니다. 믿음이 있으면 공격당하지 않는다는 일이 성경에는 없습니다. 공격은 그것대로 우리에게 유익하기 때문입니다.

우리가 공격당하지 않아서 평안한 것이 아닙니다. 하나님은 우리가 공격을 이기도록 요구하고 계십니다. 공격당해도 결코 흔들림이 없는 수준까지 이르도록 요구하기 때문에 하나님은 사탄의 공격을 놔두고 계십니다. 우리의 어지간한 실패와 시행착오를 용납하고 계시는 것입니다. 그래서 성경은 이렇게 말합니다. "내 형제들아, 너희가 여러 가지 시험을 당하거든 온전히 기쁘게 여기라"(약 1:2). 시험은 우리를 강하게 하지 우리를 절망하게 하거나 파멸시키지 못합니다. 우리를 넘어뜨릴 수는 있습니다. 그러나 우리를 아주 넘어뜨리지는 못합니다. 영원한 잠에 우리를 빠뜨리지 못합니다.

우리 싸움의 본령이 어디인가 하면, 우리가 불화살을 맞고 좌절하는 대목입니다. 그것이 어느 쪽으로 들어왔든 우리가 그것 때문에 좌절하는 것입니다. 우리 자신이 부끄러워집니다. 우리는 신앙의 싸움을 할 자신을 놓쳐 버립니다. 거기가 싸움거리입니다. 바로 믿음의 싸움입니다. 나라는 존재와 나라는 존재의 근거와 목표까지 가는 힘이 무엇인지를 보류하고 맙니다. 사탄의 불화살을 맞았을 때 비로소 내 신앙이 무엇을 근거로 하고 있는지가 분명하게 분석되어 나옵니다. 자신을 근거로 했는지, 하나님을 근거로 했는지가 분명하게 확인됩니다. 그 목표한 것을 내 힘으로 가는지, 하나님의 힘으로 가는지가 분명해집니다.

믿음이란 나의 나된 자랑, 나의 신심의 굳음, 나의 의롭고 신실한 성품의 자랑, 의지력의 굳셈으로 대표되는 것이 아닙니다. 믿는다는 그 행위나 믿음 자체가 힘을 갖고 있는 것이 아닙니다. 믿음이란 언제나 대상의 힘을 가지는 문제입니다. 믿는다는 것은, 누구를 믿는가에 그 존재 가치가 있는 것이지, 믿음 혼자서는 어떤 내용이 없습니다. 누구를 믿으며 무엇을 믿는지에 관한 내용입니다. 누구에 관한 문제이고 무엇에 관한 문제인가 하는 것이지, 믿음에 관한 문제는 아닙니다. 여기가 바로 이 싸움의 본령이 되는 것입니다.

누구를 믿습니까? 하나님을 믿습니다. 무엇을 믿습니까? 하나님이 우리를 향해 가지고 계시는 사랑, 그 일을 이루실 능력, 약속하신 것을 변개치 않으시는 성실함. 이것이 하나님이 우리에게 약속하신 내용입니다. 하나님이 우리에게 가지고 계시는 뜻과 우리를 향한 그분의 열심에 가치가 있고, 내용이 있고, 모든 것이 있는 것이지 믿음 자체에 있지 않습니다. 이것을 혼동하게 되면 나에게 불화살이 날아온 자체가 믿음이 있고 없음을 비교하는 문제로 생각하게 됩니다.

신자들이 보통 어떤 실수를 하는가 하면, 시험을 당한 것 자체가—즉 어려움을 당한 것 자체가—마치 믿음이 없어서 당한 것처럼 생각합니다. 한국 사람들의 본래적인 사고방식인 것 같습니다.

제가 미국 유학을 갔을 때, 유학생들 사이에서 벌어진 재미있는 현상이 있었습니다. "이번에 차를 샀는데 굉장히 좋은 차를 아주 값싸게 샀다, 이번에 얻은 아파트는 얼마나 값싸고 좋은 것인지 모른다, 이번에 내가 간 학교의 교수가 대단한 분이다"라는 이야기를 하곤 했습니다. 그런데 사실은 다 거짓말입니다. 순 사기이고 거짓말인데, 어떤 의미에서는 거짓말이 아닐 수도 있습니다. 그들이 하는 이야기는 '하늘이 어떻게 자기편인가' 하는 것을 그렇게 설명하고 있는 것입니다. 신자일 때는 하나님이 어떻게 자기편인지를 설명할 때 그렇게 합니다.

"내 차를 2천 불 주고 구입했는데 진짜는 8천 불을 주고도 못 산다"라고 말함으로써 하나님이 어떻게 나를 형통하게 하셨는지, 하나님이 형통하게 하실 만큼 나는 괜찮은 사람인지를 나타내 보입니다. 하지만 실제로는 그렇지 않습니다. 신자가 강하면 강할수록 적군은 더 강한 무기로 공격한다는 점을 잊지 마십시오.

'나바론 요새'라는 영화에 나오는 요새는 철옹성입니다. 어떻게 파괴할 방법이 없습니다. 그래서 최고로 실력 있는 특공대가 요새로 침투합니다. 신자가 강하면 강할수록 모든 것을 이길 수 있는 것이 아니라, 좀 더 강한 화살이 날아오고, 좀 더 집중적인 공격을 받습니다.

마르틴 루터의 경우를 아실 것입니다. 그렇게 영력이 강한 사람도 드물 것입니다. 그는 밤낮 마귀의 존재를 인식했고, 하는 일마다 마귀가 와서 방해하는 것을 보기도 한 사람입니다. 그래서 여러분이 잘 아는 '내 주는 강한 성이요'라는 찬송시를 써서 자신을 강인하게 했습니다. '이 땅에 마귀 들끓어 우리를 삼키려 하나.' 그렇습니다. 이 땅에 마귀가 들끓고 있습니다. 여기도 있고 저기도 있습니다. 루터가 거인이고 신앙의 큰 일꾼인 만큼, 적도 최대의 포화를 그에게 집중시키고 있는 것입니다. 그가 하루 일을 하는 동안 마귀가 쫓아다니며 방해했습니다. 집에 가서 자는데도 쫓아와 방해하는 마귀더러 "이제 내가 자니, 그만 가거라" 하고 기록한 글도 있고 또 글을 쓰는데 하도 방해해서 잉크병을 들어서 마귀를 향해 던졌다는 기록도 있습니다.

믿음의 방패를 가지라

'얼마나 못났으면 사탄이 그에게 와서 어른거렸을까'가 아닙니다. 왜 우리가 이런 생각을 하는가 하면 '군자의 도' 때문입니다. 신앙적인 차원에서 인간을 생각하지 않고 인간을 괜찮은 존재로 생각하면 어떤 큰 문제가 발생할 때 "다 내가 부덕한 소치"라고 말합니다. 내가 부리는 하인이 잘못하면 내가 부덕한 탓입니다. 내 자식이 잘못해도 내가 부덕한 탓이고 나라가 잘못되어도 다 내가 잘못한 것으로 간주합니다. 모든 책임을 자기에게 돌리는 것, 이것이 동양 사상이 갖는 군자의 도입니다.

인간은 완벽할 수 있다고 여기며 완전주의적인 목표와 열심을 갖고 삽니다. 우리도 짐짓 그 사상에 전통적으로 물들어 있으므로 우리에게 어떤 나쁜 일이 일어나고 죄악된 생각이 들면, '내가 아직도 이런 생각을 하는 것을 보면 신자도 아닌가 보다'라고 여기는 것, 바로 여기가 싸움의 핵심이 되는 격전장입니다. 여기에서 믿음의 방패를 들어야 합니다.

하나님은 우리를 그분의 은혜와 긍휼로 구원하셨습니다. 예수 그리스도의 보혈로 인해 그분의 자녀로 삼으셨습니다. 우리를 용서하시기를 기뻐하며, 사랑하시기를 기뻐하며, 복 주시기를 기뻐하십니다. 내가 못나고 죄인이었을 때, 나를 사랑하여 구원하신 하나님이십니다. 믿음의 방패는 이것입니다. 하나님이 구하시는 제사는 상한 심령이라고 고백하는 것입니다. 우리의 못난 것, 우리의 죄된 것을 고자질하고 나를 넘어뜨리려 할 때 그것으로 넘어지지 않는 것이 믿음의 방패입니다. "나는 내 다리로 서 있지 않고 주님의 품에 안겨 있다. 나를 넘어뜨리려면 주님을 먼저 넘어뜨리고 와라. 나를 빼앗아 가려면 하나님을 먼저 넘어뜨리고 빼앗아 가라." 이것이 믿음의 방패입니다.

"네가 나로 하여금 더러운 생각이 일어나게 했느냐? 너는 그럴 수 있다. 그러나 나는 거기에 나를 팔아먹지 않겠다. 나는 더러워도 나를 품고 계시는 주님은 더럽지 않으시다. 그래, 나는 못났다. 나는 더럽다. 그래서 예수 믿는다. 할 말 있느냐?" 이것이 믿음의 방패입니다. 밤낮 이것을 가지고 내가 신자인지 아닌지로 고민하다가 평생 아무것도 못하고 맴돌다 가난하게 천국에 들어가는 일이 없도록 하십시오. 믿음의 방패를 가지십시오.

여러분이 그리스도 예수 안에서 하나님의 자녀된 것과 그를 힘입어 용납받고 사랑받으면 여러분을 넘어뜨릴 자 없고, 여러분을 해할 자 없습니다. 하나님이 여러분을 놓지 않으십니다. 혹 여러분이 실패한 적이 있을지라도 "그래서 나는 더욱더 주를 붙잡으리라" 이렇게 사십시오. 그러면 여러분은 더욱 강해지고 놀라워지며, 더 굳센 하나님의 사람으로 깊어지고 자라나고 쓸모 있게 될 것입니다. 밤낮 "나는 제대로 된 것인가, 아닌가?"로 평생을 보내고 나중에는 그것도 지쳐서 "이만큼 사는 것도 어디냐? 주일만은 교회에 간다. 그뿐인가? 이번 주는 삼일저녁도 교회에 갔다"는 것으로 때우게 합니다.

여러분, 이렇게 신앙생활을 하고 있다면 지고 있는 것입니다. '이만큼 해도 어딘데.' 이래서는 안 됩니다. 이런 태도는 모두 여러분을 근거로 하는 것입니다. 하나님의 사랑과 은혜와 긍휼을 근거로 해서, 주 예수 그리스도 안에서 여러분을 붙잡으신 사랑을 근거로 해서, 십자가의 보혈과 예수 그리스도의 구속 사역을 근거로 해서 여러분은 흔들릴 수 없는 지위를 갖고 있다는 점을 기억하십시오.

무슨 공격을 당하든지 여러분의 지위가 흔들리지 않으면, 그 공격으로 인해 여러분이 하나님의 사람으로 전진하는 것이며 하나님의 사람으로 만들어지기 위해 당하는 고생입니다. 그러므로 "덤빌 테면 덤벼라"는 담대한 마음을 가지고 주님께 여러분의 발걸음을 옮겨 놓으십시오.

더 열심히 성경 보고 기도하고 하나님의 사랑으로 더 열심히 사십시오. 하루를 살아내십시오. 실패한 날이 있거든 '나는 아닌가 보다' 하지 말고 '오늘은 실패했다. 그러나 내일 또다시 시작한다.' '이틀은 실패했다. 그러나 삼일 째는 아니다.' '삼일을 실패했지만 나흘은 아니다' 하며 하루를 새롭게 살아내십시오.

어제의 연장이라고 생각하지 말고, '어제 실패했으니 오늘도'라고 생각하지 말고 매일 새로운 힘으로 시작하고 주를 의지해 오늘은 승리하리라 결심하십시오. 그리하여 주를 힘입음으로 하루하루의 삶이 유혹과 실패의 좌절에서 점점 더 강한 사람으로 여러분을 만들어 가도록 힘 있게 발걸음을 옮겨 놓아야 합니다. 지지 마십시오. 믿음의 방패를 가지고 악한 자의 불화살을 소멸하십시오.

25

신앙인의 경직성

롬 14:1-3

믿음이 연약한 자를 너희가 받되 그의 의견을 비판하지 말라. 어떤 사람은 모든 것을 먹을 만한 믿음이 있고 믿음이 연약한 자는 채소만 먹느니라. 먹는 자는 먹지 않는 자를 업신여기지 말고 먹지 않는 자는 먹는 자를 비판하지 말라. 이는 하나님이 그를 받으셨음이라.

우상의 제물을 먹는 문제

로마서 14장은 성도들 간에 지엽적인 문제로 싸우거나 서로에게 상처를 입히지 말 것을 가르치는 말씀입니다. "믿음이 연약한 자를 너희가 받되"(1절)라는 말씀에서 의미하는 믿음은 구원을 얻는 믿음, 즉 근본적인 신자의 신앙을 이야기하는 것이 아닙니다. 이것은 "그의 의견을 비판하지 말라"고 소개한 바와 같이, 신자가 되면 갖게 되는 새로운 가치관에서 아직 분명치 않은 어떤 부분에 대한 것입니다.

　예수를 믿고 나면 세계관도 바뀌고, 인생관도 바뀌고, 결혼관도 바뀌고, 직업관도 바뀝니다. 모든 것이 바뀝니다. 그런데 그것이 한번에 정리되지는 않습니다. 예수만 믿으면, 예수를 믿었기 때문에 성경적이고 거룩하고 진리와 생명으로 정리된 고급한 신자의 가치관이 정립되어야 하는데, 어떤 문제들은 쉽게 정리되지 않아서 어찌해야 할지 모르는 부분이 있습니다. 그래서 그것을 "그의 의견"이라고 표현한 것입니다.

이런 일들이 일어날 수 있습니다. 이런 것들을 잘 모를 때는 예수를 믿으면 뭐든지 분명하고 쉬워서 결국 믿는가 믿지 않는가의 문제일 것이라고 생각합니다. 하지만 그렇지 않습니다. 서로 견해가 다르고 복잡합니다. 이런 사실을 사람들이 이해하지 못하고 "아니다"라는 결론을 쉽게 내립니다.

여기서 지금 예로 들고 있는 것은 우상의 제물에 관한 것입니다. 어떤 사람은 모든 것을 먹을 만한 믿음이 있고, 믿음이 연약한 자는 채소를 먹는다는 이야기입니다. 지금 이 서신이 기록되었던 로마 시대에는 국가가 섬기는 우상들이 있었습니다. 모든 육류는 그 우상의 제물로 바쳐진 후에야 시중에 나왔습니다. 우리가 잘 아는 대로, 다니엘과 그의 친구들이 바벨론에 포로로 잡혀갔을 때 고기를 먹지 않겠다고 했던 것이 바로 이런 이유입니다.

우상의 제물을 먹는다는 것은, 그 제물이 바쳐진 우상을 인정하고 그 우상을 섬기는 일에 참여한다는 뜻입니다. 그 당시에도 육류는 식생활에서 중요한 부분을 차지했는데, 모든 육류가 우상에게 바쳐진 후에 나온 것이므로 그것을 먹어도 되는가 안 되는가 하는 문제로 신자들 간에 뚜렷한 견해 차이가 있었습니다. 사도 바울이 고린도전서에서 이 문제를 기가 막히게 풉니다.

> 무릇 시장에서 파는 것은 양심을 위하여 묻지 말고 먹으라. 이는 땅과 거기 충만한 것이 주의 것임이라. 불신자 중 누가 너희를 청할 때에 너희가 가고자 하거든 너희 앞에 차려 놓은 것은 무엇이든지 양심을 위하여 묻지 말고 먹으라. 누가 너희에게 이것이 제물이라 말하거든 알게 한 자와 그 양심을 위하여 먹지 말라(고전 10:25-28).

이 얼마나 교묘한 답입니까? 시장에 나와 있는 어떤 고기라도 다 우상의 제물입니다. 그러나 묻지 말고 먹으라는 것입니다. 누가 "어, 이거 우상의 제물인데"라고 하면 먹지 말라는 것입니다. 어떻게 보면 완전히 '눈 가리고 아웅' 아니냐고 생각할 수 있습니다. 그러나 그런 이야기가 아닙니다. 이것은 아주 깊은 이야기입니다. 오늘날 우리 성도들에게 바로 이런 식의 시작이 매우 중요하다는 것을 알아야 합니다.

그러므로 우상의 제물을 먹는 일에 대하여는 우리가 우상은 세상에 아무것도 아니며 또한 하나님은 한분밖에 없는 줄 아노라. 비록 하늘에나 땅에나 신이라 불리는 자가 있어 많은 신과 많은 주가 있으나 그러나 우리에게는 한 하나님 곧 아버지가 계시니 만물이 그에게서 났고 우리도 그를 위하여 있고 또한 한 주 예수 그리스도께서 계시니 만물이 그로 말미암고 우리도 그로 말미암아 있느니라(고전 8:4-6).

우상의 제물에 대한 그의 지식은 "우상은 없다"는 것입니다. 하나님 외에는 신이 없습니다. 우상을 섬기는 것은, 그것을 섬기는 자가 없는 신을 있는 것으로 오해해서 스스로 속고 있는 것입니다. 우상의 제물로 바친 것은, 없는 신에게 바친 것이므로 경배할 대상이 없는 것입니다. 신자들은 하나님 외에는 신이 없는 줄 알고 있습니다. 우상이 없다는 것은 더더욱 잘 압니다. 그런데 사람들이 잘 모르고 우상에게 제물을 바쳤습니다. 못 먹을 이유가 없지요. 왜냐하면 원래 우상은 없기 때문입니다.

그러나 이 지식은 모든 사람에게 있는 것은 아니므로 어떤 이들은 지금까지 우상에 대한 습관이 있어 우상의 제물로 알고 먹는 고로 그들의 양심이 약하여지고 더러워지느니라. 음식은 우리를 하나님 앞에 내세우지 못하나니 우리가 먹지 않는다고 해서 더 못사는 것도 아니고 먹는다고 해서 더 잘 사는 것도 아니니라. 그런즉 너희의 자유가 믿음이 약한 자들에게 걸려 넘어지게 하는 것이 되지 않도록 조심하라(고전 8:7-9).

우상이 있는 줄로 믿는 사람들이 우리가 우상의 제물을 먹는 것을 본다면, '저 사람들은 하나님을 믿는다고 해놓고 우상의 제물을 먹는 것을 보니, 하나님도 내가 믿는 어떤 신과 같이 여러 신 중 하나인가 보다'라고 생각할 것이 아닌가 하는 것입니다. 하나님을 믿는다는 것이, 여러 신 가운데 하나님이 최고라서 하나님을 선택하여 하나님만 믿고 다른 신들과는 이제 절교하기로 한 것입니까? 아닙니다. 우리 집사님 가운데 그런 분이 있습니다. 절에 수십 년 다니다가 나중에 예수님을 믿게 되었는데, 맨 처음으로 한 일이 무엇인지 아십니까? 절에서 받았던 불상을 다시 절에 갖다 준 것입니다. 그냥 버리고 안 가면 되는데, 마음에 걸려서 갖다 주고 분명히 절교를 선언한 것입니다. 절교하고 말고 할 대상이 없는데 말입니다.

하나님이 여러 신 중 가장 높은 신일 뿐이지 잡신들도 있다는 개념을 가진 사람이라면, 자신이 다른 일을 할 때 다른 신들과 관계를 맺을 수도 없고 안 맺을 수도 없어 어떻게 해야 할지 생각하게 될 것입니다. 그런데 도리어 신앙이 좋다는 사람이 너무나 뻔뻔하고 자연스럽게 우상의 제물을 먹는 것을 보고 '그렇게 해도 되나 보다'라고 담력을 얻게 된다는 것입니다.

지식의 차원에서 말하면, 우리 예수 믿는 사람들이 우상의 제물을 못 먹을 이유가 없습니다. 우상의 제물을 먹으면 그 우상을 경배하는 것이 되는데, 없는 신을 어떻게 경배합니까? 그런 범죄는 없습니다. 그런데 누구나 이 실력에 와 있는 것은 아닙니다. 모르는 사람들도 있고, 처음 예수를 믿을 때는 이 수준까지 이르지 못한 사람들이 많습니다. 그들이나 믿지 않는 사람들이 볼 때는 우리의 자유가 기독교를 보는 시각에 오해를 불러일으킬 수도 있습니다.

그러면 네 지식으로 그 믿음이 약한 자가 멸망하나니 그는 그리스도께서 위하여 죽으신 형제라. 이같이 너희가 형제에게 죄를 지어 그 약한 양심을 상하게 하는 것이 곧 그리스도에게 죄를 짓는 것이니라. 그러므로 만일 음식이 내 형제를 실족하게 한다면 나는 영원히 고기를 먹지 아니하여 내 형제를 실족하지 않게 하리라(고전 8:11-13).

이제 이 문제가 왜 중요한지 보십시오. 이것을 알고 모르는 문제보다는 이것을 어떻게 취급하는지가 더 중요하기 때문입니다. 우리가 함께 읽은 본문 말씀은 "먹을 수 있다, 먹으면 안 된다"는 두 견해를 어떻게 조화시키는가 하는 것입니다. 먹는 파가 먹지 못하는 파를 "무식하다", 먹지 않는 파가 먹는 파를 "사기꾼이다" 하며 지금 싸우고 있는 것입니다. 근본적으로 이 문제를 어떻게 풀어야 하는지 봅시다.

갑각류 같은 경직성

예전에 우리나라에 미국 선교사들이 많이 와 있을 때, 어떤 신학교에 온 선교사가 본국에서는 술 담배를 해도 괜찮은 교단이 있다고 이야기했습니다. 술 담배는 그것 자체가 죄가 아닙니다. 이 말을 듣고 또 담력을 얻으실 것 같은데, 우리나라 교회에서는 이것이 교회 규칙입니다. 성경 규칙은 아닙니다만, 술 담배를 금하는 것이 교회 규칙입니다. 이것은 범해도 죄가 아니고, 교규를 범하는 것입니다.

이분이 한국에 와서 보니, 한국은 교회에서 술 담배를 안 하는 것입니다. 그래서 몰래몰래 했습니다. 그러던 어느 날 학생들이 드디어 낌새를 채고 그의 동료 미국인 선교사에게 물었습니다. "아무개 선교사가 담배를 핀다고 하는데 사실입니까?" 그 선교사 대답이 걸작입니다. 피는 것을 본 적은 없는데 같은 집에 사는 그 선교사가 화장실을 쓴 다음에 들어가면 담배 냄새가 난 적이 몇 번 있었다는 것입니다. 그래서 학생들이 들고일어난 것입니다. 그런데 들고일어난 이유 중 가장 심각한 것이 "치사하게 숨어서 피다니"였습니다. 담배를 피운 것은 둘째 문제이고, 떳떳하게 할 수 없는 것이라면 왜 치사하게 숨어서 피느냐는 것이었습니다.

그러나 이것은 전혀 다른 문제입니다. 본인은 굉장한 배려를 한 것입니다. 본인은 술 담배가 죄가 아닌 것을 알고 있습니다. 본인은 거리낄 것이 없지만 우리나라 교회에서는 그것이 문제가 되는 줄 알기 때문에 삼가 해 준 것입니다. 그런데 우리는 뭐라고 했습니까? "치사하게 숨어서." 이것이 문제입니다. 우리나라 교인들이 가져야 할 신앙적인 분위기에서 지금 로마서 14장을 들어가면서 확인해야 할 것이 있습니다. 우리는 O, X 밖에 없습니다. 기다려 준다든가 성격이 다르다든가 하는 것은 모릅니다. 다양함을 이해할 줄 모릅니다. 그래서 우리는 근본적인 문제가 아닌 것에 목숨을 걸고 싸웁니다.

그 대표적인 예가 새벽기도입니다. 새벽기도를 하면 좋습니다. 철야기도도 하면 좋습니다. 기도할 때 큰소리로 정말 눈이 나올 정도로 울면서 하면 좋습니다. 그러나 그렇게 하지 않는 것을 신앙이 없다고 하는 것이 문제입니다. 기도를 꼭 새벽에 해야만 하나요? 그렇지 않습니다. 다른 시간에는 면회 금지입니까? 우리에게는 그 경직성이 문제가 되는 것입니다. 신앙의 경직성은 대단히 곤란한 것입니다. 그러나 한몫을 할 때도 있습니다.

우리가 분명히 이해할 수 있는 예를 들어서 이 문제를 살펴보겠습니다. 제사 문제입니다. 한국교회 초창기에 순교자가 많았는데 그 첫 번째 이유가 제사 때문이었습니다. "제사는 안 지낸다. 하나님 외에는 우리가 절할 수 없다"고 했습니다. 그런데 이것은 굉장히 애매합니다. 제사를 지내지 않는 것은 분명히 신앙적인 어떤 면이 있습니다. 그러나 또 신앙적인 차원에서 제사를 지내는 것이 나을 때도 있습니다. 생각해 보십시오. 돌아가신 할아버지에게 절할 수 없다는 것은, 결국 하나님과 그 돌아가신 할아버지가 거의 비슷한 동격이라는 이야기가 됩니다. 우상의 제물을 먹을 수 있는 이유는, 우상은 없는 것이기 때문입니다. 마찬가지로 돌아가신 할아버지에게 절할 수 있는 것은, 그가 인간에 불과하기 때문입니다. 그가 정말 하나님이냐, 할아버지냐를 따져야 할 수준에 있는 자라면 우리는 제사를 안 지내야 합니다.

국기에 대한 경례를 안 하는 데가 있지요. 여호와의 증인은 국기에 대한 경례를 안 합니다. 국기가 하나님과 동격인 것입니다. 그러니까 "하나님께 할 것인가, 국기에 대해 할 것인가?" 이렇게 되는 거예요. 국기에 대한 경례는 백 번 해도 하나도 문제될 것이 없습니다. 그래서 이것을 약간 바꾼 것이 가슴에 손을 얹는 거예요. 우리나라 사람들의 경직성 때문에 만든 것입니다. 그러면 제사도 그렇게 지내세요. "돌아가신 고인에 대한 경례" 하면, 가슴에 손을 얹으세요.

새해 첫날이 되면 다 부모에게 세배하지 않습니까. 그것은 왜 우상숭배가 아닙니까? 순전히 세뱃돈 타려고만 합니까? 공경의 표시로 얼마든지 할 수 있습니다. 부모에게, 어른에게, 내가 감사하는 사람에게 절하는 것과 하나님께 하는 것이 어떻게 비교가 될 수 있습니까. "누구에게 하지 말라"고 하면, 그것은 벌써 그가 인간이 받아야 할 공경의 수준을 넘어선 것이 됩니다. 제사를 지내지 말라는 것이 오히려 문제가 될 수 있습니다. 대부분은 안 하는 것이 성경적이지 않고, 하는 것이 성경적일 수도 있습니다. 잘 생각해 보십시오.

우리나라에 기독교가 들어온 초창기에는 이 경직성이 오히려 기독교를 지키는 중요한 역할을 했습니다. 하나님 외에는 신이 없다는 것이 우리에게는 부모한테도 절을 안 한다는 식으로밖에 표현되지 못했던 것입니다. 부모에게라도 절하는 것은 벌써 하나님 외에 다른 신을 인정하는 것이라는 그런 선명한 선을 그었기 때문에, 한국교회가 보수적인 신앙을 갖고 살아남을 수 있었을 것입니다. 그러나 분명히 알아야 할 것은, 이런 신앙은 분명하지만 내용이 풍성하지 않다는 것입니다.

우리나라의 신앙은 그 성격 면에서 본다면 갑각류입니다. 갑각류의 특징은 겉이 튼튼하고 선이 분명하다는 것입니다. 그러나 이것이 문제이기도 합니다. 예전에 고등학교 다닐 때 캠핑을 갔다가 게를 두 마리 잡은 적이 있습니다. 밀물에 들어오는 꽃게를 두 마리 잡아서 꽃게탕을 만들었습니다. 냄비에 물을 붓고 꽃게를 반 토막 내서 넣고 고추장을 풀어 끓였습니다. 모두 여덟 명이 갔는데 먹으려고 하니 딱 1인 분이에요. 꽃게 두 마리를 가지고 도대체 여덟 명이 어떻게 할 수 있겠어요? 전부 다리 하나씩 들고 싸움만 했어요.

우리의 신앙이 그랬습니다. 제가 이것을 절대 부정적으로 이야기하는 것이 아닙니다. 성격이 분명히 그렇습니다. 새벽기도, 성수주일, 이런 것은 너무 중요하고 너무 칼 같습니다. 하지만 내용은 없습니다. 울고 고함지르는 것 외에 할 줄 아는 것이 없습니다. 할 줄 아는 것은 "아멘!" "할렐루야!" 그리고 시도 때도 없이 우는 것뿐입니다. 이것으로는 안 됩니다. 이 경직성이 갖는 장점과 약점을 알아야 합니다. 경직성은 선명한 가치가 있습니다. 선명한 가치, 신앙에 들어와 있는 것과 그렇지 않은 것, 진리와 신리가 아닌 것, 생명과 생명이 아닌 것을 구별하는 분명한 선이 있습니다. 이것은 대단히 중요한 것입니다. 그러나 그것으로 내용까지 담으려고 해서는 안 됩니다. 내용은 보다 유연해야 합니다.

믿음

제사 지내는 문제가 우리에게 굉장히 어려운 것은 바로 이 점 때문입니다. 제사 지낼 때 여러분이 조상에게 절하면서 조상의 은덕으로 아이들이 건강하게 자라고, 못 들어갈 학교에 들어가고, 안 될 사업이 잘되기를 바라는 것은 우상숭배입니다. 그러나 돌아가신 어른을 추모하고 그날 형제들이 서로 안부를 묻고 한 번 모이는 시간으로 가진다면 그것은 얼마든지 좋은 모임입니다. 그것을 해야 합니다.

그러나 여러분은 "주일날 음식을 사 먹을 수 있는가, 없는가?"를 질문할 것입니다. 사 먹을 수 있는 경우와 사 먹을 수 없는 경우를 원리적으로 설명하면 꼭 묻습니다. "목사님, 질문 있습니다." "무엇인가요?" "그러니까 주일날 자장면을 사 먹으라는 것인가요, 말라는 것인가요?" 지금도 그렇지요. "그러니까 결국 제사를 지내라는 것인가요, 말라는 것인가요?" 이것은 아닙니다. 껍질이 딱딱해야지 속까지 딱딱하면 어떻게 합니까? 본문이 말씀하는 바와 같이, 먹는 자는 먹지 않는 자를 업신여기지 말고 먹지 않는 자는 먹는 자를 판단하지 말아야 합니다. 우리는 기다려 줄 줄 알아야 하고 그가 가진 신앙상의 어떤 특징과 남다른 것이 필요하다는 것을 인정해야 합니다.

하나님 나라의 핵심

구약성경에 나오는 선지자 중 가장 대비되는 두 선지자가 있습니다. 호세아와 아모스입니다. 하나님으로부터 호세아는 '사랑'을, 아모스는 '심판'을 메시지로 부여받았습니다. 그 둘을 섞을 줄 알아야 합니다. 하나님은 우리를 위해 아모스도 보내고 호세아도 보내셨습니다. 그런데 우리는 아모스가 옳은가, 호세아가 옳은가로 싸웁니다. 내용을 담고 있지 못합니다.

옛날 어떤 고을에 흉악한 살인범이 나타났습니다. 이 살인 강도범을

천신만고 끝에 잡았는데, 이 살인범이 회개를 하고 한 번만 더 기회를 주면 개과천선해서 살겠다고 목숨을 구걸했습니다. 그러나 사또가 그동안 저지른 죄가 너무 커서 안 된다며 참수형을 내렸습니다. 그러자 이 살인범이 만일 자기를 죽이면 원귀가 되어서 사또와 그에 속한 모든 사람에게 복수하겠다고 발악을 합니다. 그 표정과 원한이 심상치가 않습니다. 그래서 다들 주춤합니다.

그러자 사또가 말했습니다. "과연 네가 그렇게 할 수 있을까?" "내가 하나 못 하나 어디 죽여 보십시오." 그러자 사또가 이렇게 제안했습니다. "네가 정말 할 수 있다면, 내가 네 목을 친 뒤에 와서 이 댓돌을 물어 봐라." "내가 할 것입니다." "여봐라, 목을 쳐라." 그래서 목을 쳤더니 살인범의 목이 굴러 와서 댓돌을 꽉 문 것입니다. 모든 사람이 경악했습니다. 밤에 화장실도 못 가는 것입니다. 그런데 사또만은 유유히 휘파람을 불면서 화장실을 잘 다닙니다.

거기에 있던 모든 사람들이 며칠 밤을 못 자고 전전긍긍하는 것을 알고 사또가 다 모았습니다. 사람들이 묻습니다. "원님께서는 어찌하여 겁을 안 내십니까?" "겁날 게 뭐 있느냐?" "그 원수가 우리한테 원한을 갚겠다고 댓돌을 물지 않았습니까?" 그 고을 원님 대답이 걸작입니다. "그놈 댓돌 무느라고 힘 다 빠졌다."

우리나라의 신앙은 댓돌 물다가 힘이 다 빠진 것과 같습니다. 새벽기도 하고, 철야기도 하고, 금식기도 하고, 십일조 내고, "아멘!" "할렐루야!" 하다가 힘이 다 빠져서 나머지는 하나도 못하고 있는 것입니다. 우리가 지금 조심해야 하는 것이 바로 이것입니다. 한 교회 내에서 잘 보면 뼈 역할을 하는 사람이 있습니다. 선명해야 하고 분명해야 합니다. 살이 있습니다. 그리고 어떤 정신이 있습니다. 각자의 위치가 다릅니다.

우리는 무엇을 믿어야 합니까? 우리를 부르신 하나님은 천지를 지으신 능력으로 우리를 지으셨고, 예수 그리스도를 이 땅에 보내신 사랑으로 우리를 그의 자녀로 만드신 분입니다. 우리를 부르신 하나님이 우리 중 아무도 실패하게 하거나, 아무도 중간에 포기하지 않으실 것을 믿어야 합니다. 물론 교회 안에 비진리가 들어오거나 적그리스도의 세력이 들어오는 것을 경계해야 합니다. 그런데 우리는 보통 그것 때문에는 싸우지 않습니다. 앉았을 때 오른발을 왼발 위에 포개는지, 왼발을 오른발 위에 포개는지를 갖고 싸웁니다. 손을 모으고 기도하는데, 오른쪽 엄지손가락이 위인지, 왼쪽 엄지손가락이 위인지를 갖고 싸웁니다. 이것이 내용을 축적하고 서로가 함께 보완하는 일들을 방해하는 것입니다. 한국교회 최고의 약점은, 같은 교회에 나오는 성도끼리도 친하지 않다는 것입니다. 누구를 봐도 꼴 같지 않기 때문입니다. "누구 괜찮지?" 그러면 "아휴, 말도 마. 자기 마누라하고는 어떻게 사는지 모르겠어"라고 대꾸합니다.

우리는 하나님의 부요하심에 더 많이 참여할 욕심을 가져야 합니다. 그렇게 하기 위해서 우리는 넓은 마음을 가져야 합니다. 넓은 마음은 마치 여행을 갈 때 시간을 많이 갖고 경비를 많이 가져가는 것과 같습니다. 이것들은 우리를 부요하게 하는 것들입니다. 신자들이 기억해야 할 것은, 신앙 생활 속에서 중요한 것과 그렇지 않은 것을 구별해서 가져야 할 우리의 중요한 안목입니다. 로마서 14장에서 이 문제들을 이렇게 가르칩니다.

> 하나님의 나라는 먹는 것과 마시는 것이 아니요 오직 성령 안에 있는 의와 평강과 희락이라(롬 14:17).

하나님의 나라, 즉 신앙의 내용은 우상의 제물을 먹었는지 안 먹었는지가 중요한 핵심이 아닙니다. 예수님과 얼마나 가까워졌는지, 예수님과 동행하여 얼마나 기적적인 삶을 사는지가 핵심입니다. 새벽기도를 했는지 안 했는지가 아니라 그리스도의 마음으로 얼마만큼 내가 깊고 넓고 높아졌는지의 싸움입니다. 이것은 나무를 심는 것과 같습니다. 나무가 얼마나 큰지보다는 그 나무가 얼마나 무성한지, 꽃이 피었는지, 열매를 맺었는지가 중요한 것입니다. 나무가 꼭 똑바로 있어야만 하는 것은 아닙니다. 나무는 삐뚤어질수록 멋있어요. 노송이 휘어 들어간 것이 얼마나 멋있습니까? 느티나무는 가닥가닥 나누어져서 재목(材木)으로 쓸 것이 없어요. 그러나 얼마나 큰 그늘을 만듭니까? 라일락은 재목으로 쓸 만큼 큰 나무가 되지 않습니다. 그러나 그 향기를 어찌 재목과 비교하겠습니까?

생명이 갖는 영광과 가치와 아름다움은 우리가 생각하는 것같이 그렇게 간단한 문제가 아닙니다. 우리가 가진 생명, 주 안에 있는 이 생명, 영광, 진리됨이 가지는 부요함, 놀라움 등이 여러분에게 쌓이고 넓어지고 흘러넘쳐야 하는 것입니다. 우리는 심판하기 위해 있지 않습니다. 우리는 우리 스스로가 부요해지기 위해 하나님의 자녀로 부름 받았고, 또 우리로 인해 부름 받은 모든 사람이 위로받고 함께 크며 함께 영광되기 위해 서 있습니다. 이런 낙관적이고 적극적인 하나님을 믿는 신앙 가운데서, 모든 것을 바라는 믿음 가운데서, 여러분 모두가 부요하고 승리하며 정진하시기를 권합니다.

26

신앙인의 처신 원리

고전 16:13-24

깨어 믿음에 굳게 서서 남자답게 강건하라. 너희 모든 일을 사랑으로 행하라. 형제들아, 스데 바나의 집은 곧 아가야의 첫 열매요 또 성도 섬기기로 작정한 줄을 너희가 아는지라. 내가 너 희를 권하노니 이같은 사람들과 또 함께 일하며 수고하는 모든 사람에게 순종하라. 내가 스데 바나와 브드나도와 아가이고가 온 것을 기뻐하노니 그들이 너희의 부족한 것을 채웠음이라. 그들이 나와 너희 마음을 시원하게 하였으니 그러므로 너희는 이런 사람들을 알아 주라. 아시 아의 교회들이 너희에게 문안하고 아굴라와 브리스가와 그 집에 있는 교회가 주 안에서 너희 에게 간절히 문안하고 모든 형제도 너희에게 문안하니 너희는 거룩하게 입맞춤으로 서로 문안 하라. 나 바울은 친필로 너희에게 문안하노니 만일 누구든지 주를 사랑하지 아니하면 저주를 받을지어다. 우리 주여, 오시옵소서. 주 예수 그리스도의 은혜가 너희와 함께하고 나의 사랑이 그리스도 예수 안에서 너희 무리와 함께할지어다.

고린도전서 16:13-24은 바울이 그의 편지를 마무리하는 순간입니다. 그래 서 편지 곳곳에 구구절절이 고린도 교회에 필요했던 말도 있고, 교리적인 말도 있고, 실생활에 관한 문제도 있고, 복음의 변명에 관한 것도 있습니 다. 하지만 끝을 맺으면서 종합하면, 이 두 마디로 정리할 수 있습니다. "믿 음에 굳게 서서 남자답게 강건하고, 모든 일을 사랑으로 행하라." 이것이 어떤 의미에서는 고린도전서를 하나로 묶어서 결론을 내리는 말씀이 될 수 있습니다. 이것은 대단히 의미심장합니다.

이제 고린도전서를 잠시 회고해 보면, 고린도 교회의 가장 큰 문제는 분쟁이었습니다. "나는 바울파다" "나는 아볼로파다" 심지어 "나는 예수파다" 하는 식으로 여러 분파가 있었습니다. 그래서 분파끼리 싸워서 바울의 사도직까지 의심을 받았고, 사도 바울이 개인적으로 공격당하기도 했고, 자체 내에 싸움이 나서 서로 송사하는 일도 있었습니다. 또 심각한 죄에 빠지는 일과 음행을 저지르는 자들이 있음에도 그냥 놓아두는 일이 교회 안에 있었고, 결혼하는 것이 좋은가 안 하는 것이 좋은가 하는 결혼에 관한 문제도 있었습니다. 은사가 어떤 취급을 받아야 하는가, 은사를 못 가지면 아무것도 아닌가, 어느 은사가 제일 센가 하는 은사에 관한 문제도 있었습니다. 고린도 교회는 이처럼 여러 가지 문제로 복잡했습니다.

그런데 그것을 다 종합해서 "깨어 믿음에 굳게 서서 남자답게 강건하라. 너희 모든 일을 사랑으로 행하라" 하고 말합니다. 결국 이렇게 결론이 난다는 것은, 신앙의 원리는 A에 관한 일을 만나면 A에 대해 어떻게 처신하고, B에 관한 일을 만나면 B에 대해 어떻게 처신하는 케이스 바이 케이스(case by case) 식의 문제가 아니라는 것입니다. 신앙인의 근본적인 반응, 일어날 수 있는 모든 가능한 일에 대한 신앙인의 처신과 결정과 원리들은 바로 '믿음에 굳게 설 것, 사랑으로 행할 것' 이런 것들입니다.

그러나 우리는 믿음에 굳게 서라고 하면 너무 명분론으로 갑니다. 사도 바울이 고린도전서를 마치면서 언급한 믿음은 어떤 난관이 있어도 그것을 돌파할 수 있는 힘, 어떤 일이 생겨도 지지 않고 피해 나갈 수 있는 재주, 이런 의미에서의 믿음이 아닌 것입니다. 여기에서의 믿음은 분별이요, 통찰력을 말합니다. 분별과 통찰력이라고 말하는 것은, 조금 전에 우리가 살펴본 바와 같이 사도 바울이 보낸 편지의 결론인 "믿음에 굳게 서서 남자답게 강건하라"는 것입니다. 여자의 마음같이 왔다갔다 하지 말라는 것입니다. 일어나는 모든 일들을 보고 그 일 때문에 신앙인이 가져야 하는 원리들을 놓고 자연적인 문제에 휩싸이지 말라는 것입니다.

시비에 동원되는 지식과 은사

좀 더 구체적인 이야기를 해봅시다. 교회 안에도 늘 시비가 있는 법이고 사람이 사는 곳 어디에나 늘 시비가 있는 법입니다. 시비는 어떻게 일어나지요? 한쪽이 100퍼센트 잘했고, 상대방이 100퍼센트 못하면 시비가 안 일어납니다. 시비는 이쪽에서 볼 때 이쪽이 옳고, 저쪽에서 볼 때 저쪽이 옳았을 때 일어납니다. 이 사람의 말을 들으면 이 사람의 말이 옳고, 저 사람의 말을 들으면 저 사람의 말이 옳을 때 시비가 일어나는데, 이쪽 편에서 자기가 옳다는 것을 증명하기 위해 시비 붙은 내용 이외의 것을 동원하게 됩니다. 시비가 붙은 것은 A라는 문제인데, 이 문제를 이기기 위해서 "저 사람 봐. 저 눈동자를 보라구. 벌써 냉정하게 생겼잖아" 하며 다른 문제를 가지고 들어오는 것이 시비의 가장 큰 병입니다. 안 그렇습니까? 우리가 어떤 사람을 좋게 보면, 별의별 것이 다 좋아 보입니다. 그렇지 않습니까? 어떤 사람을 좋게 보면, 눈이 작아도 예쁘고 말라도 예쁩니다. 좋게 보지 않으면, 눈이 커도 보기 싫고 뚱뚱해도 보기 싫습니다. 결국 그런 법입니다.

그러므로 우리가 싸움을 할 때, 분쟁과 시비가 된 문제를 벗어나게 된다는 말입니다. 벗어나게 되는 이유는 싸움에서 이기고 싶기 때문입니다. 모든 싸움은 일단 시작하면 이기고 싶어지고, 이기기 위해서는 내가 옳다는 것을 상대방이 틀렸다는 것으로 증명하기 시작합니다. 그래서 고린도교회에서는 분파가 일어났을 때 "나는 게바파다" "나는 아볼로파다"라고 했습니다. "너희는 틀렸다"라고 지적하는 것이 "우리가 옳다"라고 증명하는 한 방법입니다. 그래서 이기고 싶은 마음에 바울까지 공격하는 것입니다. "생긴 것이 시원치 않다. 말하는 것이 시원치 않다." 이것은 큰 공격거리였습니다. 근본적으로 신앙인은 일어난 모든 일을 이렇게 극복해야만 합니다. "누구든지 나를 따라오려거든 자기를 부인하고 자기 십자가를 지고 나를 따를 것이니라"(마 16:24).

그러나 시비가 붙으면 언제나 이겨 놓고 봐야 한다는 생각이 우리를 "깨어 믿음에 굳게 서서 남자답게"에서 떠나게 하여 싸움에 말려들게 합니다. 교회는 이 싸움에 굉장히 휘말려 들었고, 그 부작용을 있는 대로 다 드러냈습니다. 내가 옳다는 것을 증명하기 위해 상대방을 공격하고 상대방의 약점을 지적하며, 나의 우월성을 증명하기 위해 모든 은사를 동원하지 않았습니까? 내가 옳다는 것을 증명하기 위해 지식과 은사를 동원해서 지식이 사랑으로 가지 못하고 은사가 유익으로 가지 못한 것이 고린도 교회의 한 현상이었습니다. 그러나 바울은 '내가 고기를 먹지 않아서 사람들에게 유익하다면 나는 평생 고기를 먹지 않겠다'라는 식의 태도를 가졌습니다. '내가 은사를 안 받아도 사람들에게 유익하다면 나는 평생 은사를 받지 않겠다.' 이런 태도를 가져야 합니다.

어떤 유명한 목사님이 젊은 시절에 신유의 은사를 받았습니다. 본인도 몰랐는데, 심방 가서 환자에게 기도하고 오면 그 환자가 며칠 있다가 낫는 것입니다. 처음에는 다 몰랐습니다. 그런데 그 목사님만 왔다 가면 환자가 낫더라는 소문이 나기 시작했습니다. 그래서 예수를 믿을 생각은 안 하고 "목사님, 돈은 얼마든지 드릴 테니 내 딸을 살려 주시오"라고 간청하는 것입니다. 그래서 그 목사님이 이렇게 기도했습니다. "하나님, 이 은사를 제게서 거두어 주소서. 하나님의 말씀을 전하는 데 오히려 방해가 됩니다." 바로 이것이 "깨어 믿음에 굳게 서라"는 것이요 "남자답게 강건하라"는 것입니다. 우리는 어느 시대에나 이런 것을 조심해야 합니다.

어려운 일을 감당하라고 주시는 믿음

고린도 교회같이 교회 안에서 시비가 붙으면 가해자를 벌하지 않습니다. 세상의 법은 가해자를 벌하지만 교회는 가해자를 벌하지 않습니다. 피해자가 그 사건을 극복해야 합니다. 교회는 피해자가 신앙으로 그것을 극복하도록 도와주지 가해자를 벌하는 방법은 사용하지 않습니다. 예수님의 비유 가운데 이런 비유가 있습니다. 밭에 씨를 뿌렸는데 밤중에 원수가 와서 가라지를 뿌리고 갔습니다. 나중에 보니 알곡과 가라지가 함께 자랐습니다. 종이 주인에게 묻습니다. "우리가 알곡을 뿌렸는데 가라지가 자랐습니다. 뽑아 버릴까요?" "두어라." "언제까지요?" "추수 때까지 두어라. 추수 때에 알곡은 모아들이고 가라지는 모아 불에 태우리라." 이것이 하나님께서 정하신 법칙입니다. 우리 모든 신자에게 정하신 법칙입니다.

우리 안에 가라지가 없고 문제가 안 생기고 피해를 안 당하기 위해 믿음과 사랑이 요구되는 것이 아닙니다. 어려운 일을 감당하라고 믿음과 사랑과 은혜가 베풀어지고 있는 것입니다. 여러분은 자신이 얼마나 억울한지를 증명하려고 하면 안 됩니다. 그것을 이겨야 합니다. 억울한 것으로 따지면, 예수님보다 억울하셨던 분이 없기 때문입니다. 그래서 아무든지 예수님을 따르려면 자기를 부인하고, 자존심과 존재를 버려야 하는 것입니다. 십자가를 진다는 것은 짐을 진다는 것을 의미하지 않습니다. 죽는다는 것입니다. 죽은 자는 말이 없습니다. 이것이 여러분이 고린도 교회에서 배워야 하는 가장 중요한 핵심입니다.

그래서 우리는 우리가 처한 모든 곳에서 어떻게 믿음에 굳게 서는 자리로, 남자답게 서는 자리로 가는 것일까요? 바울의 예를 들어 한두 가지 설명하려고 합니다. 갈라디아서 1장을 보겠습니다.

우리가 전에 말하였거니와 내가 지금 다시 말하노니 만일 누구든지 너희가 받은 것 외에 다른 복음을 전하면 저주를 받을지어다. 이제 내가 사람들에게 좋게 하랴 하나님께 좋게 하랴 사람들에게 기쁨을 구하랴 내가 지금까지 사람들의 기쁨을 구하였다면 그리스도의 종이 아니니라(갈 1:9-10).

이것이 깨어 믿음에 굳게 서는 자세입니다. 믿음을 가지고 사랑으로 행하면 아무런 문제가 없고 칭송을 받을 것이라고 생각해서 믿음과 사랑을 동원하지 마십시오. 우리는 시련 속에서 믿음을 지켜야 합니다. 피해를 당하고 오해를 당하고 어려움을 당하는 가운데서 나를 증명하거나 내 억울함을 푸는 데 신경을 쓰거나 노력을 기울이지 마십시오. 오직 하나님을 기쁘시게 하는 일을 위해 기꺼이 참고 지고 죽도록 깨어 믿음에 굳게 서서 남자답게 강건하십시오. 빌립보서 1장에 아주 중요한 사도 바울의 선언이 하나 나옵니다.

나의 간절한 기대와 소망을 따라 아무 일에든지 부끄러워하지 아니하고 지금도 전과 같이 온전히 담대하여 살든지 죽든지 내 몸에서 그리스도가 존귀하게 되게 하려 하나니 이는 내게 사는 것이 그리스도니 죽는 것도 유익함이라(빌 1:20-21).

이것이 깨어 믿음에 굳게 서는 것입니다. 남자답게 강건해지는 것입니다. 우리는 분별과 통찰력을 갖고 있어야 합니다. 싸움의 와중에 있을 때, 어려운 시련 속에 있을 때 여러분이 기억해야 할 것은 "깨어나라"는 것입니다. 지엽적인 문제에 말려들지 말고 가장 근본적인 신자의 위치를 놓치지 마십시오. 내가 주를 위해 살고 주를 위해 죽는 존재라는 것을 기억하기 바랍니다.

고린도 교회와 마찬가지로 분파가 생기는 이유는 다음과 같습니다. 개인적인 싸움에 동맹군이 자꾸 합세해서 분파가 형성되는 것입니다. 그리고 분파라는 것은 사상적이고 신앙적이라기보다는 사실 개인적인 분파입니다. 사소한 싸움으로 그 싸움의 명분을 살리기 위해 신앙이라든가 사상이라든가 이런 명분을 거는 것입니다. 사람들이 진리나 옳은 것을 놓고 싸우는 경우는 참 드뭅니다. 분쟁이 일어났을 때 이기기 위해 내 편을 만드는 작업을 하지 않으면 모든 싸움은 성냥 불꽃 정도에서 끝납니다. 하지만 이것이 분파로 커지기 시작하면 나중에 거대한 폭탄이 되고 맙니다. 자기가 자신을 포기하도록 십자가를 지는 자가 아닌 폭탄을 터뜨리는 자가 되는 잘못을 저지르게 되는 것입니다. 사실 이것은 눈 깜짝할 사이에 넘어갈 실패들입니다. 왜 그렇습니까? 자존심과 개인적인 우월감과 사소한 감정의 시비가 우리 자신의 연약하고 부패한 심정을 건드릴 때 우리로 하여금 넘어지게 하기 때문입니다. 그래서 그것이 어떤 일이든지 상관없이 '그 일로 말미암아 누가 이익을 볼 것인가'를 늘 생각하십시오. 그 일로 하나님이 이익을 보시는가를 생각해야지, '나는 억울하다' 하는 것으로 어떤 일을 처리하는 기준이나 원리로 사용하지 않아야 합니다. 그러나 우리는 그것을 늘 첫 번째에 둘 때가 많습니다.

모든 것을 사랑으로 하라

이렇게 분별을 가지고 믿음에 굳게 서서 자기가 처한 위치에서 원함과 원통함과 억울함을 빼면 단 하나의 원리밖에 남지 않습니다. 모든 것을 사랑으로 해야 하는 것입니다. 로마서 12장을 보겠습니다.

아무에게도 악을 악으로 갚지 말고 모든 사람 앞에서 선한 일을 도모하라.

할 수 있거든 너희로서는 모든 사람과 더불어 화목하라. 내 사랑하는 자들아, 너희가 친히 원수를 갚지 말고 하나님의 진노하심에 맡기라. 기록되었으되 원수 갚는 것이 내게 있으니 내가 갚으리라고 주께서 말씀하시니라. 네 원수가 주리거든 먹이고 목마르거든 마시게 하라. 그리함으로 네가 숯불을 그 머리에 쌓아 놓으리라. 악에게 지지 말고 선으로 악을 이기라(롬 12:17-21).

우리가 가장 먼저 기억해야 할 것은, 왜 사랑으로 행해야 하는가입니다. 부정적인 시점에서 볼 때, 사랑으로 하지 않고 증오와 복수로 갚을 때 어떻게 되었는가 하는 것입니다. 우리가 복수심을 가지면 '상대방이 사기꾼이라는 것을 증명하기 위해서라면 나는 악마가 되어도 좋다'는 생각을 하게 됩니다. 이것이 복수심입니다. "저 사람이 창피를 당하고 저 사람이 망하는 꼴을 본다면 나는 망해도 좋다." 이것 또한 복수심입니다. 복수심은 물귀신이 되는 것입니다. 물귀신은 자기가 먼저 물에 빠져 죽지 않고는 될 수 없는 역할입니다. 그래서 상대방을 죽이기 위해서라면 자기가 먼저 죽어도 좋다는 것은 참으로 미련한 짓입니다. 그런데 "악을 악으로 갚지 말라"는 이 표현은 얼마나 정확한 표현인지 모릅니다. 누가 악한 일로 나를 괴롭히면 보복하고 싶은 마음이 상대방보다 더 강해져서 상대방을 공격하고 싶어지는 것이 악이 시키는 유혹입니다.

그래서 하나의 법칙을 만들어 악역을 맡지 마십시오. 언젠가 어떤 교회에 집회를 하러 갔는데 그 전해에는 유명한 부흥사가 오셨다고 합니다. 저는 부흥회에 가도 설교를 길게 하지 않습니다. 그런데 제가 설교를 짧게 한 것이 대단히 마음에 들었는지, 한 청년이 저에게 와서 제 편을 든답시고 전해에 왔던 분이 얼마나 나쁜 분이었는지를 말하기 시작한 것입니다. 그분이 두 시간 동안 설교를 했는데 단 세 마디만 했답니다. "믿습니까?" "아멘!" "할렐루야!" 이것으로 두 시간 동안 설교를 하는데 자기가 참다못해 설교가 끝나자마자 그분을 기다렸다고 합니다. '이건 아니다. 이 사기는 더 이상 못 시킨다. 내가 십자가를 지자.' 그래서 오면 뒤통수를 분해시키려고 기다렸는데, 그분이 다른 길로 가서 그렇게 못했다고 합니다.

그래서 제가 분명한 충고를 하나 했습니다. "악역을 맡지 마십시오. 그것은 십자가를 지는 것이 아닙니다. 십자가를 지는 것은 어떤 원한과 분노가 없는 상태가 되는 것입니다. 시체입니다. 십자가를 지십시오. 십자가를 지고 악역을 맡지 마십시오." 그러나 악에게 도발 받았을 때는 '저 악을 제거하기 위해서는 누군가가 총대를 메야 한다'는 생각이 듭니다. 이것이 시험입니다. 절대 그렇게 하지 마십시오. 눈치를 보고 다른 사람이 할 때까지 기다리십시오. 이것은 절대로 하지 마십시오. 그래서 주님이 하실 때까지 기다리십시오. 약속하십니까? 절대 악역을 맡지 마십시오. 악역을 맡는 것은 십자가를 지는 것이 아닙니다.

그러나 우리는 어떤 꼴을 보았을 때 '저 악을 제거하는 것이 교회와 하나님 나라를 위해 가장 시급한 일인데, 내가 십자가를 지고 저 일을 해야 하지 않는가?'라는 생각이 들 수 있습니다. 절대로 아닙니다. 그것은 모든 악과 악이 충돌하고 커져서 하나님의 사업을 망치는 원인이고 이유이며 시작입니다. 자신이 악에게 사로잡히게 된 것을 모르게 됩니다. 그래서 "악에게 지지 말고 선으로 악을 이기라"는 것입니다. 선으로 악을 이기십시오. 로마서 13장을 보겠습니다.

피차 사랑의 빚 외에는 아무에게든지 아무 빚도 지지 말라. 남을 사랑하는 자는 율법을 다 이루었느니라. 간음하지 말라, 살인하지 말라, 도둑질하지 말라, 탐내지 말라 한 것과 그 외에 다른 계명이 있을지라도 네 이웃을 네 자신과 같이 사랑하라 하신 그 말씀 가운데 다 들었느니라. 사랑은 이웃에게 악을 행하지 아니하나니 그러므로 사랑은 율법의 완성이니라(롬 13:8-10).

　　상대방을 영적으로 어떻게 유익하게 할지를 생각하며 상대방의 유익을 위해 입바른 소리를 하라는 것이 아닙니다. 내가 참고 기다려야 한다는 것을 잊지 마십시오. 내가 참고 기다려야 할 이유가 여기에 있습니다. 사랑은 오래 참아야 하고 사랑은 무례히 행치 않아야 하고 사랑은 자기의 유익을 구하지 않아야 하고 모든 것을 참고 견디고 바라야 하는 것입니다. 상대방을 위해서입니다. 나를 위해서가 아닙니다. "에이, 못 참겠네." 이것은 안 됩니다.

　　결혼하기 전 저의 집사람과 연애할 때 제 오른쪽 새끼발가락에 티눈이 크게 생겼습니다. 이 티눈이 자꾸 자극을 받아 점점 커져서 나중에는 신발을 신을 수 없게 되었습니다. 너무 아파 어떻게 할 수 없는데, 저희 집사람하고 데이트를 하면서 남산 길을 걸어야 했습니다. 저희 집사람하고 저희 딸하고 비슷한 것이 있습니다. 물건을 발로 차는 이상한 습성이 있는데, 저희 집사람이 하이힐로 제 티눈을 밟았어요. 저는 완전히 돌아가시는 줄 알았지요. 바울이 삼층천에 갔다왔을 때 느낌이 그랬을 것이라고 생각합니다. 눈물이 정말 쏙 빠지는데, 저의 집사람은 깜짝 놀랐지요. 그리고 자신이 제 티눈을 밟은 줄 모르고 이렇게 말하더군요. "하이힐 뒤축으로 밟았으니 얼마나 아프겠어요." 그런데 제가 웃더랍니다. 그래서 감동을 해서 결혼했답니다. 아! 그때야 그래야지요. 때가 때인 만큼. 최소한의 눈치는 저도 있으니까, 정말 이를 악물고 참았지요. 지금이야 안 참지만 말입니다.

　　여러분, 그렇게 참아야 합니다. 여러분의 가장 아픈 곳을 상대방이 가장 아프게 건드릴 때 여러분은 나오는 눈물을 막을 수는 없지만 입은 웃고 있어야 합니다. 눈은 울고 입은 웃어야 합니다. 그것을 해내야 합니다. 쉬운 문제가 아닙니다. 모든 신앙 싸움은 이런 데 있는 것입니다. 명분이 있는 일에 나가서 소리 지르고 명분을 외치고 잘난 척하는 일에 신앙의 가장 굵은 싸움이 있는 것이 아닙니다. 사소한 문제를 이겨 나가는 데 있습니다. 그것이 쌓여서 큰일이 되고 그것이 쌓여서 하나님의 사람으로 바뀌는 것이지, 여러분이 나가서 무슨 큰일을 했다고 하루아침에 하나님의 사람답게 바뀌지는 않습니다. 한순간 유명해질 수는 있지만 하루아침에 하나님의 사람으로 완성되지는 않습니다. 끊임없이 사소한 일에 승리해 나가고 작은 일에 충성해 나가는 방법으로 바뀌기 전에는 고쳐지지도 만들어지지도 않는 것이 신앙 인격이요, 하나님이 우리에게 구하시는 신앙을 완성하는 길입니다. 다른 방법은 없습니다. 깨어 믿음에 굳게 서서 남자답게 강건하고, 모든 일을 사랑 가운데 행하십시오.

27

좌절

엡 6:13-17

그러므로 하나님의 전신 갑주를 취하라. 이는 악한 날에 너희가 능히 대적하고 모든 일을 행한 후에 서기 위함이라. 그런즉 서서 진리로 너희 허리띠를 띠고 의의 호심경을 붙이고 평안의 복음이 준비한 것으로 신을 신고 모든 것 위에 믿음의 방패를 가지고 이로써 능히 악한 자의 모든 불화살을 소멸하고 구원의 투구와 성령의 검 곧 하나님의 말씀을 가지라.

절망과 믿음의 싸움

성경이 말씀한 것같이, 믿음의 방패가 하는 일은 "악한 자의 모든 불화살을 소멸"하는 것입니다. 우리의 마음에 무슨 악한 생각이나 모자라는 것이 있어서가 아니라, 악한 자가 공격하기 때문에 우리 안에 악한 일들이 생각나기도 하고, 그것을 행하기도 하는 일들이 여러 가지 모양으로 나타난다고 말씀드렸습니다.

그것은 우리가 감히 생각할 수 없는 모양으로 성적 도발을 받게 하고, 하나님의 영광된 모습과 이름을 욕되게 하는 생각이 나게 한다고 했습니다. 그리고 한순간 눈이 가려져서 평소 같으면 도저히 할 수 없는 엄청난 실수를 저지르게 한다고도 했습니다. 이런 일을 당했을 때 결국 신자가 이 문제에서 걸리는 올무는 "내가 무슨 생각을 했는가, 내가 무슨 실수를 했는

믿음

가?"하기 전에 그 일들이 "나로부터 출발했다"는 오해를 함으로써 좌절에 빠지게 된다고 말씀드렸습니다.

"나는 왜 이런 실수를 할까, 나는 왜 아직도 이런 생각이 날까?"하는 것 때문에 "나는 신자가 아닌가 보다. 아직도 멀었나 보다! 이런 죄를 범했으니 어찌 교회 나가 주께 빌 수 있단 말인가? 어떻게 기도를 하겠는가?" 하는 것으로 좌절해 버리는 것이 사탄이 우리를 공격하는 불화살의 가장 큰 공격 목표라고 했습니다.

이것을 이기기 위해 우리는 믿음의 방패를 가집니다. 결국 싸움 중 가장 큰 싸움은 한 사람을 절망시키는 것입니다. 이것이 신자에게 가장 큰 믿음의 싸움입니다. 절망이 왜 싸움인가 하면 그것은 교만과 같은 것이기 때문입니다. 절망이라는 것은 결국 기대가 있었기 때문에 생기는 것입니다.

이런 예를 든 적이 있습니다. 어떤 산악인과 친하게 되었습니다. 그분을 앞세워 설악산 동계 등반을 간 적이 있었습니다. 그런데 길 안내를 맡은 산악인이 우리 앞에서 굉장히 재는 것이었습니다. 마치 도시에 사는 사나이는 사나이가 아닌 것처럼 산 사나이들의 남자다움, 자연의 중후함 같은 이야기들을 끊임없이 늘어놓으며 으스댔습니다. 오세암에서 하룻밤 잘 때 제가 물었습니다. "도대체, 산이 좋다 좋다 그러는데 뭐가 그렇게 좋소?" "산은 배신하지 않습니다." "그것은 당신들이 약하기 때문일 거요." 그랬더니 펄펄 뛰었습니다. 이 산 사나이는 자기가 잘났다고 증거를 제시하고 있는데, 제가 약하기 때문이라고 이야기하니 도무지 승복할 자세가 아니었습니다. 그래서 이런 이야기를 해주었습니다.

"여러분이 산을 좋아하는 것은 인간에게 겁먹었기 때문입니다. 꼭 맞는 말이라고 할 수는 없지만, 일리가 있는 말인 것은 사실입니다. 왜냐하면 산은 배신하지 않는다는 말은 틀리기 때문입니다. 실제로 자연은 기대할 대상이 아닙니다. 자연이 배신하지 않는다는 말은 틀린 말입니다. 기대하지 않기 때문에 배신도 할 수 없습니다. 자연은 그냥 늘 있는 것일 뿐입니다. 인간이 싫은 것은 인간이 배신하기 때문에 싫은 것입니다. 다시 말해서 기대할 수 있기 때문에 배신도 있습니다."

여기가 바로 우리가 확인해야 하는 자리입니다. 인간이 절망하는 이유는 교만할 소지가 있기 때문에 절망하는 것입니다. "나는 적어도 이만할 줄 알았다" 하는 것이 남아 있으니 "그것만도 못하더란 말인가" 하는 절망이 생깁니다. 그래서 절망은 교만의 이면입니다. 앞면이 교만이면 뒷면이 절망인 것입니다. 절망을 통해서 내 수준의 낮음을 직시하고 "아, 내가 죄인이었구나"라고 확인하는 것이면 좋은데, 그것을 통해서 짐짓 겸손을 보이려는 것이라면 그것은 이미 교만한 것입니다.

바로 이 문제가 믿음의 싸움이 됩니다. 기독교 신앙의 핵심을 한 단어로 말할 때는 '믿음'이라고 하고, 사람에 대해서는 '은혜'라고 합니다. 둘 다 동일한 말입니다. 이 두 단어는 기독교의 신앙을 대표적으로 표현하는 말입니다. 그런데 여러분은 그 내용을 함축적으로 표현하는 단어를 '믿음'이라고 하겠습니까, '은혜'라고 하겠습니까? 그 둘은 다르다고 느낍니까, 아니면 같다고 느낍니까? 이것을 다르다고 느끼면 여러분은 믿음을 틀리게 아는 것입니다. 은혜라고 하면, 초점이 베푸는 이에게 갑니다. 믿음이라고 하면, 그 초점이 믿음의 대상에게 가야 합니다. 그런데 많은 신자들은 믿음을 가져야 하는 사람에게 초점을 둡니다. 이렇게 믿음을 가져야 하는 사람에게 초점을 두는 것으로 생각하는 것은 믿음에 대해 성경이 이야기하는 것과 다르게 이해한 것입니다.

기독교가 이야기하는 믿음이라는 단어는, 믿음이라는 행위를 하는 데 초점을 두는 것이 아니라, 우리가 믿는 대상에 초점을 두는 것입니다. 예를 들어, 내가 태평양을 건너기로 했는데 한강에 있는 유람선을 타고 건넌다고 하면 여러분은 어떻겠습니까? 물론 불안할 것입니다. 무엇을 근거로 불안하다고 생각하는가 하면, 타고 가는 배에 불안을 느끼는 것입니다. 그 불안은 탄 사람에 의해서 결정되지 않습니다. 믿음이란 믿는 대상, 믿는 내용에 의해 불안하거나 평안한 것인지, 믿는 사람에 의해 좌우되지 않습니다. 그런 의미에서 우리가 갖는 믿음은 샤머니즘입니다. 지성이면 감천입니다. "비나이다, 비나이다, 비나이다" 해서 모든 것이 몽롱해진 상태로 들어가서 상식이 마취당합니다. 그것을 희망이라고 하지 않습니다.

믿음과 그 믿음의 내용을 기독교적으로 말하자면, 인격자입니다. 하나님입니다. 믿음이 좋다, 나쁘다는 하나님이 믿을 만한 분이신가의 싸움입니다. 그래서 앞에서 언급한 악한 자가 쏘는 불화살을 왜 믿음의 방패로 막아야 하는가 하면, 악한 자가 불화살을 쏘는 공격의 목표가 우리 자신이기 때문입니다. "너, 그 모양으로!" "너 이렇게 하고서……!" 이렇게 우리 자신을 공격합니다. "너 그래 놓고 예수 믿는다고 말할 수 있니? 너 그 모양을 해가지고 교회에 나갈 수 있어? 너 그렇게 하고서도 찬송을 불러? 너 그렇게 해가지고……." 이렇게 우리 자신을 공격하게 합니다.

우리가 저지른 실제적인 것으로 공격하는데, 그 실수 자체를 나라는 사람이 가지고 있는 기독교 신앙의 기초를 흔들고 있는 것처럼 착각하도록 공격합니다. 내가 실수하고 또 죄를 범했기 때문에 사탄이 나에게 기독교 신앙이 근본적으로 틀렸다고 생각하게 하는 것이 교묘히 감추어져 있습니다. 죄를 지은 것은 사실입니다. 그런데 사탄의 공격은, 사실 우리가 어떤 죄를 지었는지가 아니라, "우리가 가지고 있는 기독교 신앙을 너 같은 것에게 주었구나" 하는 문제로 겨냥합니다. 그래서 그 공격은 "나는 못해"라고 넘어지게 만듭니다. 절망은 교만의 뒷면입니다.

믿음의 방패, 하나님이 하신 일을 아는 것

기독교 신앙의 믿음이라는 것은 바로 하나님입니다. "내가 너희를 내 백성 삼았다. 내가 너희를 내 자녀라고 칭했다. 내가 내 아들의 피로 너희를 구속했다"는 것입니다. 이 믿음을 구체적으로 로마서 3장을 통해서 확인해 보겠습니다.

> 우리가 알거니와 무릇 율법이 말하는 바는 율법 아래에 있는 자들에게 말하는 것이니 이는 모든 입을 막고 온 세상으로 하나님의 심판 아래에 있게 하려 함이라. 그러므로 율법의 행위로 그의 앞에 의롭다 하심을 얻을 육체가 없나니 율법으로는 죄를 깨달음이니라. 이제는 율법 외에 하나님의 한 의가 나타났으니 율법과 선지자들에게 증거를 받은 것이라. 곧 예수 그리스도를 믿음으로 말미암아 모든 믿는 자에게 미치는 하나님의 의니 차별이 없느니라. 모든 사람이 죄를 범하였으매 하나님의 영광에 이르지 못하더니 그리스도 예수 안에 있는 속량으로 말미암아 하나님의 은혜로 값없이 의롭다 하심을 얻은 자 되었느니라. 이 예수를 하나님이 그의 피로써 믿음으로 말미암는 화목 제물로 세우셨으니 이는 하나님께서 길이 참으시는 중에 전에 지은 죄를 간과하심으로 자기의 의로우심을 나타내려 하심이니 곧 이 때에 자기의 의로우심을 나타내사 자기도 의로우시며 또한 예수 믿는 자를 의롭다 하려 하심이라(롬 3:19-26).

이 말씀을 자세히 살펴보십시오. "예수 그리스도로 말미암아 우리가 구원을 얻었다"는 내용입니다. 19-20절의 진술은 "율법으로는 구원을 얻지 못했다"는 것입니다. 이 말씀은 행위의 법칙을 염두에 두고 있습니다. 행위의 법칙이라는 것은, 내가 필요한 결과를 얻기 위해 그 결과를 얻을 만한 원인을 제공하는 것을 말합니다. 내가 가을에 추수하기 위해 봄에 씨를 뿌리고 여름 내내 김을 매는 것, 그래서 결과를 얻는 것을 말합니다. 그것이 성경에서 말하는 행위입니다. 그러나 우리의 구원은 율법으로 얻은 것이 아닙니다. 우리가 조건을 제시하는 행위로써는 구원 얻을 실력이 우리에게는 없습니다. 율법의 기준을 지킬 사람이 없기 때문에 구원을 율법 외의 방법으로 이루게 하신 것입니다. 로마서 3:21 이하를 다시 한번 보겠습니다.

> 이제는 율법 외에 하나님의 한 의가 나타났으니 율법과 선지자들에게 증거를 받은 것이라. 곧 예수 그리스도를 믿음으로 말미암아 모든 믿는 자에게 미치는 하나님의 의니 차별이 없느니라(롬 3:21-22).

구원은 언제나 이렇게 설명됩니다. 행위가 아닌 것, 율법이 아닌 것, 믿음으로 말미암은 것, 은혜로 된 것입니다. 은혜라는 말은 그 결과를 우리가 제공한 것이 아니라 하나님 쪽에서 결과를 만드셔서 우리에게 주신 것을 의미합니다. 그래서 성경이 진술하는 '은혜'나 '믿음'이라는 단어는 내용 이전에 이 일을 만드신 '하나님'입니다. 악한 자가 언제나 우리에게 퍼붓는 공격의 목표는 '기독교 신앙을 행위의 법칙에 세우라'는 것입니다. "나는 구원 얻을 만한 사람이었다. 나는 천국 갈 만한 의로운 행위를 한 사람이다." 이렇게 자꾸 자기를 근거로 하라고 우리를 몰아가는 것입니다.

무슨 싸움만 하고 있는가 하면 "나는 죄를 지었다. 나는 나쁜 생각을 했다. 나는 돌이킬 수 없는 죄를 범했다"로 몰고 가서 거기에 파묻혀서 스스로 절망하게 합니다. 절망하는 이유는, 사탄이 목표한 대로 내 위에 희망을 세웠기 때문에 내가 실수한 것이 드러나자 신앙마저도 없어지는 것으로 여기기 때문입니다. 심지어 이상한 곳으로 몰리고 있다는 것을 놓치게 합니다. 이것을 막는 방패는 무엇입니까? 기독교 신앙의 원래 핵심이 무엇인지를 알아야 합니다. 신앙은 우리를 근거로 한 것이 아니고, 우리가 스스로를 지킬 능력이 있어서 얻은 것이 아닙니다. 구원 얻을 만한 어떤 행위를 했거나 잘난 데가 있어서 가지게 된 것이 아닙니다. 하나님의 은혜와 긍휼로 값없이 주셔서 얻은 것입니다. 우리의 모든 근거는 나에게 있지 않고 하나님의 은혜, 자비, 긍휼, 능력, 지혜에 있음을 아는 것입니다. 이것이 믿음의 방패입니다.

제가 아는 안수집사님이 있습니다. 그런데 신앙생활이 안수집사답지 않았습니다. 회사 직원들이 모두 그분이 안수집사라는 것을 압니다. 그런데 안 믿는 사람보다 못했습니다. 불같이 화를 내고 성질나면 술도 병 채로 마시고 책상을 뒤집어엎고 엉망진창이었습니다. 어느 날 부하 직원이 물었습니다. "사장님, 안수집사님이라면서요?" "그렇다." "그런데 다른 것을 할 때는 온통 다른 사람 같아 보입니다. 예수를 믿는다고 어떻게 떳떳이 이야기할 수 있습니까?" 그 물음에 그 안수집사는 천하에 남을 명언을 했습니다. "그러니까 예수 믿지!"

"그러니까 예수 믿지." 참으로 바른 말입니다. 오히려 세상 사람들이 "저 사람은 예수 안 믿어도 천국 갈 사람이야"라고 말하는 것만큼 틀린 말은 없습니다. 자기를 근거로 해서 합격이라는 것은 틀린 말입니다. 그것은 신자에게 절대로 통용되어서는 안 되는 말입니다. 여러분도 스스로를 그렇게 생각하면 안 됩니다. 여러분과 함께 신앙생활을 하다가 누군가가 엉망으로 노는 것을 보고 "예수 믿는 사람이 왜 그래?"라고 한다면 여러분이 틀린 것입니다. '맞다. 저 사람이 예수 안 믿으면 누가 믿는단 말인가' 하고 생각해야 합니다. "저 사람이야말로 맨 먼저 믿어야 할 사람이다." 이것이 성경이 교훈하는 것입니다.

우리가 로마서 3:19-26에서 읽은 이 내용에는 구원이 어떻게 이루어졌는가 하는 것뿐만 아니라 진술 자체에 다음과 같은 메시지가 포함되어 있다는 것을 잊어서는 안 됩니다. 우리는 언제 구원받았는가 하는 문제입니다. 어떻게 구원받았다고 했습니까? 우리에게 구원 얻을 조건이나 자격이나 실력이 없음에도 구원받았습니다. 하나님에 의해서 말입니다.

신자가 된 모든 조건이 어디에 있는가 하면, 하나님이 나를 불쌍히 여기셨다는 것에 달려 있습니다. 그것이 내가 여기 서 있는 이유입니다. 사탄이 공격하면 우리는 이렇게 말해야 합니다. "그래, 네 말이 맞다. 나도 안다. 네가 알고 내가 알고 하나님이 아신다. 그런데 그렇기 때문에 신자인 것이 더더욱 확실하다." 그렇게 말해야 합니다. "그래 네 말이 맞다. 나는 안 된다"고 하면 완전히 실패하는 것입니다. 믿음이란 바로 그런 것입니다. 내가 나를 의지하지 않고 우리 믿음의 대상, 즉 하나님이 어떤 분이신지를 알고 나를 어떻게 취급하시는지를 아는 것입니다. 한마디로 이렇게 이야기할 수 있습니다. "우리가 아직 죄인되었을 때에 그리스도께서 우리를 위하여 죽으심으로 하나님께서 우리에 대한 자기의 사랑을 확증하셨느니라"(롬 5:8).

우리가 죄인되었을 때란, 악하고 나쁜 짓을 한 때도 물론 포함됩니다. 하지만 성경의 더 적극적인 의미는, 하나님을 배반하고 하나님을 무시하고 살았을 때라는 말입니다. 우리가 하나님 앞에 그럴 수 없는 짓을 하고 있을 때와 지금 사탄이 우리를 공격해서 좌절에 빠져 있을 때를 비교하면 지금이 너무너무 괜찮은 것입니다. 그때는 우리가 하나님께 미운 짓을 했을 때였습니다. 하나님이 계신 줄도 모르고 무지하며 완악하고 자기가 신(神)인 줄 알았을 그때도 하나님이 우리를 사랑하셨습니다. 우리가 지금은 하나님을 위해서 살고 싶고, 잘못했다고 뉘우치니까 아프기도 하고 괴롭기도 합니다. 그런데 어떻게 믿는 것을 그만둘 수 있겠습니까? 그것이 믿음의 방패입니다.

내가 괜찮은 것이 아니라 하나님이 내 편인 것

여러분 자신이 몰라서 그렇지 여러분은 참 괜찮은 존재입니다. 이 시간에 교회에 나와 앉아 있는 것은 굉장한 것입니다. 그것을 놓치면 안 됩니다. 맨 정신으로 이 시간에 예배드린다고 교회당에 나와 있을 시간이 없습니다. 여러분은 잘되어도 굉장히 잘되었고, 세져도 굉장히 세진 것입니다.

제가 고등학교 다닐 때 제 뒤에 앉았던 친구가 있는데, 늘 반에서 1등을 했습니다. 저는 그 친구 때문에 졸업을 했습니다. 그 친구와 저의 가장 큰 차이가 무엇인가 하면 이런 것이었습니다. 그때는 매달 모의고사를 보았는데, 다른 것도 어려웠지만 수학이 매우 어려웠습니다. 어느 날 시험지를 받아 보니 도무지 못 풀 문제였습니다. '아, 이것은 못 풀겠다.' 그래도 시험지를 받자마자 나올 수 없어 꾸물대다가 20분 후에 나왔습니다. 그 친구는 1시간 내내 몸부림치다가 결국 나중에 못 풀고 백지를 내고 말았습니다. 누가 머리가 좋은 것입니까? 우리는 바로 이것을 혼동합니다.

옛날에는 잘못한 것에 대해서 전혀 가책이 없었습니다. 내가 이렇게 하는 것이 하나님께 얼마나 못할 짓인가 하는 것에 대해서 전혀 양심의 가책이 없었습니다. 지금은 너무 양심에 가책이 많아서 1시간 만에 못 풀고 나온 그 친구와 똑같습니다. 그 친구는 풀 수 있을 것 같았는데 못 풀었고, 저는 시험지를 보니 아예 못 풀겠다는 것을 알았습니다. 서로 격이 다릅니다.

우리가 믿음의 방패로 싸워야 하는 이 문제, 무엇을 싸워야 하는지를 분명히 보여주는 이 문제를 놓치는 날에는 신앙생활이 넘어졌다 일어났다 하는 것으로 모든 시간을 낭비하게 됩니다. "주여, 제가 주의 자녀가 맞습니까?" 이렇게 묻고 "맞다"라고 하면 "휴……" 하고 넘어집니다. 매주일 이런 식으로 반복하다가 평생을 마칩니다.

아닙니다. 하나님에 관한 성경의 가장 중요한 약속은 이것입니다. "하나님은 사람이 아니시니 거짓말을 하지 않으시고 인생이 아니시니 후회가 없으시도다"(민 23:19). 그분은 말씀을 변개하거나 식언하거나 바꾸시지 않습니다. 오죽하면 그분을 영원하신 분이라고 했겠습니까! 영원하심은 존재론적 의미만이 아닙니다. 그분이 하신 일에 모순이 없습니다. 하나님은 부르심에 후회가 없으십니다. 잊지 마십시오. 하나님은 우리를 기쁨으로 부르셨고, 능력으로 부르셨습니다. 우리가 구원 얻은 것을 천국에 있는 온 천사들과 함께 기뻐하십니다. 그래서 여러분이 옛날보다 아주아주 괜찮아진 것입니다. 이것을 로마서 8장에서는 이런 식으로 설명합니다. "그런즉 이 일에 대하여 우리가 무슨 말 하리요 만일 하나님이 우리를 위하시면 누가 우리를 대적하리요"(롬 8:31).

하나님이 우리 편이십니다. 우리 믿음의 근거는 나의 괜찮음이 아닙니다. 하나님이 내 편인 것입니다. 하나님의 어떤 요구 조건을 만족시킨 것이 아니라 하나님이 내 편인 것입니다. "만일 하나님이 우리를 위하시면 누가 우리를 대적하리요." 그가 얼마나 우리 편이신가 하면 "자기 아들을 아끼지 아니하시고 우리 모든 사람을 위하여 내주신 이가 어찌 그 아들과 함께 모든 것을 우리에게 주시지 아니하시겠느냐. 누가 능히 하나님께서 택하신 자들을 고발하리요"라는 데까지 나아갑니다. 이 표현들이 바로 믿음의 방패가 되는 것입니다. 하나님이 내 편이십니다. 누가 우리를 그리스도 예수 안에 있는 사랑에서 끊겠습니까? 로마서 8장 마지막에 나오는 말씀을 보겠습니다.

내가 확신하노니 사망이나 생명이나 천사들이나 권세자들이나 현재 일이나 장래 일이나 능력이나 높음이나 깊음이나 다른 어떤 피조물이라도 우리를 우리 주 그리스도 예수 안에 있는 하나님의 사랑에서 끊을 수 없으리라 (롬 8:38-39).

이것이 믿음의 방패입니다. 우리는 믿음의 방패를 분명하게 들고 악한 자가 우리를 향해 날리는 모든 불화살을 소멸해야 합니다. 나를 근거로 한 교만과 절망에서 벗어나야 합니다. 우리의 모든 희망의 근거는 하나님이요, 하나님이 내 편이라는 데 있습니다. 하나님의 마음이 혹 변하신다면 나한테 문제가 생길지 모르지만 하나님의 마음이 변하시지 않는 한 우리를 흔들 자가 없습니다. 이것이 성경이 우리에게 가르치고자 한 믿음의 가장 중요한 내용입니다.

예민한 것과 강해지는 것

우리는 믿음의 방패를 가지고 싸우면서 끊임없이 이 싸움에 시달립니다. 실수하는 것입니다. 좀 더 완전해져서 하나님께 칭찬 듣는 사람이 되고 싶고, 거룩한 승리자가 되고 싶은데 늘 넘어진다는 것입니다. 여기에는 이런 문제가 있습니다. 죄를 미워하고 거룩하고 싶은 것과 그렇게 되는 데는 시간적인 차이가 있다는 것을 놓치기 때문에 그렇습니다.

무슨 싸움인지 알겠습니까? 조급함의 문제요 어리석음의 문제에 관한 것입니다. 믿음의 문제가 아닙니다. 공부를 잘하고 싶다고 누가 더 많이 생각하겠습니까? 공부를 잘하는 학생과 못하는 학생 중 누가 더 잘하고 싶겠습니까? 공부를 못하는 학생은 자기 이름밖에 쓸 것이 없는 실력이라도, 자신이 아는 문제가 하나 있어서 정답을 쓰면 시험을 잘 봤다고 할 것입니다. 그러나 정말 시험을 잘 쳤다고 할 수 있는 공부를 잘하는 학생은 다른 것은 다 썼는데 하나가 아리송해서 못 쓰면, 시험을 망쳤다고 합니다. 바로 이것입니다.

신앙의 수준이 높아지면 높아질수록 점점 더 죄에 대한 작은 것이라도 민감해져서 양심의 가책이 커집니다. 옛날보다 죄를 더 지은 것이 아니

믿음

라 가책이 더 커져서 그 가책이 여러분을 더 흔들어 놓습니다. 마치 흰옷으로 변한 것과 같습니다. 밝은 회색 옷을 오래 입으면 어두운 회색이 됩니다. 더러운 옷인지 모르게 됩니다. 그러나 깨끗한 옷을 입으면 조금만 뭐가 묻어도 눈에 띕니다. 그래서 세상에서 가장 멋쟁이는 흰 치마, 흰 바지 입는 사람입니다. 윗옷은 간수할 수 있겠는데 앉고 일어나고 하는 바지나 치마를 흰색으로 입는다는 것은 1시간에 한 번씩 갈아입겠다는 것과 같습니다. 최고의 멋쟁이입니다. 혼동하지 말기 바랍니다.

죄를 미워하고 죄에 대해 민감해지는 것과, 죄를 짓지 않을 실력이 있는 것 사이에는 오랜 간격이 있습니다. 그것은 쌓아 가야 하는 실력입니다. 주 앞에 가서 밤낮 심정을 토로하고, "주여, 나는 죄에 대해서 이렇게 몸부림을 칩니다" 하는 것은 잘하는 짓이 아닙니다. 그것은 시험 보고 와서 목매달아 자살하는 것과 같습니다. 틀렸으면 다시 보고, 또다시 봐서 다음에는 안 틀리도록 해야 합니다. "틀리지 않을 것을 틀렸으니 나는 목매달아 죽습니다. 불효자식을 용서하소서." 이렇게 하는 것은 어리석인 짓입니다.

여러분이 기도를 하거나 신앙생활을 할 때 너무 자기 안으로 들어가는 것, 결벽증으로 스며드는 것은 잘하는 일이 아닙니다. 한숨 쉬고, 졸아들고, 죽는소리 하는 것은 잘하는 일이 아닙니다. 너무 그러는 것은 믿음이 없는 것입니다. 조심하시기 바랍니다. 죄에 민감한 것과 실력을 쌓는 것을 몰라서 그렇습니다. 민감해지는 것이 신앙이 강해지는 것이 아닙니다. 죄를 안 짓고 거룩한 승리를 하기 위해서는 강해져야 합니다. 지혜롭고 강해져야 합니다. 민감해지는 것에만 머물지 마십시오. 칼은 통나무를 베지 못합니다. 강해야 합니다. 예민해지는 것과 강해지는 것을 구별하십시오.

좌절과 자기 연민으로 몰아넣는 악한 자의 불화살로부터 부디 여러분을 보호하십시오. 여러분의 현재 지위, 아니 영원한 지위가 흔들릴 수 없음을 맞받아치십시오. 대적을 향해 담대하게 말하십시오. "그렇다. 나는 실수했다. 그러나 하나님은 실수하지 않으신다. 나는 이것보다 더 못했을 때도 하나님의 사랑을 받았고 지금도 하나님은 내 편이시다. 네가 와서 더 떠들려거든 하나님께 한번 대들어 보라. 한 번만 더하면 내가 하나님께 직접 일러바치겠다." 이렇게 답하십시오. 그것이 신앙입니다.

믿음

28

고난

고후 1:8-11

형제들아, 우리가 아시아에서 당한 환난을 너희가 모르기를 원하지 아니하노니 힘에 겹도록 심한 고난을 당하여 살 소망까지 끊어지고 우리는 우리 자신이 사형 선고를 받은 줄 알았으니 이는 우리로 자기를 의지하지 말고 오직 죽은 자를 다시 살리시는 하나님만 의지하게 하심이라. 그가 이같이 큰 사망에서 우리를 건지셨고 또 건지실 것이며 이 후에도 건지시기를 그에게 바라노라. 너희도 우리를 위하여 간구함으로 도우라. 이는 우리가 많은 사람의 기도로 얻은 은사로 말미암아 많은 사람이 우리를 위하여 감사하게 하려 함이라.

고린도후서 1:3-11은 어떤 의미에서 고린도후서 전체와 그 핵심이 다 소개되는 부분인 것 같습니다. 3-7절은 신자들이 걸어가는 길에 남은 고난과 십자가 사역을 잇는 제사장 직분에 대해 설명하고 있습니다. 우리가 함께 읽은 8-11절도 동일한 내용의 연속이라 해도 다를 것이 없는데, 그 표현은 조금 다릅니다. 중요한 것은 9절에 나오는 말씀같이 "우리로 자기를 의지하지 말고 오직 죽은 자를 다시 살리시는 하나님만 의지하게" 하는 것입니다. 이것이 고린도후서의 중요한 주제이면서 우리가 살펴볼 내용입니다.

환난을 통해 확인한 것

"아시아에서 당한 환난"(8절)이 구체적으로 무엇을 가리키는지 우리가 확실히 알기는 어렵습니다. 그러나 그것이 굉장히 힘든 고난이었다는 것은 짐작할 수 있습니다. 여기에서 문제가 되는 것은, 환난이 아니라 왜 환난을 당했는지에 있습니다. 그 환난을 왜 당했는가? 궁극적으로 이 환난을 통해 사도 바울이 확인한 것은 두 가지입니다. 신자들은 자신을 위해 살지 않는다는 것과 하나님께서 우리의 인생을 주장하시고 그 필요한 일들을 인도하신다는 것입니다. 하나님만이 우리의 인생과 운명을 책임지고 주장하시고, 또 하나님께서 하시는 모든 일을 책임지고 주장하신다는 것이 핵심이 되는 결론입니다.

우리가 우리를 위해 살지 않는다는 것은 이런 뜻입니다. 그리스도께서 고난을 당하신 것도 우리를 위한 것이요 그리스도께서 부활하시고 승천하신 것도 우리를 위한 것인 것같이, 우리가 환난을 당하는 것도 너희를 위한 것이고, 우리가 위로를 받는 것도 너희를 위한 것이라는 말입니다. 이제 우리는 제사장 직분을 맡고 있는 것입니다.

아시아에서 당한 환난이 심한 고생이었고 마음에 사형 선고를 받은 것처럼 아주 처절한 일이었지만, 너희 때문에 환난당했다고 이야기하는 것입니다. "너희 때문이다. 너희만 아니었으면 내가 이 고생을 안했을 텐데"라는 핑계를 대는 것이 아니라 "하나님께서 너희를 복 주기 위해 나를 여기까지 인도하셨다"라고 말하는 셈입니다.

여러분이 신앙생활을 하면서 이런 간증을 들었거나 혹은 여러분이 직접 경험한 적이 있는지 모르겠습니다. 열심을 부리지 않고 신앙생활을 할 때는 별일이 없다가도 어느 해인가부터 "예수를 좀 본때 있게 믿어 보자"고 결심해서 봉사도 열심히 하고 새벽기도도 열심히 나갔습니다. 그랬더

믿음

니 일이 잘되는 것이 아니라 여태껏 멀쩡하던 것이 여기저기서 일이 터지고 어려워진 경우를 보게 됩니다. 그것을 성경의 방식으로 이야기를 하자면, 여러분이 정말 주를 본받아 살기로 작정한 그날부터 하나님은 '여러분을 통해' 실제로 제사장 직분을 수행하기 위해 여러분에게 환난과 고난을 주시는 것입니다. 그렇게 해야 여러분은 하나님의 은혜를 나누고 증거할 수 있으며 하나님의 위로를 담을 수 있습니다. 고난과 환난을 당하지 않고서는 여러분이 남을 위로할 수 없고, 나눠 줄 어떤 것도 품을 수 없기 때문입니다.

다른 분들에 대해서는 제가 정확히 모릅니다. 하지만 제 개인적인 경험만 해도 그렇습니다. 저희 집안은 믿는 가문입니다. 이북에서 피난 온 사람치고 잘살았다고 말하지 않는 사람이 없지요. 잘살지 않았으면 피난 올 이유도 없었을 테니까요. 사방 60리가 저희 땅이었는데, 저희 아버지만 해도 태어난 후 결혼하셔서 평양에 가실 때까지 우리 땅 아닌 곳은 밟은 적이 없다고 하셨습니다. 그런데 거기에 교회가 하나 들어왔습니다. 그러니 저희 할아버지가 그 교회의 물주가 되지 않았겠어요? 아버지는 그 교회 목사가 돈을 대는 장로한테 꼼짝 못하는 것을 보고 교회에 안 나가셨다고 합니다. 그런데 자기 아들이 목사가 되겠다고 하는 것입니다. 목사 아버지를 두신 저희 어머니도 "내가 아버지 때문에 고생한 것을 말도 못하는데 너까지 그러느냐?" 하셨습니다. 그래서 제가 목사를 하겠다고 해서 받은 어려움과 가정 안에서의 긴장 상태는 말도 못했었습니다.

하지만 결국은 신학을 시작했습니다. 그러자 몸이 아프기 시작하고 여러 가지 어려움이 닥쳐왔습니다. 그 어려움을 저 혼자만 겪는 것이 아니라 나중에는 부모님과 제 동생들까지 어렵게 되어서는 온 집안이 어려워지고 가세가 기울게 되었습니다. 그러자 어머니가 넋두리를 하셨습니다. "네가 직장에 다녔으면 이렇게 어렵게 되지는 않았을 게다." 어머니는 제가 목사가 된 것에 대해 "네가 목사가 되기를 잘했다"는 최소한의 답을 재작년에 하셨습니다. 제가 목사가 되도록 하기 위해 부모님, 제 동생, 제 아내, 제 자식 등 제 주변의 모든 사람을 하나님께서 간섭하시는 것을 확인했습니다. 그리고 그 손길이 아직도 끊어지지 않고 계속되는 것을 알고 있습니다.

남을 위한 고난

"우리가 겪는 이 어려움이 너희를 위한 것"이라는 말이 주는 무게와 깊이는 당해 보지 않으면 모르는 것입니다. 가끔 설교를 하고 나면 이렇게 묻는 이들이 있습니다. "목사님이 거기까지 알 리는 없는데, 남자들이 왜 바람을 피우고 술집에 가는지를 어떻게 아십니까? 해보셨습니까?" 그런 일을 안 겪고 어떻게 압니까? 그런 일을 겪지 않고—즉 인간이 무엇이고, 인생이 무엇이고, 죄가 무엇인지 알 수 없을 때—뭐라고 위로하고 무슨 도움을 주겠느냐는 것입니다. 그러나 한 명의 목사가 준비되는 것은 교인들을 위해서입니다. 목사가 중요하다는 것이 아니라, 하나님이 성도들을 얼마나 사랑하시면 목사를 들볶겠느냐는 것입니다. 이것을 놓치지 마십시오.

그래서 사도 바울은 "여기 아시아에서 심하게 고생한 것이 너희를 위한 것"이라고 합니다. 그 이야기는 "하나님이 너희를 이렇게 사랑하신다"는 이야기입니다. 그리고 하나님이 그 사랑을 너희에게 전해서 복 주시고 은혜 베풀기를 원해서 나를 통하지 않고는 그 일을 안 하기로 하셨다는 것이 이 속에 다 들어가는 것입니다. 따라서 고난당한다는 것은, 그 사람이 무슨 부지깽이처럼 쓰였다는 것이나 쓸모없다는 것이 아니고, 혹은 그 일에 부름 받아서 더 고생했으니 이 사람이 더 중요하다는 그런 이야기도 아닙니다. 이것의 위치를 알겠습니까? 우리는 양쪽을 다 놓칠 수 없는 것입

믿음

니다.

얼마나 사랑하시기에 하나님께서 기필코 베풀어 주시려는 위로, 사랑, 진리, 생명을 전달하기 위해 얼마나 큰 그릇, 얼마나 깊은 속이 필요해서 '이젠 죽었구나' 하는 자리까지 준비시키셨으며, 그것을 하나님이 직접 가지고 가시면 되는데 "왜 바울이 아니면 나도 일을 안 한다"고 하시겠습니까. 그 양면성을 알겠지요?

내가 안 하면 하나님도 안 하시겠다는 것입니다. 그런데 하나님이 함께하자고 하시는 그 일이 너무 고통스럽게 보여 우리는 감당을 못하겠다고 합니다. 그것을 아프고 힘들게 보니 그렇지, 하나님이 저쪽에 베푸시려는 은혜와 사랑이 얼마나 크고 엄청난 것이면 허리가 휘겠습니까. 가지고 가려는 은혜의 보따리가 얼마나 큰지 깔려서 죽을 만큼 많은 것을 우리에게 지우십니다. 진 짐이 무겁다고만 생각하지 말고 하나님이 베푸신 사랑과 위로와 주시려는 복의 크기를 생각해 보십시오. 그래서 우리는 자신을 의뢰하거나 자신을 위해 죽는 자들이 아니며 하나님을 위해 죽고, 하나님을 위해 살고, 하나님만 의뢰하는 자라는 결론을 바울이 얻었습니다. 빌립보서 1장에 이와 같은 의미로 소개된 내용이 나옵니다.

나의 간절한 기대와 소망을 따라 아무 일에든지 부끄러워하지 아니하고 지금도 전과 같이 온전히 담대하여 살든지 죽든지 내 몸에서 그리스도가 존귀하게 되게 하려 하나니 이는 내게 사는 것이 그리스도니 죽는 것도 유익함이라. 그러나 만일 육신으로 사는 이것이 내 일의 열매일진대 무엇을 택해야 할는지 나는 알지 못하노라. 내가 그 둘 사이에 끼었으니 차라리 세상을 떠나서 그리스도와 함께 있는 것이 훨씬 더 좋은 일이라. 그렇게 하고 싶으나 내가 육신으로 있는 것이 너희를 위하여 더 유익하리라(빌 1:20-24).

고난받는 것이 어렵다고 해서 고난을 물리치고 편안한 대로만 가는 것은 우리의 취할 바가 아닙니다. 하나님이 복 주시고 은혜를 베푸시려는 자들을 위해 하나님이 그 일에 나를 들어 쓰신다는 것을 안다면, 내가 서면 하나님도 서신다는 것을 기억한다면, 내가 있는 힘을 다해 주를 위해 또 은 혜받을 영혼들을 위해 힘써 살고 애쓰고 헌신하고 희생해야 합니다. 이 빌 립보서 1장의 내용은 고린도후서 1장의 내용과 방불합니다. 로마서 14장 은 이와 같은 핵심을 가지면서도 조금은 다른 국면을 이야기합니다.

우리 중에 누구든지 자기를 위하여 사는 자가 없고 자기를 위하여 죽는 자 도 없도다. 우리가 살아도 주를 위하여 살고 죽어도 주를 위하여 죽나니 그 러므로 사나 죽으나 우리가 주의 것이로다(롬 14:7-8).

우리는 주의 것입니다. 이 말씀은 다른 사람에 대해 비판 정신을 갖는 이에게 경고하고 있습니다. 그러므로 어떤 의미에서는 "내가 살아 있는 것 이 너희에게 유익하다"고 이야기하는 것은 나의 희생과 가치에 너무 강조 점을 두어서 "나 없으면 너희는 은혜를 못 받아"로 흐를 수 있습니다. 지금 로마서 14장 식으로 이야기하자면, 우리가 사는 것은 주를 위해 사는 것이 고 또한 그들의 유익을 위해 사는 것입니다. 그러므로 나를 통해 하나님이 은혜와 긍휼을 베푸시려는 대상이 없다면 나의 존재 가치가 없어진다는 의미에서 우리는 사나 죽으나 주의 것임을 기억해야 합니다.

우리는 자신의 존재 가치에도 분명한 하나의 내용을 확인해야 하고, 나를 통해 하나님이 은혜와 긍휼을 베푸시는 대상이 있기 때문에 내 존재 가치가 생겨난다는 면에서도 자신의 겸손을 확인해야 합니다. 이것이 바 로 우리가 고린도후서 1장에서 보는 "하나님만을 위하고 자신을 의뢰하지 말아야 한다"는 내용 속에 들어가는 첫 번째 원리입니다.

연약함 가운데 드러나는 하나님의 영광

그런데 이것은 한 걸음 더 나아가서 처음에 말씀드린 것과 같이, 우리는 우리 자신만을 위해 살지 않을 뿐만 아니라 하나님을 의지하고 삽니다. 나를 의지하지 않습니다. 하나님만이 우리를 구원하실 자요, 하나님만이 우리의 인생을 복되게 하시는 자요, 하나님만이 나를 통해 다른 영혼들에게 은혜를 베푸시는 분입니다. 하나님만을 의지한다는 말은, 결국 환난을 통해서 신앙을 확인하는 것입니다. 이것은 우리가 하나님 앞에서 맡은 이 큰 직분을 수행하는 데 있어서 하나님은 우리 자신을 능력화 하시지 않는다는 말입니다.

하나님은 우리가 능력을 가지는 것을 원치 않으십니다. 능력을 가지신 하나님을 의뢰하기 원하십니다. 믿음과 충성을 요구하고 있는 것이지, 능력과 은사를 요구하고 있지 않다는 것을 명심해야 합니다. "우리가 이 보배를 질그릇에 가졌으니 이는 심히 큰 능력은 하나님께 있고 우리에게 있지 아니함을 알게 하려 함이라"(고후 4:7). 보배를 질그릇에 가졌습니다. 이 질그릇이 가치를 인정받는 이유는 그 안에 있는 보배 때문입니다. 예수님을 잘 믿고 충성한다는 것은 그 보배를 잘 간직하는 것이지, 질그릇이 보배로 바뀌는 것은 아닙니다. 이것이 고린도후서 전체에 흐르는 사상입니다.

고린도 교회 교인들이 사도 바울에 대해 가진 큰 의심거리가 바로 이것이었습니다. "이 사람이 하나님의 큰 일꾼이라고 하는데 왜 질그릇 같을까?" 사도 바울이 이 이야기를 기록해야 하는 깊은 뜻이 여기 있습니다. 또 하나님은 실제로 그렇게 일하십니다. 우리를 질그릇으로 놔둔 채로 그 안에 보배를 주시지, 질그릇을 금이나 다이아몬드로 치장하지 않으십니다. 왜 그렇게 하십니까? 능력의 심히 큰 것이 하나님께 있고 우리에게 있지 않음을 알게 하시려고 그렇게 하십니다.

우리가 사방으로 욱여쌈을 당하여도 싸이지 아니하며 답답한 일을 당하여
도 낙심하지 아니하며 박해를 받아도 버린 바 되지 아니하며 거꾸러뜨림을
당하여도 망하지 아니하고 우리가 항상 예수의 죽음을 몸에 짊어짐은 예수
의 생명이 또한 우리 몸에 나타나게 하려 함이라(고후 4:8-10).

이것이 하나님이 일하시는 방법입니다. 어떻게 일하셨습니까? 예수
그리스도께서 죽으심으로 우리에게 생명이 전달된 것같이, 사도 바울을
첫 번째 주자로 앞세워 놓고 그 뒤를 잇는 모든 신자에게 제사장 직분을 맡
기셨습니다. 우리가 십자가를 지는 방식, 예수 그리스도께서 걸어가신 그
방식으로만 하나님은 일하십니다. 그러므로 우리가 질그릇인 것이 증명
되어야 합니다. 그리고 지극히 큰 능력이 질그릇에 있지 않고 보배되신 하
나님께 있음을 나타내야 합니다. 우리를 구원하신 구원의 능력이 예수 그
리스도를 보내신 하나님께 있는 것같이 우리의 인생을 통해 하나님이 영
광 받으시고, 우리를 통해 일하시는 모든 것은 우리가 이 질그릇 속에 보배
를 가진 것으로 드러나야 합니다. 우리의 가치는 우리가 보배가 되는 것이
아닙니다. 그래서 우리가 거꾸러뜨림을 당하고 사방으로 욱여쌈을 당하고
핍박을 받아서 죽어 가는 데도 나타나는 것은 생명입니다.

우리 살아 있는 자가 항상 예수를 위하여 죽음에 넘겨짐은 예수의 생명이
또한 우리 죽을 육체에 나타나게 하려 함이라. 그런즉 사망은 우리 안에서
역사하고 생명은 너희 안에서 역사하느니라(고후 4:11-12).

하나님은 이런 방식으로 일하십니다. 요즘 사회에서 기업하는 분들이
대단히 어려움을 겪고 있습니다. 저희 교우들 중에도 여러 분들이 어려움
을 겪고 있는데, 이런 어려움을 겪는 것은 물론 축하할 일이 아닙니다. 그

러나 예수 믿는 신자로서 볼 때, 어떤 어려움이라도 신자에게는 그 어려움이 생명을 창출해 낸다는 것을 기억해야 합니다. 그것은 우리 자신을 의지하지 않고 하나님을 의지하는 신앙의 튼튼함으로 우리를 인도합니다. 또한 환난과 고통을 통해 주께서 베푸시는 은혜와 긍휼과 자비의 창고로서 그 사역에 동참하는 것으로 우리가 크게 준비됩니다.

신자의 생애에는 하나님께서 인정하시지 않는 어떤 일이나 우연이 일어나지 않습니다. 우리에게 일어나는 모든 일을 통해 우리는 하나님의 사람으로서 앞으로 나아갈 것입니다. "그러므로 우리가 낙심하지 아니하노니 우리의 겉사람은 낡아지나 우리의 속사람은 날로 새로워지도다"(고후 4:16). 계속 환난을 당하고 좌절하고 핍박받는데, 속은 점점 더 강해지고 있습니다. 왜냐하면 하나님이 일하시는 방법을 알고, 내가 당하는 고난이 단지 고난이 아니라 그것을 통해 생명과 위로가 전달되고 십자가의 기적이 열매 맺는 것을 실제로 보기 때문입니다. 하나님은 십자가의 길을 즐겨 사용하시고 다른 방법은 즐겨 사용하시지 않습니다. 기적이나 지진이나 벼락이나 하늘의 음성보다도 이런 고통스러운 길을 기꺼이 사용하십니다. 이 길에 동참한 사람들이 처음에는 고통밖에 생각하지 않지만 그것이 맺는 결실을 보면서, 한 알의 썩은 밀알이 많은 열매를 맺는 것을 보면서 기꺼이 죽어 가는 것입니다.

신자가 부름 받은 약함의 자리

고린도후서 5장을 보겠습니다.

그리스도의 사랑이 우리를 강권하시는도다. 우리가 생각하건대 한 사람이 모든 사람을 대신하여 죽었은즉 모든 사람이 죽은 것이라. 그가 모든 사람을 대신하여 죽으심은 살아 있는 자들로 하여금 다시는 그들 자신을 위하여 살지 않고 오직 그들을 대신하여 죽었다가 다시 살아나신 이를 위하여 살게 하려 함이라(고후 5:14-15).

이 말씀도 같은 내용입니다. 바로 이것이 고린도후서 전체의 내용입니다. 우리에게 요구하시는 십자가의 길, 그 길을 통해서 하나님께만 능력이 있고 우리가 하나님만 의뢰하고 순종하는 자임이 증명됩니다. 동시에 그것이 우리의 사명이고 그것을 통해서만 하나님께서 열매를 맺으십니다. 그래서 우리에게 노골적으로 이렇게 요구하십니다. 주께서 우리를 위해 죽으신 것은, 우리가 자신을 위해 살지 않고 주를 위해 살라고 그렇게 하신 것입니다.

여러 계시를 받은 것이 지극히 크므로 너무 자만하지 않게 하시려고 내 육체에 가시 곧 사탄의 사자를 주셨으니 이는 나를 쳐서 너무 자만하지 않게 하려 하심이라. 이것이 내게서 떠나가게 하기 위하여 내가 세 번 주께 간구하였더니 나에게 이르시기를 내 은혜가 네게 족하도다. 이는 내 능력이 약한 데서 온전하여짐이라 하신지라. 그러므로 도리어 크게 기뻐함으로 나의 여러 약한 것들에 대하여 자랑하리니 이는 그리스도의 능력이 내게 머물게 하려 함이라(고후 12:7-9).

하나님의 능력은 왜 약한 데서 강해집니까? 우리 주님께서 "옳소이다. 아버지여, 이것을 어린아이들에게는 나타나게 하시고 지혜 있는 자들에게는 감추셨습니다"라고 하셨습니다. 이것은 하나님의 지혜입니다. 왜 그렇습니까? 지혜로운 자가 그 일을 하면 그것이 그 사람이 만들어 낸 생각이요, 그 사람의 능력이라고 생각하지 않겠습니까? 능력의 심히 큰 것이 인

믿음

간에게 있지 않고 하나님께 있는 것을 나타내 보이고 분명히 하십니다. 그래서 우리로 하여금 하나님 앞에 돌아오게 하고 헛된 인생을 살지 않게 하며, 모든 심령들로 하여금 하나님 앞에 돌아와 복 받게 하려는 것입니다.

우리가 무슨 능력으로 다른 사람의 죄를 대신하며 그 사람이 봉착하고 있는 위기에서 구출해 내겠습니까? 하나님 외에는 아무도 그렇게 할 수 없습니다. 우리가 인간 사회에서나 통하는 어쭙잖은 재주를 가지고 그분을 속일 수는 없습니다. 인간이 직면하고 있는 문제는 결국 영혼의 문제요, 영원의 문제이기 때문입니다. 그래서 하나님 앞에 돌아와야 합니다. 하나님은 약한 곳에서 일하십니다. 우리가 가져야 하는 것은 능력이 아닙니다. 하나님을 누가 더 붙잡고 의지하는지의 싸움인 것입니다.

그렇게 하는 이들에게 하나님께서 무엇을 하신다고요? 복을 허락하시지 않고, 지식을 허락하시지 않고, 능력을 허락하시지 않고, 환난과 어려움을 요구하십니다. 그렇게 함으로써 하나님만 더 붙들게 하고 다른 사람에게도 우리가 처한 모든 상황에서 헤쳐 나온 것이 하나님의 능력과 지혜의 결과인 것을 증언하게 하십니다. 그러므로 "도리어 크게 기뻐함으로 나의 여러 약한 것들로 인하여 자랑"한다는 것입니다. 왜 그렇습니까? "이는 그리스도의 능력이 내게 머물게 하려 함"입니다. 그러므로 내가 그리스도를 위해 약한 것과 능력과 궁핍과 핍박과 곤란을 기뻐하는 것은 내가 약할 그때에 곧 강함이라는 사실을 인정하십니까?

우리의 인생살이를 잠깐만 되돌아봐도 이 말이 진리인 것이 증명됩니다. 편안할 때 쓸 만한 생각을 하는 사람이 있습니까? 없습니다. 편안하면 욕심의 날개를 펼칠 뿐입니다. 편안하면 망상에 젖어 드는 것입니다. 어려워야 진정한 가치를 깨닫고 생각하며 지혜로워지고 분별력이 생깁니다. 우리의 신앙이 언제 좋아진다고요? 하나님이 나를 사랑하시고 나를 붙잡고 계시다는 것만으로 감사와 찬송을 하는 것이 어느 때라고요? 어려울 때입니다.

가장 중요한 것이 하나님의 손에 다 있습니다. 하나님이 우리 인생을 영원히 책임지시고, 영원한 나라에서 나를 기다리고 계시며, 그 어떤 것도 그리스도 예수 안에 있는 사랑에서 끊을 수 없습니다. 우리가 하나님께 돌아가는 때가 언제입니까? 세상이 무엇이고 내가 누구인지를 제대로 깨달았을 때뿐입니다. 그것은 환난과 고통 속에서 배웁니다. 성경은 증언합니다. 우리에게 십자가를 지고 가라고, 자신을 위해 살지 말고 하나님만 증거하면서 살라고 합니다.

> 그리스도께서 약하심으로 십자가에 못 박히셨으나 하나님의 능력으로 살아 계시니 우리도 그 안에서 약하나 너희에게 대하여 하나님의 능력으로 그와 함께 살리라(고후 13:4).

그리스도께서 약하셔서 십자가에 못 박히신 것이 아니라, 약한 입장과 약한 처지를 감수하셔서 죽는 자리까지 가셨다는 것입니다. 빌립보서 2:5의 내용도 바로 그것입니다. 그리고 그리스도께서는 하나님의 능력으로 다시 살아나셨습니다. 예수 그리스도께서 신자의 한 모범으로, 제사장 직분의 모델로서 어떻게 사셨습니까? 하나님 앞에 충성하셨습니다. 십자가에서 죽는 데까지 복종하셨습니다. 그래서 우리 모두의 구원을 이루셨습니다.

우리도 마찬가지입니다. 우리도 그리스도 안에서 약한 직분으로 부름 받았습니다. 강한 직분으로 부름 받지 않습니다. 우리는 약한 직분으로 부름 받는데, 세상적인 조건이나 세상적인 눈으로 보면 우리는 돈으로나 지식으로나 능력으로나 모두 가진 것이 없습니다. 우리가 가진 것은 단 하나입니다. 하나님 앞에 순종하는 것입니다. 그렇게 하여 "너희에게 대하여 하나님의 능력으로 그와 함께 살리라"고 한 하나님의 능력이 신령한 것과 거룩한 것과 영원한 것과 진리와 복에 대해서 우리를 통해 우리에게 주기로 작정하신 영혼들에게 넘쳐나도록 열매 맺게 하실 것입니다. 이것이 고린도후서 1:3-11에서 나타난, 어떤 의미에서는 고린도후서 전체의 대주제입니다. 또한 신자들의 현실적인 삶을 제대로 조명할 수 있는 성경적 원리입니다.

이 세상에서 환난을 당하고 어려움을 당하는 것은 우리의 미련이나 연약함 때문이 아닙니다. 하나님이 우리에게 그런 직분을 요구하시기 때문입니다. 여러분이 당한 모든 고난을 통해, 십자가를 지시고 앞서 가신 예수 그리스도의 뒤를 잇는 왕 같은 제사장의 직분을 맡았음을 기억하고, 여러분이 약할 그때에 곧 강한 자임을 기억하고 기뻐하는 자가 되십시오. 마음껏 기뻐하고 하나님과 함께 동역하는 자로 부름 받은 자로서 충성하십시오. 하나님이 여러분을 불러 그 일에 동참시킨 이유가 하나님이 부르시는 영혼들을 향한 일이기 때문에 여러분은 더없이 겸손해야 합니다.

29

침묵

눅 23:1-12

무리가 다 일어나 예수를 빌라도에게 끌고 가서 고발하여 이르되 우리가 이 사람을 보매 우리 백성을 미혹하고 가이사에게 세금 바치는 것을 금하며 자칭 왕 그리스도라 하더이다 하니 빌라도가 예수께 물어 이르되 네가 유대인의 왕이냐. 대답하여 이르시되 네 말이 옳도다. 빌라도가 대제사장들과 무리에게 이르되 내가 보니 이 사람에게 죄가 없도다 하니 무리가 더욱 강하게 말하되 그가 온 유대에서 가르치고 갈릴리에서부터 시작하여 여기까지 와서 백성을 소동하게 하나이다. 빌라도가 듣고 그가 갈릴리 사람이냐 물어 헤롯의 관할에 속한 줄을 알고 헤롯에게 보내니 그때에 헤롯이 예루살렘에 있더라. 헤롯이 예수를 보고 매우 기뻐하니 이는 그의 소문을 들었으므로 보고자 한 지 오래였고 또한 무엇이나 이적 행하심을 볼까 바랐던 연고러라. 여러 말로 물으나 아무 말도 대답하지 아니하시니 대제사장들과 서기관들이 서서 힘써 고발하더라. 헤롯이 그 군인들과 함께 예수를 업신여기며 희롱하고 빛난 옷을 입혀 빌라도에게 도로 보내니 헤롯과 빌라도가 전에는 원수였으나 당일에 서로 친구가 되니라.

예수님의 침묵

예수님은 이제 빌라도에게 넘겨집니다. 유대는 당시 로마의 속국이어서 사형을 선고하고 집행할 권한이 없었기 때문입니다. 그것은 로마 행정기관에 속한 권한이었으므로 대제사장들은 예수님을 빌라도에게 넘겨 그의 사형을 요구합니다.

빌라도는 예수님에게 "당신이 유대인의 왕이 맞느냐"고 물었고 예수님은 그렇다고 대답하십니다. 그는 예수님께 죄가 없다고 판단하고서 "아무 죄도 없으니 풀어주자"고 했지만, 대제사장들과 합세한 무리들은 예수님을 죽여야 한다고 강변합니다. 빌라도는 예수님이 갈릴리 사람이라는 말을 듣자 이 문제에 대한 책임을 면하려고 그를 헤롯에게 보냅니다. 예수님이 태어나실 때 유대의 왕 헤롯은 헤롯 대왕(Herod the Great)을 말하는 것이고, 여기에 등장하는 헤롯은 그의 아들 헤롯 안디바(Herod Antipas)입니다.

헤롯 대왕은 로마로부터 유대의 통치권을 인정받지만, 그가 죽은 다음에 그의 아들들은 아버지의 통치 영역을 그대로 다 물려받지 못하고 그 통치 영역이 분할되어 분봉왕 노릇을 합니다. 지금 이 본문에 등장하는 헤롯 안디바는 갈릴리와 베레아 지방을 다스렸습니다. 그가 가진 권력은 우리의 이해를 돕자면 도지사쯤으로 축소된 것입니다. 그래도 어쨌든 그는 유대의 왕이라는 지위를 가지고 있었고, 빌라도는 로마의 유대 총독으로 와 있는 사람입니다. 그 둘 사이에 적지 않은 정치적 갈등이 있었던 것으로 전해지고 있습니다.

유대 민족은 특별한 민족의식을 가지고 있었고, 하나님을 모르는 로마의 속국이 된 것을 참지 못하여 늘 반란의 준비가 되어 있었던 나라였습니다. 당시 통치자로 와 있던 빌라도는 넉넉한 군사력을 가지고 있지 못했습니다. 치안 유지에 필요한 정도의 군사만 가지고 있어서 늘 불안스러운 자리를 지키고 있었습니다. 빌라도와 헤롯 사이에는 적지 않은 견해 차이가 상존하여 서로 부딪혔으나, 예수님을 넘겨주는 이 문제로 친해졌다고 성경은 증언합니다.

빌라도와 헤롯은 예수님을 앞에 세우고 무례하게 자기네 권력으로는 다룰 수 없는 하나님을 조롱합니다. 헤롯이 특히 그랬는데, 11절에 "헤롯이 그 군인들과 함께 예수를 업신여기며 희롱하고 빛난 옷을 입혀 빌라도에게 도로 보내니"(눅 23:11)라는 표현에서 그것을 알 수 있습니다. 물론 앞의 누가복음 22:63 이하에서도 그런 사실을 찾을 수 있습니다. "지키는 사람들이 예수를 희롱하고 때리며 그의 눈을 가리고 물어 이르되 선지자 노릇 하라 너를 친 자가 누구냐 하고 이 외에도 많은 말로 욕하더라"(눅 22:63-65). 이 모든 일에 예수님이 침묵하시는 것이 이 장면에서 가장 돋보입니다. 침묵하신다는 것은 무엇을 의미할까요?

우리는 예수께서 잡히시던 밤에 제자들에게 하신 교훈 즉 자신의 사역의 성격과 그들에게 가르치신 교훈의 핵심을 기억해야 합니다. 누가복음 22:24-30을 보겠습니다.

> 또 그들 사이에 그중 누가 크냐 하는 다툼이 난지라. 예수께서 이르시되 이방인의 임금들은 그들을 주관하며 그 집권자들은 은인이라 칭함을 받으나 너희는 그렇지 않을지니 너희 중에 큰 자는 젊은 자와 같고 다스리는 자는 섬기는 자와 같을지니라. 앉아서 먹는 자가 크냐 섬기는 자가 크냐. 앉아서 먹는 자가 아니냐. 그러나 나는 섬기는 자로 너희 중에 있노라. 너희는 나의 모든 시험 중에 항상 나와 함께 한 자들인즉 내 아버지께서 나라를 내게 맡기신 것같이 나도 너희에게 맡겨 너희로 내 나라에 있어 내 상에서 먹고 마시며 또는 보좌에 앉아 이스라엘 열두 지파를 다스리게 하려 하노라(눅 22:24-30).

내 나라는 섬기는 나라다. 너희가 나와 함께 있으면서 항상 내가 어떤 시험 앞에 있었음을 보지 않았느냐. 그러므로 아버지께서 나라를 내게 맡긴 것같이 나도 너희에게 맡긴다. 그리고 이제 당신이 하신 말씀 그대로 예수님은 세상 권세를 쥔 자들의 모욕적이고 왜곡되고 무지하고 거친 대접 앞에 서십니다. 그의 이러한 서심은 이 세상이 하나님을 거부하는 자리에

믿음

서신 것으로 하나님께 대한 순종의 표시입니다. 그리고 하나님 없이 사는 곳에 보이신 하나님의 임재입니다. 예수님은 침묵으로 일관하십니다. 그는 순종과 하나님의 임재를 침묵으로 싸매십니다. 이와 같이 침묵으로 감싼다는 것은 무엇을 의미할까요?

만약 이 자리에 우리가 선다면, 얼마든지 할 말이 많을 것입니다. "너희 앞에 선 내가 누군지 아느냐? 너희가 하는 짓이 무엇인지 아느냐?" 우리는 고함을 지를 것이고, 저들의 죄악과 무지를 지적할 것이고, 변명할 수 있을 것입니다. 그러나 예수님은 아무것도 하시지 않습니다.

우리가 인생을 살면서 어떤 사람에게 무슨 말을 할 때는 대개 부탁하는 말이거나, 아니면 뭐라고 충고하는 말일 것입니다. 부탁하는 말이야 다 이해하니까 접어 두고, 충고하는 말에 대해 생각해 보십시다. 사람이 충고하고자 하는 가장 큰 이유는 무엇일까요? 상대방이 틀리면 그것이 내게 짐이 되기 때문입니다. 나와 관계된 사람이 잘못을 하면 그가 저지른 일에 대하여 대부분의 짐은 맡아 지겠지만, 나도 얼마간 나누어 져야만 합니다. 그 파편이 내게도 튄다는 것입니다. 그래서 우리는 고함을 지릅니다. 그러지 말라고 말입니다. 우리는 상대방을 위하여 진심 어린 충고를 하지 못합니다.

보다 깊이 들어가 짚어 보자면, 그가 저지르는 일로 인하여 나도 함께 엮일 수밖에 없는 불이익이나 안 좋은 평가를 사전에 차단하려는 데 있습니다. "나는 너와 같은 부류가 아니다. 이것은 너 혼자 짊어져라. 나는 너한테 하지 말라고 분명히 충고했다. 이제부터 일어나는 일은 네가 백 퍼센트 책임을 져라." 이렇게 화를 냅니다. 화를 내는 여러 가지 중에 교묘하게 많이 쓰는 것이 우는 것입니다. 운다는 것이 무엇입니까? 진심을 전해서 분명한 증거를 남기겠다는 것입니다. 나는 울었고 내 할 일 다 했다는 것입니다.

조금 더 나가면 어떻게 합니까? 우는 것에서 조금 더 나가면 삭발을 하게 됩니다. "나는 내 할 일 다 했다. 하지 말라고 분명히 그랬다. 자, 내 머리를 봐라." 이렇게 됩니다. 그리고 거기서 더 나가면 어떻게 합니까? 혈서를 씁니다. 그렇게 해서 어떻게 하자는 것입니까? 자기가 져야 할 짐을 백 퍼센트 상대에게 다 떠넘기고 만다는 것입니다.

여러분은 선뜻 이해가 안 가십니까? 예수님은 지금 그런 것과는 달리 행하십니다. "너희들이 잘못하는 것이다. 너희들은 내가 누군지 모른단 말이냐?" 이렇게 말씀하심으로써 주께서 져야 할 짐을 저들에게 떠넘기시지 않고 당신이 지셔야 할 짐으로 다 수용하신다는 것입니다. 저들의 모욕과 조롱과 자신의 억울함을 판단하거나 반박하지 않고 이것은 내가 가야 하는 길로, 내가 감수해야 하는 일이라고 수용하시는 것입니다. 이것이 예수님의 침묵입니다.

스포츠에서 어려운 시합을 앞두면 하던 일이 있었습니다. 선수들이 강팀과 어떤 시합을 앞두고서 책임을 면하고 싶어 삭발하는 것이었습니다. 우리는 적어도 우리 할 것 다했다고 말입니다. 그러나 선수는 삭발을 할 것이 아니라 골을 넣어야 합니다. 골을 넣어 이길 자신이 없으니까 삭발을 합니다.

예수님은 이렇게 도망가시지 않았습니다. 예수님은 자신이 걸어야 할 길을 마땅히 걸어가십니다. 그는 침묵으로써 죽음의 길로 나아가십니다. 그렇다면 이것이 우리에게 무슨 의미가 있을까요? 그렇게 걸어가신 예수님에 대하여 그저 감탄하고 연민을 드러낼 것이 아니라, 하나님이 우리를 사랑하사 구원하시는 그분의 방법으로 예수님을 십자가에 죽게 하셨다는 것을 기억하라는 것입니다. 다시 말해, 그의 십자가로 구원을 받은 자들의 존재와 인생을 어떻게 살아야 할 것인지를 바로 깨달으라는 것입니다. 예수님이 걸으신 길로써 우리에게 요구하시는 것은 신자 된 인생을 그와 같

믿음

이 묵묵히 살라는 것입니다.

십자가에 대한 오해

고린도후서 12:7-9을 보겠습니다.

여러 계시를 받은 것이 지극히 크므로 너무 자만하지 않게 하시려고 내 육
체에 가시 곧 사탄의 사자를 주셨으니 이는 나를 쳐서 너무 자만하지 않게
하려 하심이라. 이것이 내게서 떠나가게 하기 위하여 내가 세 번 주께 간구
하였더니 나에게 이르시기를 내 은혜가 네게 족하도다. 이는 내 능력이 약
한 데서 온전하여짐이라 하신지라. 그러므로 도리어 크게 기뻐함으로 나의
여러 약한 것들에 대하여 자랑하리니 이는 그리스도의 능력이 내게 머물게
하려 함이라(고후 12:7-9).

바울이 하나님 앞에 세 번이나 기도한 것은 복음을 전하는 데 자신이
너무나 치명적인 약점을 안고 있었기 때문입니다. 바울이 어떤 약점을 안
고 있었는지 모르지만, 자신의 몸에 시험하는 것이 있다고 표현한 것을 보
면, 그의 복음 사역에 뭔가 치명적인 장애가 있었던 것입니다. 복음을 전하
고 중요한 말씀을 전해야 하는데 그것이 늘 방해가 되었을 것입니다.

우리는 사실 예수님을 믿고 나면, 예수께서 우리를 위하여 십자가를
지셨다는 것이 무엇인지 거의 잘못 이해하고 있는 것 같습니다. 내가 예수
님을 믿었으니 세상이 주는 것보다 더 큰 것으로 하나님께 보상해 달라고
구합니다. 누구나 기복적 기대를 하게 됩니다. 예수님을 믿었으니 세상 앞
에서도 세상 만들 수 있는 것보다 더 큰 것을 만들어 달라고 구합니다.

예를 들면 세상이 못 고치는 병을 고침받았다든지, 세상이 주지 못하

는 평안을 누렸다든지 하는 것으로 자신이 증명받기를 원합니다. 사실 세상의 것보다 더 큰 진리와 영생을 믿고 있는데도 세상이 주는 것만큼의 보상이 없다는 것이 신자에게는 늘 어렵습니다. 예수님을 믿는다는 것에 대하여 세상 사람들로부터 확인받을 방법이 없다고 생각하기 때문입니다. 예수님을 믿는데도 왜 더 힘이 드는 것인가? 이 말이 신앙인에게 자존심을 상하게도 하고, 신앙을 지키는 일에서 괴롭히기도 합니다.

그러니까 무엇으로 이 책임을 하나님께 떠넘깁니까? 철야나 금식으로 그렇게 합니다. 이것이 아까 이야기한 혈서 쓰고 머리 깎는 것과 흡사한 것입니다. 나는 내 할 일을 다 했으니 이것으로 보상이 되지 않으면 하나님의 책임입니다. 이렇게 떠넘기는 것이죠. 사도 바울은 그에게 있었던 장애를 하나님이 제거해 주시기를 바라면서도 하나님의 하나님 되심이 자신과 자신의 증거를 통하여 더 잘 나타나기를 사심 없이 구합니다. 그런데도 대답은 천만뜻밖에 내 은혜가 네게 족하도다! 줄 것 다 주었다. 그뿐입니다. 기절할 것 같습니다.

하지만 사도 바울이 그 말을 알아듣습니다. "그러므로 도리어 크게 기뻐함으로 나의 여러 약한 것들에 대하여 자랑하리니 이는 그리스도의 능력이 내게 머물게 하려 함이라"(고후 12:9하). 그가 감수하겠다는 것입니다. "너 예수 믿는데 그 꼴이냐?" "그래 그렇다." "너 예수 믿는 것이 맞느냐?" "그래 맞다." "하나님이 네게 영생을 주시고 복을 주신다는 것이 맞느냐?" "그렇다." "그런데 넌 왜 그 꼴이냐?" 이것이 십자가라는 것입니다.

이 내용을 이해하지 못하면 여러분은 자신의 신앙 현실을 이해하지 못할 것입니다. 하나님이 나를 위하여 그 아들도 아끼시지 않았는데 왜 그보다 쉬운 것은 안 주시는가 하는 불만 가운데서 걸을 수밖에 없을 것입니다. 예수께서 걸으신 길이 곧 영광의 길입니다. 그것이 모든 것을 준 길이며, 복된 길이라는 것을 이해하지 못하면 자신의 신앙 현실이 억울할 것입니다. "넉넉하다. 내 은혜가 네게 족하다." "왜 아멘 안 하십니까?" "아멘 했다가 정말 평생 이대로 살아야 하는 것 아닌가?"

이 문제에 대한 아주 깊은 이해를 주는 바울의 다른 고백이 있습니다. 고린도전서 2:1-5을 보겠습니다.

> 형제들아, 내가 너희에게 나아가 하나님의 증거를 전할 때에 말과 지혜의 아름다운 것으로 아니하였나니 내가 너희 중에서 예수 그리스도와 그가 십자가에 못 박히신 것 외에는 아무것도 알지 아니하기로 작정하였음이라. 내가 너희 가운데 거할 때에 약하고 두려워하고 심히 떨었노라. 내 말과 내 전도함이 설득력 있는 지혜의 말로 하지 아니하고 다만 성령의 나타나심과 능력으로 하여 너희 믿음이 사람의 지혜에 있지 아니하고 다만 하나님의 능력에 있게 하려 하였노라(고전 2:1-5).

예수님이 걸으신 순종의 길

고린도 교회는 독특한 교회였습니다. 지금 지명으로 이야기하면, 그리스에 있는 교회입니다. 잘 알다시피 서양 정신은 두 개의 산맥으로 형성되어 있습니다. 하나는 헬레니즘이고, 다른 하나는 헤브라이즘입니다. 인본주의와 신본주의라는 두 산맥을 갖고 있습니다. 인본주의는 인간 정신의 위대함을 높이는 것으로 발원지는 그리스입니다. 그곳에는 우리도 아는 제우스, 아폴론, 아프로디테 등 많은 신들이 있었습니다. 그 신들은 인간보다 힘이 더 있을 뿐입니다. 죽지 않고 초월적 능력을 갖고 있지만, 그 속성과 성품에 있어서는 인간과 매우 비슷합니다. 그러나 아무튼 힘을 가지고 있습니다. 그리스 신화에서 신의 사자는 신과 인간의 중간쯤 되는 지위를 갖고 있습니다.

그런데 고린도 교회 교인들이 보니까 사도 바울은 이런 모든 신보다 더 뛰어난, 이 신들은 모두 가짜이고 진정한 그 신의 사자라고 하는데, 신의 사자가 신과 자기들 사이에도 있지 않고, 신과 고린도 교회의 밑에 있는 것입니다. 이것이 고린도 교회와 바울 간에 뿌리 깊은 갈등의 원인이 됩니다. 바울이 신의 사자인 것이 맞는가? 사도 바울이 고린도 교회의 이런 도전에 늘 직면합니다.

그래서 그것을 뿌리로 둔 채 사도 바울이 이와 같이 말합니다. 내가 너희에게 복음을 전할 때 얼마나 걱정했는지 아느냐? 나는 사람이 이해할 수 있는 것을 전한 것이 아니었다. 내가 전한 것은 교육이나 철학이나 이념이나 도덕이 아니었다. 그것은 하나님만이 하실 수 있는, 영혼을 살리는 창조와 생명과 진리에 속한 것이었다. 하나님만이 결실하게 하실 수 있는 일에 내가 일꾼으로 보냄을 받았던 것이다. 그래서 나는 너희가 내 사상을 이야기하는 것으로 오해할까봐 두려웠다. 너희가 내 말을 듣고도 이 복음의 비밀스러운 신비를 놓치고 하나의 개념으로 받아들일까봐 얼마나 걱정했는지 모른다. 이것이 고린도전서 2장이 뜻하는 바입니다.

그래서 바울은 어떻게 하기로 작정했습니까? 그가 그들 가운데 거할 때 두려워하고 떠는 가운데 뭐만 기억했다고 말합니까? 예수 그리스도와 그의 십자가만 기억했다고 말합니다. 설득력 있는 지혜의 말로 항복시키고자 한 것이 아니라, 하나님이 하시는 창조와 부활의 권능이 나타나기를 바랐다는 것입니다. 내 힘으로 너희를 어찌할 수 없기에 내가 떨고 두려워했지만, 하나님이 하신다는 사실 때문에 어디로 보냄을 받든지 담대하게 갈 수 있었다고 합니다.

여러분은 신자 된 인생을 사는 동안 예수 그리스도의 뒤를 좇아야 합니다. 입 다물고 순종해야 합니다. 하나님이 여러분을 억울한 자리, 말이 안 되는 자리로 몰아넣으실 것인데, 그것은 절대 손해 보는 자리도 아니며,

부족한 자리도 아니며, 외면당하는 자리도 아니라는 것입니다. 왜냐하면 하나님이 우리를 통하여 하시려는 일들은 하나님의 권능으로만 하실 수 있는 신적 축복, 신적 능력, 신적 목적이기 때문입니다. 내가 가진 것으로 무엇을 만들어야 하는 일이 아니라, 우리가 가진 것으로 만들 수 없는 일을 만들어 내시기 위하여 하나님이 나를 보내신 것을 알기 때문에 나는 기꺼이 입 다물고 순종할 수 있다는 것입니다.

내가 최선을 다한다는 표로써 혈서 써서 증명할 필요는 없습니다. 스스로 감수해야 하는 인생이요, 그것이 내 존재라는 것입니다. 예수님을 믿는다는 것은 참으로 신비한 것입니다. 주께서 그 길을 걸으시므로 우리라는 결과를 만드셨습니다. 우리가 왜 예수님을 믿었는지, 어떻게 믿었는지 우리는 서로 다 다를 뿐 아니라 사실 그것을 다 이해하지도 못합니다. 그러나 예수님이 누구신지를 아는 사람이 된 것만은 분명한 현실입니다.

우리 인생 속에서 하나님이 나를 이렇게 인도하셨듯이, 나의 인생을 쓰시되 하나님의 기적과 능력으로 쓰시겠다고 합니다. 우리에게 순종하라고 하십니다. 혈서 써서 죽음을 면제 받으려 하지 마십시오. 혈서 쓰지 말고 죽으라고 하십니다. 그것이 신자가 사는 인생입니다. 여러분 자신의 능력과 지위와 현실이 막막하고 불만으로 가득 찰 수 있습니다. 그럴지라도 여러분은 하나님을 알게 되었으니, 그 인생의 길을 기도함으로써 앞으로 나아가야 합니다.

여러분이 믿기 전에 주어진 조건과 믿은 다음에 받은 조건 사이에 달라진 것은 예수님을 아느냐 모르느냐 하는 것 외에 달라진 것은 하나도 없습니다. 자신밖에 몰랐던 인생에서, 세상이 전부였던 인생에서 예수님이 누구신지, 하나님이 어떻게 일하시는지, 예수님 안에서 내게 주시는 것이 무엇인지를 아는 인생이 된 것 이외에 실제로 기독교 신자에게 주신 다른 것은 없습니다.

이제 여러분은 자신의 인생과 존재에서 하나님의 일하심을 누리는 자가 되었습니다. 하나님이 어떻게 일하시는지 보자. 무엇을 만드시는지 보자. 어떤 기적을 지금 하나님이 이루고 계시는지 보자. 그런 기대를 하십시오. 예수님이 헤롯과 빌라도 앞에서 모욕을 당할 때 그가 하나님인 줄, 메시아인 줄, 기적을 이루기 위하여 순종하러 오신 분인 줄 누가 알았겠습니까? 모든 성도가 그 동일한 길을 따라 걷는 것입니다.

우리가 볼 때 별것 없는 것, 별것 아닌 것 같은 것 가지고도 하나님이 합력하여 선을 이루십니다. "우리가 알거니와 하나님을 사랑하는 자 곧 그의 뜻대로 부르심을 입은 자들에게는 모든 것이 합력하여 선을 이루느니라"(롬 8:28). 놀라운 선언입니다.

하나님이 우리에게 우리가 할 수 있는 것보다 더 큰 것을 하라고 하시는 것이 아닙니다. 나 아닌 사람이 되라고 하신 것도 아닙니다. 멋있고 완벽하라고 하신 것이 아닙니다. 믿음을 가지십시오. 실제로 순종하십시오. 한숨과 눈물 가운데 걸으십시오. 하나님이 여러분의 인생을 복되게 하실 것입니다. 기적을 이루시는 줄 알게 될 것입니다.

만일 그렇지 않다면 항의하십시오. "예수님이 걸으신 길은 거짓말입니다. 예수님이 십자가를 지셨다는 것을 저에게 확인시켜 주십시오." 이렇게 요구하십시오. 여러분 생애에서 창조와 부활의 기적을 넉넉히 누리시게 될 것입니다.

30

신앙의 신비

빌 1:19-26

이것이 너희의 간구와 예수 그리스도의 성령의 도우심으로 나를 구원에 이르게 할 줄 아는 고로 나의 간절한 기대와 소망을 따라 아무 일에든지 부끄러워하지 아니하고 지금도 전과 같이 온전히 담대하여 살든지 죽든지 내 몸에서 그리스도가 존귀하게 되게 하려 하나니 이는 내게 사는 것이 그리스도니 죽는 것도 유익함이라. 그러나 만일 육신으로 사는 이것이 내 일의 열매일진대 무엇을 택해야 할는지 나는 알지 못하노라. 내가 그 둘 사이에 끼었으니 차라리 세상을 떠나서 그리스도와 함께 있는 것이 훨씬 더 좋은 일이라. 그렇게 하고 싶으나 내가 육신으로 있는 것이 너희를 위하여 더 유익하리라. 내가 살 것과 너희 믿음의 진보와 기쁨을 위하여 너희 무리와 함께 거할 이것을 확실히 아노니 내가 다시 너희와 같이 있음으로 그리스도 예수 안에서 너희 자랑이 나로 말미암아 풍성하게 하려 함이라.

빌립보서 1장에서 우리는 사도 바울의 서신이 보여주는 중요한 배경, 안목, 분별을 대합니다. 초기 교회에서 이 빌립보 교회는 시기적으로 상당히 중요한 시기에 놓여 있었습니다. 복음이 이방으로 퍼져 나가기 시작하고, 교회들이 이제 막 세워지고, 연약한 성도들이 교회를 책임져야 하는 상황이었기 때문입니다. 이때 가장 중요한 책임을 져야 했던 사도 바울은 지금 감옥에 갇혀 있습니다.

우리는 전에 빌립보서 1:12-18을 살필 때 사도 바울의 부재가 우리에게 어떤 것을 더 분명하게 해주었느냐 하는 것을 상고했습니다. 사도 바울이 이해한 대로 거기서는 그의 부재가 복음에 대한 이해를 더 깊게 해주었다는 것이었습니다. 그리고 여기 1:19-26에서는 그가 자신의 부재를 또 다른 측면에서 살피고 있습니다. 즉 사도 바울이 자신의 투옥을 어떻게 이해하고 있었느냐 하는 문제입니다. 이를 통해 우리는 바울의 투옥이 어째서 그에게 손해가 아니었는지, 또 그것이 우리가 가진 기독교 신앙이나 신앙인으로서의 삶과 책임에 어떤 이해를 더 증진시킬 수 있을 것인가 하는 문제와 만나게 될 것입니다.

막막한 현실을 믿음으로 감내함

이미 전에 살펴본 대로 바울은 "그러면 무엇이냐 겉치레로 하나 참으로 하나 무슨 방도로 하든지 전파되는 것은 그리스도니 이로써 나는 기뻐하고 또한 기뻐하리라"(1:18)고 합니다. 이로써 자신의 투옥이 가져온 결과가 무엇인지를 말하고 있습니다. 그는 자신의 투옥으로 인해 그를 아끼는 자들과 또 시샘하고 비난하려는 자들이 일어났지만, 궁극적으로 복음의 진보가 이루어졌다는 것입니다. 그는 하나님의 일하심이 얼마나 놀라운지를 이런 식으로 보여줍니다. 하나님은 우리의 실패나 연약함에 방해를 받으시지 않고 우리에게 허락하신 구원과 은혜와 복음을 반드시 지키신다는 것이 그의 고백이었습니다.

사도 바울은 바로 이런 안목을 가지고 자신의 처지에 대한 이해를 갖게 됩니다. 본문 19절에 보면, "이것이 너희의 간구와 예수 그리스도의 성령의 도우심으로 나를 구원에 이르게 할 줄 아는 고로"라고 말합니다. 이 구절에서 '이것'은 18절에서 말한 "무슨 방도로 하든지 전파되는 것은 그리스도"를 지시하고 있습니다. 즉 복음의 신비한 능력, 기이한 하나님의 방식을 말합니다. 이것이 빌립보 교인들의 간구와 예수 그리스도의 성령의 도우심으로 자기 자신을 구원에 이르게 할 것이라고 그는 고백합니다.

여기서 구원에 이르게 한다는 것은 일반적으로 말하는 예수님을 믿느냐 마느냐 하는 문제가 아닙니다. 하나님이 복음을 허락하사 목적하신 자신의 뜻을 완전히 이루시는 자리로 그를 인도하실 것을 말하는 것입니다. 그를 하나님의 종으로 부르시고 그를 통하여 교회를 세우셨고, 그의 고난과 수고에도 불구하고 결국 복음은 승리한다는 것입니다. 하나님께서 그 복음을 옳은 것으로 드러내셔서 하나님의 종으로 세운 그의 인생과 운명을 마침내 승리로 인도하실 것을 그는 강하게 확신하고 있습니다.

그러나 하나님이 궁극적인 승리자이시고 당신의 뜻을 마침내 이루실 신실한 분이라는 이 확신이, 지금의 문제를 운명에 떠넘겨 '그래서 나는 괜찮다'는 식으로 끌고 가는 것은 아닙니다. 그렇다면 이 확신이 등장하는 가장 큰 이유는 무엇일까요? 현실은 사실 이해가 잘 되지 않는다는 어려움을 말하려는 데 있습니다. 그러나 결국 하나님이 승리하실 것이다. 하나님이 그 아들을 보내어 밝히 드러내신 은혜와 사랑과 그 뜻을 끝내 이루실 것이다. 비록 내가 잡혀 감옥에 갇혀 있었지만 복음의 진보가 있었다는 사실을 기억하라. 하지만 현실은 막막할 수 있고 이해가 가지 않을 수 있다. 그가 이런 이야기를 이제 펼치고 있습니다. 본문 20-21절이 그런 내용입니다.

> 나의 간절한 기대와 소망을 따라 아무 일에든지 부끄러워하지 아니하고 지금도 전과 같이 온전히 담대하여 살든지 죽든지 내 몸에서 그리스도가 존귀하게 되게 하려 하나니 이는 내게 사는 것이 그리스도니 죽는 것도 유익함이라(빌 1:20-21).

쉽게 읽으면 그의 이 말은 너무나 당연한 고백이고 선택이고 헌신으로 보입니다. 그러나 그렇게 간단한 이야기가 아닙니다. 바울은 자기가 살아서 하나님께 유익이 되는 존재도 아니고, 자기가 죽어서 하나님께 손해가 되는 존재도 아니라는 사실을 압니다. 이는 바울 한 개인의 존재 가치를 평가하는 문제와 상관없다는 말입니다. 하나님의 크심이라는 차원에서 볼 때, 무한하신 하나님, 신실하신 하나님, 은혜와 긍휼이 넘치는 하나님의 일하심에 나 하나를 누가 편든다고 무슨 표가 나며, 나 하나를 누가 방해한다고 한들 무슨 장애가 되겠느냐 하는 이야기입니다. 이 모든 일은 예수님 안에서 드러난 하나님의 작정과 일하심을 더욱 두드러지게 할 뿐이며, 나 하나 살아 있다는 것으로 십자가가 더 빛나는 것도 아니고, 나 하나가 없어짐으로 그 조명이 어두워지는 것도 아니라는 뜻입니다. 이런 것이 바로 그가 말하는 살든지 죽든지 자신의 몸에서 그리스도가 존귀하게 되게 하려 한다는 뜻입니다.

사도 바울이 무엇 때문에 이런 이야기를 합니까? 하나님의 일하심의 신실하심과 측량할 수 없는 지혜와 능력과 온전하심에 대한 자신의 궁극적인 항복 때문에 꺼낸 것입니다. 그래서 "살든지 죽든지"라는 말은 바울이 살 수도 있고 죽을 수도 있는 위기선상에 지금 서서 걷고 있다는 뜻입니다. 그것이 바울 자신이 처한 현실이라는 것입니다. 그는 내일을 다시 만날 수 있을지 없을지 확인되지 않는 현실 속에 있습니다. 그가 감옥에서 성한 몸으로 걸어 나가 햇빛을 볼 수 있을지, 아니면 여기서 죽게 될지 사실 모릅니다. 그러나 하나님은 역사와 온 인류의 운명과 온 우주의 주인이시니 나 하나 어떻게 된들 그것이 그분께 무슨 손해가 되겠느냐 하는 것이 사도 바울의 진정한 고백 내용입니다.

이 고백은 나는 아무래도 좋다고 말하는 일종의 체념을 신앙이라는 이름으로 치장하여 꺼내놓고, 어떤 눈치를 보려는 제안도 아닙니다. 하나님, 제가 목숨까지 걸었습니다. 죽을 각오까지 됐습니다. 하나님이 이래도 가만히 계실 것입니까 하는 표현도 아닙니다. 기왕에 죽을 바에야 멋있게 죽자. 나는 죽어도 좋다. 뭘 벌벌 떨면서 살겠느냐. 기왕 죽게 된 것, 멋지게 죽자고 하는 장렬한 각오도 아닙니다.

그가 한 이 고백의 귀한 것은 이루 말할 수 없습니다. 그는 현실의 불분명함과 우여곡절이라는 감당할 수 없는 무게를 감내하고 있습니다. 궁극적인 차원에서 승리를 확신하고 있지만, 현실은 슬플 때 울어야 하고 기쁠 때 웃을 수밖에 없는 존재라는 것입니다. 자신의 운명을 좌우할 권세를 갖고 있지 않은 피조물로서 하나님을 의지하고, 그 유일한 권세자에게 순종하며 살게 된 이 현실의 어려움을 자기의 육체로 겪고 있다는 뜻입니다. 그가 신앙을 지킴으로 이 현실의 고난을 자신의 몸으로 다 받아내겠다, 나 울겠다, 나 비명을 지르겠다고 하는 고백인 것입니다.

바울은 그것을 빌립보 교회 교인들과 함께 나누자고 말합니다. 그게 26절입니다. "내가 다시 너희와 같이 있음으로 그리스도 예수 안에서 너희 자랑이 나로 말미암아 풍성하게 하려 함이라." 이 고백은 나 하나의 고백이자 자랑이자 큰소리가 아니라, 나를 통해 너희에게 증거되고 허락된 복음이 거두게 될 결실이요, 교회에 준 하나님의 커다란 선물이자 믿음의 특권이라는 이야기입니다.

이 동일한 하나님의 은혜와 부르심을 현실 속에서 감내하라고 하는 하나님의 요청에 빌립보 교회뿐 아니라 사도 바울도 순종으로 응답해야 한다는 것입니다. 그래서 20절에서 말하는 "나의 간절한 기대와 소망"은 궁극적으로 하나님의 신실하심과 전능하심의 승리와 연결되어 있습니다.

하나님의 궁극적인 승리와 소망은 예수님으로 증거되었습니다. 우리에게 구원을 베푸시는 복음으로 선포되고 있습니다. 그 승리를 간절한 소망으로 갖고 있으나 지금 그 소망을 품고 걸어야 하는 현실에서 바울은 부끄러움을 감수하고 있습니다. 이 감수해야 한다는 것은 그의 마음에 참으로 비겁한 것 같은 생각이 드는 현실을 받아내고 있다는 뜻입니다.

고난의 의미를 배움

우리는 확신, 선택, 결단, 헌신, 기쁨 등과 같은 단어들을 너무도 쉽게 사용합니다. 그런 단어들을 사용하면 마치 현실에서도 어떤 보상이 주어지는 것으로 생각합니다. 우리가 천국 소망을 확신하면 지금 현실에 평화가 오고, 내가 하나님을 믿는 믿음이 진실하면 현실이 형통해질 것이라고 막연히 갖다 붙입니다. 그러나 성경은 그렇게 이야기하지 않습니다. 바울은 지금 그런 말을 할 수 없는 처지에 놓여 있습니다.

그는 지금 감옥에 갇혀 자신의 목숨조차 장담하지 못할 처지에 있습니다. 그가 전한 복음으로 교회가 섰지만, 그런 처지에 놓인 바울 사도는 지금 하나님의 종으로서의 운명과 자기 현실을 일관되게 설명할 수 있어야 합니다. 바울은 자신이 형통했더라면 평생 생각해 보지도 않았을, 복음이란 진정 무엇이며 그 궁극적 승리의 이유는 무엇인가 하는 것을 이제 생각하게 됩니다. 현실적 어려움은 왜 생기는 것인가? 그것이 무슨 의미가 있는가? 사실 하나님의 일하심은 우리가 바라고 상상하는 것보다 훨씬 커서, 지금 하루를 편안하게 넘기는 일회용 보상과는 결코 비교도 안 된다는 것을 그가 발견합니다.

하나님의 일하심은 우리의 고난과 부끄러움과 오해와 무력과 실패와 절망조차도 꺾을 수 없을 만큼 큰 것이요, 그것들을 다 담아내고도 남을 만한 크기입니다. 그것의 보상은 나의 절망이나 비명과 대등한 높이에 있지 않고, 절망과 비명의 자리에 내려가도 그 깊이보다 더 깊은 것입니다. 우리의 기대와 소원이 아무리 크다 해도 그보다 더 높을 수 없습니다. 우리의 책임과 간절함이 아무리 넓다 해도 그보다 더 넓을 수 없습니다. 우리의 승리와 실패, 우리의 기대와 망상, 우리의 헌신과 배신으로도 지나갈 수 없는, 그 끝을 알 수 없는 크기의 복음, 즉 하나님의 일하심을 발견했다고 이

믿음

야기하고 있습니다. 본문 22-24절을 보겠습니다.

그러나 만일 육신으로 사는 이것이 내 일의 열매일진대 무엇을 택해야 할
는지 나는 알지 못하노라. 내가 그 둘 사이에 끼었으니 차라리 세상을 떠나
서 그리스도와 함께 있는 것이 훨씬 더 좋은 일이라. 그렇게 하고 싶으나 내
가 육신으로 있는 것이 너희를 위하여 더 유익하리라"(빌 1:22-24).

바로 앞 절인 21절에서 바울은 "내게 사는 것이 그리스도니 죽는 것도
유익함이라"고 고백합니다. 이 고백은 그가 살아도 주를 위해 살고 죽어도
주를 위해 죽는다는 것이므로 그에게 아무 고통도 없다거나 아무 갈등도
없다는 이야기가 아닙니다. 지금 죽게 될 것인가 살게 될 것인가 하는 그
사이에 끼여서, 마치 맷돌 사이에서 콩이 갈리듯이 죽음과 삶이 자기를 가
운데 놓고 돌리고 있어서 죽는 게 훨씬 좋다는 뜻입니다. 왜냐하면 죽으면
고통은 그치기 때문입니다.

그러나 그가 어떻게 말합니까? 23절에서 그는 그리스도와 함께 있는
것이 훨씬 더 좋은 일이므로 그렇게 하고 싶다고 하지만, 바로 이어지는
24절에서는 그것을 부정합니다. 그가 육신으로 있는 것이 빌립보 교인들
을 위하여 더 유익할 것이라고 말합니다. 자신이 고난을 당함으로 빌립보
교인들에게 고난이 무엇인지를 이해시키고 격려할 수만 있다면 기꺼이 고
통도 연장하겠다는 것입니다. 그는 죽어서 빨리 좋은 곳으로 가겠다고 말
하지 않습니다. 빌립보 교인들을 위하여 고통에 찬 인생이 자신에게 계속
되어, 그들이 자신을 보고 고난을 의미 있는 것으로 생각할 수 있게 되기를
바라는 것입니다. 그들의 믿음이 더 깊어지는 일이라면 고난의 인생도 기
꺼이 연장하겠다는 것입니다.

신앙의 신비

저와 함께 우리 교회를 시작하시고 젊은 30대, 40대를 같이 신앙생활 해오신 분들은, 지금쯤이면 이 말이 뜻하는 바를 이미 체득하셨을 것입니다. 한 사람이 자신의 생명을 갖다 바치는 것 이상으로 더 크게 헌신할 수 있는 다른 방법은 없습니다. 살아생전에는 눈물을 흘리는 것 이상으로 헌신할 수 있는 더 큰 내용도 없습니다. 자기 인생을 이것으로 끝마칠지라도 결코 후회하지 않겠다는 것은 자신의 믿음을 다른 무엇으로도 표시할 더 큰 것이 없다는 말이 될 것입니다.

그러나 이러한 표현들은 마치 우리 하나가 전부인 양 생각하는 것이라 할 수 있습니다. 우리는 자신이 믿는 신앙 내용을 증명하고자 할 때 자기 하나를 중심으로 이해하려는 경향이 있습니다. 우리는 자신이 기쁘면 신앙도 기쁜 것이 되고, 자신이 절망하면 신앙도 어려운 것이 되는 그런 시절도 보냈습니다. 우리는 기쁘기도 했고, 슬프기도 했고, 좌절하기도 했던 30년을 보냈다고 생각합니다. 그런 지금 우리가 배우는 것은 우리 하나가 갖는 무게보다 우리에게 주신 믿음이 더 크다는 사실입니다. 이것이 사도 바울의 고백입니다.

기뻤던 때도 있었고 슬펐던 때도 있었고, 도대체 이게 뭔가 하던 때도 있었습니다. 우리는 이제 그런 영향권에서 벗어난 것 같은 기분이 들지 않습니까? 나 한 사람의 느낌과 나 한 사람의 공감보다 하나님의 일하심이 점점 더 부각되어, 내가 쓸모 있어서 하나님 앞에 도움이 되었으면 좋겠다는 생각에서 벗어나, 이제 자기 존재를 바로 인식하고 자기 자리를 지킴으로 하나님의 사람으로 모든 고통도 감내하고 숨어 기도하겠다. 여기 믿는 사람이 하나 있다는 것을 누가 알든 모르든 내가 지금 앉아 있는 의자처럼 내 자리를 지키겠다고 하는 이런 고백으로 옮겨온 것이 아닙니까?

믿음

우리는 이런 삶을 좋게 평가하지 않는 인생을 살고 있습니다. 세상은 높임을 받고 증명해 보이라고 요구합니다. 잠잠히 자기 자리를 지켜 기쁨과 슬픔, 고통과 평안을 다 끌어안고 자기를 지키는 말 없는 사람이 되는 것을 업신여깁니다. 나이 들면서 점점 경험하듯이, 어디 가면 눈치가 보이고 이제 곧 폐기될 사용 기한이 다 끝난 폐품 같아 보입니다. 과연 그렇습니까?

본문 20절에서 그가 "아무 일에든지 부끄러워하지 아니"한다고 한 말에서 아무 일이란 무엇을 말하는 것일까요? 그것은 이런 것들이라고 할 수 있습니다. 그가 감옥에 갇혀 있는 것을 말합니다. 성도들을 시험한 자신의 육체에 있는 사탄의 가시를 말합니다. 사도 된 사역을 수행하는 과정에서 일어난 여러 가지 시험들입니다. 즉 사십에 하나 감한 매를 다섯 번 맞고, 세 번 태장으로 맞고, 한 번 돌로 맞고, 파선하여 일주야를 깊음 속에서 보내고, 여러 번 여행에 강의 위험과 바다의 위험과 강도의 위험과 동족의 위험과 이방인의 위험을 당하고, 여러 번 굶고 춥고 헐벗었던 것을 말합니다. 그가 얼마나 많은 비난을 받았겠습니까? 그 모든 것에도 불구하고 그는 "내가 육신으로 있는 것이 너희를 위하여 더 유익하리라"(1:24)고 말하지 않습니까? 이것은 큰소리치는 것이 아닙니다. 그것은 기꺼이 다시 자신의 일선으로 복귀하겠다는 장병의 고백과 같은 것입니다.

다음으로 본문 25-26절을 보십시다. "내가 살 것과 너희 믿음의 진보와 기쁨을 위하여 너희 무리와 함께 거할 이것을 확실히 아노니 내가 다시 너희와 같이 섬으로 그리스도 예수 안에서 너희 자랑이 나로 말미암아 풍성하게 하려 함이라"(빌 1:25-26). 여러분, 저를 만나서 무슨 자랑을 얻었습니까? 여러분이 우리 목사님 훌륭하다고 이야기하는 것은 고마운 일입니다. 그러나 그것은 "그리스도 예수 안에서 너희 자랑이 나로 말미암아 풍성하게 하려" 한다는 것에는 들지 못합니다. 여러분이 오해받고 고난받는 중에도 하나님의 더 크신 일하심의 궁극적 승리를 확인하시고, 그 아득한 현실을 자신의 기대와 욕심 탓에 내던지지 마십시오. 하나님의 뜻에 순종함으로 눈물과 한숨을 삼키는 것에 여러분의 자랑이 있다는 것을 잊지 마십시오.

서두에서도 이야기한 바 있지만, 이런 이야기는 기왕 죽을 것 멋있게 죽자고 하는 이야기가 아닙니다. 우리가 가는 길은 예수님이 이미 먼저 걸으신 길이요 요구하신 길입니다. "아무든지 나를 따라오려거든 자기를 부인하고 날마다 제 십자가를 지고 나를 따를 것이니라"(눅 9:23)고 하신 길입니다. 이것이 신앙의 신비입니다. 우리가 보면 그것이 우리 자신을 위해서도 마음에 들지 않고, 우리를 지켜보는 세상에게도 아무 영향력을 미치지 못할 것 같은데, 그렇지 않습니다. 우리가 세상의 풍파와 시험에도 아랑곳하지 않고, 그것을 뚫고 나가는 것을 세상이 제일 먼저 알아봅니다.

우리가 아무런 보상도 누구의 동정도 요구하지 않고 오직 예수님 안에서 우리 길을 꿋꿋하게 걸어가면 세상이 놀랍니다. 자신의 영향 아래 있지 않다는 것을 압니다. 세상 사람들이 우리가 누구인지를 그때 분명히 압니다. 저 사람들은 어떻게 저렇게 살 수 있는가? 어떻게 저 길을 가는가? 그 힘이 어디서 나오는가? 이렇게 묻게 됩니다. 그리고 그들은 우리가 누구 안에 있는지를 알게 됩니다.

사도 바울은 자신의 인생에 있는 고난을 어떻게 이해합니까? 그것을 하나님이 일하시는 방법이라고 깨닫습니다. 손해 보는 것이 아니라고 믿습니다. 하나님의 궁극적인 승리가 약속되어 있는 현실을 걸고 있는 것으로 이해합니다. 측량할 수 없는 하나님의 지혜를 믿음으로 따라가고 있다고 안 것입니다.

그가 얼굴이 평안했고 넉넉했을 것이라고 생각하지 않습니다. 제 표정하고 비슷했을 것입니다. 사람에게는 몇 가지 특징적인 표정들이 있는

데 아무 생각 없는 표정이 제일 많습니다. 생각을 많이 하는 표정은 제가 갖고 있습니다. 왜 생각을 많이 할까요? 고단해서 그렇습니다. 왜 아무 생각이 없을까요? 평안해서 그렇습니다. 왜 평안할까요? 생각할 이유가 없어서 그렇습니다. 하나님은 우리를 평안하도록 놔두시지 않습니다. 하나님은 우리를 더 깊이, 더 깊이, 더 깊이 예수님 안에 붙들어 두심으로 우리의 자랑이 풍성하게 되기를 원하십니다.

여러분의 길을 통하여 십자가의 승리, 죽은 자를 살리시는 하나님의 부활의 승리가 전파된다는 것을 기억하고, 스스로 부끄러워서 담력을 끌어올려야 하는 현실일지라도 그 현실이 십자가의 길인 것을 기억함으로 시험에 지지 마시고, 변명하려 하지 마시고, 체념하지 마시고, 빨리 죽으려 하지 마시고, 웃고 극복하여 여러분의 신자 된 인생을 진지하게 살아가시기를 권합니다.

31

율법주의

엡 1:3-6

찬송하리로다. 하나님 곧 우리 주 예수 그리스도의 아버지께서 그리스도 안에서 하늘에 속한 모든 신령한 복을 우리에게 주시되 곧 창세 전에 그리스도 안에서 우리를 택하사 우리로 사랑 안에서 그 앞에 거룩하고 흠이 없게 하시려고 그 기쁘신 뜻대로 우리를 예정하사 예수 그리스도로 말미암아 자기의 아들들이 되게 하셨으니 이는 그가 사랑하시는 자 안에서 우리에게 거저 주시는 바 그의 은혜의 영광을 찬송하게 하려는 것이라.

율법주의를 논하는 이유

우리는 오랫동안 이사야서를 살펴왔습니다. 이제 그렇게 살핀 내용을 토대로 이사야서 전체에서 가장 중요한 핵심을 요약해서 후기로 삼고자 합니다. 왜냐하면 이 내용을 여러분에게 꼭 기억시켜 드리고 싶기 때문입니다. 이를 위해서 에베소서 1장을 택했습니다. 여기서 다루고 싶은 주제는 율법주의에 관한 것입니다. 율법주의에 대한 이해를 나눔으로써 성경이 말하는 구원이 무엇이며, 또 우리에게 허락된 인생이 어떤 의미를 가지는지에 대하여 이사야서가 내린 결론을 우리 마음에 분명히 하고자 합니다.

에베소서 1:3-6에서 말하는 주요한 핵심은 하나님께서 창조주로서 모든 것을 만드실 때, 특히 인간을 만드실 때 그를 하나님의 영광을 찬송하는

믿음

자로 만드시겠다고 한 것입니다. 하나님이 목적과 뜻을 가지시고 그의 의지로써 이 일을 이루실 것입니다. 하나님의 구속 경륜은 우리를 항복하게 하고 감격하게 하고, 그리고 기뻐하게 하는 자리로 이끕니다.

하나님의 영광을 찬송하게 한다는 것은 우리를 굴복시켜 무릎을 꿇게 하는 강제적인 것이 아닙니다. 찬송이라는 말이 뜻하듯이, 그것은 기쁜 마음의 항복을 말합니다. 그 기쁜 마음의 항복은 12절에서 더 잘 드러납니다. "이는 우리가 그리스도 안에서 전부터 바라던 그의 영광의 찬송이 되게 하려 하심이라." 우리는 하나님 영광의 핵심 존재가 될 것입니다. 하나님의 영광의 찬송이 되게 한다는 것에는 하나님이 지으신 우리라는 존재에 대하여 감사하고 놀라고 기뻐한다는 것이 함축되어 있습니다.

그리고 본문 3-6절에서 하나님의 이런 의도, 목적, 기쁘신 뜻, 우리에게 받아낼 항복, 우리에게 주어질 영광은 매 절마다 "그리스도 예수 안에서"라는 말로 표현됩니다. 이 일이 예수님 안에서 허락되었다는 것은 우리에게 굉장히 중요한 내용입니다. 그 방법이나 내용, 구체성에 있어서 그것은 성경이 중요하게 증언하는 바요 역사적인 증거라는 사실입니다. 기독교 신앙은 우리 모두에게 추상적 개념이 아니라 실체라는 것입니다.

우리가 은혜로 구원을 받고서 율법주의에 붙들리면 어떻게 되겠습니까? 자신의 신앙을 확인하는 방법이 율법밖에 없기 때문에 잘잘못을 따지는 데 사로잡혀 밤낮 자책과 회개를 반복할 뿐이지 적극적인 의미에서 예수님을 믿는 실재는 나타날 수 없습니다. 우리가 율법주의를 논하고자 하는 이유가 바로 여기에 있습니다. 우리에게는 이사야서가 이스라엘 역사를 통해 우리를 납득시키고자 한 내용뿐 아니라, 예수님 안에서 갖게 된 우리의 지위와 현실에 대한 적극적인 이해도 여전히 부족합니다. "구원이란 자격을 획득하거나 또는 안심하는 지경을 지나, 책임과 명예로운 선택과 기회를 갖는 신앙생활의 적극적인 실체여야 합니다. 그것이 구원입니다."

이 표현은 제가 만들어서 써온 것입니다.

우리가 예수님을 믿고 난 다음에도 하나님은 환경을 바꿔 주시지도 않을 뿐더러, 믿지 않는 자들과 동일한 현실을 겪게 하시기 때문에 우리는 시련과 고난을 당하게 마련입니다. 왜 하나님이 그것을 해결해주시지 않고 살게 하느냐고 묻는다면, 신앙은 환경을 고치는 문제가 아니라 나를 고치는 문제와 관계된 것이라고 말씀드릴 수 있습니다. 그 모든 고난과 역경을 극복하게 함으로써 하나님이 나를 만들어 가신다는 것입니다.

우리는 바람에 떠밀려 가는 존재가 아닙니다. 하나님이 우리 안에서 실체를 만들어 가십니다. 우리는 모든 것에 굴하지 않고 이겨내는 실제적인 성숙과 완성으로 나아가야 합니다. 그것이 하나님이 예수님 안에서 우리를 만들어 가시는 방법입니다. 그리고 하나님은 실제로 우리가 사망을 이기는 자리에까지 이르게 하실 것입니다. 이 사실에 대한 아주 놀라운 이해가 사도 바울의 신앙고백을 통해 우리에게 증언됩니다.

빌립보서 1:20-21을 보겠습니다.

나의 간절한 기대와 소망을 따라 아무 일에든지 부끄러워하지 아니하고 지금도 전과 같이 온전히 담대하여 살든지 죽든지 내 몸에서 그리스도가 존귀하게 되게 하려 하나니 이는 내게 사는 것이 그리스도니 죽는 것도 유익함이라(빌 1:20-21).

세상에서 살고 죽는 것은 무시무시한 차이입니다. 그것은 가장 극단적인 대조가 될 것입니다. 그러나 예수님을 믿는 사람에게는 그 둘 사이에 전혀 차이가 없습니다. 왜냐하면 신자가 살아 있다는 것의 의미는 하나님이 그의 삶에 무엇을 담아내시느냐 하는 것의 문제이기 때문입니다. 그의 삶의 조건이나 정황과는 상관없이 그가 살아 있는 동안 하나님이 그의 삶에 무엇을 담아내시느냐 하는 것과 관계된 것이라는 이야기입니다. 그리고 그가 죽는다 할지라도 자신의 죽음에 하나님이 무엇을 담아내시느냐 하는 것과 관계된 것이기 때문입니다. 바울 사도는 이 문제에서 자신이 살든지 죽든지 자기 몸에서 그리스도가 존귀하게 되는 것이 자신의 삶의 목적이라고 말하고 있습니다.

우리가 시련과 역경과 억울한 일을 당하는 것 또는 형통하고 높은 지위를 갖는 것과는 직접적으로 상관이 없다는 것입니다. 하나님이 무엇을 담으시는가 하는 것이 중요합니다. 그것이 바로 기독교인의 존재요 삶으로 이해되는 것입니다. 기독교 신앙이라는 것은 우리가 아는 추상적 개념에 따른 것이 아니라, 우리 안에 실제로 담아내어 구체화해야 할 싸움이라고 성경은 말하고 있습니다.

진실이나 믿음과 같은 것들이 여러분의 삶에 담겨 나오지 않는다면 실체가 되지 않고 그저 고함으로 나타날 뿐입니다. 그것은 여러분이 자신의 삶 속에서 겪는 가장 당황스런 현실일 것입니다. 믿음과 소망과 간절함은 있는데, 왜 하나님이 답을 하지 않으시는가? 지금 여러분의 조건 속에 그것을 담아 보라는 것입니다.

율법을 만족시킬 수 없다

우리가 얻은 구원이 어떻게 율법이 갖는 이런 문제에 대한 진정한 해결책이 되는지 살펴보겠습니다. 로마서 7:14-24을 보겠습니다.

우리가 율법은 신령한 줄 알거니와 나는 육신에 속하여 죄 아래에 팔렸도다. 내가 행하는 것을 내가 알지 못하노니 곧 내가 원하는 것은 행하지 아니하고 도리어 미워하는 것을 행함이라. 만일 내가 원하지 아니하는 그것을 행하면 내가 이로써 율법이 선한 것을 시인하노니 이제는 그것을 행하는 자가 내가 아니요 내 속에 거하는 죄라. 내 속 곧 내 육신에 선한 것이 거하지 아니하는 줄을 아노니 원함은 내게 있으나 선을 행하는 것은 없노라. 내가 원하는 바 선은 행하지 아니하고 도리어 원하지 아니하는 바 악을 행하는도다. 그러므로 내가 한 법을 깨달았노니 곧 선을 행하기 원하는 나에게 악이 함께 있는 것이로다. 내 지체 속에서 한 다른 법이 내 마음의 법과 싸워 내 지체 속에 있는 죄의 법으로 나를 사로잡는 것을 보는도다. 오호라, 나는 곤고한 사람이로다. 이 사망의 몸에서 누가 나를 건져내랴(롬 7:14-24).

이 본문은 아마 성경의 내용 중에서 가장 이해하기 힘든 구절일 것입니다. 그 핵심은 이것입니다. "선을 행하기 원하나 선은 행하지 않고 도리어 죄를 짓는 나, 나는 곤고한 사람이로다" 하는 것입니다. 이 문제를 가장 쉽게 풀 수 있는 비유를 들어보겠습니다. 그것은 마태복음 7장에 나오는 열매와 나무의 비유일 것입니다. "거짓 선지자를 삼가라. 그들의 열매를 봐라. 양의 옷을 입고 나오나 속에는 노략질하는 이리다. 가시나무에서, 엉겅퀴에서 어찌 감람 열매나 포도를 딸 수 있겠느냐? 이와 같이 아름다운 열매를 맺는 나무가 아름다운 나무고, 나쁜 열매를 맺는 나무가 나쁜 나무다." 이것입니다.

그러니까 우리가 율법을 받았을 때 그것이 선한 것인 줄 알고서 우리가 선을 행하고 싶어 하지만 선을 행할 수 없는 것은, 아직 우리가 그 선한 일을 할 수 있는 나무가 되어 있지 않기 때문입니다. 감을 열매로 맺고 싶지만 나는 감나무가 아닌 것입니다. 여기에 비극이 있습니다. 소원을 하고 진심을 갖고 있어도 소용이 없습니다. 내가 그 나무가 되기 전에는 그렇습니다. 여기에서 "오호라, 나는 곤고한 사람이로다"라는 이 비명이 터져 나올 수밖에 없습니다. 구원이란 우리의 존재를 바꿔 놓는 것입니다. 성경의 이런 설명을 따라가지 못하면 열매를 사 모으거나 주워 모음으로써 자신을 스스로 안심시킵니다. 아니면 자신이 맺는 열매가 실제로는 다른 열매라는 사실로 인해 당혹감을 감추지 못합니다.

그래서 로마서 7:24의 이 비명은 기이하게도 그다음 25절의 답으로 가게 됩니다. "우리 주 예수 그리스도로 말미암아 하나님께 감사하리로다. 그런즉 내 자신이 마음으로는 하나님의 법을 육신으로는 죄의 법을 섬기노라." 뭐가 답이고, 뭐가 답이 아닌지 모르게 됐습니다. 예수 그리스도로 말미암는 감사는 분명히 답이 있다는 뜻일 텐데, 아직도 이중성을 벗어나지 못하고 있습니다. 나는 선을 행하고 싶고 진리를 따르고 싶으나, 그것을 만들 수 없다는 것입니다.

그 문제를 예수님이 오셔서 해결해 주십니다. 그래서 로마서 8:1-2에서 이렇게 이야기합니다. "그러므로 이제 그리스도 예수 안에 있는 자에게는 결코 정죄함이 없나니 이는 그리스도 예수 안에 있는 생명의 성령의 법이 죄와 사망의 법에서 너를 해방하였음이라."

사과나무라야 사과라는 열매가 달립니다. 배나무라야 배라는 열매가 달립니다. 이와 같이 열매와 나무는 서로 떼려야 뗄 수 없는 관계를 갖습니다. 기독교인의 경우에도 선을 행하는 행위 문제와 그 인간 존재의 본체는 서로 밀접한 관계를 갖습니다. 예수께서 이 문제를 해결해 주셨습니다. 그런데 우리는 여기에서 혼돈을 일으킵니다. 믿는다는 말이 무엇입니까? 믿는다는 것은 예수님이 나를 그분께 붙들어 매는 어떤 접착제가 된다든지, 혹은 내가 선택하는 문제가 아니라는 것입니다. 그것은 본질적으로 하나님이 하신 일, 곧 재창조라는 것입니다. 은유적으로 말하자면, 하나님은 신자인 우리의 삶에 아담의 유전자와 예수님의 유전자의 갈등을 허락하신 것입니다.

첫 창조에서 하나님이 우리를 하나님의 형상대로 만드셨다면, 재창조에서는 예수 그리스도를 우리의 본체로 삼으신 것입니다. 그것이 구원입니다. 그러니 우리가 이제 하나님의 사람이 된 것입니다. 이런 식의 이해, 즉 우리의 본체는 예수님이며, 우리는 그것을 믿음으로 갖는다는 말의 의미를 고린도전서 1:26-27에서는 이렇게 소개합니다.

> 형제들아, 너희를 부르심을 보라. 육체를 따라 지혜로운 자가 많지 아니하며 능한 자가 많지 아니하며 문벌 좋은 자가 많지 아니하도다. 그러나 하나님께서 세상의 미련한 것들을 택하사 지혜 있는 자들을 부끄럽게 하려 하시고 세상의 약한 것들을 택하사 강한 것들을 부끄럽게 하려 하시며(고전 1:26-27).

이 구절을 잘못 들으면 교만하지 말라는 말로 들립니다. 그런 의미가 아니라 너희가 만들 수 없는 것을 만들었다는 뜻입니다. 아무도 자랑할 수 없습니다. 하나님이 우리의 조건이나 소원을 가지고 보상하거나 열매를 만드신 것이 아니라, 창조를 하신 것입니다. 그것이 무엇에 나타납니까? 우리의 눈으로 볼 때도 예수님을 믿는 사람들 가운데 일반적인 수준에도 미치지 못하는 사람이 태반이라는 사실에서 나타납니다.

이 수준이라는 것은 여러분이 그토록 원하는, 율법적으로 따지면, "예수님을 믿으면 좀 더 나은 사람이 되어야 하지 않는가"라는 문제와 연결되어 있습니다. 내가 더 성실하고 정직하기 때문에, 더 거룩함을 바라기 때문에 그렇게 될 수 있지 않을까 하는 것과는 아무 상관이 없습니다. 그것과 상관없이 얻은 구원입니다.

예수께서는 자기를 찌른 자, 자기를 묶은 자, 자기를 조롱하는 자를 위하여 죽으시는 것입니다. 우리는 2천 년 기독교 역사 내내 유대인들을 비난해 왔습니다. "너희는 예수를 믿지 않았다. 그러나 우리는 믿었다." 이것이 늘 우리를 혼란스럽게 해왔습니다. 구원은 은혜에 속한 것이고 창조에 속한 것이요, 기적에 속한 것입니다. 그런데 우리는 그것을 은혜로 얻어 놓고서 다시 율법으로 자신 안에 근거를 쌓거나 안심하거나 확보하고자 합니다. 그러지 말라는 것입니다. 우리는 믿고 난 다음에 자신의 실력으로 율법을 만족시키고 구원을 이룰 실력이 없다는 것을 거듭 확인해야 합니다.

회개의 가장 나쁜 부작용

여러분은 "아무도 자랑할 수 없다"라는 뜻의 고린도전서 1:29 말씀과 더불어 바로 다음에 나오는 1:30-31을 명심해야 합니다.

> 너희는 하나님으로부터 나서 그리스도 예수 안에 있고 예수는 하나님으로부터 나와서 우리에게 지혜와 의로움과 거룩함과 구원함이 되셨으니 기록된 바 자랑하는 자는 주 안에서 자랑하라 함과 같게 하려 함이라(고전 1:30-31).

예수님이 우리의 구원이십니다. 내가 구원을 받아낸 것이 아니라, 예수님이 나의 구원이 되십니다. 하나님이 그를 십자가에 못 박아 우리에게 주셨습니다. 그가 나의 구원이십니다. 그러니 이 구원은 나의 어떤 조건을 가지고 성립되는 것이 아닙니다. 하나님이 예수님을 보내어 우리를 구원하시고 우리를 재창조하셨습니다. 우리는 예수님을 알게 되었고, 믿게 되었습니다. 우리는 예수님 안에서 하나님과 화목하게 되었습니다. 31절입니다. "기록된 바 자랑하는 자는 주 안에서 자랑하라 함과 같게 하려 함이라." 우리는 이 자랑을 예수님 안에서 하고싶어 하지 않습니다. 자신을 남과 구별하고 싶어 합니다. 스스로 납득시키려고 합니다. "나는 원래 구원받을 만한 사람이었다"라고 말입니다.

율법주의의 무서움이 무엇입니까? 그것은 늘 흠을 지운다는 것입니다. 잘못을 회개하기에 급급합니다. "내가 비록 잘못했지만 본심이 아니었다. 잠깐의 실수였다. 원래 본심은 잘하려는 것이었다." 이것이 회개의 가장 나쁜 부작용입니다. 그러니 회개하지 마십시오. 부탁입니다.

축구는 대단히 인기 있는 종목인데, 축구 선수들이 가장 악몽처럼 여기는 것은 자책골입니다. 만약 어느 선수가 자책골을 넣고 다음 시합 때 나와서 지난 잘못을 회개한답시고 그라운드에 머리를 박고 90분 내내 울다 들어간다면 그 선수를 어떻게 봐야 할까요? 지난번에는 그랬으니 이번에는 더 잘하려고 해야 할 것 아니겠습니까? 그에게 잘할 기회가 주어지고 있는데도 계속 자책하고 회개하느라 아무것도 하지 않는다면 정말 대책이 없습니다. 이처럼 우리가 자신을 스스로 확인하여 "하나님, 내 잘못보다 내 진심이 큽니다"라고 증명하려 한다면 자신만 죽일 뿐 아니라, 예수님을 믿는 모든 이들과 세상도 죽일 것입니다. 그에게는 비난과 정죄 외에는 할 것이 없습니다. 이것이 큰일입니다.

어제 잘못한 것 있습니까? 네, 오늘 잘하십시오. 만회하려고 하지 마십시오. 그것은 이미 지나간 기회입니다. 오늘이 있습니다. 내일이 있습니다. 모든 삶의 정황 속에 잘할 수 있는 기회와 잘못할 수 있는 기회가 주어집니다. 우리는 세상이 할 수 없는 것을 가지고 있습니다. 우리에게는 십자가, 부활, 기적, 용서, 구원, 믿음, 소망, 진리, 생명이 있습니다. 그것을 가지고 살아내십시오.

그렇게 살아내려고 하지 않은 채, 과거로 돌아가서 가장 많이 하는 기도가 무엇입니까? 회개가 아닙니까? 집에다 써놓으십시오. "하나님, 이제부터 회개는 하지 않겠습니다. 내일은 잘하겠습니다. 그런 기회가 오면 제가 잘하겠습니다." 내일도 스물네 시간 준다는 것이 아닙니까? 우리에게 매일 기회를 주고 계십니다. 어찌 한 번도 멋있게 굴지 못하냐고요? 바로 이 문제입니다. 무엇만 했습니까? 나아지지도 않고 자책만 했습니다. 멋있어질 수 있는 기회를 다 놓친 것입니다. 우리만 할 수 있는 것을 한 번도 못해 봤다는 것입니다. 아니 무엇이 겁납니까?

예수님은 길이요 진리요 생명이십니다. 예수님을 우리에게 주시면 진리와 생명이 우리 안에 들어오게 됩니다. 그것은 인격이고, 창조주의 몫입니다. 하나님만 진리를 만들고, 가치를 만들며, 생명을 복되게 하실 수 있습니다. 감을 모으면 감나무가 되는 것이 아니라 과일 도매상이 될 뿐입니다. 나무가 되어야 합니다. 이것이 예수님을 믿는다는 말이 가지는 뜻입니다. 우리는 다른 존재인 것입니다. 우리는 할 수 있습니다. 그러나 매일 잘할 수는 없습니다. 잘못한 것을 지우려 여기저기 다니지 말고 잘하는 일을 하러 다니십시오. 율법주의를 벗어나야 합니다. 하나님이 나에게 재창조와 기적을, 하나님의 영광을 목적으로 삼는 손길이 되라고 부르셨습니다. 이 사실을 기억하십시오.

맡아야 할 책임과 가져야 할 명예

그런 내용이 고린도전서 15:51-58에 소개되고 있습니다.

보라, 내가 너희에게 비밀을 말하노니 우리가 다 잠 잘 것이 아니요 마지막 나팔에 순식간에 홀연히 다 변화되리니 나팔 소리가 나매 죽은 자들이 썩지 아니할 것으로 다시 살아나고 우리도 변화되리라. 이 썩을 것이 반드시 썩지 아니할 것을 입겠고 이 죽을 것이 죽지 아니함을 입으리로다. 이 썩을 것이 썩지 아니함을 입고 이 죽을 것이 죽지 아니함을 입을 때에는 사망을 삼키고 이기리라고 기록된 말씀이 이루어지리라. 사망아, 너의 승리가 어디 있느냐. 사망아, 네가 쏘는 것이 어디 있느냐. 사망이 쏘는 것은 죄요 죄의 권능은 율법이라. 우리 주 예수 그리스도로 말미암아 우리에게 승리를 주시는 하나님께 감사하노니 그러므로 내 사랑하는 형제들아, 견실하며 흔들리지 말고 항상 주의 일에 더욱 힘쓰는 자들이 되라. 이는 너희 수고가 주 안에서 헛되지 않은 줄 앎이라(고전 15:51-58).

율법은 우리에게 율법을 지키라고 합니다. 율법이 원래 의도했던 바는 열매를 맺을 수 있는지 묻는 것이었습니다. 마태복음 22장에서 율법사는 "선생님이여, 계명 중에 가장 큰 계명이 무엇입니까?"라고 질문했습니다. 이에 예수님이 답하십니다. "네 마음을 다하고 목숨을 다하고 뜻을 다하여 주 너의 하나님을 사랑하라 하셨으니 이것이 크고 첫째 되는 계명이요, 둘째도 그와 같으니 네 이웃을 네 자신 같이 사랑하라 하셨으니 이 두 계명이 온 율법과 선지자의 강령이니라"(마 22:37-40).

예수께서 사랑이라고 말씀하십니다. 놀랍지 않습니까? 우리는 못합니다. 예수님이 하셨습니다. 예수님이 하셔서 우리로 사랑할 수 있게 하셨습니다. 그러니 사랑을 하십시오. 이김을 주시는 하나님이십니다. 누구 안에서 이김을 주십니까? "예수 그리스도 안에서 그로 말미암아" 이김을 갖게 하십니다. 그것이 예수님을 믿는다는 뜻입니다. 기독교인이 되었다는 뜻입니다. 우리는 다릅니다. 우리는 할 수 있습니다. 그런데 무엇에서 혼란이 생겼습니까? 흠을 제거하려다가 본디 해야 할 것을 못하게 되었습니다. 본디 해야 할 것을 하고, 부족한 것은 감수하십시오. 그래서 로마서 13:8-10에 다음과 같은 당연한 요구가 나옵니다.

피차 사랑의 빚 외에는 아무에게든지 아무 빚도 지지 말라. 남을 사랑하는 자는 율법을 다 이루었느니라. 간음하지 말라, 살인하지 말라, 도둑질하지 말라, 탐내지 말라 한 것과 그 외에 다른 계명이 있을지라도 네 이웃을 네 자신과 같이 사랑하라 하신 그 말씀 가운데 다 들었느니라. 사랑은 이웃에게 악을 행하지 아니하나니 그러므로 사랑은 율법의 완성이니라(롬 13:8-10).

율법주의가 무엇인지 알고 싶습니까? 여러분이 율법을 제대로 쓰고 있는지 잘못 쓰고 있는지를 알려면 율법이 여러분에게 어떻게 다가오는지 확인하면 됩니다. 그것이 공포로 온다면 틀린 것입니다. 공포의 반대말은 무엇일까요? 그것은 '사랑'입니다. 사랑이란 아무래도 좋다는 것도 아니고 안심할 만한 쉽고 단순한 것도 아닙니다. 그것은 적극적인 명예와 관계된 것이요 위대한 모험이 걸린 것입니다. 자기를 내어주는 것이요 공포보다 더 큰 열정과 열심을 내어 우리를 잡아당기는 것입니다. 그것이 기독교가 말하는 사랑입니다. 하나님의 사랑, 우리가 누려야 할 사랑입니다.

여러분은 인생에서 자책으로 가는 시험에 지지 말고, 맡아야 할 책임과 가져야 할 명예와 영광이 있다는 사실을 기억하십시오. 예수님이 성육신에서 보여주신 대로 여러분은 어려운 환경에 보내진 빛이요 은혜요 위로와 사랑인 것을 기억하셔서, 담대히 여러분의 현실을 살아내는 명예로운 신앙인이 되십시오.

선집 설교 목록

『자유』

출전

『구원 그 즉각성과 점진성』(새순출판사)

『하나님의 열심』(새순출판사)

『믿음의 본질』(무근검)

『마태복음』(세움)

『요한복음』(엠마오)

『로마서』(세움)

『고린도전서』(엠마오)

『고린도후서』(엠마오)

『에베소서』(새순출판사)

『히브리서』(엠마오)

『믿음은 사람보다 크다』(영음사)

『섬김으로 세우는 나라』(영음사)

『십자가로 세우는 나라』(영음사)

『다시 보는 사도행전』(무근검)

『다시 보는 히브리서』(무근검)

『이사야서, 하나님의 비전』(복 있는 사람)

• 이 책은 박영선 목사의 위 저작들에서 허락을 받고 일부 발췌한 것이다.
  사용을 허락해 준 출판사들에 깊은 감사를 드린다.